国家社科基金
后期资助项目
GUOJIA SHEKE JIJIN HOUQI ZIZHU XIANGMU

新时代民族理论与政策研究

李贽 著

复旦大学出版社

国家社科基金后期资助项目
出版说明

后期资助项目是国家社科基金设立的一类重要项目,旨在鼓励广大社科研究者潜心治学,支持基础研究多出优秀成果。它是经过严格评审,从接近完成的科研成果中遴选立项的。为扩大后期资助项目的影响,更好地推动学术发展,促进成果转化,全国哲学社会科学工作办公室按照"统一设计、统一标识、统一版式、形成系列"的总体要求,组织出版国家社科基金后期资助项目成果。

全国哲学社会科学工作办公室

序 一

王希恩①

两年前我在国家民委参加过李赞的一项重点课题结项,题目是《中国共产党近100年民族工作的成就与经验研究》,上中下的大部头。当我看到他现在这个书稿时,以为会是那个课题的一部分,不料竟然是这本《新时代民族理论与政策研究》。我很惊讶,李赞真是"快手",竟能在如此短的时间内完成一部专著。不过我很快就明白了,李赞之快绝非"神来之笔",而是厚积薄发。因为早在2005年我参加李赞在中共中央党校的博士论文答辩时,他的论文选题就是关于党的民族理论政策,随后在中央民族大学博士后工作期间的研究始终围绕的也是这个方向。近年来,他的代表作就是《中国特色社会主义民族理论的体系建构及发展创新》。所以,李赞虽然年轻,却早已是中国共产党民族理论政策研究的专家,能在短时间内拿出这本研究新时代民族理论与政策的专著实乃长期积累的结果,并非偶然。

快,并没有影响李赞这本书的质量。书名《新时代民族理论与政策研究》,全书内容很直接,没绕弯子,除了课题研究格式所需的研究背景和意义、研究综述、思路框架和研究方法之外,正文的章节自始至终都集中于习近平总书记关于加强和改进民族工作重要思想这个新时代民族理论与政策创新发展的最大成果上,依序为该重要思想形成的时代背景、理论条件、形成历程和发展创新、基本内容(上中下)、重大贡献和历史意义等。作者将习近平总书记关于加强和改进民族工作重要思想的理论体系概括为:"三个层次",基础理论层次、民族纲领层次、工作重点和基本途径层次;"八个方面",多元一体的民族国情论、统筹兼顾的民族问题论、中国特色的正确道路

---

① 王希恩(1954—),男,河南内黄县人,中国社会科学院民族学与人类学研究所民族理论研究室原主任、研究员,资深学科带头人,中国民族理论学会原常务副会长,国家社科基金评审专家,国务院政府特殊津贴获得者,中国社会科学院研究生院博士生导师,国家民委首届决策咨询委员,中央统战部咨询专家组成员,中央民族大学、兰州大学、河南大学等高校特聘教授。

论、"源头""法治"的民族区域自治论、"生命"攸关的民族团结论、"一个不少"的全面发展论、"五个认同"的共铸族魂论和"未来""关键"的民族工作论。通过这种概括和展开论述，作者力图对习近平总书记关于加强和改进民族工作的重要思想体系做出"全方位、立体式、多层次、多方面的系统综合研究"，以期"我们可以对该重要思想的基本内容和体系逻辑构成有个比较详细、充分的认识和把握"。应该说，这种概括和阐述是准确、全面、有说服力的，的确可以对人们学习和掌握这一重要思想提供有益的引导和参考。

党的十八大以来，以习近平同志为核心的党中央全面继承和发展创新了党的民族理论与政策，并取得了"习近平总书记关于加强和改进民族工作重要思想"这个马克思主义民族理论中国化时代化的最新成果。该重要思想的正式提出，是在2021年8月召开的第五次中央民族工作会议上，它是现阶段我国民族工作的根本遵循，对其做出研究是当前民族领域"铸牢中华民族共同体意识理论研究体系建设"的核心内容。而目前来看，相关文章虽多，但似本书这般全面系统的专著性成果尚未见到。就此而论，本书的出版不但是李赞本人的一大学术成就，也是党的民族理论政策研究上的一大推进。

在党的十八大之前，我们党对各代领导集体的民族工作思想没有做过正式的命名，"毛泽东民族理论""邓小平民族理论"等实为学界的习惯称法，而"习近平总书记关于加强和改进民族工作的重要思想"则是中央第一次为十八大以来党的民族工作理论给出的正式名称。这一名称的内在含义值得细细品味。

所谓"加强和改进"是以继承和坚持为前提的，就是要在已有的中国特色解决民族问题正确道路上继续发展，而不是另起炉灶。曾几何时，一些人在国内民族问题出现新的状况以后质疑党的民族政策。但不论是十八大之前还是之后，党中央都旗帜鲜明地表达了坚持党的民族理论和基本政策的坚定立场。尤其2014年的中央民族工作会议，针对当时存在的争论明确强调，新中国成立以来党的民族理论和方针政策是正确的，中国特色解决民族问题的道路是正确的，我国民族关系总体是和谐的，并首次对中国特色解决民族问题正确道路的内涵做了"八个坚持"的概括。会后不久，中共中央、国务院就印发了贯彻中央民族工作会议精神的意见，文件名称就是《关于加强和改进新形势下民族工作的意见》。这应当是中央用"加强和改进"表述新时代民族工作思想的先导。而在2021年8月中央民族工作会议上，习近平总书记在讲话中更是开篇即讲，回顾党的百年历程，党的民族工作取得的重大成就，就是走出了一条中国特色解决民族问题的正确道路。改革开放特别是党的十八大以来，我们党"既一脉相承又与时俱进贯彻党的民族理论和民族政策，积累了把握民族问题、做好民族工作的宝贵经验，形成了党关于加强和改进民族工作的重要思想……"①所以，"加强和改进"的第一层含义在于表明和中国特色解决民族问题正确道路的"一脉相承"。

"加强和改进"的另一层含义应该是说，我们的民族工作虽然有很大的成绩，但与新时代的要求还不适应，还需要"与时俱进"发展和完善。之所以要"加强"，是说还存在薄弱环节；之所以要"改进"，是说还存在缺点和不足。2014年中央民族工作会议提出了当时民族工作的阶段性特征，即改革开放和社会主义市场经济带来的机遇和挑战并存，民族地区经济加快发展势头和发展低水平并存，国家对民族地区支持力度持续加大和民族地区基本公共服务能力建设仍然落后并存，各民族交往交流交融趋势增强和涉及民族因素的矛盾纠纷上升并存，反对民族分裂、宗教极端、暴力恐怖斗争成效显著和局部地区暴力恐怖活动活跃多发并存。这些特征的基本精神就是成就和问题并存，放在当前也并没有完全过时，而正是这些问题的存在使得我们的民族工作要加强、要改进，对不适应新形势新情况的政策方针要做出调整。于是我们看到以两次中央民族工作会议为标志，中央就现阶段的民族工作提出了一系列新论断新部署，内含基本理论、指导思想、政策方略、机构改革、经济发展、民生改善、民族团结、维稳和反分裂等，其范围之广、力度之大、影响之深远可谓前所未有。十八大以来，我国民族领域发生的巨大变化、民族工作取得的进步都是这一系列"加强和改进"的结果。

当然，这些加强和改进并非一种无序的推进，而是始终围绕着铸牢中华民族共同体意识这根主线。改革开放特别是党的十八大以来，中央在民族领域强调最多的就是"中华民族"和"中华民族共同体"，铸牢中华民族共同体意识，不断推进中华民族共同体建设也成为习近平总书记关于加强和改进民族工作重要思想的核心内容。

强调中华民族共同体意识是新时代中华民族伟大复兴历史进程的当然要求。不论怎样定义"中华民族"和"中华民族共同体"，都不能脱离它的"民族"属性。基于这种"民族"的"共同体意识"，首先需要的是对自己作为中华民族或中华民族共同体成员的"民族认同"，也需要作为这一成员应有的"民族觉悟"，所谓对伟大祖国、中华民族、中华文化、中国共产党、中国特色社会主义的"五个认同"正是这种民族共同体意识的基本内容。没有这些认同或共同体意识做支撑，中华民族伟大复兴也好，中国式现代化也好，就会失去

---

① 《习近平谈治国理政》（第四卷），外文出版社2022年版，第243—244页。

凝聚力,也会迷失方向。党的二十大要求"巩固和发展最广泛的爱国统一战线……完善大统战工作格局,坚持大团结大联合,动员全体中华儿女围绕实现中华民族伟大复兴中国梦一起来想、一起来干"。① 民族工作当然位列其中义不容辞。

强调中华民族共同体意识也是应对新时代民族工作各种挑战的当然要求。当前的世界,百年未有之大变局加速演进。各民族交往交流交融不断深入而相互之间的文化和利益纠纷也相伴而行。民族地区的全面小康社会建成仍然是一种较低水平,而与之相关的就业、教育、医疗和养老等难题也更为突出。严峻复杂的国内外形势时刻考验着我们的民族事务治理水平,也考验着民族关系。所以,习近平在中央民族工作会议上用四个"必然要求"对铸牢中华民族共同体意识的意义做了全面阐述。简而言之,铸牢中华民族共同体意识:是维护各民族根本利益的必然要求,只有铸牢中华民族共同体意识,构建起维护国家统一和民族团结的坚固思想长城,才能实现好、维护好、发展好各民族根本利益;是实现中华民族伟大复兴的必然要求,只有铸牢中华民族共同体意识,才能有效应对实现中华民族伟大复兴过程中民族领域可能发生的风险挑战,才能为党和国家兴旺发达、长治久安提供重要思想保证;是巩固和发展平等团结互助和谐社会主义民族关系的必然要求;是党的民族工作开创新局面的必然要求。②

与中央对于民族工作的重视及一系列重大政策调整所对应,学界对于新时代民族理论与政策发展的特点和倾向也给予了不同观点的研究,而我以为,十八大以来党的民族理论政策调整的倾向和最大特点是对"共同性"的强调。共同性和差异性的矛盾,或说统一性和特殊性、"一体"和"多元"的矛盾是民族问题上的基本矛盾。民族工作的推进、民族问题的解决归根结底是处理好这对基本矛盾。中央民族工作会议要求"按照增进共同性的方向改进民族工作,做到共同性和差异性的辩证统一",是对当前和新时代民族工作基本矛盾的正确把握,也是强调铸牢中华民族共同体意识的理论根基。

受李贽书稿的启发,我也就此谈了一点学习体会,随机而发,不深入,权当为这本真正做出研究的专著"抛砖引玉"吧。

2023 年 3 月 3 日

---

① 《习近平著作选读》(第一卷),人民出版社 2023 年版,第 32 页。
② 《习近平谈治国理政》(第四卷),外文出版社 2022 年版,第 245 页。

序 二

金炳镐①

"我国正处于实现中华民族伟大复兴关键时期。"②党的二十大阐明了中华民族伟大复兴关键期加强和改进民族工作的基本方略："以铸牢中华民族共同体意识为主线，坚定不移走中国特色解决民族问题的正确道路，坚持和完善民族区域自治制度，加强和改进党的民族工作，全面推进民族团结进步事业。"③这就为做好新时代民族工作指明了方向，提供了根本遵循，对于开创民族工作新局面具有里程碑意义。

以铸牢中华民族共同体意识为主线是中华民族伟大复兴关键期民族工作的根本方向。百多年来中国共产党的所有牺牲、创造、奋斗，就是为了一个主题：实现中华民族伟大复兴。我们党领导中国各族人民通过新民主主义革命、社会主义革命和建设实现了中华民族站起来屹立于世界民族之林。改革开放以来通过中国特色社会主义建设实现了中华民族富起来并走向全面振兴。党的十八大以来，中国特色社会主义进入新时代，我们党实现了全面建成小康社会的第一个百年奋斗目标，中华民族迈向强起来征程。铸牢中华民族共同体意识是中国共产党中华民族思想发展的历史必然。新时代，习近平总书记继承以往中国共产党几代中央领导集体关于中华民族的思想，又与时俱进地创新提出关于中华民族大家庭、中华民族共同体、铸牢中华民族共同体意识的重要论述。习近平在党的二十大报告中提出："从现

---

① 金炳镐（1950— ），男（朝鲜族），黑龙江延寿人，哲学博士，中央民族大学资深教授、博士生导师，享受国家政府特殊津贴专家（1993），首届国家级教学名师（2003），也是全国民族院校首位国家级教学名师，曾任中央民族大学中国民族理论与民族政策研究院首任院长、马列主义学院首任院长，中国民族理论学会副会长兼秘书长，首届国家民委决策咨询委员会委员，现任国家民族事务委员会人文社会科学重点研究基地中国特色民族理论研究基地主任、教育部全国民族教育专家委员会委员、中国民族政策研究会会长、中国统一战线研究会民族宗教理论甘肃研究基地研究员、内蒙古自治区铸牢中华民族共同体意识研究基地（内蒙古民族大学）首席专家。
② 《习近平谈治国理政》（第四卷），外文出版社2022年版，第71页。
③ 《党的二十大文件汇编》，党建读物出版社2022年版，第30页。

在起,中国共产党的中心任务就是团结带领全国各族人民全面建成社会主义现代化强国、实现第二个百年奋斗目标,以中国式现代化全面推进中华民族伟大复兴。"①完成这个中心任务,在民族领域就要不断增进共同性,构建中华民族共有精神家园并共同走向社会主义现代化;促进各民族在经济发展、社会建设等方面不断增进现代性,构建中华民族共有物质家园并共同走向社会主义现代化,使中华民族共同体成为更加发展、更加进步、现代性更高、交融性更强的命运共同体。

坚定不移走中国特色解决民族问题的正确道路是中华民族伟大复兴关键期民族工作的根本方针。党的二十大报告强调,坚定不移走中国特色解决民族问题的正确道路。这是我们党百多年来立足国情、遵循规律、尊重历史、顺应民心,在解决我国民族问题的历程中形成和发展起来的伟大理论和实践成果。习近平总书记在2021年中央民族工作会议上指出:"回顾党的百年历程,党的民族工作取得的最大成就,就是走出了一条中国特色解决民族问题的正确道路。"②这条道路来之不易,是在我们党团结带领全国各族人民长期奋斗中形成和发展起来的。习近平总书记在2014年中央民族工作会议上阐明了该正确道路的科学内涵。③ 在百年未有之大变局中,在实现第二个百年奋斗目标的新征程中,我们要坚持坚定不移地走这条正确道路,沉着应对民族领域各种风险挑战,团结全国各族人民以中国式现代化全面推进中华民族伟大复兴。坚持党的全面领导,是新征程解决民族问题的总前提、根本保证;坚持走中国特色社会主义的中国式现代化道路,是新征程解决民族问题的总道路、根本途径;维护祖国统一、民族团结和民族平等,是新征程解决民族问题的根本目标和根本原则;坚持民族区域自治制度、坚持"两个共同"、坚持打牢中华民族共同体的思想基础,是新征程解决民族问题的根本制度、根本立场、根本战略;坚持依法治国,依法治理民族事务,是新征程解决民族问题的根本保障。

坚持和完善民族区域自治制度是中华民族伟大复兴关键期民族工作的制度保障。民族区域自治是解决我国民族问题的基本形式,是全过程人民民主的重要形式之一。我们党民族区域自治政策和制度体现的理论逻辑、历史逻辑、实践逻辑表明,它是符合中国多民族国情的一项基本政治制度,符合中国历史发展趋势和中华文化传统的治国理政经验,符合中华民族大

---

① 《党的二十大文件汇编》,党建读物出版社2022年版,第16—17页。
② 《习近平谈治国理政》(第四卷),外文出版社2022年版,第243页。
③ 《中共中央、国务院印发〈关于加强和改进新形势下民族工作的意见〉》,《人民日报》2014年12月23日,第1、2版。

一统、大团结、共同富裕的社会主义政治优势。习近平总书记指出:"民族区域自治制度是我国的一项基本政治制度,是中国特色解决民族问题的正确道路的重要内容和制度保障。"①他强调,我们的民族区域自治制度不是苏联模式,我们坚决不搞任何形式的"民族自决"。民族区域自治是党的民族政策的源头,坚持和完善这一制度,要做到"两个结合",关键是帮助自治地方发展经济、改善民生。新时代坚持和完善民族区域自治制度:要坚持和加强党的全面领导,坚持"两个结合",坚持正确方向;要加快少数民族和民族地区中国式现代化建设,为坚持和完善民族区域自治制度提供物质经济基础;要加快构建各民族共有精神家园,为坚持和完善民族区域自治制度提供精神文化基础;要大力推进各民族交往交流交融和全方位嵌入,为坚持和完善民族区域自治制度创造社会条件;要大力加强民族自治地方自治机关的建设,为坚持和完善民族区域自治制度提供组织人才保障;要加快修订完善《民族区域自治法》等相关法律法规,为坚持和完善民族区域自治制度提供法治保障。

加强和改进党的民族工作是中华民族伟大复兴关键期民族工作的创新方式。这也是我们党在各个历史时期努力做好民族工作的优良传统和创新方式。党的十八大以来,习近平总书记既一脉相承地继承党的民族理论和民族政策,又与时俱进地创新一系列民族理论新理念、民族政策新举措,特别是原创性地提出铸牢中华民族共同体意识。2021年习近平总书记提出关于加强和改进民族工作重要思想的"十二个必须",这是新时代民族工作的根本遵循,指明了新时代党的民族工作的历史方位、重要任务、工作主线、思想基础,指出了新时代党的民族工作坚持中华民族历史观、各民族一律平等、中华民族大团结、民族区域自治制度、中华民族共有精神家园、各民族交往交流交融、依法治理民族事务,明确了新时代党的民族工作战略目标是坚决维护国家主权、安全、发展利益,强调了新时代党的民族工作根本保证是坚持党对民族工作的领导。新时代加强和改进党的民族工作,就要认真学习、深入理解和全面贯彻落实习近平总书记关于加强和改进民族工作的重要思想,就要以铸牢中华民族共同体意识为主线,以坚持中国特色解决民族问题的正确道路为总体要求,就要以加强中华民族共有精神家园建设、大力推进各民族"三交"、加强民族事务治理和民族领域风险防范,加快民族地区中国式现代化建设步伐为重点任务,切实推动民族工作创新发展、高质量发

---

① 中共中央宣传部编:《习近平总书记系列重要讲话读本(2016年版)》,学习出版社、人民出版社2016年版,第168页。

展,为中国式现代化建设、中华民族伟大复兴服务。

全面推进民族团结进步事业是中华民族伟大复兴关键期民族工作的主要途径。民族团结活动是新中国成立开始就进行着的活动。民族团结进步是中国特色民族理论的根本点(什么是民族、什么是民族问题)和实践的核心点(如何促进民族发展、如何协调民族关系)在民族工作中的集中体现,是中国特色民族政策的四个根本政策(民族平等、民族团结、民族区域自治、民族发展繁荣)在民族工作中的集中体现。民族团结,是统一的多民族国家的国家精神和国民意志,是多元一体的中华民族的民族精神和凝聚力的集中体现,是渗透于党和国家民族政策体系的精神内涵,是做好民族工作的关键因素之一。民族进步,是统一的多民族国家的各民族在政治、经济、文化、社会、生态文明等全面的发展进步,是建设现代化强国的重要组成部分,是中华民族伟大复兴的重要组成部分,是不断解决新时代社会主要矛盾的必然途径。"我国各民族团结进步是中华民族的生命所在、力量所在、希望所在。"①民族团结进步也是我国民族工作的主要抓手。新时代民族团结进步事业是为中国式现代化国家建设、中华民族伟大复兴而团结奋斗征程中的主要抓手、根本途径,是铸牢中华民族共同体意识、推进中华民族共同体建设的主要途径。因此,一定要全面深入持久开展民族团结进步事业,坚持依法保障和巩固民族团结进步事业,全面推进民族团结进步事业。

李贽从 2002 年攻读博士学位时就致力于研究中国特色社会主义民族理论。他于 2016 年出版的学术专著《中国特色社会主义民族理论的体系建构及发展创新》,是对他自己博士及博士后研究工作成果的集成,是展现许多新颖观点的优秀成果。该专著内容已经广泛涉及对党的十八大以来以习近平同志为核心的党中央关于加强和改进民族工作的重要论述的研究。2018 年,他在自己以往研究的基础上,申报了国家社科基金后期资助项目"新时代民族理论与政策研究"。现在要出版的这个书稿就是该项目 2021 年结项成果。

该书紧紧围绕新时代民族理论与政策创新发展的最新成果——习近平总书记关于加强和改进民族工作重要思想展开。导论主要论述了对习近平总书记关于加强和改进民族工作重要思想研究的历史背景和考察范围等总括性问题。第一章和第二章主要论述了该重要思想的时代背景和理论条件。第三章主要阐述了该重要思想的形成历程和发展创新。第四章至第六

---

① 国家民族事务委员会、中共中央文献研究室编:《民族工作文献选编(二〇〇三—二〇〇九年)》,中央文献出版社 2010 年版,第 402—403 页。

章的八节内容分八个专题分别论述了该重要思想的八个方面。第七章主要论述了该重要思想的重大贡献和历史意义。在研究中,他还对习近平总书记关于加强和改进民族工作重要思想的理论创新内容进行了相应的体系化梳理,从而为我们在整体上把握该重要思想的逻辑结构提供了理论脉络。总体而言,该书的理论体系结构比较合理,逻辑性强,分析论述比较深入,新颖性强,能够集中体现李赟这些年对习近平总书记关于加强和改进民族工作重要思想研究的学术贡献。

作为李赟多年的合作导师,我为他能够取得这样高质量的研究成果感到欣慰,同时也希望他能够再接再厉,为推进对习近平总书记关于加强和改进民族工作重要思想的深入研究作出更大的贡献。

2023年6月26日

目 录

导论 1
    一、研究背景和意义 1
    二、研究现状述评 2
    三、研究思路和理论框架 9
    四、主要研究方法 13

第一章　习近平总书记关于加强和改进民族工作的重要思想形成的时代背景 15
  第一节　新时代的民族问题与民族工作 15
    一、中国特色社会主义进入新时代 15
    二、新时代社会主要矛盾与民族问题 17
    三、解决好新时代民族问题的工作要求 23
  第二节　"两个一百年"奋斗目标中的民族工作 24
    一、"三步走"与"两个一百年" 24
    二、全面小康与现代化建设中的民族工作 27
    三、实现中华民族伟大复兴进程中的民族工作 29
  第三节　人类命运共同体建设与中华民族伟大复兴 30
    一、百年未有之大变局与中华民族伟大复兴 30
    二、开创合作共赢的人类命运共同体建设 31
    三、人类命运共同体建设与民族工作 34

第二章　习近平总书记关于加强和改进民族工作的重要思想形成的理论条件 39
  第一节　习近平总书记关于加强和改进民族工作的重要思想的理论来源——马列主义民族理论及毛泽东民族工作思想 39
    一、马列主义民族理论 39

二、毛泽东民族工作思想　　48
　第二节　习近平总书记关于加强和改进民族工作的重要思想的理论
　　　　　基石——中国特色社会主义民族理论已有成果　　54
　　一、邓小平民族理论　　54
　　二、"三个代表"重要思想的民族理论与政策　　59
　　三、科学发展观的民族理论与政策　　63

**第三章　习近平总书记关于加强和改进民族工作的重要思想的形成历程
　　　　和发展创新　　69**
　第一节　习近平在地方工作期间对民族工作的重视和思考　　69
　　一、河北：调查民族工作情况，保护和传承民族文化遗产　　69
　　二、福建：促进各民族共同发展繁荣，巩固民族大团结　　71
　　三、浙江：多做有利于民族团结和谐的实事好事　　75
　第二节　十八大以来党中央对加强和改进民族工作的探索　　77
　　一、从中华民族伟大复兴的全局和战略高度研究部署新时代
　　　　民族工作　　78
　　二、加快少数民族和民族地区经济社会发展，促进各民族共同
　　　　繁荣发展　　83
　　三、依法治理民族事务，坚持、完善和落实好民族区域自治
　　　　制度　　88
　　四、铸牢中华民族共同体意识，大力推进民族团结进步事业　　90
　　五、以党的建设为抓手，增强和提高民族事务治理能力和
　　　　水平　　92

**第四章　习近平总书记关于加强和改进民族工作的重要思想的基本
　　　　内容（上）　　97**
　第一节　多元一体的民族国情论　　97
　　一、中华民族共同体的形成与发展　　97
　　二、少数民族和民族地区　　100
　　三、我国统一的多民族国家政治传统和多元一体的民族构成　　102
　第二节　统筹兼顾的民族问题论　　107
　　一、我国民族问题的基本特点和规律　　107
　　二、新时代民族问题的重要内容和重大关系　　109
　　三、全面领会铸牢中华民族共同体意识的民族工作主线　　119

目 录

第五章 习近平总书记关于加强和改进民族工作的重要思想的基本内容(中) … 129

第一节 中国特色解决民族问题的正确道路论 … 129
一、形成和发展 … 129
二、探索与创新 … 134
三、重要意义 … 141

第二节 "源头""法治"的民族区域自治论 … 143
一、我国的一项基本政治制度 … 143
二、解决中国民族问题的伟大制度创举 … 149
三、坚持和发展完善民族区域自治制度的基本要求 … 157

第三节 "生命"攸关的民族团结论 … 163
一、我国民族团结进步事业的基本内涵和发展历程 … 163
二、民族团结是我国各族人民的生命线 … 168
三、新时代巩固和加强民族团结的基本要求和实现途径 … 172

第六章 习近平总书记关于加强和改进民族工作的重要思想的基本内容(下) … 183

第一节 "一个不少"的全面发展论 … 183
一、民族地区全面发展的历史定位和重要意义 … 183
二、走出一条具有中国特色和民族地区特点的科学发展道路 … 190

第二节 "五个认同"的共铸族魂论 … 200
一、要推动物质文明和精神文明协调发展 … 200
二、长远和根本的是增强文化认同 … 207
三、抓好构筑中华民族共有精神家园战略任务 … 211

第三节 "未来""关键"的民族工作论 … 215
一、做好城市民族工作才能赢得民族工作的未来 … 216
二、做好民族工作关键在党、关键在人 … 221

第七章 习近平总书记关于加强和改进民族工作的重要思想的重大贡献和历史意义 … 225

第一节 创新及贡献 … 225
一、理论创新及体系结构 … 226
二、理论品质 … 230

第二节 理论及历史意义 … 233
一、马克思主义民族理论中国化时代化的最新形态 … 234

二、对当代世界两个层次共同体建设的正确回答　　236

　　三、对世界其他多民族国家解决民族问题的有益启示　　240

附录　十八大以来党中央重视与关怀民族工作大事记　　254

主要参考文献　　261

后记　　268

导 论

党的民族工作理论与政策是做好民族工作、解决好我国民族问题的根本指南。在继承和发展中国特色社会主义民族理论已有成果的基础上,结合新时代民族工作的实践发展需求,党的十八大以来,以习近平同志为核心的党中央与时俱进地对党的民族工作理论与政策进行了全面系统的创新和发展,形成了一系列丰富成熟的民族工作思想成果。我们可以将之称为"习近平总书记关于加强和改进民族工作的重要思想"①并对其进行全面、系统地梳理和研究。

一、研究背景和意义

(一) 研究背景

党的十八大以来,以习近平同志为核心的党中央在坚持马列主义民族理论、毛泽东民族工作思想和中国特色社会主义民族理论已有理论成果的基础上,结合民族问题在新的历史阶段和发展时期呈现出的新的特点和趋势,以及民族工作面临的新的国际国内形势和任务要求,与时俱进地对党的民族工作理论与政策做出了一系列发展完善和突破创新,正确、科学地回答了"怎样正确认识和把握我国的民族国情和民族问题""怎样坚持和完善中国特色解决民族问题正确道路""怎样进一步加强和改进新形势下的民族工

---

① 关于该重要思想的提法,较为典型的有原国家民委主任巴特尔 2019 年提出的"习近平总书记关于民族工作的重要论述"、2018 年提出的"习近平总书记关于民族工作的新理念新思想新战略"及 2017 年提出的"习近平新时代民族工作思想"。参见巴特尔:《铸牢中华民族共同体意识——学习贯彻习近平总书记在全国民族团结进步表彰大会上的讲话精神》,《求是》2019 年第 23 期;《国家民委:以党的政治建设为统领,奋发有为做好新时代民族工作》,《紫光阁》2018 年第 7 期;《以习近平新时代中国特色社会主义思想为指引做好新时代民族工作》,《中国民族》2017 年第 1 期。在 2021 年中央民族工作会议上,习近平"强调要准确把握和全面贯彻我们党关于加强和改进民族工作的重要思想"。参见《习近平谈治国理政》(第四卷),外文出版社 2022 年版,第 243 页。我们认为用"习近平总书记关于加强和改进民族工作的重要思想"的提法,能够比较准确地概括和反映党的十八大以来以习近平同志为核心的党中央对党的民族工作理论与政策的全面创新及发展成果。

作",这些关乎当前和未来民族工作发展方向和得失成败的重大理论问题,并以之为指导,全面、系统地回答和阐述了如何认识和把握新时代民族工作的国情依据、工作对象、发展道路、根本任务、基本制度、工作重点、时代增量、领导保障等重大实践问题。

这些重要的理论阐述和科学回答,体现在以习近平同志为核心的党中央对民族地区和民族问题的考察、指示和重要讲话中,也体现在党和国家关于民族工作的重要会议精神和指导文件中。特别是以2014年中央民族工作会议为标志,党中央在对党的民族工作理论与政策的发展上实现了集成创新和整体突破,习近平在大会上的讲话以及之后发布的《关于加强和改进新形势下民族工作的意见》都以鲜明的时代特色感、强烈的现实针对性和创新的全面丰富性自信坚定地宣告了习近平总书记关于加强和改进民族工作的重要思想的形成。2021年中央民族工作会议强调,铸牢中华民族共同体意识是新时代党的民族工作的"纲",所有工作要向此聚焦。这是该重要思想走向成熟的显著标志。我们认为把十八大以来党中央对民族工作理论与政策的这些创新成果命名为"习近平总书记关于加强和改进民族工作的重要思想"是实至名归的、合适恰当的,也符合实事求是思想路线要求。

(二) 研究意义

第一,通过研究,能够把十八大以来我们党关于解决新时代民族问题、做好民族工作的理论成果进一步体系化和理论化,能够使我们更加清楚地理解其作为当代中国马克思主义民族理论的重要性,更加自觉地结合不断发展变化的国际国内形势推动理论发展创新,更加彰显和发扬我们民族工作理论的中国特色,从而始终牢牢把握党的民族工作理论的先进性与正当性,增强其发展创新的活力和动力。

第二,能够使我们更加清醒地认识当代中国纷繁复杂的民族问题状况,增强坚持和运用党的最新的民族工作理论与政策成果指导工作实践的自觉性和主动性。这对我们从容应对当代世界百年未有之大变局中复杂的国际国内形势对我国民族问题的影响,特别是对全面贯彻党的十八大、十九大精神及2014年、2021年两次中央民族工作会议精神,正确应对实现中华民族伟大复兴进程中民族问题出现的新特点、新情况等,都具有重要的指导意义。

二、研究现状述评

十八大以来,以习近平同志为核心的党中央对如何在做好民族工作、促进各民族平等团结的基础上,铸牢中华民族共同体意识,实现各民族共同发展繁荣的全面小康社会发展目标及中华民族伟大复兴的中国梦,提出了一系列富有创新精神和时代特征的观点和论述。这些发展创新,得到了民族工作部门和民族理论研究者的高度重视和积极响应,并从不同方面和层次展开了研究和探讨。

(一) 不同方面的肯定和认同

学者们普遍认为,十八大以来,以习近平同志为核心的党中央对党的民族工作理论与政策的发展创新,是我们党在新的历史条件下,与时俱进地把握新时代民族问题特点,适应民族团结统一发展规律,满足各族群众共同实现全面小康与全面推进现代化建设目标,实现中华民族伟大复兴中国梦的正确的行动指南。这是马克思主义民族理论中国化时代化的最新形态,是指导我们做好新时代民族工作的理论保障。

学者们从不同方面对十八大以来党的民族工作理论与政策发展创新成果的体现进行了探索和总结。王正伟把新时代党的民族工作理论与政策的发展创新概括为"九个第一次"。① 王怀强认为发展创新内容体现在"六个首次提出"。② 贺新元从七个方面探讨发展创新内容。③ 张丽红、金炳镐从不同层次对习近平民族工作思想的创新进行分析,阐述了宏观、中观、微观的民族工作方式、方法及与时俱进的民族工作新理念、民族工作新举措的实施。④ 郝时远也从立场、观点和方法三个方面,对习近平民族工作思想的创新进行梳理述论。⑤ 巴特尔认为,党的十八大以来,习近平多次就民族工作作出重要指示,形成了以"中华民族一家亲,同心共筑中国梦"为核心理念的民族工作思想理论体系。⑥ 国家民委党组从十二个方面对十八大以来民族工作理论与实践的新发展进行了全面细致的梳理。⑦ 尤权指出,新时代党中央因应国内国际形势发展变化,不断丰富和发展党的民族理论和民族政策,就民族工作作出一系列重大决策部署,推动我国民族团结进步事业取得

---

① 国家民委文化宣传司编:《中央民族工作会议重要文章评论集》,民族出版社2015年版,第54—55页。
② 王怀强:《十八大以来党的民族理论的若干创新》,《中国民族报》2015年11月20日,第5版。
③ 贺新元:《全面理解"中国特色解决民族问题的正确道路"》,《西藏研究》2015年第2期。
④ 张丽红、金炳镐:《全面系统地研究把握和阐释习近平民族工作思想——习近平民族工作思想研究系列论文之一》,《黑龙江民族丛刊》2016年第3期。
⑤ 郝时远:《习近平民族工作思想述论》,《中国民族报》2017年7月7日,第5版。
⑥ 巴特尔:《奋力实现中华民族一家亲,同心共筑中国梦——深入学习贯彻习近平总书记关于民族工作的重要论述》,《求是》2017年第9期。
⑦ 中共国家民委党组:《同心筑梦开新境,继往开来写华章——党的十八大以来民族工作理论与实践的新发展》,《求是》2017年14期。

新的历史性成就。脱贫攻坚战取得全面胜利。民族地区城乡面貌发生深刻变化。各民族交往交流交融更加广泛深入。各族人民凝聚力向心力极大增强。① 潘岳认为，习近平总书记在党的二十大报告中用"民族团结进步呈现新气象"对新时代党的民族工作发展创新的成就进行了高度肯定。"新气象"体现在新主线——确立了铸牢中华民族共同体意识这条主线；体现在新成就——实现了民族地区和全国一道打赢脱贫攻坚战、全面建成小康社会；体现在新任务——着眼推进中华民族共同体建设，为伟大复兴夯实基础；体现在新体制——明确国家民委归口中央统战部领导、在大统战工作格局下谋划推动民族工作；体现在新格局——构建了党委统一领导下的新时代党的民族工作格局，修订出台了国家民委"三定"规定，重塑了职能职责。②

（二）不同层次的研究和探讨

1. 党的民族及民族问题理论

民族及民族问题理论是党的民族工作思想体系的基础，是我们党结合不同时期民族工作形势和任务，对民族和民族问题发展规律和特点"是什么"和"为什么"这些重要和基础问题的思考和回答。十八大以来，以习近平同志为核心的党中央对党的民族及民族问题理论有了很多发展创新。这些基础理论创新，为习近平总书记关于加强和改进民族工作的重要思想奠定了坚实的价值观和方法论基石。

2022年中共中央统一战线工作部、国家民族事务委员会编的《中央民族工作会议精神学习辅导读本》中把"必须坚持正确的中华民族历史观"作为"十二个必须"的重要内容之一，突出强调了中华民族多元一体是我国的一个鲜明特征。③ 2015年国家民族事务委员会编的《中央民族工作会议精神学习辅导读本》中把"准确把握我国统一多民族国家的基本国情"放在开篇第一章的位置加以阐述。④ 国家民委民研室编写的《中央民族工作会议创新观点面对面》⑤和文宣司编写的《中央民族工作会议重要文章评

---

① 尤权：《做好新时代党的民族工作的科学指引——学习贯彻习近平总书记在中央民族工作会议上的重要讲话精神》，《求是》2021年第21期。
② 潘岳：《以党的二十大精神为指引，奋力推进铸牢中华民族共同体意识工作》，《机关党建研究》2022年第11期。
③ 中共中央统一战线工作部、国家民族事务委员会编：《中央民族工作会议精神学习辅导读本》，民族出版社2022年版，第13—16页。
④ 国家民族事务委员会编：《中央民族工作会议精神学习辅导读本》，民族出版社2015年版，第19—43页。
⑤ 国家民委民族理论政策研究室编：《中央民族工作会议创新观点面对面》，民族出版社2015年版，第1—6页。

论集》①中，也都有专章从把握和分析中华民族共同体和各构成民族两个层次及其相互关系上，对我国统一的多民族国家民族国情进行阐释的内容。李臻、金炳镐从中华民族命运共同体四个基本特征、中华民族多元一体三个辩证关系、中华文化的内涵、重要性及认同实现的途径和意义等三个方面梳理了习近平提出的关于中华民族的新论述。② 王希恩认为，"中华民族伟大复兴的中国梦"构成了中华民族及各构成民族共同的价值和利益认同。③ 丹珠昂奔强调，要从中华民族历史发展进程和多元一体格局纵横两个方面，把握中华民族命运共同体的内涵。④ 金炳镐主编的《民族理论前沿研究》结合习近平民族工作思想的新观点新论述，对当前民族和民族问题基础研究中的一些错误思潮和有害观点进行了有力的批驳。⑤

2. 中国特色解决民族问题正确道路

新时代对中国特色解决民族问题正确道路理论的创新和发展，主要体现在对"八个坚持"⑥等一系列新时代民族工作纲领基本内涵的阐释上和对道路自信的论述上，构成习近平总书记关于加强和改进民族工作的重要思想体系的理论支柱，又是联结基础理论与民族工作与政策实践的桥梁，是对马克思主义民族纲领的重大发展和理论创新。

国家民委党组的《新形势下做好民族工作的行动指南》⑦、国家民委编写的《中央民族工作会议精神学习辅导读本》⑧等，都对坚定不移走中国特色解决民族问题道路的必要性、基本内涵和工作要求进行了阐释和分析。郝时远认为，习近平从政治方向、制度设计、工作主题、精神纽带、民族关系等方面，深刻揭示了中国特色解决民族问题正确道路的政治原则。⑨ 毛公宁、金炳镐等学者结合当前民族理论研究中出现的与中国特色解决民族问题正确道路基本原则要求相抵触的错误思潮和倾向，论述了坚持这些政治原则的必要性和正确性。郝时远、朱伦、常士訚等学者从国家建构和民族政

---

① 国家民委文化宣传司编：《中央民族工作会议重要文章评论集》，民族出版社 2015 年版，第 7 页。
② 李臻、金炳镐：《习近平总书记关于中华民族的新论述初探》，《中央民族大学学报》（哲学社会科学版）2016 年第 1 期。
③ 王希恩：《民族理论大发展：有补白，更有深化》，《中国民族报》2015 年 3 月 13 日，第 5 版。
④ 丹珠昂奔：《坚持走中国特色解决民族问题的正确道路》，《中国民族》2015 年第 2 期。
⑤ 参见金炳镐主编：《民族理论前沿研究》，中央民族大学出版社 2014 年版。
⑥ 《中共中央、国务院印发〈关于加强和改进新形势下民族工作的意见〉》，《人民日报》2014 年 12 月 23 日，第 1、2 版。
⑦ 国家民委党组：《新形势下做好民族工作的行动指南》，《求是》2014 年第 15 期。
⑧ 国家民族事务委员会编：《中央民族工作会议精神学习辅导读本》，民族出版社 2015 年版。
⑨ 郝时远：《坚定不移走中国特色解决民族问题的正确道路》，《民族研究》2014 年第 6 期。

治发展角度,对中国特色解决民族问题正确道路理论的一些重大理论原则进行了概念解析、历史对比和实践考察。① 闵言平认为,在党领导中华民族共同体建设进程中,马克思主义民族工作纲领中国化创新发展,就集中体现在对该正确道路的探索上取得的重大成果,并在理论形态上取得了三次历史性飞跃的重大成果。②

3. 新时代民族工作理论与政策

新时代党的民族工作理论与政策的发展创新,主要包括了维护和实现民族平等、促进各民族团结统一、共同发展繁荣等方面的理论与政策,实质上是对党的民族事务治理能力和水平提升的全面要求。国家民委研究室编写的《新时代民族理论政策问答》③、《人民日报》、新华社的相关社论和评论员文章也对这些重要理论与政策进行了专题论述。民族理论学者们更对此从多方面进行了深入系统地研究和探索。

一是关于提高民族事务治理能力和水平。董强、金炳镐提出,民族地区要把握机遇,加快经济发展,加强基本公共服务能力建设,通过共同发展化解涉民矛盾纠纷,坚持教育与法制建设并举,打击"三股势力"。④ 贺金瑞认为,民族问题治理的实质,就是对当代中国边疆地区的民族问题治理。他还对治理的目标体系进行了系统论述。⑤ 王允武提出,民族事务法治化要求改进民族自治地方社会治理方式。⑥

二是关于各民族实现共同发展繁荣的全面小康社会建设以及在此基础上全面推进乡村振兴目标。郑长德、钟海燕提出了民族地区"十三五"时期实现全面建成小康社会奋斗目标的基本思路与政策建议。⑦ 刘小珉认为,贫困成因的多元,决定了反贫困战略和策略的多维与重点。⑧ 向玲凛、邓翔在肯定和考察以往反贫困成效基础上提出了相应的建议。⑨ 李豫新、张争

---

① 郝时远、朱伦、常士訚:《热话题与冷思考》,《当代世界与社会主义》2013年第5期。
② 闵言平:《坚持走中国特色解决民族问题的正确道路》,《中国民族》2020年第6期。
③ 参见国家民委研究室编:《新时代民族理论政策问答》,民族出版社2019年版。
④ 董强、金炳镐:《加强和改进新形势下民族工作的思考》,《贵州民族研究》2015年第8期。
⑤ 贺金瑞:《当代中国民族问题治理体系和治理能力现代化初探》,《中央民族大学学报》(哲学社会科学版)2014年第4期。
⑥ 王允武:《民族事务法治化:民族自治地方改进社会治理方式的可行路径》,《西南民族大学学报》(人文社会科学版)2014年第5期。
⑦ 郑长德、钟海燕:《"十三五"时期推进民族地区实现全面小康的基本思路与政策建议》,《西南民族大学学报》(人文社会科学版)2015年第1期。
⑧ 刘小珉:《民族视角下的农村居民贫困问题比较研究》,《民族研究》2013年第4期。
⑨ 向玲凛、邓翔:《西部少数民族地区反贫困动态评估》,《贵州民族研究》2013年第1期。

妍着眼于西部民族地区自我发展能力提升,提出加快发展的建议。① 贺卫光、尹伟先、祁进玉等学者通过田野调查,分析了全国不同民族地区实施乡村振兴战略的鲜活案例,总结其中的成功经验,分析存在的问题,从产业模式、资源禀赋、特色文化、乡村旅游等方面,提供了可供参考的众多乡村样本。②

三是关于完善民族政策,促进民族平等。雷振扬等著的《坚持和完善中国特色民族政策研究》围绕民族发展与民族政策的重大问题提出分析和对策。③ 胡彬彬认为,我国长期实施的民族优惠政策比所谓的"第二代民族政策",更具有价值伦理上的优越性和合理性,要结合民族地区"社会需要"进行调整和完善。④ 黄行结合新时期民族语言相关文件精神,对调整后的少数民族语言政策进行了归纳⑤;他还对民族地区的推广普通话政策进行了梳理与总结⑥。万明钢、周晓彤等学者认为,我国政府对民族教育的支持政策从身份优惠发展为精准差别化支持,是在时代变迁与社会进步中不断发展演进的。⑦ 民族教育差别化支持政策是党和国家根据特定地区、特殊问题、特别事项以及不同民族教育发展实际,缩小区域间公共教育服务差距的政治举措,意味着政策更加强调区域性、精准性,具有促进公平公正、增进共同性的意义。⑧

四是关于加强各民族团结统一工作。青觉、吴春宝认为,加强"人心政治"建设,是我国当前和今后民族工作的重中之重。⑨ 吴华敏提出,要从语言、空间、社会化、传统社群、族际人情交换、市场、职业、政治、文化、制度等方面构建民族团结纽带⑩。许宪隆、梁润萍认为,要及时消除和遏制那些导致"四个认同"趋弱的负面因素的影响。⑪ 闪兰靖、武晓亮强调,中华民族共

---

① 李豫新、张争妍:《西部民族地区自我发展能力测评及影响因素分析》,《广西民族研究》2013年第3期。
② 参见贺卫光、尹伟先、祁进玉:《民族地区发展与乡村振兴》,社会科学文献出版社2022年版。
③ 参见雷振扬等:《坚持和完善中国特色民族政策研究》,中国社会科学出版社2015年版。
④ 胡彬彬:《我国民族优惠政策的制度伦理分析》,《广西民族研究》2014年第2期。
⑤ 黄行:《当前我国少数民族语言政策解读》,《中南民族大学学报》(人文社会科学版)2014年第6期。
⑥ 黄行:《我国民族地区与时俱进的推普政策》,《云南师范大学学报》(哲学社会科学版)2022年第6期。
⑦ 万明钢、周晓彤:《从身份优惠到精准差别化支持——民族教育政策演变的内在逻辑》,《民族教育研究》2022年第4期。
⑧ 万明钢、杨金香:《新时代我国民族教育差别化支持政策价值分析》,《西南民族大学学报》(人文社会科学版)2022年第10期。
⑨ 青觉、吴春宝:《当前我国民族工作中的"人心政治"建设:意义、经验与路径》,《中央民族大学学报》(哲学社会科学版)2015年第3期。
⑩ 吴华敏:《浅论民族团结的十大纽带》,《中国民族》2015年第7期。
⑪ 许宪隆、梁润萍:《"四个认同"与中华民族凝聚力关联度研究》,《青海民族研究》2014年第1期。

同体意识是民族团结之本。①

五是关于城市民族工作。沈桂萍认为,当前城市民族工作需要对少数民族流动人员动态管理、就业规划与指导等问题给予特别关注。② 她提出,要从民族工作体系、从业结构等方面着力建构"嵌入式治理"的城市民族工作模式。③ 严庆认为,少数民族人口融入城市具有自身的规律和进程,并依赖于政策许可。④ 郑信哲提出,为了让少数民族人口顺利适应城市,需要从上到下各相关方的共同努力。⑤ 张继焦、孙梦华从"城市-民族""民族-城市""民族-民族"三个关系维度分析了城市民族工作与铸牢中华民族共同体的内在联系,并针对城市民族工作的未来发展方向提出建议。⑥

六是关于少数民族干部队伍建设。王苏敏等认为,要重视民族地区基层党建工作和少数民族干部队伍的培养。⑦ 王永才、田艳提出了扩大民族岗范围、加大培训和挂职锻炼力度等少数民族干部培养选拔措施。⑧ 龚志祥提出,要加大民族干部培养选拔力度,加强民族企业人才队伍建设等。⑨ 洪雷指出,习近平总书记关于民族干部工作的重要论述,是建设忠诚干净担当的新时代民族干部队伍的理论指南,要从时代维度、使命维度、实践维度、能力维度深刻领会新时代党对做好民族干部工作的新要求和重大意义。⑩

总之,近年对十八大以来党的民族工作理论与政策发展创新的研究成果非常丰富,但不足之处在于:一是民族及民族问题等基础理论研究缺乏原创性、系统性、深刻性;二是中国特色解决民族问题道路理论的研究,依然

---

① 闪兰靖、武晓亮:《中华民族共同体意识是民族团结之本》,《中国社会科学报》2022年10月19日,第8版。
② 沈桂萍:《当前城市民族工作需要特别关注的几个问题》,《四川省社会主义学院学报》2015年第1期。
③ 沈桂萍:《构建城市民族工作的"嵌入式治理"模式》,《湖南省社会主义学院学报》2015年第1期。
④ 严庆:《城市是民族工作的重要场域,城市民族工作是民族工作的重点》,《中国民族》2015年第3期。
⑤ 郑信哲:《论少数民族流动人口的城市适应与融入》,《中南民族大学学报》(人文社会科学版)2014年第1期。
⑥ 张继焦、孙梦华:《铸牢中华民族共同体意识与城市民族工作》,《民族学刊》2022年第5期。
⑦ 王苏敏、陆鹏、中和:《坚强的少数民族干部队伍是坚定坚持党的民族工作正确方向的保障》,《黑龙江民族丛刊》2015年第1期。
⑧ 王永才、田艳:《法治视域下民族干部选拔与培养的思考》,《贵州民族研究》2014年第3期。
⑨ 龚志祥:《少数民族干部队伍建设研究》,《湖北民族学院学报》2015年第5期。
⑩ 洪雷:《建设忠诚干净担当的新时代民族干部队伍——学习习近平总书记关于民族干部工作的重要论述》,《中南民族大学学报》(人文社会科学版)2022年第1期。

需要结合"八个坚持"等新时代民族工作纲领的基本内涵,对其发展创新马克思主义民族纲领的内容及其重大意义进行系统建构和探索;三是对党的民族工作理论与政策发展创新的相关研究上,还有待从丰富和发展马克思主义民族纲领的维护民族平等、促进团结统一、实现共同发展繁荣角度来全面系统地整合和提升。

三、研究思路和理论框架

深刻认识和正确把握十八大以来党的民族工作理论与政策全面丰富的发展创新成果,要求我们用马克思主义的严谨态度和科学方法来全面系统地考察和阐述"习近平总书记关于加强和改进民族工作的重要思想"的形成条件、理论基础、形成过程、理论体系和基本内容、历史意义及发展方向等一系列重大问题。

(一)历史条件和形成过程

1. 理论条件

该重要思想是在新的历史条件下对马列主义民族理论、毛泽东民族工作思想的继承和发展,是中国特色社会主义民族理论的最新形态,是对古今中外人类文明史上处理民族问题经验教训的正确总结和鉴别吸收的优秀成果。该重要思想与马列主义民族理论和毛泽东民族工作思想之间是既一脉相承又发展创新的关系。该重要思想作为中国特色社会主义民族理论的最新形态,当然也是其有机组成部分,是在中国特色社会主义民族理论已有成果基础上,对后者的继承、创新、丰富和发展。该重要思想具有马克思主义理论的开放性特征,是对古今中外人类文明史上处理民族问题经验教训的总结和吸收。

2. 实践条件

该重要思想是在中华民族伟大复兴事业进入关键时期、我国各族人民全面建成小康社会进入决胜收官阶段并在此基础上迈向全面建设社会主义现代化强国阶段、世界各国人民打造合作共赢的人类命运共同体进入重要进程的历史背景下,对民族工作面临的一系列挑战和机遇、困难和问题、道路和途径、重点和难点、保障和关键等重大问题的总结思考和展望回答。对这些重大问题的具体认识和实践把握,就要与中华民族伟大复兴的历史进程相联系,就要与全国各族人民全面建成小康社会及全面建设社会主义现代化强国的历史进程相联系,就要与当今世界百年未有之大变局下国际国内不同层次的民族共同体相互间及其内部纷繁复杂、深刻变化的政治、经济秩序相联系。对新时代我国民族工作的社会实践条件的认识和把握,就是对该重要思想形成的横向历史条件的全面考察和分析。

3. 形成过程

该重要思想是在以习近平同志为核心的党中央及其主要领导成员在十八大以后对民族工作和民族问题的不断探索和思考中逐步发展形成的。以习近平同志为核心的党中央主要领导成员多次到民族地区考察、调研,在与少数民族群众在田间地头拉家常、扶贫困的过程中,发现民族问题,并提出解决问题的思路、对策和重要论述。这样的理论形成过程也体现了其以人民为中心,为人民服务,从人民群众中来、从实践中来的民本特色和实践特征。

(二) 理论体系和基本内容

1. 主题概念和理论定位

习近平总书记关于加强和改进民族工作的重要思想,即十八大以来以习近平同志为核心的党中央坚持马克思主义民族理论基本原则,在继承和发展改革开放以来党的民族理论与政策的基础上,结合现阶段我国民族工作面临的新的形势、特点和任务,对如何正确认识我国统一的多民族国家民族国情,如何正确把握新时代民族问题的特点,如何进一步推动党的民族工作高质量发展,进而以铸牢中华民族共同体意识为主线,促进"中华民族一家亲,同心共筑中国梦"进行的系统、科学的思考和总结,体现为一系列富有创新精神和时代特征的观点和论述。这是我们党在新的历史条件下,对中国特色社会主义民族理论与政策的创新和发展,是当代中国的马克思主义民族理论,是指导我们做好新时代民族工作,铸牢中华民族共同体意识,凝聚和引领全国各族人民实现全面小康、现代化强国梦想与中华民族伟大复兴梦想的行动指南。2014年、2021年两次中央民族工作会议的胜利召开,是该重要思想从初步确立走向发展成熟的辉煌标志。

2. 理论体系与基本内容

该重要思想具有严密科学的逻辑体系结构:在基础理论层次上,坚持以历史唯物主义和辩证唯物主义为指导,致力于认清和把握新时代民族工作面临的基本国情和基本问题,为确立铸牢中华民族共同体意识的工作主线夯实理论基础;在民族纲领层次上,立足马克思主义民族纲领中国化时代化的要求,阐明新时代加强和改进民族工作的基本遵循——中国特色解决民族问题正确道路的基本内涵与基本经验;在工作重点和基本途径层次上,从政治制度、社会团结、全面小康与现代化建设、共同文化、工作未来和关键等不同角度具体探索新时代加强和改进民族工作的实践途径,阐明新时代民族工作实现高质量发展的新理念、新举措、新要求。这三个层次的体系结构又主要体现为以下八个方面的理论内容。

一是多元一体的民族国情论。认清中国统一的多民族国家的民族构成基本国情,是解决我国民族问题的前提。科学把握马克思主义民族定义并将之运用到对我国民族工作对象的正确认识上,就成为认识我国统一的多民族国家民族构成国情的基础性理论,同时也构成了习近平总书记关于加强和改进民族工作的重要思想的逻辑起点和价值原点。

二是统筹兼顾的民族问题论。民族问题是社会总问题的有机构成,在内涵上主要是指"一个发展,三个关系"的问题。习近平总书记对多元一体的民族构成国情以及从国际国内两个层次对中华民族及其构成民族的正确把握,极大地拓展了实现"两个一百年"奋斗目标进程中民族问题的研究对象和考察范围。只有在认清和把握现阶段我国民族问题性质和特点的基础上,结合新时代我国社会主要矛盾的重大变化对民族工作的实践要求,全面系统地把握解决民族问题的重要内容,统筹兼顾好民族工作中的重大关系和重要问题,才能与时俱进地确定新时代铸牢中华民族共同体意识的工作主线,才能开创、丰富和拓展中国特色解决民族问题正确道路。

三是中国特色的正确道路论。解决当代中国的民族问题,必须坚持中国特色解决民族问题正确道路。这条道路的基本内涵就是习近平总书记在2014年中央民族工作会议上强调的"八个坚持"、在2019年全国民族团结进步表彰大会上提出的"九个坚持"及在2021年中央民族工作会议提出的"十二个必须"。这些"坚持"和"必须",构成了新时代民族工作纲领的基本内容,本质上都是对党的民族政策成效的肯定和认同,是对党的民族工作经验的丰富和发展,是对党的民族问题理论的探索和创新,是对党的民族工作纲领理论的拓展和充实。

四是"源头""法治"的民族区域自治论。民族区域自治是解决我国民族问题的基本政治制度,具有鲜明的中国特色,是解决当代中国民族问题最实际、最可靠、最符合中华民族和各构成民族根本利益要求的制度安排。要以"三个不容"①的态度,坚决反对任何对该制度的质疑、动摇和削弱。要按照"两个结合""两个确保"的原则进一步发展和完善民族区域自治制度,进一步贯彻落实民族区域自治法。要把促进民族自治地方的经济发展和民生改善作为落实和考察该项制度实施效能的关键。

五是"生命"攸关的民族团结论。民族团结是我国各族人民的生命线,

---

① 国家民族事务委员会、中共中央文献研究室编:《民族工作文献选编(二〇〇三—二〇〇九年)》,中央文献出版社2010年版,第81页。

是实现中华民族伟大复兴的生命线，是做好民族工作的关键，也是我国社会主义民族关系的本质要求。加强中华民族大团结：必须善于做好群众工作，争取人心；必须促进各民族交往交流交融，创造各族群众共居、共学、共事、共乐的社会条件；必须创新民族团结工作的理念、载体和方式，加强促进民族团结的法治和制度保障，绵绵用力，久久为功；必须抓紧抓好少数民族代表人士和知识分子工作，抓紧抓好信教群众工作；必须坚定不移地反对两种民族主义。

六是"一个不少"的全面发展论。全面建成小康社会与全面推进现代化建设，在建设主体上，一个民族都不能少。实现中华民族伟大复兴和确保民族地区与全国其他地区一起如期全面建成小康社会、全面实现现代化，是新时代促进各民族共同发展繁荣的根本任务。要坚持以创新、协调、绿色、开放、共享的科学发展理念来统领和指导少数民族和民族地区发展，走出一条具有中国特色、民族地区特点的科学发展路子。要多方助力、内外合力、改革增力促进民族地区实现跨越式发展。

七是"五个认同"的共铸族魂论。民族工作要见物，更要见人。推进民族文化发展繁荣是民族发展的有机构成和重要内容，也是全面建成小康社会与现代化建设的重要方面和基本任务。中华文化是各民族文化的集大成。要以社会主义核心价值观为指引，促进各民族传统文化的创造性转化和创新性发展，在增强各族群众"五个认同"的基础上，推进中华民族共有精神家园建设，铸牢中华民族共同体意识。

八是"未来""关键"的民族工作论。首先，做好城市民族工作，才能赢得民族工作的未来。要大力促进城市民族事务治理现代化，通过治理途径和方式上的创新，实现"让城市更好地接纳少数民族，让少数民族群众更好地融入城市"①的治理目标和工作任务。其次，做好民族工作关键在党，关键在人。加强和改善党的领导是做好民族工作的根本保证。必须重视和加强少数民族干部队伍建设，重视民族地区基层组织建设，进一步完善民族工作领导体制和工作机制。

通过以上三个层次八个方面不同角度对习近平总书记关于加强和改进民族工作的重要思想体系的全方位、立体式、多层次、多方面的系统综合研究，我们可以对该重要思想的基本内容和体系逻辑构成有个比较详细、充分的认识和把握。

---

① 国家民委民族理论政策研究室编：《中央民族工作会议创新观点面对面》，民族出版社2015年版，第158页。

(三) 历史意义和发展方向

1. 历史意义

该重要思想的理论意义体现于其在马克思主义民族理论发展史上的地位。该重要思想是马克思主义民族理论与新时代党的民族工作实践相结合、与中华优秀传统文化相结合的辉煌成果,是马克思主义民族理论中国化时代化的最新成果,开辟了马克思主义民族理论中国化时代化的新境界,是中国特色社会主义民族理论的最新形态。该重要思想的实践意义主要是正确、科学、系统、全面地回答和阐明了如何把握我国统一多民族的民族国情,如何解决好新时代民族问题,如何做好新阶段民族工作等一系列重大问题,为新时代民族工作健康发展指明了方向和道路,也为世界其他多民族国家解决好民族问题提供了有益启示与可借鉴的参考途径。

2. 发展创新

推动该重要思想的发展创新,主要在以下方面加大探索力度:要大力推进少数民族和民族地区的跨越式发展;要结合实际不断促进少数民族文化改革和文化发展;要进一步坚持和完善民族区域自治制度;要坚决维护民族团结、社会稳定和祖国统一的大局;要重视和加强少数民族干部和人才的培养;要加强党对民族工作的全面领导;要在实现"两个一百年"奋斗历程中,以铸牢中华民族共同体意识为主线,统筹推进团结梦和发展梦。

3. 新要求

落实"四个全面"战略布局对民族工作的新要求,主要体现在:全面建成小康社会与推进现代化建设,开启各族人民团结一心实现中华民族伟大复兴新征程;全面深化改革,促进民族工作健康、持续、快速发展;全面依法治国,提高民族事务治理法治化的水平和能力;全面从严治党,加强和完善党对民族工作的领导。

四、主要研究方法

(一) 秉持历史唯物主义研究态度

列宁指出:"在分析任何一个社会问题时,马克思主义理论的绝对要求就是要把问题提到一定的历史范围之内;此外,如果谈到某一国家(例如,谈到这个国家的民族纲领),那就要估计到在同一历史时代这个国家不同于其他各国的具体特点。"[①]为此,就要全面考察以习近平同志为核心的党中央把马列主义基本原理与我国民族国情和时代特征相结合的历史要求,着重

---

① 《列宁选集》(第二卷),人民出版社2012年版,第375页。

于从宏观上把握新时代党的民族理论的发展脉络和基本内容。

（二）坚守辩证唯物主义的科学方法

坚守辩证分析的科学方法，就要致力于对习近平总书记关于加强和改进民族工作的重要思想的体系内容及其内在逻辑关联进行全面系统地分析和把握。探索并规范"习近平总书记关于加强和改进民族工作的重要思想"的科学内涵，把握十八大以来该思想成熟、完整的新体系框架，并对其思想体系的逻辑结构和基本内容分析论证。结合"两个一百年"进程中民族工作的实践要求，就党的民族理论体系发展创新的基本内容做出合乎逻辑的分析和归纳。

（三）坚持多学科综合创新的科研方法

主要立足于民族政治学和科学社会主义领域，同时广泛吸收和借鉴相关学科研究成果，找准多学科综合研究的结合点，增强理论研究方法的科学性和研究基础的广泛性，致力于理论创新。注重文献和实证材料的综合运用，在广泛收集相关文献资料，学习已有研究成果的基础上，通过对民族工作过程的实证分析，通过对相关民族问题客观情况的逻辑归纳，梳理出能够对习近平总书记关于加强和改进民族工作的重要思想实质与特点进行充分说明的相关论述。

第一章　习近平总书记关于加强和改进民族工作的重要思想形成的时代背景

党的十八大以来,中国特色社会主义在全面建成小康社会的决定性阶段,进入了从"富起来"迈向"强起来"的新时代。① 以习近平同志为核心的党中央高度重视民族工作,结合当前国际国内形势的重大变化,对党的民族工作理论与政策进行了全面的发展创新,指导新时代民族工作为实现中华民族"强起来"的伟大复兴目标做出凝心聚力、强魄健体、固基铸魂的重大贡献。

第一节　新时代的民族问题与民族工作

一个国家、一个民族要振兴,就必须在历史前进的逻辑中前进、在时代发展的潮流中发展。民族问题是社会总问题的重要组成部分,习近平总书记关于加强和改进民族工作的重要思想是习近平新时代中国特色社会主义思想在民族工作领域的体现和要求。

一、中国特色社会主义进入新时代

"中国特色社会主义进入了新时代"这一重大政治论断,彰显了以习近平同志为代表的当代中国共产党人与时代共进步的先进性本色,以及把握历史规律和发展趋势的高度自觉和高度自信。

（一）我国社会发展新的历史方位

习近平总书记在2021年中央民族工作会议上强调,必须从中华民族伟大复兴战略高度把握新时代党的民族工作的历史方位。在党的十九大报告中,习近平以历史唯物主义的深邃眼光回顾改革开放以来,特别是党的十八

---

① 李君如：《民族复兴与中国共产党》,中国方正出版社2018年版,第145页。

大以来,党和国家建设中国特色社会主义伟大事业的光辉成就,指出:"经过长期努力,中国特色社会主义进入了新时代,这是我国发展新的历史方位。"[1]他指出,改革开放以来,"我们党团结带领全国各族人民不懈奋斗,推动我国经济实力、科技实力、国防实力、综合国力进入世界前列,推动我国国际地位实现前所未有的提升,党的面貌、国家的面貌、人民的面貌、军队的面貌、中华民族的面貌发生了前所未有的变化,中华民族正以崭新姿态屹立于世界的东方"[2]。其中,党的十八大以来这五年的"成就是全方位的、开创性的,五年来的变革是深层次的、根本性的。……这些历史性变革,对党和国家事业发展具有重大而深远的影响"[3]。该重大政治论断,就是立足于改革开放以来,特别是党的十八大以来,中国特色社会主义事业取得的光辉成就和历史性变革基础上作出的,是根据在此基础上我国社会主要矛盾发生的阶段性的新变化作出的,是根据"两个一百年"奋斗目标的历史交汇期党和国家提出的新的奋斗目标作出的,也是根据国际环境正发生百年未有之大变局,而我国正处于从大国走向强国的关键时期作出的重大判断。

  党的十九大报告从五个方面深刻揭示新时代的内涵,指出:从历史发展的联系上看,这个新时代,是承前启后、继往开来、在新的历史条件下继续夺取中国特色社会主义伟大胜利的时代;从我们承担的历史使命看,这是决胜全面建成小康社会、进而全面建设社会主义现代化强国的时代;从我们要解决的社会主要矛盾看,这是全国各族人民团结奋斗、不断创造美好生活、逐步实现全体人民共同富裕的时代;从国家民族建设的角度看,这是全体中华儿女勠力同心、奋力实现中华民族伟大复兴中国梦的时代;从人类命运共同体角度看,这是我国日益走近世界舞台中央、不断为人类作出更大贡献的时代。[4] 党的二十大报告正是在全面把握新时代内涵的基础上指出,改革开放和社会主义现代化建设深入推进,书写了经济快速发展和社会长期稳定两大奇迹新篇章,我国发展具备了更为坚实的物质基础、更为完善的制度保证,实现中华民族伟大复兴进入了不可逆转的历史进程。[5] 在回顾新时代十年伟大变革的基础上,党的二十大报告指出这些巨大成就"在党史、新中

---

[1] 中共中央党史和文献研究院编:《十九大以来重要文献选编》(上),中央文献出版社 2019 年版,第 7 页。
[2] 同上。
[3] 同上书,第 6 页。
[4] 中共中央宣传部:《习近平新时代中国特色社会主义思想学习纲要》,学习出版社、人民出版社 2019 年版,第 15—17 页。
[5] 参见习近平:《高举中国特色社会主义伟大旗帜 为全面建设社会主义现代化国家而团结奋斗——在中国共产党第二十次全国代表大会上的报告》,人民出版社 2022 年版。

国史、改革开放史、社会主义发展史、中华民族发展史上具有里程碑意义"①。

(二) 新时代与社会主义初级阶段的关系

党的十八大以来,中华民族迎来了从站起来、富起来到强起来伟大飞跃的关键时期。在这令人振奋、催人奋进的历史背景下,中国特色社会主义进入了新时代,但党的十九大依然郑重重申,我国仍处于并将长期处于社会主义初级阶段的基本国情没有变,仍是世界最大发展中国家的国际地位没有变。

社会主义初级阶段是长期性与阶段性相统一的动态发展过程。新时代是社会主义初级阶段的新时代,是社会主义初级阶段历史长过程在当前呈现出的阶段性特征。我国社会主要矛盾的新变化,是在社会主义初级阶段历史进程中出现的新变化,并没有也不会改变社会主义初级阶段的性质。党的十九大报告要求,全党要牢牢把握社会主义初级阶段这个基本国情,牢牢立足社会主义初级阶段这个最大实际,牢牢坚持党的基本路线这个党和国家的生命线、人民的幸福线,领导和团结全国各族人民,以经济建设为中心,坚持四项基本原则,坚持改革开放,自力更生,艰苦创业,为把我国建设成为富强民主文明和谐美丽的社会主义现代化强国而奋斗。② 党的二十大报告在充分肯定党和国家事业取得举世瞩目成就的同时,特别强调我们必须清醒看到,我们的工作还存在一些不足,面临不少困难和问题,要求"我们始终从国情出发想问题、作决策、办事情,既不好高骛远,也不因循守旧,保持历史耐心,坚持稳中求进、循序渐进、持续推进"。③ 总之,经济建设依然是党和国家的中心工作,但更要注重提高发展质量和效率,更要注重全面发展和协调发展,更要注重以人为本的发展的公平性与合理性。

我们之所以强调要把中国特色社会主义新时代与社会主义初级阶段的发展定位和基本国情统一起来,是因为脱离社会主义初级阶段这个最大实际,在实践中就会吃苦头。脱离新时代社会主要矛盾的阶段性特征的发展变化,在工作中就会抓不住重点。

二、新时代社会主要矛盾与民族问题

抓住主要矛盾带动全局工作,是唯物辩证法的要求,也是我们党一贯倡

---

① 习近平:《高举中国特色社会主义伟大旗帜 为全面建设社会主义现代化国家而团结奋斗——在中国共产党第二十次全国代表大会上的报告》,人民出版社2022年版,第15页。
② 中共中央党史和文献研究院编:《十九大以来重要文献选编》(上),中央文献出版社2019年版,第9页。
③ 习近平:《高举中国特色社会主义伟大旗帜 为全面建设社会主义现代化国家而团结奋斗——在中国共产党第二十次全国代表大会上的报告》,人民出版社2022年版,第22页。

导和坚持的方法。推动党和国家事业不断向前发展,必须找准我国社会的主要矛盾。做好新时代民族工作,必须认识和把握好社会主要矛盾发展变化对我国民族问题的影响和要求。

(一) 新时代社会主要矛盾的发展变化

改革开放之后,党的十一届六中全会在对历史经验和我国国情作出科学分析的基础上,对党的八大关于社会主要矛盾的提法作了进一步概括,提出我国社会的主要矛盾是"人民日益增长的物质文化需要同落后的社会生产之间的矛盾"①。我们党根据该论断制定和坚持了正确的路线方针政策,推动中国特色社会主义事业取得巨大成就。经过改革开放40多年中国特色社会主义现代化建设事业的充分和深入发展,我国社会主要矛盾逐渐发生了重大变化。党的十九大报告明确指出:"我国社会主要矛盾已经转化为人民日益增长的美好生活需要和不平衡不充分的发展之间的矛盾。"②

实际上,进入21世纪以来,我们党就已经注意到我国社会发展出现了新的阶段性特征,党的十七大就提出来要研究这些新的阶段性特征。党的十九大之前,习近平在"7·26"重要讲话中,也要求我们去正确认识和把握我国社会发展新的阶段性特征。因为,经过40多年的改革开放和快速发展,我国生产力发展水平已经摆脱了过去欠发展的落后状态,人民群众的生活需求也基本上走出了物质贫乏带来的短缺困扰。但这不是说我们发展中的矛盾就不存在了,而是在新的基础上以新的冲突方式表现出来和存在发展着。十九大报告从人民需求状况与社会生产力发展两个方面来分析体现新的阶段性特征的社会主要矛盾的发展变化,指出:一方面,从人民需求角度来看,我国稳定解决了十几亿人的温饱问题,总体上实现小康,不久将全面建成小康社会,人民美好生活需要日益广泛,不仅对物质文化生活提出了更高要求,而且在民主、法治、公平、正义、安全、环境等方面的要求日益增长;另一方面,从社会生产发展角度来看,我国社会生产力水平总体上显著提高,社会生产能力在很多方面进入世界前列,更加突出的问题是发展不平衡不充分,这已经成为满足人民日益增长的美好生活需要的主要制约因素。发展不平衡,主要指各区域各领域各方面发展不够平衡,存在"一条腿长、一条腿短"的失衡现象,制约了整体发展水平提升。发展不充分,主要指一些地区、一些领域、一些方面还存在发展程度不足和质量不高的问题,发展的

---

① 中共中央党史研究室:《中国共产党的九十年》,中共党史出版社、党建读物出版社2016年版,第661页。
② 中共中央党史和文献研究院编:《十九大以来重要文献选编》(上),中央文献出版社2019年版,第8页。

任务仍然很重。发展是动态过程,不平衡不充分是永远存在的,平衡是相对的,但当发展到了一定阶段后不平衡不充分成为社会主要矛盾的主要方面时,就必须下功夫去认识它、解决它,否则就会制约发展全局的可持续性。

(二)新时代社会主要矛盾在民族问题上的体现

十九大报告指出,我国社会主要矛盾的变化是关系全局的历史性变化,对党和国家工作提出许多新要求。在2019年全国民族团结进步表彰大会上,习近平指出,"70年前,我国各族人民在中国共产党领导下,共同缔造了新中国",70年来,"少数民族的面貌、民族地区的面貌、民族关系的面貌、中华民族的面貌都发生了翻天覆地的历史性巨变"。① 站在这样的历史性巨变基础上,解决好新时代的民族问题,就要求我们在继续推动各民族共同繁荣发展的基础上,着力解决好发展不平衡不充分问题,大力提升发展质量和效益,更好地满足各族人民在经济、政治、文化、社会、生态等方面对日益增长的美好生活的需要,更好地推动人的全面发展、社会全面进步。

2014年中央民族工作会议指出,在发展社会主义市场经济和实行对外开放的历史条件下,我国的民族工作面临着"五个并存"的阶段性特征。② 这些特征,本质上都是新时代社会主要矛盾新变化在民族问题和民族工作上的反映和体现。

一是在民族发展问题上,主要体现为贯彻落实"两个共同"的民族工作主题和共同富裕的社会主义本质要求。

促进各族人民共建共享改革开放发展成果,全面建成小康社会与推进现代化建设,让各族人民都共同过上富足、文明、和谐、安康的幸福美好生活,是党和国家民族工作的最终指向和根本目标。"发展经济的根本目的就是让各民族群众过上好日子,这也是我们一切工作的出发点和落脚点","各民族都是中华民族大家庭的一份子,脱贫、全面小康、现代化,一个民族也不能少"。③ 这都彰显了中国共产党为各族人民谋幸福、为中华民族谋复兴的初心和使命,宣示了各族人民对美好生活的向往就是党的奋斗目标。

随着全面深化改革的推进,民族地区发展的内生动力不断被激发,特别是在我国新一轮的对外开放中,民族地区由对外开放的大后方变成了最前沿;但同时民族地区社会主义市场经济体制还不健全不完善,经济运行的市

---

① 习近平:《在全国民族团结进步表彰大会上的讲话》,人民出版社2019年版,第1—3页。
② 《中共中央、国务院印发〈关于加强和改进新形势下民族工作的意见〉》,《人民日报》2014年12月23日,第1、2版。
③ 《习近平:脱贫、全面小康、现代化,一个民族也不能少》,中国政府网,http://www.gov.cn/xinwen/2020-06/09/content_5518164.htm。

场化程度低,多数产业处于低端水平,市场竞争力和自我发展能力不强。民族地区受非均衡发展战略影响较大,发展基础薄弱,发展条件差,整体落后的状况仍然没有改变,与东部地区相比,民族地区增长速度虽然高,但由于基数小,总量差距还在扩大,发展质量的差距更大,民族地区成为国家实现全面建成小康社会的短板、重点和难点。与此同时,民族地区群众收入低,公共服务半径大,政府保基本兜底线的任务重。比如2013年义务教育巩固率只有86%,远低于全国平均水平,一些地区初中辍学率超过30%;医疗卫生服务体系还不完善,缺医少药、基层医疗卫生人才缺乏、看病难的问题还很突出。[①] 这些都体现了不平衡不充分的经济社会发展状况对少数民族和民族地区人民群众美好生活需要的困扰和冲突。

二是在民族与国家之间关系上,主要体现为各族人民对中华民族伟大复兴中国梦的认同和追求。

中国是一个统一的多民族国家,各民族在几千年交往交流交融的历史演进中发展壮大,共同缔造了稳定的中华民族共同体和统一的多民族国家形式。统一的多民族的中国就是中华民族共同体历史形成的国家形式和政治载体。以人民幸福、民族振兴、国家富强为基本内涵的中国梦就是各民族共同理想的集中体现。民族工作服务服从党和国家工作大局的目标任务,就是"中华民族一家亲,同心共筑中国梦"。各族人民在实现中国梦的过程中,共同创造中华人民共和国这个祖国母亲的伟大崛起,共同促进中华民族这个大家庭繁荣昌盛的伟大复兴。

经过改革开放以来40多年的高速发展,民族地区各族群众对美好生活的需要,不仅体现在对物质文化生活方面提出了更高要求,而且在国家安全、依法治国、公平正义等方面的要求也日益增长。其一,各族人民的平等地位和权利得到了切实保障。改革开放以来,民族地区经济社会的发展使各族人民逐渐摆脱了落后生产力基础上的贫困困扰,并在追求"富起来"的美好生活中,切实体会到中华民族大家庭一荣俱荣、一损俱损的命运共同体意识,深刻认识到国家好、民族好、大家才会好的朴素真理。其二,国内外涉及民族问题的负面因素和消极影响,对各族人民渴望党和国家依法治国、维护国家统一和民族地区安定团结局面的需求形成长期的冲突和潜在的威胁。一方面,从人民内部矛盾角度来看,在实现"富起来"过程中,由于受改革开放以来非均衡发展战略及市场经济的消极影响,导致少数民族和民族

---

① 国家民族事务委员会编:《中央民族工作会议精神学习辅导读本》,民族出版社2015年版,第59—60页。

地区在发展不充分基础上,还存在着民族性与社会性发展不平衡、中华民族共同体意识与各民族团结意识发展不充分的问题。这是新时代我国社会主要矛盾在民族团结进步事业上的体现与反映。另一方面,从敌我矛盾角度来看,伴随着中国综合国力的提升,西方敌对势力利用民族宗教问题对我实施扼制、西化、分化的图谋也在加剧,民族地区反分裂、反渗透的形势更为复杂。一些国家的民族问题成了"木马病毒",其发作的时间、方式、进程都受西方操控,以便其浑水摸鱼、乱中取胜。① 这两方面矛盾在一定条件下还存在相互影响、相互转化的可能,对其把握和处理的好坏程度,将直接影响到我们铸牢中华民族共同体意识的成效和中华民族伟大复兴事业的建设。

三是在民族与阶级之间关系上,主要体现为坚持和完善党对民族工作的领导。

政党政治是现代民族国家政治运行最基本的表现形式。现代民族国家要实现有效的政府治理,必须依靠和通过强力有效的政党领导。中国共产党的领导地位是在近百年艰苦卓绝的革命和建设进程中形成的,是在团结和带领各族人民为实现中华民族站起来、富起来、强起来的英勇奋斗实践中奠定的。党的领导是中国特色社会主义最本质的特征,是中国特色社会主义制度的最大优势。坚持党的领导是实现中华民族伟大复兴的根本保证,也是发展民族团结进步事业的根本保障。新时代,我们更要牢固树立"党政军民学,东西南北中,党是领导一切的"的政治意识。"党是领导一切的",当然包括党对民族团结进步事业的领导。2021年中央民族工作会议把"必须坚持党对民族工作的领导,提升解决民族问题、做好民族工作的能力和水平"②作为"十二个必须"之一加以强调。

改革开放以来,在党的领导下,少数民族和民族地区发生了日新月异的变化,与全国各族人民一起正朝着全面建成小康社会和实现中华民族伟大复兴的"两个一百年"奋斗目标大步前行。实践证明,各族人民对美好生活的向往和追求须臾也离不开党的坚强领导。但也必须清醒地看到,这方面我们党内还存在着与各族人民对美好生活的向往和需要不相适应的矛盾。一是还存在着对民族问题特征认识不清醒的状况。比如"那种把多民族、民族问题、少数民族当成'包袱'、'麻烦'和'外人',企图取消民族身份、忽略民族存在从而一劳永逸解决民族问题的想法是行不通的"③。二是还存在着

---

① 国家民族事务委员会编:《中央民族工作会议精神学习辅导读本》,民族出版社2015年版,第54页。
② 《习近平谈治国理政》(第四卷),外文出版社2022年版,第245页。
③ 丹珠昂奔:《沿着中国特色解决民族问题的道路前进》,《民族论坛》2014年第12期。

对民族区域自治政策和制度优势发挥不自信的状况。特别是某些严重受西方多元文化主义思想和公民权利至上思潮影响的专家学者,不顾党中央对这项制度"三个不容"的底线警告,颠倒黑白、混淆视听。三是还存在着对民族工作方法掌握不到位的情况。习近平指出,"群众路线是我们党的生命线和根本工作路线,是我们党永葆青春活力和战斗力的重要传家宝"①。这就要求我们要坚持以人民为中心的根本立场,切实践行好群众路线这个看家本领,切实解决以 GDP 论英雄的政绩观,切实解决地区发展和民生建设、民族团结"两张皮"的问题,切实解决某些具体民族政策与时俱进和精准施策问题。

四是在民族相互之间关系上,主要体现为在促进民族团结进步事业基础上,铸牢各民族人民的中华民族共同体意识。

中国的民族关系问题既包括了中华民族与其构成民族间的关系问题,也包括了各构成民族内部及其相互间的关系问题,集中体现为党和国家的民族团结进步事业。我国民族团结进步事业的发展赢得了各族人民的衷心拥护,取得了辉煌的成就,为改革开放以来创造经济快速发展与社会长期稳定两大奇迹提供了最基本的社会保障和政治条件。习近平指出:"新中国成立 65 年来,党的民族理论和方针政策是正确的,中国特色解决民族问题的道路是正确的,我国民族关系总体是和谐的,我国民族工作做的是成功的。"②他充分肯定"中华民族一家亲、同心共筑中国梦,这是新时代我国民族团结进步事业的生动写照,也是新时代民族工作创新推进的鲜明特征"③。这是对我国民族团结进步事业探索成就的高度肯定,是对我国社会主义民族关系发展成就的高度肯定,是对中国特色解决民族问题正确道路基本成就的高度肯定。

新时代各族人民对美好生活的向往和追求,就是要在实现全面建成小康社会的基础上,进一步实现中华民族"强起来"的伟大复兴目标。这是比中华民族在实现"站起来"和"富起来"目标时期的民族关系状况要求和标准更高、内涵更为丰富的民族发展品质和整体进步追求,是中华民族由"富起来"迈向"强起来"必不可少的精神要求、社会条件和政治基础。习近平提出,"民族团结是我国各族人民的生命线"④。实际上,以铸牢中华民族共同

---

① 中共中央宣传部:《习近平新时代中国特色社会主义思想学习纲要》,学习出版社、人民出版社 2019 年版,第 46 页。
② 国家民委民族理论政策研究室:《中央民族工作会议创新观点面对面》,民族出版社 2015 年版,第 151 页。
③ 习近平:《在全国民族团结进步表彰大会上的讲话》,人民出版社 2019 年版,第 2—3 页。
④ 兰红光:《中央民族工作会议暨国务院第六次全国民族团结进步表彰大会在北京举行》,《人民日报》2014 年 9 月 30 日,第 1、2 版。

体意识为灵魂工程的民族团结进步事业,就是中华民族实现伟大复兴的生命线。

三、解决好新时代民族问题的工作要求

改革开放以来,我们党总结历史经验,不断艰辛探索,终于找到了实现中华民族伟大复兴的康庄大道、人间正道——中国特色社会主义道路。中国特色解决民族问题的正确道路就是中国特色社会主义道路的有机构成部分,集中回答了我们这个统一的多民族的社会主义大国在推进现代化建设过程中,如何正确看待民族问题,怎样正确处理民族问题,是对我们党民族工作经验的丰富和发展。其主要目标是要通过实现民族平等、民族团结和共同发展繁荣来为本国现代化建设提供必要的发展助力和社会保障,从而使各族群众在共同发展繁荣的基础上,增强"五个认同"和"四个自信",铸牢中华民族共同体意识,增强中华民族的凝聚力和向心力,把各族人民紧紧团结凝聚起来,在党的领导下万众一心、群策群力为实现中华民族伟大复兴而奋斗。

十八大以来,新时代社会主要矛盾的发展变化,对我国民族问题形成全面、长期和根本性的影响。适应和满足各族人民日益增长的对美好生活的向往和需要,就要坚定不移地走以"八个坚持"等新时代民族工作纲领为主要内涵的中国特色解决民族问题的正确道路。"八个坚持"等新时代民族工作纲领的基本内涵,"集中回答了在我们这个统一多民族的社会主义大国,'如何正确看待民族问题,怎样正确处理民族问题'这个民族工作最根本最重大的问题,深刻解答了当前关于我们党民族理论政策最集中、最突出的思想困惑,是对我们党民族工作经验的丰富和发展"①,是马克思主义民族纲领理论中国化时代化的重大发展和理论创新,是指导党和国家解决好"两个一百年"奋斗目标进程中民族问题的唯一正确的道路。在2019年全国民族团结进步表彰大会上,习近平从总结新中国70年民族工作经验的角度提出了"九个坚持"②,在2021年中央民族工作会议上,他又从总结党的百年民族工作宝贵经验的角度概括了"十二个必须"③,这都是对该正确道路基本内涵的丰富与发展。

习近平强调,实现中华民族伟大复兴是十分伟大而又十分艰巨的事业,

---

① 国家民族事务委员会编:《中央民族工作会议精神学习辅导读本》,民族出版社2015年版,第52页。
② 习近平:《在全国民族团结进步表彰大会上的讲话》,人民出版社2019年版,第3页。
③ 《习近平谈治国理政》(第四卷),外文出版社2022年版,第244—245页。

需要全体中华儿女众志成城、万众一心,把一切力量都凝聚起来,把一切积极因素都调动起来,为了共同的目标不懈奋斗。① 中华民族是具有非凡创造力的民族。我们创造了独特而辉煌的中华文明,也一定能够继续在拓展和开创中国式现代化发展道路中,探索、坚持和完善好新时代中国特色解决民族问题的正确道路,在为世界其他发展中国家展现一条适合自己国情的非资本主义式现代化发展道路的同时,也展现一条具有中国特色的统一的多民族国家解决民族问题的正确道路。

第二节 "两个一百年"奋斗目标中的民族工作

中国特色社会主义的发展是阶段性和连续性的统一。民族工作服从和服务于不同阶段党和国家全局工作的总目标,就要领导和团结全国各族人民为不同时期具体发展目标的全面实现做出贡献。

一、"三步走"与"两个一百年"

把中国现代化建设的长期性与发展的阶段性相结合,科学划分发展阶段,始终做到分阶段、有步骤地推进社会主义现代化,这是我们党探索中国式现代化道路的一条成功经验,也是中华民族实现从站起来、富起来到强起来伟大复兴目标的历史经验和基本要求。

(一)"三步走"战略部署与中华民族"富起来"

1. "三步走"战略部署

新中国成立后,以毛泽东同志为核心的党中央团结和带领全国各族人民开始了中国社会主义现代化建设的新征程。1964年,周恩来总理在全国人大三届一次会议上提出了到20世纪末实现四个现代化的战略部署。改革开放以来,以邓小平同志为核心的党中央总结社会主义现代化建设的经验教训,逐步探索形成了我国现代化建设新的发展战略部署。党的十三大正式确定了我国到21世纪中叶现代化建设"三步走"发展战略。党的十五大对实现第三步战略目标作出进一步规划,提出了新的"三步走"发展目标。

2. 实现中华民族"富起来"的奋斗目标

改革开放初期,邓小平结合中国国情和社会发展进程,创造性地用"小

---

① 李学仁:《紧跟时代肩负使命锐意进取 为共同理想和目标团结奋斗》,《人民日报》2016年4月30日,第1版。

康"这个富有鲜明民族特色和悠久历史文化传统的词语来描述和界定中国式现代化的阶段性目标:"翻两番、小康社会、中国式的现代化,这些都是我们的新概念。"①1979年他在会见日本首相大平正芳时,首次提出小康目标:富裕不足,温饱有余。② 1987年,党的十三大把小康目标和基本实现现代化的目标连接起来,提出了"三步走"的战略规划。1990年,党的十三届七中全会审议通过的《中共中央关于制定国民经济和社会发展十年规划和"八五"计划的建议》对"小康"的内涵作了具体阐述:"所谓小康水平,是指在温饱的基础上,生活质量进一步提高,达到丰衣足食。这个要求既包括物质生活的改善,也包括精神生活的充实;既包括居民个人消费水平的提高,也包括社会福利和劳动环境的改善。"③在"三步走"战略规划前两步目标提前实现的基础上,1997年党的十五大对第三步战略目标进一步具体化,提出了未来50年建设小康社会和实现现代化的"小三步"阶段目标的战略规划,这也是我们党最初提出"两个一百年"的奋斗目标。

根据1995年国家计划委员会与国家统计局修改完成的全国人民生活小康水平基本标准,到2000年,除了农民人均纯收入、人均蛋白质摄入量、农村初级卫生保健基本合格以上县百分比等三项指标体系外,其他13项指标均完成或超额完成,全国小康实现程度为96%,人民生活总体上达到小康水平。党的十六大报告指出:"现在达到的小康还是低水平的、不全面的、发展很不平衡的小康。"④进入21世纪后,我们党又领导全国各族人民在总体小康的基础上开始解决"全面建设小康社会"的问题。党的十六大、十七大都把"全面建设小康社会"作为21世纪前20年党和国家的主要奋斗目标,提出了发展水平更高、内容更加全面、发展更加均衡的小康社会建设目标。经过十六大以来的十年发展,我国全面建设小康社会取得新进展,成功迈上了三个大的台阶。⑤ 在此基础上,党的十八大明确提出"确保到2020年实现全面建成小康社会宏伟目标"的新要求和新愿景。从"全面建设"发展到"全面建成",虽只"一字之差,却标志着全面小康社会建设进入冲刺阶段,也标志着全面建成小康社会成为现阶段实现国家富强、民族振兴、人民

---

① 《邓小平文选》(第三卷),人民出版社1993年版,第54页。
② 《邓小平文选》(第二卷),人民出版社1994年版,第237—280页。
③ 全国干部培训教材编审指导委员会组织编写:《全面建成小康社会与中国梦》,人民出版社、党建读物出版社2015年版,第34页。
④ 中共中央文献研究室编:《十六大以来重要文献选编》(上),中央文献出版社2011年版,第14页。
⑤ 即:社会生产力、经济实力、科技实力的大台阶;人民生活水平、居民收入水平、社会保障水平的大台阶;综合国力、国际竞争力、国际影响力的大台阶。

幸福的新目标"①。党的十九大向全党全国吹响了决胜全面建成小康社会,开启全面建设社会主义现代化国家新征程的号角。2021年7月1日,习近平在庆祝中国共产党成立100周年大会上庄严宣告:"经过全党全国各族人民持续奋斗,我们实现了第一个百年奋斗目标,在中华大地上全面建成了小康社会,历史性地解决了绝对贫困问题,正在意气风发向着全面建成社会主义现代化强国的第二个百年奋斗目标迈进。"②这是中华民族、中国人民和中国共产党在新时代取得的伟大成就!

(二)"两个一百年"奋斗目标与中华民族"强起来"

1. "两个一百年"奋斗目标

"两个一百年"奋斗目标,是世纪之交以江泽民同志为核心的党中央,在谋划如何逐步实现党的十三大提出的社会主义现代化发展的第三步战略目标时做出的重大战略决策。党的十五大提出:"在中国这样一个十多亿人的国度里,进入和建设小康社会,是一件有伟大意义的事情。"③这就明确提出了在完成"奔小康"的任务后还要有"建设小康社会"的构想。大会对如何实现第三步目标作出进一步规划,提出了新的"三步走"发展战略,即:新世纪第一个10年实现国民生产总值比2000年翻一番,使人民的小康生活更加宽裕,形成比较完善的社会主义市场经济体制;再经过10年的努力,到中国共产党成立100年时,使国民经济更加发展,各项制度更加完善;到下世纪中叶中华人民共和国成立100年时,基本实现现代化,建成富强民主文明的社会主义国家。④ 这是我们党正式提出"两个一百年"的奋斗目标。十六大报告进一步阐明了该奋斗目标战略决策的必要性:"这是实现现代化建设第三步战略目标必经的承上启下的发展阶段,也是完善社会主义市场经济体制和扩大对外开放的关键阶段。"⑤

党的十八大坚持一张蓝图绘到底,在提出"确保到2020年实现全面建成小康社会宏伟目标"⑥的新要求和新愿景的基础上,把实现社会主义现代化和中华民族伟大复兴作为建设中国特色社会主义总任务,明确了党

---

① 全国干部培训教材编审指导委员会组织编写:《全面建成小康社会与中国梦》,人民出版社、党建读物出版社2015年版,第40页。
② 《习近平谈治国理政》(第四卷),外文出版社2022年版,第3页。
③ 中共中央党校社科教研部:《高举邓小平理论的伟大旗帜》,红旗出版社1997年版,第45页。
④ 中共中央党史研究室:《中国共产党的九十年》,中共党史出版社、党建读物出版社2016年生版,第811页。
⑤ 《江泽民文选》(第三卷),人民出版社2006年版,第543页。
⑥ 中共中央文献研究室编:《十八大以来重要文献选编》(上),中央文献出版社2014年版,第13页。

和国家在整个社会主义初级阶段的奋斗目标。站在接续历史新的更高起点上,党的十九大围绕新时代实现中华民族伟大复兴新的历史使命,对新时代推进我国社会主义现代化建设作出新的顶层设计,提出分两步走在21世纪中叶建成社会主义现代化强国的战略安排,展现了实现中国梦的光明前景。①

2. 实现中华民族"强起来"的发展目标

党的十八大之后,习近平充分肯定,实现中华民族伟大复兴,就是中华民族近代以来最伟大的梦想。"这个梦想,凝聚了几代中国人的夙愿,体现了中华民族和中国人民的整体利益,是每一个中华儿女的共同期盼。"②

我国现代化建设的第三步战略目标,是从21世纪初期到中叶,用50年基本实现现代化,达到中等发达国家水平,实现中华民族伟大复兴。"富起来"是"强起来"的基础,没有全面小康的实现,现代化和民族复兴就无从谈起。全面建成小康社会,是实现我国社会主义现代化建设第三步战略目标的一个必经阶段,标志着我们向中华民族伟大复兴目标迈出至关重要的一步。这个成就的取得,标志着我们在新的历史起点上开启了中国特色社会主义现代化建设事业的新征程,也为中华民族伟大复兴中国梦的实现打下了扎实的历史根基。③

二、全面小康与现代化建设中的民族工作

党的十九大报告指出,中国特色社会主义进入新时代,我国社会主要矛盾已经转化为人民日益增长的美好生活需要和不平衡不充分的发展之间的矛盾。这是关系全局的历史性变化,对党和国家工作提出许多新要求。"小康"讲的是发展水平,"全面"强调的是发展的平衡性、协调性、可持续性。"如果到2020年我们在总量和速度上完成了目标,但发展不平衡、不协调、不可持续问题更加严重,短板更加突出,就算不上真正实现了目标,即使最后宣布实现了,也无法得到人民群众和国际社会的认可。"④民族地区和少数民族群众是全面小康与现代化建设中的重点、难点和短板。如果民族地区发展差距持续拉大趋势长期得不到根本扭转,就会造成心理失衡乃至民

---

① 中共中央宣传部:《习近平新时代中国特色社会主义思想三十讲》,学习出版社2018年版,第128—129页。
② 中共中央文献研究室编:《习近平总书记重要讲话文章选编》(内部发行),中央文献出版社、党建读物出版社2016年版,第19页。
③ 唐洲雁:《五中全会视野下的全面小康与现代化》,《东岳论坛》2015年第12期。
④ 《习近平谈治国理政》(第二卷),外文出版社2017年版,第78页。

族关系、地区关系失衡，就会形成民族问题的风险源并影响全面建成小康社会和现代化建设目标的实现。

党的十八大以来，以习近平同志为核心的党中央非常关心少数民族和民族地区发展，始终把少数民族和民族地区当成全面建设小康社会的短板和重点、难点来给予高度重视。总的来看，民族地区贫困面大、贫困程度深，困难群众多、群众困难多。全国14个集中连片特困地区，有11个在民族地区。2016年，民族八省区贫困人口、贫困村数量都占全国三分之一左右，还有四个省区贫困发生率超过10%，三个省区贫困人口数超过300万。因此，对于全国来说，要打赢脱贫攻坚战，实现全面建成小康社会，民族地区毫无疑问就是主战场和硬骨头。2013年，习近平也正是在民族地区调研时，首次提出"精准扶贫"理念，为脱贫攻坚提供了重要遵循。2015年，党中央、国务院在《关于打赢脱贫攻坚战的决定》（中发〔2015〕34号）中提出，重点支持民族地区、边疆地区、集中连片特困地区脱贫攻坚，对西藏、四省藏区和新疆南疆四地州实施特殊扶持政策。① 2018年，又在《中共中央国务院关于打赢脱贫攻坚战三年行动的指导意见》中明确提出把西藏、四省藏区、南疆四地州和四川凉山州、云南怒江州、甘肃临夏州（简称"三区三州"）作为深度贫困地区集中力量给予支持。② 这就是在全国层面上实事求是的"精准扶贫"，就是要打赢全面建成小康社会的攻坚战。如期打赢深度贫困地区脱贫解困这场攻坚战，就为中华民族全面建成小康社会提供了最基本最关键的保证。

2020年实现全面建成小康社会目标，我国国内生产总值和城乡居民人均收入要比2010年翻一番，产业结构向中高端水平调整，城市化发展进程加快推进。民族地区在国家和发达地区帮助下，也走出一条具有自己特点的小康建设道路，城乡各族群众普遍过上比较殷实富足的生活，各族人民间平等团结、互助和谐、守望相助的民族关系得到巩固和完善。这些伟大成就不仅为中国特色社会主义道路的先进性和优越性提供了充分证明，还为中华民族向心力凝聚力的提升奠定了坚实基础，为铸牢各族群众的中华民族共同体意识提供了强大助力和保障。这是中华民族复兴史上的伟大跨越，是中国共产党领导中国人民对社会主义和人类社会发展的伟大贡献。2021年，作为全面建成小康社会的底线任务，脱贫攻坚战的全面胜利标志着我们党在团结带领人民创造美好生活、实现共同富裕的道路上迈出坚实的一大

---

① 《中共中央国务院关于打赢脱贫攻坚战的决定》，《人民日报》2015年12月8日，第1版。
② 《中共中央国务院关于打赢脱贫攻坚战三年行动的指导意见》，《人民日报》2018年8月20日，第5版。

步。已经胜利完成脱贫任务的民族地区,正在切实做好巩固拓展脱贫攻坚成果同乡村振兴有效衔接各项工作,让推进全面现代化建设的基础更加稳固、发展成效更可持续。

三、实现中华民族伟大复兴进程中的民族工作

以中华民族伟大复兴梦想统领新时代民族工作,是指引我们沿着中国特色解决民族问题正确道路胜利前行的目标保障和价值灯塔。

中华民族一家亲,同心共筑中国梦。以习近平同志为核心的党中央提出了新时代实现中华民族伟大复兴中国梦的奋斗目标,指出这个中国梦是各民族共同的梦,也是各民族自己的梦。这样的共同梦想,最大限度地整合了各族群众的最大利益,凝聚了其对中华民族根本利益和中国人民长远利益的共同的价值认同。各族人民只要牢记使命,心往一处想,劲往一处使,13亿人的智慧和力量就能汇集起不可战胜的磅礴力量,中华民族的复兴梦想就一定能够实现。

实现中华民族伟大复兴是海内外中华儿女的共同梦想。香港、澳门、台湾都是祖国母亲不可分割的有机组成部分,"一国两制"的伟大构想已经在香港和澳门得到成功实践。台湾海峡两岸同胞只有摒弃党派、阶级和宗教、地域的争端,从中华民族整体利益高度把握两岸关系大局,共同积极为民族复兴贡献力量,共圆民族复兴梦想,才能共享民族复兴的巨大红利和光荣。心系祖国的广大海外侨胞是推进和实现中国梦的不可或缺的重要力量。习近平指出:"只要海内外中华儿女紧密团结起来,有力出力,有智出智,团结一心奋斗,就一定能够共同书写中华民族发展的时代华章。"[1]此处的"海内外中华儿女"包括全国各族人民、港澳台同胞、海外侨胞在内。

实现中华民族伟大复兴中国梦必须凝聚和依靠中国力量,即全国各族人民大团结的力量。以国家富强、民族振兴、人民幸福为目标的中华民族伟大复兴梦想,承载着百年以来中国共产党对中华民族追求和实现现代化目标的庄严承诺,也承载着各族人民对幸福美好生活的期盼和向往。"经过几千年的沧桑岁月,把我国56个民族、13亿多人民紧紧凝聚在一起的,是我们共同经历的非凡奋斗,是我们共同创造的美好家园,是我们共同培育的民族精神,而贯穿其中的、更重要的是我们共同坚守的理想信念。"[2]

---

[1] 中共中央宣传部编:《习近平总书记系列重要讲话读本(2016年版)》,学习出版社、人民出版社2016年版,第12—13页。

[2] 《习近平谈治国理政》(第一卷),外文出版社2018年版,第39页。

第三节　人类命运共同体建设与中华民族伟大复兴

世界眼光和战略思维是做好新时代民族工作必须具备的基本素质和工作要求。在十九大报告中,习近平向世界宣告:中国人民愿同各国人民一道,推动人类命运共同体建设,共同创造人类的美好未来!① 做好新时代民族工作,就"要使国家、民族的具体的原则、策略、理念行为统一于中华民族命运共同体和人类命运共同体建设的体系需求之内,使自身的发展更强劲、更健康、更文明,与世界的关系更和谐、更深沉、更长久"②。

一、百年未有之大变局与中华民族伟大复兴

(一)面对百年未有之大变局

在2019年的新年贺词中,习近平指出:"放眼全球,我们正面临百年未有之大变局。"③回顾过去,人类社会基于相互交往和普遍联系基础上的世界历史,是与资产阶级在打造现代民族国家的基础上开拓世界市场的历史同步进行的。社会化大生产基础上所要求的世界市场的统一性与资本主义私有制基础上建立的民族国家利益的排他性,使得资产阶级开创世界历史的历程始终伴随着血与火的洗礼,形成了资本主义生产方式在世界范围内的长期的压倒性优势,也造就了西方资本主义国家经济制度和政治文明排他性的优越感。历史没有也不可能终结于西方文明和资本主义制度。进入21世纪之后,世界上东西南北的力量对比和财富格局逐渐发生了根本性变化,这是"百年未有之大变局"在国际格局层面最为鲜明的特征。④

当前,世界一体化发展面临各种问题和挑战,经济全球化遭遇逆风,世界经济长期低迷,发展鸿沟日益突出,热点地区冲突频繁发生,恐怖主义、难民潮等全球性挑战此起彼伏,各种社会政治思潮交锋激荡。治理赤字、信任赤字、和平赤字、发展赤字,成为摆在全人类面前的严峻挑战。国际社会呼唤新的全球治理理念,需要构建新的更加公正合理的国际秩序,开辟人类更加美好的发展前景。习近平指出:"回首最近100多年的历史,人类经历了

---

① 习近平:《决胜全面建成小康社会,夺取新时代中国特色社会主义伟大胜利》,人民出版社2017年版,第60页。
② 丹珠昂奔:《高度重视"两个命运共同体"建设》,《中国民族报》2017年4月28日,第5版。
③ 《国家主席习近平发表二〇一九年新年贺词》,《人民日报》2019年1月1日,第1版。
④ 张蕴岭主编:《百年大变局:世界与中国》,中共中央党校出版社2019年版,第224页。

血腥的热战、冰冷的冷战,也取得了惊人的发展、巨大的进步。上世纪上半叶以前,人类遭受了两次世界大战的劫难,那一代人最迫切的愿望,就是免于战争、缔造和平。上世纪五六十年代,殖民地人民普遍觉醒,他们最强劲的呼声,就是摆脱枷锁、争取独立。冷战结束后,各方最殷切的诉求,就是扩大合作、共同发展。"①这个论断正确揭示了近百年来乃至于自资本主义生产方式开拓世界历史以来,世界人民对和平、发展、合作、共赢的强烈愿望和共同向往,深层次上也反映了人类社会在全球范围内用西方资本主义生产方式及建立于其上的形态各异的民族利己主义意识形态所无法解决的内在固有的矛盾和问题。

(二)在大变局中实现"强起来"

世界百年未有之大变局与中华民族伟大复兴事业在 21 世纪再次发生了历史性交汇。在本次百年巨变中,中华民族正以前所未有的主动性和积极性成为国际政治经济新秩序的倡导者,成为实现世界和平与共同发展的促进者,成为反对霸权主义和强权政治的坚定力量。从国际地位看,当代中国正处在从大国走向强国的关键时期,已不再是国际秩序的被动接受者,而是积极的参与者、建设者、引领者。这些重大变化,都需要从新的历史方位、新的时代坐标来科学认识和全面把握。

实现中华民族伟大复兴,既需要强大的物质力量,也需要强大的精神力量。党的二十大报告指出,物质贫困不是社会主义,精神贫乏也不是社会主义。党的十九大报告强调:"没有高度的文化自信,没有文化的繁荣兴盛,就没有中华民族伟大复兴。"②要提高民族工作外宣水平和能力,讲清楚中华民族在解决内部多元差异性与外部整体统一性之间矛盾的政治智慧,讲清楚中国民族区域自治制度所体现出的独特的共创共享共治的制度优势,"更应该发掘中国国家内部既具有多元性,又具有包容性的大一统结构"③,给促进世界治理的有效性和多元化提供丰富多彩的中国经验。

二、开创合作共赢的人类命运共同体建设

(一)人类命运共同体建设是中国梦的世界表达

1. 人类社会文明发展自为状态的客观存在方式

有学者指出,"人类命运共同体关键词是人类、命运、共同体——人类:

---

① 《习近平谈治国理政》(第二卷),外文出版社 2017 年版,第 537—538 页。
② 中共中央党史和文献研究院编:《十九大以来重要文献选编》(上),中央文献出版社 2019 年版,第 29 页。
③ 修远基金会:《新全球化时代与"人类命运共同体"》,《文化纵横》2015 年第 5 期,第 25 页。

超越国家身份,体现天下担当;命运:升级合作共赢,体现命运与共;共同体:超越地球村,树立大家庭意识,塑造共同身份"①。可见,人类命运共同体概念蕴含着两个最基本层次的共同体:"国家民族"②共同体及由国家民族构成的全人类共同体。③ 如果把"命运"一词定义为"指人的生命主体的过去和现在的际遇与赖以存在的生活环境的融实和合所形成的生命经历和生存状态的价值评价"④,那么以国家民族层次为基点,则可以把"人类命运共同体"定义为:指对国家民族共同的发展历程及当代发展实践中所形成的国家民族间相互关系现状及未来走向的判断和评价。如果仅仅从福祸同享、患难与共的角度来阐释人类命运的"共同性",那么作为一种自在状态的客观存在,人类命运共同体从人类在地球上存在时就始终存在着,因为地球就是我们共同的家园。如果把这种命运的"共同性"理解为人类在相互间的交流交往交融中形成的相互依存性,那么这种命运共同体实际上是人类社会文明发展的一种自为状态的客观存在,并且是以资本主义生产方式开拓世界市场为标志的。这种自为状态的人类命运的"共同性",就是《共产党宣言》中所讲的"资产阶级,由于开拓了世界市场,使一切国家的生产和消费都成为世界性的了"⑤。正是在这个意义上,人类命运的共同体性质才真正体现为世界意义上的人类共同历史。

2. 中华民族关于命运共同体的历史文化传统

人类命运共同体思想,不是偶然掉到中国人头上的"苹果",而是深深汲取了中华传统历史文化中"天下观"与"和文化"的思想精髓。中华传统文化中的"天下观"源远流长,内外一致、四海一家是其核心原则,万邦协和、世界大同是其终极目标。⑥ 这体现了中华民族传统文化基因中宽广博大的人类

---

① 王义桅:《人类命运共同体开创21世纪新文明》,《学习时报》2017年6月12日,第A2版。
② 国家民族(state nations),简称国族,是与民族国家这一政治共同体紧密连接的人们共同体。从其政治含义上看,它是(至少在名义上)执掌一国国家政权的全部民族(一个或多个)的统称;从其理想类型上看,它是与民族国家拥有生命边界的人们共同体,是拥有这个国家公民身份的人的总称。参见于春洋:《现代民族国家建构》,中国社会科学出版社2016年版,第82页。
③ 实际上,考察习近平总书记提出的"中华民族命运共同体""中巴、中国-东盟、中阿、中拉等命运共同体""亚洲命运共同体""人类命运共同体"等众多命运共同体概念,不难看出国家民族的命运共同体是构成国与国的命运共同体、区域内命运共同体、人类命运共同体的基石。参见周显信、罗馨:《习近平命运共同体思想的逻辑与路径》,《新华日报》2017年6月1日,第11版。
④ 张立文:《人类命运共同体的构建》,《光明日报》2017年5月15日,第15版。
⑤ 《马克思恩格斯文集》(第二卷),人民出版社2009年版,第35页。
⑥ 王存刚:《人类命运共同体理念引领人类文明进步方向》,《人民日报》2017年7月27日,第7版。

命运共同体意识和一视同仁的天下一家情怀。这种"天下观"与和而不同、和为贵等"和文化"有机结合,构成了中国人处理与外部世界关系的基本准则。"和平学之父"约翰·加尔通认为,中国以自己特有视角观察现实,阴阳平衡、尊重智慧、众生平等的理念被视为理所当然。在这种寻求和谐共存的世界观念中,不会出现当代西方关于"历史的终结"和"文明的冲突"的描述。① 这样的观念既体现在中华民族命运共同体建设的国家范围内,具体表现为中国特色解决民族问题正确道路的基本内涵上;也体现在中华民族共同体与其他国家民族共同体共享共建合作共赢的国际关系,具体表现为习近平提出的打造人类命运共同体的中国方案上。

(二)人类命运共同体建设的中国方案

当今世界百年未有之大变局孕育和呼唤着国际政治经济秩序的变革。这些全面深刻的变革不仅会催生新的发展机遇,还会使变革过程充满各种不确定因素的风险挑战。人类社会又一次站在十字路口。国家之间应该选择合作还是对抗?开放还是封闭?互利共赢还是零和博弈?正确回答这些问题,关乎各国利益,关乎人类前途命运。中国的判断是:"人类的命运从没有像今天这样紧密相连,各国的利益从没有像今天这样深度融合,和平、发展、合作、共赢的时代潮流不可阻挡。"②中国的作为是:始终高举和平、发展、合作、共赢的旗帜,坚定捍卫多边主义和国际规则,积极推动建设新型国际关系、构建人类命运共同体。

2017 年 1 月 18 日,习近平主席在联合国日内瓦总部的演讲中指出,人类正处在大发展大变革大调整时期。同时,也正处在一个挑战层出不穷、风险日益增多的时代。如何实现让和平薪火代代相传,让发展动力源源不断,让文明光芒熠熠生辉,"中国方案是:构建人类命运共同体,实现共赢共享"③。打造人类命运共同体,就是要秉持"和平、发展、公平、正义、民主、自由"的全人类的共同价值理念,在维护联合国宪章宗旨和原则基础上,团结各国人民共享共建一个持久和平、普遍安全、共同繁荣、开放包容、清洁美丽的新世界。其核心要义就是,世界命运应由各国共同掌握,国际规则应由各国共同书写,全球事务应由各国共同治理,发展成果应由各国共同分享。④ 为

---

① 国纪平:《为世界许诺一个更好的未来——论迈向人类命运共同体》,《人民日报》2015 年 5 月 18 日,第 1 版。
② 赫薇薇:《惟其勇毅笃行,方显英雄本色——2019 年上半年习近平主席引领中国特色大国外交开辟新境界》,《人民日报》2019 年 8 月 3 日,第 1 版。
③ 《习近平谈治国理政》(第二卷),外文出版社 2017 年版,第 539 页。
④ 王义桅:《人类命运共同体开创 21 世纪新文明》,《学习时报》2017 年 6 月 12 日,第 A2 版。

此,需作出以下努力:要超越社会制度和意识形态的差别,在国家和民族之间建立平等相待、互商互谅的伙伴关系;营造公道正义、共建共享的安全格局;谋求开放创新、包容互惠的发展前景;促进和而不同、兼收并蓄的文明交流;构筑尊崇自然、绿色发展的生态体系。① 人类命运共同体的价值理念和建设方案,超越了西方主流国际关系理论:它超越了推崇权力政治的现实主义无法避免的"修昔底德陷阱",超越了推崇国际制度的自由主义无法跨越的"金德尔伯格陷阱",也超越了建构主义的霍布斯文化、洛克文化无法摆脱的体现西方价值偏好的世界格局。②

三、人类命运共同体建设与民族工作

推进新时代民族工作高质量发展,要求我们要统筹把握好国际与国内两个大局、发展与安全两件大事,把中华民族共同体与人类命运共同体两个共同体的建设事业辩证统一于中国式现代化建设的伟大实践中,为世界发展中国家和多民族国家展现非西方的现代化发展道路和解决民族问题的正确道路。

(一)当代世界国际关系对中华民族伟大复兴的影响

1. 和平安宁的国际环境是中华民族实现伟大复兴梦想的必要条件

习近平在联合国大会上指出:"实现中国梦,离不开和平的国际环境和稳定的国际秩序,离不开各国人民的理解、支持、帮助。中国人民圆梦必将给各国创造更多机遇,必将更好促进世界和平与发展。"③这个论断正确揭示了中华民族伟大复兴的中国梦与各国人民和平发展的世界梦之间息息相通、互相支撑的紧密关系。中华民族共同体是人类命运共同体中负责任的基本成员,中国是世界和平与共同发展的倡导者、维护者和实践者,和谐稳定的国际关系是实现中华民族伟大复兴的必要条件,符合中国人民及世界各国人民的根本利益。这是从中华民族近代百年的发展历程中得出的基本启示:与中华民族在新中国成立前100年的苦难发展历程如影相随的是战火频仍的内部战乱和兵燹不断、外敌入侵的循环发生,这给中国人民带来了不堪回首的苦难,留下了刻骨铭心的记忆。"中国需要和平,就像人需要空气一样,就像万物生长需要阳光一样。"④这更是改革开放以来中国式现代

---

① 《习近平谈治国理政》(第二卷),外文出版社2017年版,第523—525页。
② 王存刚:《人类命运共同体理念引领人类文明进步方向》,《人民日报》2017年7月27日,第7版。
③ 《习近平谈治国理政》(第二卷),外文出版社2017年版,第525页。
④ 《习近平谈治国理政》(第一卷),外文出版社2018年版,第266页。

化建设的经验总结和实践要求。习近平强调:"中国要聚精会神搞建设,需要两个基本条件,一个是和谐稳定的国内环境,一个是和平安宁的国际环境。"①

从苦难中走来的中国共产党和中国各族人民,深知和平的珍贵与发展的价值,始终把促进世界和平与实现共同发展视为神圣职责,并在实践中提出了"一带一路"倡议,着力为世界各国人民打造"和平之路、繁荣之路、开放之路、创新之路、文明之路",提供可供搭乘的"快车""顺风车"。在"逆全球化"暗流涌动的形势下,中国始终坚持拥抱经济全球化并促使其带动各国和平发展、共享发展,成为推进人类命运共同体和平健康发展的"定海神针"。

2. 当代国际政治中的负面因素对中华民族伟大复兴的消极影响

习近平指出,中国经济总量经过30多年改革开放的快速发展已经位居世界第二。面对不断长大的中国块头,有些人开始担心,大肆宣扬"中国威胁论",甚至把中国描绘成一个可怕的"墨菲斯托",似乎哪一天中国就要摄取世界的灵魂。"尽管这种论调像天方夜谭一样,但遗憾的是,一些人对此却乐此不疲。这只能再次证明了一条真理:偏见往往最难消除。"②这些傲慢与偏见的错误根源,在于其思想水平已经远远落后于当今世界发展潮流的实践要求。"要跟上时代前进步伐,就不能身体已进入21世纪,而脑袋还停留在过去,停留在殖民扩张的旧时代里,停留在冷战思维、零和博弈老框框内。"③

当代国际政治中这些逆流而动的负面因素和"反动"思想,不仅对世界和平与发展事业形成最大威胁和破坏,也对中华民族伟大复兴事业产生消极影响。这主要体现在两个方面。一是从外部着手,制造和利用国际争端和冲突来拖延和阻碍中华民族伟大复兴的历史进程。进入21世纪,特别是党的十八大以来,某些西方国家为了维护自己日益衰落的世界霸权,鼓动中国周边国家利用领土争端或者其他莫须有的荒唐借口向中国发难,甚至不惜在中国周边国家和与中国有直接利益的国家制造动乱混乱。其险恶用心就是妄图阻碍中国式现代化建设的进程,拖延乃至打断中华民族实现伟大复兴的步伐,从而巩固和提升自己的世界霸权地位。二是从内部着手,打着"民族""宗教"的幌子与"自由""民主"的旗帜,进行破坏中国国家统一和民族团结进步事业的活动。在达赖喇嘛鲜红的袈裟后面、在乌鲁木齐"7·5"

---

① 《习近平谈治国理政》(第一卷),外文出版社2018年版,第266页。
② 同上书,第264页。
③ 同上书,第273页。

暴力犯罪事件幕后总指挥热比娅及形形色色宣扬"东突"思想的"三股势力"①身后、在香港反修例条例风波的"港独"势力和台湾谋求渐进式"台独"的分裂势力背后，总是少不了某些世界和地区性霸权主义国家罪恶的身影和黑手。

(二) 世界范围内国家民族建设对我国民族工作的影响

1. 当今世界在解决民族问题上没有包治百病的灵丹妙药

在当代民族国家的政治发展中，国家层次的民族共同体建设是一个普遍存在的世界性的共同难题。② 当今世界的2 500多个民族分布在200多个国家和地区，其中绝大多数国家都是多民族国家，都面临着如何在巩固和维护国家统一的国家民族建设目标与各民族平等、团结、发展的构成民族发展目标之间实现统筹兼顾、相互协调、互相促进的共同问题。正如郝时远先生指出的："毫无疑问，在以多民族国家为主体的世界国家格局中，国家民族（state nation）的整合、认同和少数群体（种族、民族、宗教、语言等少数）权利问题，仍是普遍存在的难题。在当今世界上的近200个国家中，绝大多数是多民族国家。在这些国家中，民族问题虽然表现不一，但是程度不同地存在是不争的事实。"③

那些诋毁乃至否认马克思主义民族理论优越性，宣扬马克思主义民族理论"不灵了"、中国特色社会主义民族政策"不行了"，鼓吹我们在民族政策上要"升级换代""学习西方"国家民族政策的人，没有看到也不愿意承认西方国家解决民族问题政策的根本局限性。实际上，从殖民主义、种族主义、同化主义政策的失败到国家一体化、多元文化政策的失效，从美国的印第安人保留地到夏洛茨维尔骚乱及"黑人的命也是命"（Black Lives Matter）运动，从加拿大魁北克到英国苏格兰、再到西班牙加泰罗尼亚的"独立"公投，甚至从非洲的部族仇杀到中东"阿拉伯之春"的政治动荡，无不昭示着马克思主义民族平等纲领原则的正确性和进步性，体现了其不仅在理论的历史价值上要远远高于西方国家提出和实践过的任何政策，而且在现实的实践

---

① 就是民族分裂势力、宗教极端势力、暴力恐怖势力，他们的目标就是把新疆从中国版图中分裂出来，建立所谓的"东突厥斯坦伊斯兰国"。参见吴福环：《新疆"三股势力"是各族人民的共同敌人》，《光明日报》2009年7月25日，第2版。

② "民族建设"（nation-building）也被译为"民族构建""民族国家建设"和"民族统一构设"等，指一个国家内部走向一体化，并使其居民成为一个民族的过程，近现代以来几乎每个国家都自觉不自觉地在进行着这个建设。参见王希恩：《全球化中的民族过程》，社会科学文献出版社2009年版，第80—81页。

③ 郝时远：《中华民族的伟大复兴——中国共产党民族理论与民族政策的理论性与实践性》，《云南民族大学学报》（哲学社会科学版）2011年第6期。

价值上也为西方国家形形色色的种族冲突、移民问题、同化问题甚至国际冲突问题作出了合理注解，指明了解决问题的根本方向。

为了坚定我们对中国特色解决民族问题正确道路的自信，消除错误认知造成的消极影响，以习近平同志为核心的党中央于2014年专门召开了中央民族工作会议。习近平指出："新中国成立65年来，党的民族理论和方针政策是正确的，中国特色解决民族问题的道路是正确的，我国民族关系总体是和谐的。"①这个重大判断，"不仅为中国民族工作确立了政治自信的底气，更重要的是揭示了如何认识中国、怎样观察中国的问题、怎么评判中国民族关系的思想方法"②。这也成为学习、理解和研究习近平总书记关于加强和改进民族工作的重要思想不可或缺的前提性和基础性内容。

2. 坚定对中国特色解决民族问题正确道路的自信

对外来优秀文化积极吸收和借鉴，是我们中华民族优秀的文化基因，也是保障我们民族文化得以生生不息的文化自觉传统。"佛自西方来"，却在中华大地上与藏族、汉族和南方各族的文化交流和碰撞中，形成了包括藏传佛教、汉地佛教和南传上座部佛教在内的形态丰富、博大精深的中华佛教文化。马克思主义民族理论也来自西方，却在中国共产党领导各族人民进行的革命、建设和改革开放事业中形成了内容丰富、特色鲜明的中国特色解决民族问题的正确道路。这条道路不是我们闭门造车与照搬照抄的产物，其所包含和体现的基本原则和精神充分体现了马克思主义中国化理论成果自身的开放性和时代性：不仅是对我们党百年民族工作经验的正确总结，更是对国际共产主义运动中各社会主义多民族国家在解决民族问题上经验教训的正确总结和借鉴吸收；不仅是对国家层次上的民族构建经验和教训的马克思主义总结，更是对由民族国家构成的人类命运共同体发展方向和发展道路提供的中国思考、中国智慧和中国启发。

中华民族是一个既已存在又尚在不断建设中的国家层次的民族共同体。前者体现在鸦片战争以后近代中国民主革命的历史中，中华民族已经完成自身的民族自觉过程，各族人民外求独立、内求平等的抗争也是中华民族实现整体自觉和国家凝聚的过程。后者体现在中华民族作为一个"国家民族"所需要的政治统一和文化认同都尚未完全实现，经济和社会建设也还在进行之中。③铸牢中华民族共同体意识的工作主线，还将始终贯穿于中

---

① 兰红光：《中央民族工作会议暨国务院第六次全国民族团结进步表彰大会在北京举行》，《人民日报》2014年9月30日，第1、2版。
② 郝时远：《习近平民族工作思想述论》，《中国民族报》2017年7月7日，第5版。
③ 王希恩：《增强文化认同是民族团结之本》，《中国民族报》2017年8月25日，第5版。

华民族伟大复兴事业的历史进程中。习近平强调:"铸牢中华民族共同体意识是新时代党的民族工作的'纲',所有工作要向此聚焦。"①毫无疑问,中华民族作为"国家民族"的民族共同体建设事业已经成为其自身伟大复兴事业的有机构成,而能够指导我们成功完成该建设事业的道路,就是中国特色解决民族问题的正确道路。无论何时,这条道路的社会主义属性和中国特色原则都是不能否认和无法忽视的根本底线,是观察和思考当代中国民族问题的根本出发点。我们要虚心学习借鉴人类社会创造的一切文明成果,但绝不能照抄照搬别国模式和道路,也绝不会接受任何外国颐指气使的说教。习近平告诫那些"以洋为尊""以洋为美""唯洋是从"的"慕洋派"们,跟在别人后面亦步亦趋、东施效颦,热衷于"去思想化""去价值化""去历史化""去中国化""去主流化"那一套,绝对是没有前途的!② 我们要在深入学习和把握习近平总书记关于加强和改进民族工作的重要思想的基础上,深刻领会中国特色解决民族问题正确道路的科学性和真理性,保持历史耐心和战略定力,坚定"四个自信",努力铸牢中华民族共同体意识,不断推进新时代民族工作高质量发展,争取为中华民族伟大复兴事业和人类命运共同体建设事业做出无愧于历史的贡献。

---

① 《习近平谈治国理政》(第四卷),外文出版社2022年版,第246页。
② 中共中央文献研究室编:《十八大以来重要文献选编》(中),中央文献出版社2016年版,第135—136页。

第二章　习近平总书记关于加强和改进民族工作的重要思想形成的理论条件

第一节　习近平总书记关于加强和改进民族工作的重要思想的理论来源——马列主义民族理论及毛泽东民族工作思想

中华先贤大儒朱熹在《观书有感》中悟道："问渠那得清如许？为有源头活水来。"①为习近平总书记关于加强和改进民族工作的重要思想提供蓬勃旺盛"源头活水"的根本理论源泉，就是马列主义民族理论和毛泽东民族工作思想。习近平强调："马克思列宁主义、毛泽东思想一定不能丢，丢了就丧失根本。"②他指出："从一定意义上说，掌握马克思主义理论的深度，决定着政治敏感的程度、思维视野的广度、思想境界的高度。"③在我们的学习和工作中，"忽视了马克思主义所指引的方向，学习就容易陷入盲目状态甚至误入歧途，就容易在错综复杂的形势中无所适从，就难以抵御各种错误思潮"④。

一、马列主义民族理论

马列主义民族理论是马列主义科学理论体系的重要组成部分，是马克思恩格斯、列宁等革命导师以辩证唯物主义和历史唯物主义的世界观和方法论揭示民族和民族问题发展规律的科学，是无产阶级政党制定民族政策、解决民族问题的指导思想和理论依据。

---

① 《朱子全书》（第二十册）：《晦庵先生朱文公文集》（一），朱杰人、严佐之、刘永翔主编，上海古籍出版社、安徽教育出版社2010年版，第286页。
② 《习近平谈治国理政》（第一卷），外文出版社2018年版，第9页。
③ 中共中央文献研究室编：《习近平总书记重要讲话文章选编》（内部发行），中央文献出版社、党建读物出版社2016年版，第339页。
④ 《习近平谈治国理政》（第一卷），外文出版社2018年版，第406页。

(一) 马克思主义民族理论的基本观点

1. 关于民族特征及其发展规律的理论

(1) 民族的特征：共同的地域、语言、经济和心理

正确把握"民族"概念，是马克思主义民族理论的基础。马克思恩格斯虽然没有明确界定民族概念，但他们都探索了民族应具备的基本特征。民族作为人们稳定的共同体，其主要特征是具有共同的地域、语言、经济和心理。马克思指出：语言、地域是民族的必备条件，"'民族'（nation）一词被人们用来称呼许多印第安部落，因为……各有其独特的方言和地域"①，"阿提喀的四个部落……操同一方言并占有一共同领域，它们已溶合为一个民族"②。恩格斯提出：部落联盟及后来这些部落联盟的融合，使"各个部落领土融合为一个民族[Volk]的整个领土"③。他还强调了地域、共同历史、经济条件作为民族特征对民族生存的重要性："民族生存的首要条件——众多的人口和整片的领土"④，民族"独立和维持生命力所必需的"是"历史、地理、政治和工业的条件"。⑤

(2) 民族的形成：民族形成的一般规律和特殊规律

马克思、恩格斯认为，民族是一个历史范畴，是人类社会发展到一定阶段的产物。他们根据形成过程的差异把民族分为原生形态和次生形态两种民族类型。"在马克思和恩格斯的民族理论中，'从部落发展成了民族和国家'所指的是人类社会发展史上最早出现的原生形态的民族，是指民族形成的一般规律和时间；资本主义上升时期形成民族所指的是民族形成后的发展过程中出现的次生形态的民族，是指民族形成的特殊规律和时间"。⑥ 前者即他们在《德意志意识形态》和《家庭、私有制和国家的起源》等著作中揭示的，在原始社会末期伴随着私有制、阶级和国家的出现而产生的，人类社会最初形成的原生形态民族的一般过程和一般规律；后者则是指他们在《共产党宣言》和《论封建制度的瓦解和民族国家的产生》等文章中分析的资本主义时期次生民族形成的特殊规律及其一般过程。

(3) 影响民族发展的因素：民族生产力水平、民族同化、政治因素

马克思、恩格斯指出："不仅一个民族与其他民族的关系，而且这个民族

---

① 《马克思恩格斯全集》（第四十五卷），人民出版社1985年版，第426页。
② 同上书，第495页。
③ 《马克思恩格斯选集》（第四卷），人民出版社2012年版，第180页。
④ 《马克思恩格斯选集》（第一卷），人民出版社2012年版，第637页。
⑤ 《马克思恩格斯全集》（第六卷），人民出版社1961年版，第328页。
⑥ 金炳镐：《民族理论通论》，中央民族大学出版社1994年版，第57页。

本身的整个内部结构都也取决于自己的生产以及自己内部和外部的交往的发展程度。一个民族的生产力发展的水平,最明显地表现于该民族分工的发展程度。"①这说明一个民族要进入先进民族行列,就必须发展生产力、促进社会分工和内外部交往。这些因素不仅是一个民族内部社会结构和自身发展的问题,从横向来看,又是与其他民族形成相互影响和决定的关系的因素。特别是对于现代民族而言,"新的工业的建立已经成为一切文明民族的生命攸关的问题"②。因为,"正如一切都已成为垄断的,在现时,也有一些工业部门支配所有其他部门,并且保证那些主要从事这些行业的民族统治世界市场"③。

马克思对影响民族发展进程的自然同化规律也做了探讨,指出:"野蛮的征服者,按照一条永恒的历史规律,本身被他们所征服的臣民的较高文明所征服。"④可见,"民族自然同化是在民族发展过程中一定范围和程度上自然地、自由地发生的必然现象,是有利于民族的交往和接近的历史发展中的进步现象"⑤。

恩格斯在研究次生民族形成情况时,发现除经济原因外,政治因素作用也有逐渐增大的趋势:"政治上形成的各个不同的民族大都在其内部有了一些外来成分。"⑥资产阶级民族国家对民族形态的形塑作用比以前任何时代都更加突出。"王权依靠市民摧毁了封建贵族的权力,建立了巨大的、实质上以民族为基础的君主国,而现代的欧洲国家和现代的资产阶级社会就在这种君主国里发展起来。"⑦这揭示了在资产阶级革命进程中,西欧现代民族国家的建立过程与资产阶级民族的形成过程间相互支撑、相互影响甚至于相互塑造的关系。

(4)民族的消亡:民族将在共产主义的一定阶段自行消亡

恩格斯在《共产主义信条草案》和《共产主义原理》中阐明了在共产主义阶段各民族在公有制基础上通过民族融合走向民族消亡的一般规律。"按照公有制原则结合起来的各个民族的民族特点,由于这种结合而必然融合在一起,从而也就自行消失,正如各种不同的等级差别和阶级差别由于废除

---

① 《马克思恩格斯选集》(第一卷),人民出版社2012年版,第147页。
② 同上书,第404页。
③ 同上书,第374页。
④ 同上书,第857页。
⑤ 金炳镐:《民族理论通论》,中央民族大学出版社1994年版,第151页。
⑥ 《马克思恩格斯全集》(第二十一卷),人民出版社2003年版,第176页。
⑦ 《马克思恩格斯选集》(第四卷),人民出版社2012年版,第846页。

了它们的基础——私有制——而消失一样。"①在《共产党宣言》中,马克思恩格斯进一步阐明:各民族走向消亡的必要条件还需要经济社会条件上的世界经济的一体化发展以及与之相适应的各民族生活条件的趋于一致等因素完美结合所形成的合力。

2. 关于民族问题的理论

(1) 民族问题是社会总问题的一部分

马克思在《论犹太人问题》中指出:政治解放(完成资产阶级革命)的国家,是不能彻底解决民族问题的;只有依靠全人类的最后解放,即消灭阶级剥削和阶级压迫,才能彻底解决民族问题。在《共产党宣言》中,马克思恩格斯提出:在阶级社会,民族问题从属于阶级问题;民族问题的解决要服从于工人阶级反对资产阶级的斗争,服从于社会主义革命胜利的思想。

(2) 在阶级社会,阶级剥削和压迫是民族剥削和压迫的主要根源

马克思恩格斯认为,在阶级社会,民族剥削和压迫以及各民族间的敌对关系,从根本上是由于阶级剥削压迫造成的。只有消灭了阶级对阶级的剥削压迫,才能消灭民族对民族的剥削压迫。他们指出:"现存的所有制关系是一些国家剥削另一些国家的条件。"②所以,"人对人的剥削一消灭,民族对民族的剥削就会随之消灭。民族内部的阶级对立一消失,民族之间的敌对关系就会随之消失"③。

(3) 关于被压迫民族解放斗争的理论

马克思恩格斯非常同情被压迫民族遭受的残酷剥削和压迫,肯定其解放斗争的正义性和必然性。他们肯定了第二次鸦片战争中中国人民反抗英国入侵斗争的正义性,支持印度人民反抗英国侵略者的正当权利,支持波兰和爱尔兰"不仅有权利,而且有义务在成为国际的民族以前先成为国家的民族"。④ 他们还从被压迫民族解放与民族民主革命及无产阶级革命相联系的角度对民族解放斗争的必要性做了充分论述。他们把被压迫民族的解放斗争看成是无产阶级天然的同盟者,但却并不是笼统地支持一切民族运动,而是依据民族运动是否符合社会发展规律的要求和历史前进的方向,是否符合一般民主的利益,特别是是否有利于无产阶级革命的根本利益的标准,提出了区别两种民族和民族运动的问题。"当时,无论从历史的和政治上来

---

① 《马克思恩格斯选集》(第一卷),人民出版社 2012 年版,第 899 页。
② 同上书,第 313 页。
③ 同上书,第 419 页。
④ 《马克思恩格斯文集》(第十卷),人民出版社 2009 年版,第 473 页。

说,这种区分和区分的标准都是有根据的、正确的"。①

3. 关于无产阶级民族纲领的基本原则

(1) 提出无产阶级的民族平等、团结的原则

马克思恩格斯认为,一切民族都是平等的,不同民族只有社会发展阶段或水平的差异,而没有先天优劣的区别。民族不论大小,都各有其长处和短处,都对人类文明的发展和世界文化宝库做出过自己的贡献,因而都应处于平等的地位。恩格斯还分析了无产阶级与资产阶级民族平等观的不同:"平等应当不仅仅是表面的,不仅仅在国家的领域中实行,它还应当是实际的,还应当在社会的、经济的领域中实行。"②他们认为,民族平等是各国无产阶级团结合作的基础和前提,只有消灭民族压迫,恢复欧洲各民族的独立和统一,才能实现各民族的平等和团结。

(2) 坚持单一而不可分的民主共和国的国家结构形式

马克思恩格斯十分重视无产阶级革命胜利后采取何种国家结构形式的问题。他们对单一而不可分的民主共和国、联邦制、自治制等进行了历史地、辩证地研究和探讨,衡量了其对无产阶级和被压迫民族的利弊。

他们多次提出和论述了建立单一而不可分的民主共和国的思想。他们认为,要建立民族的统一,就必须废除资产阶级的官僚集权制,按照无产阶级的民主集中制的原则,借助巴黎公社制度,来组织民族的统一,建立统一的全国政权。他们强调:"民主共和国甚至是无产阶级专政的特殊形式。"③马克思恩格斯一贯反对国家的分裂、割据,认为大国比小国有许多优点。他们提出民族分离权的根本目的,是为了在各民族自由平等的基础上实现真正的自愿联合而不是强迫联合。

马克思恩格斯坚持民主集中统一的共和国的观点,但并没有完全否定联邦制。他们认为联邦制共和国作为一种例外,是在一定的特殊条件下向前迈进的一步。作为例外的联邦制,有一定的合理性,但总的说来,由于它容易造成各地区的分散、孤立、分裂和割据,不利于各民族的交往,不利于整个国民经济的发展。马克思恩格斯还谈到自治制和集中制的关系。他们虽然坚决主张国家的集中统一领导,但也丝毫不排斥广泛的地方自治。认为,可以把两者统一起来,既要坚持国家的集中统一领导,又要充分发挥地方政权的积极性;既要集中制,又不要官僚制。

---

① 金炳镐:《民族理论通论》,中央民族大学出版社1994年版,第181页。
② 《马克思恩格斯选集》(第三卷),人民出版社2012年版,第484页。
③ 《马克思恩格斯选集》(第四卷),人民出版社2012年版,第294页。

(3) 坚持无产阶级国际主义与爱国主义相统一的原则

坚持无产阶级国际主义与爱国主义相统一的原则,是马克思恩格斯提出的无产阶级政党处理民族问题的一项基本原则。他们在《共产党宣言》中把此原则看作是同一问题辩证统一的两个方面。其内容概括地讲就是:首先,在资本统治下,工人没有祖国,决不能剥夺他们所没有的东西。所以,无产阶级应该从本阶级跨越国界的根本利益出发,根据无产阶级世界革命的总要求来对待民族问题,实现"全世界无产者,联合起来"的号召是无产阶级获得解放的首要条件之一;其次,无产阶级要"上升为民族的阶级",即首先要通过民族运动和社会主义运动在本民族取得政治统治,把自己组织成为本民族健康成分和根本利益的真正代表。这两方面辩证统一关系就在于:前者是后者的外部条件,后者是前者的内部根据。如果没有无产阶级的国际主义,那么他们分散的斗争就会落得共同的失败;而如果"不恢复每个民族的独立和统一,那就既不可能有无产阶级的国际联合,也不可能有各民族为达到共同目的而必须实行的和睦的与自觉的合作"①。

(4) 关于压迫民族无产阶级自身解放的首要条件

马克思恩格斯认为,压迫其他民族的民族是不能获得解放的、不能自由的。他们在研究爱尔兰问题和波兰问题时,深刻阐明:"压迫民族的无产阶级要想取得无产阶级革命的胜利,首先要取得'自身解放的首要条件','第一个条件'——解放被'本民族'奴役的殖民地半殖民地的被压迫民族。如不这样,压迫民族统治阶级力量的直接削弱、机会主义对工人运动影响的消除、无产阶级自身队伍中思想障碍的克服、无产阶级革命斗争新的高涨的机会的到来,都是不可能的。"②他们还从更广阔的世界革命的意义上把无产阶级的解放与被压迫民族的解放统一起来,确定了无产阶级支持和帮助被压迫民族的基本原则。马克思指出:"无产阶级对资产阶级的胜利同时就是一切被压迫民族获得解放的信号。"③恩格斯晚年更深刻地指出,无产阶级要支持和引导被压迫民族走向独立,还要容许他们探索自己的革命道路,"胜利了的无产阶级不能强迫他国人民接受任何替他们造福的办法,否则就会断送自己的胜利"④。

---

① 《马克思恩格斯选集》(第一卷),人民出版社2012年版,第397页。
② 金炳镐:《民族理论通论》,中央民族大学出版社1994年版,第308页。
③ 《马克思恩格斯选集》(第一卷),人民出版社2012年版,第314页。
④ 《马克思恩格斯选集》(第四卷),人民出版社2012年版,第548—549页。

(二) 列宁主义民族理论的发展创新

1. 关于民族及民族问题的基本理论

(1) 提出了完整的马克思主义民族概念

列宁认为近现代民族是社会发展的资产阶级时代的必然产物和必然形式。他结合资本主义民族的形成过程指出,民族特征应当包括"语言和地域。主要的(经济特征)。历史性质"①。这些都是确立一个民族所必需的和不可缺少的主要因素。除去上述经济、地域、语言三个最主要的因素之外,其他一些因素如民族国家的存在,阶级的作用,文化、心理的共同特征等,也在民族的形成过程中起着不可忽略的作用。② 在此基础上,斯大林在1913年的《马克思主义与民族问题》一文中,首次完整定义了马克思主义的民族概念,"民族是人们在历史上形成的一个有共同语言、共同地域、共同经济生活以及表现于共同文化上的共同心理素质的稳定的共同体"③。斯大林的民族定义,从总体上说是针对近代发育成熟的资本主义民族,但是该定义的基本内涵对考察前资本主义民族形态,把握其与现代民族形态的区别和联系依然具有不可忽视与低估的理论价值。

(2) 各民族由消除相互间隔离状态走向接近与融合的过程

民族作为一个历史范畴,有其产生和消亡的历史条件和过程。列宁指出:"社会主义的目的……要使各民族融合。"④他认为"各民族融合",是要在消灭了"人类分为许多小国的现象"以后才能实现的,因为民族差别"就是无产阶级专政在全世界范围内实现以后,也还要保持很久很久"⑤。斯大林指出:"列宁不是把民族差别消亡和民族融合的过程归入社会主义在一个国家内胜利的时期,而是仅仅归入无产阶级专政在全世界范围内实现以后的时期,就是说,归入社会主义在一切国家内胜利的时期即世界社会主义经济基础已经奠定的时期。"⑥

(3) 资本主义发展过程在民族问题上有两个历史趋向

列宁对资本主义条件下的民族问题发展规律进行了探索,他认为"发展中的资本主义在民族问题上有两种历史趋势。民族生活和民族运动的觉醒,反对一切民族压迫的斗争,民族国家的建立,这是其一。各民族彼此间

---

① 华辛芝:《列宁民族问题理论研究》,内蒙古人民出版社1987年版,第16页。
② 同上。
③ 《斯大林全集》(第二卷),人民出版社1953年版,第294页。
④ 《列宁全集》(第二十七卷),人民出版社2017年版,第258页。
⑤ 《列宁选集》(第四卷),人民出版社2012年版,第200页。
⑥ 《斯大林全集》(第十一卷),人民出版社1955年版,第198页。

间各种交往的发展和日益频繁,民族隔阂的消除,资本、一般经济生活、政治、科学等等的国际统一的形成,这是其二。这两种趋势都是资本主义的世界性规律。第一个趋势在资本主义发展初期是占主导地位的,第二种趋势标志着资本主义已经成熟,正在向社会主义社会转化。马克思主义者的民族纲领考虑到这两种趋势,因而首先要维护民族平等和语言平等,不允许在这方面存在任何特权(同时维护民族自决权……),其次要维护国际主义原则,毫不妥协地反对资产阶级民族主义(哪怕是最精致的)毒害无产阶级"①。民族问题的两种趋势在资本主义制度下是对立的。因为它无法消除民族压迫和民族剥削,即使在资本主义上升时期也是如此。列宁指出:"民族国家无疑是保证资本主义发展的最好的条件。这当然不是说,这种国家在资产阶级关系基础上能够排除民族剥削和民族压迫。"②

2. 关于俄国无产阶级革命的民族纲领和民族政策的理论

(1) 全面论述了民族自决权问题

列宁结合帝国主义时代民族运动的实践,科学界定了民族自决权的含义:"所谓民族自决,就是民族脱离异族集合体的国家分离,就是成立独立的民族国家。"③无产阶级承认民族自决权的真正意义是表明坚决反对一切民族压迫,根本目的完全是为了使各民族在民主和社会主义基础上自愿联合起来,从而为他们争取社会主义的斗争扫清道路。列宁强调,不能将承认民族自决权和实现分离画等号,不能把承认民族自决权与某一个民族实行分离是否适当的问题混淆起来。他指出,"我们应当使民族自决的要求服从的正是无产阶级阶级斗争的利益"④,"因为在觉悟的工人看来,任何民主要求(其中也包括自决)都要服从社会主义的最高利益"⑤。

(2) 进一步阐明了民族平等、团结、联合的原则

列宁批判了资产阶级民主对于民族平等的抽象的形式主义的提法,并且用实际的革命内容来充实这个口号。首先,强调要在俄国实现各民族一律平等,把全体公民不分性别、宗教信仰、种族、民族和语言一律平等写进了布尔什维克党纲。⑥ 其次,强调所有民族在一切权利上一律平等。列宁认为,在沙俄帝国主义的历史条件下,要承认各被压迫民族在国家建设权利方

---

① 《列宁选集》(第二卷),人民出版社2012年版,第340页。
② 同上书,第374页。
③ 同上书,第371页。
④ 《列宁选集》(第一卷),人民出版社2012年版,第461页。
⑤ 《列宁选集》(第二卷),人民出版社2012年版,第763页。
⑥ 《列宁全集》(第二十五卷),人民出版社2017年版,第20页。

面的完全平等。他指出坚持民族平等是为了各民族的联合与团结,并对此提出要求:"任何民族都不应该有任何特权,各民族完全平等,一切民族的工人应该团结和打成一片。"①

(3) 各民族走向社会主义的方式都会有自己的特点

列宁肯定和支持各民族对自己走向社会主义道路的探索。他指出:"一切民族都将走向社会主义,……但是一切民族的走法却不完全一样,在民主的这种或那种形式上,在无产阶级专政的这种或那种形态上,在社会生活各方面的社会主义改造的速度上,每个民族都会有自己的特点。"②

3. 苏维埃俄国社会主义实践

(1) 从实际出发采取联邦制和自治形式解决国家结构问题和民族问题

十月革命后,如何把处于分裂状态下的俄国各民族重新联合起来,由分散走向集中和统一? 列宁改变了以往反对联邦制的观点,他认为:"在真正的民主制度下,特别是在苏维埃国家制度下,联邦制往往只是达到真正的民主集中制的过渡性步骤。"③列宁和斯大林对民族区域自治问题也进行了探索。列宁认为:"一个民族成分复杂的大国只有通过地区的自治才能够实现真正的民主集中制。"④斯大林则在探索中将民族区域自治提升为解决民族问题的"一个必要条件"。⑤

(2) 先进民族要帮助落后民族加快发展

十月革命后,列宁强调取得胜利的无产阶级政党一定要帮助经济上落后的民族走上社会主义的发展道路。他指出,在资本主义制度下曾是压迫民族的工人,"不仅要帮助以前受压迫的民族的劳动群众达到事实上的平等,而且要帮助他们发展语言和图书报刊,以便清除资本主义时代遗留下来的不信任和隔阂的一切痕迹"⑥。他还特别强调了此任务的长期性及先进民族无产阶级的帮助对落后民族的重要意义。斯大林进一步说明了民族事实上平等的含义,强调消除民族事实上不平等必须有外来的帮助。

(3) 既反对大俄罗斯民族主义,也反对狭隘民族主义

十月革命前后,列宁在许多著作中谈到了要区分大、小民族主义的问题。列宁尖锐地批判了大俄罗斯民族主义,强调必须同大国沙文主义即大

---

① 《列宁全集》(第二十五卷),人民出版社 2017 年版,第 72 页。
② 《列宁全集》(第二十八卷),人民出版社 2017 年版,第 163 页。
③ 《列宁全集》(第三十四卷),人民出版社 2017 年版,第 139 页。
④ 《列宁全集》(第二十五卷),人民出版社 2017 年版,第 73 页。
⑤ 《斯大林选集》(上卷),人民出版社 1979 年版,第 114 页。
⑥ 《列宁选集》(第三卷),人民出版社 2012 年版,第 739 页。

俄罗斯民族主义倾向做最坚决的斗争和决死战。对于小民族主义的分立主义倾向,也持批判态度。他揭露崩得分子的思想纲领是民族主义的,其结果就是民族狭隘性、目光短浅、闭塞、与世隔绝等。斯大林也指出:"民族主义——这是资产阶级最后的阵地;要彻底战胜资产阶级,就必须把它打出这个阵地。"①

(4) 民族要复兴,就要乐于吸取外国的好东西

十月革命胜利后,列宁号召人民全力以赴增强国家的经济和国防力量,为民族复兴和国家强盛而不懈努力。他提出,"要向外国学习",学习那些可以使"俄罗斯苏维埃社会主义共和国不再做又贫穷又衰弱的国家,而永远成为又强大又富饶的国家所需要的东西"②。为此,列宁甚至号召:"要向德国人学习。"他还开列过一个简单公式:"乐于吸收外国的好东西:苏维埃政权+普鲁士的铁路秩序+美国的技术和托拉斯组织+美国的国民教育等等等等++=总和=社会主义。"③他指出:"社会主义能否实现,就取决于我们把苏维埃政权和苏维埃管理机构同资本主义最新的进步的东西的结合得好坏。"④这就是说,民族要发展要进步,就必须面向世界开放,而不能闭关自守。

4. 关于帝国主义时代的民族殖民地问题的理论

首先,必须将民族划分为压迫民族和被压迫民族。列宁提出,无产阶级政党在考察、处理民族问题时,必须把它同帝国主义时代联系起来,该时代的一个重要特点就是世界各民族已划分为压迫民族与被压迫民族两部分。其次,殖民地民族解放斗争是世界无产阶级革命的一部分。列宁指出:"帝国主义意味着资本的发展超出了民族国家的范围,意味着民族压迫在新的历史基础上的扩大和加剧。由此得出的结论与巴拉贝伦的正好相反:我们应当把争取社会主义的革命斗争同民族问题的革命纲领联系起来。"⑤再次,全世界无产者和被压迫民族联合起来。列宁完全肯定共产国际提出的"全世界无产者和被压迫民族联合起来"的口号,认为这个口号是在新的历史条件下对《共产党宣言》观点的补充和发展。

二、毛泽东民族工作思想

毛泽东民族工作思想是以毛泽东同志为核心的中国共产党第一代领导

---

① 《斯大林全集》(第四卷),人民出版社 1956 年版,第 84 页。
② 《列宁选集》(第三卷),人民出版社 2012 年版,第 473 页。
③ 《列宁全集》(第三十四卷),人民出版社 2017 年版,第 520 页。
④ 《列宁全集》(第三十四卷),人民出版社 2017 年版,第 170—171 页。
⑤ 《列宁全集》(第二十七卷),人民出版社 2017 年版,第 77—78 页。

集体,把马列主义民族理论基本原理与中国革命和建设进程中民族问题的具体实际相结合的产物,是马列主义民族理论在中国的运用和发展,是被实践证明了的关于中国革命和建设进程中解决民族问题,指导中华民族实现"站起来"的正确的理论原则和经验总结,是中国共产党第一代中央领导集体智慧的结晶,是毛泽东思想的有机构成部分。

(一) 关于民族及民族问题的基本理论

1. 对我国民族国情的科学分析

新中国成立以前,毛泽东就以马克思主义民族理论为根据,科学分析和高度概括了中华民族的形成、发展和基本特点,①并且对中华民族内部构成民族的复杂情况也进行了初步的探索和研究。新中国成立后,毛泽东把对民族国情的整体性认识逐渐深入聚焦到对我国各构成民族进行微观具体分析的层次上。在领导党和国家进行史无前例的民族识别的基础上,毛泽东还分析了我国各民族所处发展阶段和所有制形式的多样性及新的历史条件下各民族互相依存和帮助的民族关系等。② 对中华民族及其构成民族这种整体与具体统一、共性与个性兼顾的综合分析,为我们党正确认识和把握新中国成立初期的民族问题重点提供了依据,指明了民族工作的努力方向。

2. 政治上不要区分民族或部族

毛泽东从我国民族国情的实际出发,在指导民族识别工作中,妥善地处理了对民族问题的科学研究与政治治理之间的关系。他指出:"科学的分析是可以的,但政治上不要去区别哪个是民族,哪个是部族或部落。"③这就既肯定了对民族问题科学研究的必要性,又避免了其在政治领域产生负面影响,充分体现了党的民族平等的根本原则。

3. 工农等劳动人民群众是民族的主体

1970年12月,毛泽东在同美国著名记者斯诺谈话时指出,民族"包括两部分人。一部分是上层、剥削阶级、少数,这部分人可以讲话,组织政府,但是不能打仗、耕田、在工厂做工。百分之九十以上是工人、农民、小资产阶级,没有这些人就不能组成民族"④。这就是说,工农等人民群众是民族的

---

① 吴金、王有星:《毛泽东若干民族理论思想探析》,《内蒙古社会科学》(文史哲版)1994年第4期;余梓东:《毛泽东同志对马克思主义民族理论的新发展》,《中国民族》2004年第1期。
② 国家民族事务委员会政策研究室编:《中国共产党主要领导人论民族问题》,民族出版社1994年版,第114页。
③ 中共中央文献研究室、国家民族事务委员会编:《毛泽东民族工作文选》,中央文献出版社、民族出版社2014年版,第185页。
④ 《毛泽东会见美国友好人士斯诺谈话纪要》,1970年12月18日,载金炳镐主编《马克思主义民族理论发展史》,中央民族大学出版社2007年版,第464—465页。

主体,他们代表民族,他们的利益也就是民族的利益。① 这一理论对正确认识民族问题与阶级问题的关系、民族问题的实质、民族利益的真实含义、民族解放和发展的真正意义等,具有极为重要的理论意义。

4. 对民族消亡客观规律的探索

在1958年的成都会议上,毛泽东针对大跃进运动中在民族问题上刮起的"民族融合风"造成民族关系紧张的教训,明确提出:首先是阶级消亡,而后是国家消亡,而后是民族消亡,全世界都如此。这就强调了民族存在的长期性,说明其消亡也要经历一个漫长的过程。

5. 民族问题具有长期性

毛泽东指出,中国历史上的反动统治者,主要是汉族的反动统治者,曾经在我们各民族中间制造种种隔阂,欺负少数民族。这造成的影响,就在劳动人民中也不容易很快消除。所以,我国的"民族问题将会在很长时期里存在着"②。

(二) 关于解决民族问题的基本原则

1. 民族平等团结及维护国家统一的原则

1949年的《共同纲领》和1954年的《宪法》都明确规定:中华人民共和国境内各民族一律平等,禁止任何民族歧视、压迫和分裂团结的行为,各民族享有平等权利。同时,一系列新颁布的法令、法规保障一切杂散居少数民族的平等权利。在此基础上,党和国家还及时在1953年提出了逐步发展各民族的政治、经济和文化,消灭各民族间事实上不平等的任务。1957年,毛泽东强调:"国家的统一,人民的团结,国内各民族的团结,这是我们的事业必定要胜利的基本保证。"③毛泽东认为,党的团结是民族团结的核心。早在抗战时期,他就指出:"只有经过共产党的团结,才能达到全阶级和全民族的团结。"④

2. 促进和帮助各民族实现发展繁荣的根本立场

新中国成立后,毛泽东多次强调要诚心诚意积极帮助少数民族发展经济和文化。他认为,这是"我们共产党的性质决定的"⑤。他指出,帮助各少数民族,让他们得到进步和发展,是整个国家的利益。各民族繁荣是我们社

---

① 《毛泽东选集》(第一卷),人民出版社1991年版,第158页。
② 国家民族事务委员会政策研究室编:《中国共产党主要领导人论民族问题》,民族出版社1994年版,第167页。
③ 《毛泽东著作选读》(下册),人民出版社1986年版,第757页。
④ 《毛泽东选集》(第一卷),人民出版社1991年版,第278页。
⑤ 国家民族事务委员会政策研究室编:《中国共产党主要领导人论民族问题》,民族出版社1994年版,第86页。

会主义在民族政策上的根本立场。

3. 坚持反对两种民族主义,重点反对大汉族主义

新中国成立后,毛泽东继续强调要反对两种民族主义,主要是大汉族主义:"汉族和少数民族的关系一定要搞好。这个问题关键是克服大汉族主义。在存在有地方民族主义的少数民族中间,则应当同时克服地方民族主义。无论是大汉族主义或者地方民族主义,都不利于各族人民的团结,这是应当克服的一种人民内部的矛盾。"①

(三) 关于处理民族问题的基本政策

1. 民族区域自治的理论和政策

新中国成立前夕,以毛泽东同志为核心的党中央最终选择了民族区域自治作为解决中国民族问题的基本政策。毛泽东指出,我们不能照搬苏联"联邦制"的模式,那不适合中国的国情。

2. 大力培养少数民族干部的政策

新中国成立初期,毛泽东指出:"要彻底解决民族问题,完全孤立民族反动派,没有大批从少数民族出身的共产主义干部,是不可能的。"②这就明确把培养少数民族干部看成是解决民族问题的必要条件。

3. 建立和发展对民族上层人士的统一战线政策

周恩来指出:"不断地加强工人阶级领导的、以工农联盟为基础的人民民主统一战线,使全国各族人民紧紧地团结在一起,这是我们在国家政治生活中的一个根本任务。"③为了帮助民族上层人士不断进步,党和政府给他们安排职务,充分尊重和信任他们,注意发挥他们的积极作用,还同他们广交朋友,深入谈心,逐步提高他们的政治觉悟。

4. 尊重少数民族的语言文字和风俗习惯

语言文字、风俗习惯、宗教信仰都属于民族的基本特征,也是构成民族问题的重要因素。尊重这些民族特征就是尊重少数民族,就是民族平等原则的体现,对民族团结具有重要意义。为此,毛泽东和周恩来多次强调,民族平等还表现在要充分尊重各少数民族的语言文字、风俗习惯和宗教信仰。

(四) 关于促进少数民族发展繁荣的理论

1. 要高度重视民族地区的经济发展

毛泽东在对新疆工作的指示中强调,要把发展少数民族地区经济放在

---

① 《毛泽东著作选读》(下册),人民出版社1986年版,第781页。
② 《毛泽东文集》(第六卷),人民出版社1999年版,第20页。
③ 国家民族事务委员会政策研究室编:《中国共产党主要领导人论民族问题》,民族出版社1994年版,第198页。

民族工作的第一位,以加快缩小和消除各民族间事实上不平等的差距。① 他在谈西藏工作方针时指出,帮助少数民族恢复和发展经济不仅是经济工作,而且关系到民族工作成败的根本,否则"我们就失去存在的物质基础"②。

2. 民族地区要发展就必须进行社会改革

新中国成立后,毛泽东认为,落后的经济制度和政治制度严重阻碍了少数民族的发展进步。为了彻底消除各民族内部的阶级压迫从而实现民族关系的改革,为了提高少数民族的文化水平和生活水平,为了在新的基础上团结各民族共同建设新中国,少数民族社会制度的改革必须实行。

(五)关于民族工作方法的理论

新中国成立初期,以毛泽东同志为核心的党中央在解决纷繁复杂的民族问题的过程中,积累了丰富的民族工作经验,形成了毛泽东民族工作思想中关于民族工作方法的理论。

1. 要掌握主要矛盾,正确处理两类不同性质的矛盾

面对革命和建设不同阶段错综复杂、多样易变的民族问题,毛泽东采用了抓主要矛盾,正确处理两类不同性质矛盾的方法。新民主主义革命时期,他就得出了"帝国主义和中华民族的矛盾,乃是各种矛盾中的最主要的矛盾"的结论;同时,又指明民族问题在中国国内的主要倾向是要反对大汉族主义。新中国成立后,他根据国内各民族已从民族压迫下解放出来的新的历史条件,不失时机地抓住少数民族要求发展进步的强烈愿望,先重点抓了少数民族地区的社会改革,后又逐步把重点转向帮助少数民族发展经济和文化,提出各民族共同发展繁荣的根本任务,保证我国社会主义建设稳定协调的发展。对于在民族变革进程中原剥削阶级公开的武力反抗和叛乱,中共中央明确批示:"要时刻记住:在阶级社会里,民族问题的实质是阶级问题,不把握阶级实质,是不能够彻底解决民族问题的。"③同时,毛泽东教导全党要在民族问题上正确处理人民内部矛盾,要把大汉族主义和地方民族主义当作可以克服的人民内部矛盾来处理,重点是前者。

2. 要慎重稳进,注重科学分析解决民族问题的条件

在中共七届三中全会上,毛泽东指出,少数民族地区的社会改革是一件

---

① 朱培民、段良主编:《中共三代中央领导集体与新疆》,新疆人民出版社2002年版,第124—125页。
② 国家民族事务委员会政策研究室编:《中国共产党主要领导人论民族问题》,民族出版社1994年版,第81页。
③ 黄光学主编:《当代中国的民族问题》,当代中国出版社1993年版,第143页。

重大的事情，必须慎重对待。条件不成熟，不能进行改革，一个条件成熟了，其他条件不成熟，也不要进行重大改革。这要求党的民族工作要慎重稳进，实事求是，反对盲目冒进和主观主义的作风。

3. 要商量办事，主要依靠少数民族群众和干部的意愿和决定

少数民族地区的民主改革等各项工作要靠少数民族群众自身的觉悟来进行。这种觉悟要通过积极稳妥和十分慎重的启发工作来形成，就是要商量办事。以西藏改革为例，毛泽东多次启发西藏上层要学习佛祖释迦牟尼的变革精神，并向他们保证改革后他们的生活和待遇只会更好。他指出在西藏工作中，"做好事也要商量着做。商量办事，这是共产党和国民党不同的地方"①。1957年，他强调："按照中央和西藏地方政府的十七条协议，社会制度的改革必须实行，但是何时实行，要待西藏大多数人民群众和领袖人物认为可行的时候，才能做出决定，不能性急。"②

4. 要防微杜渐，经常检查民族关系，广泛持久地进行民族政策教育

毛泽东强调："无论对干部和人民群众，都要广泛地持久地进行无产阶级民族政策教育，并且要对汉族和少数民族的关系经常注意检查。"③在他直接领导下，1952年和1956年两次民族政策大检查、大学习使广大汉族干部和人民普遍受到政策教育，大汉族主义的不良思想倾向也在一定程度上得到克服。1973年，他指示要进行民族政策再教育："政策问题多年不抓了，特别是民族政策，现在地方民族主义少些，不突出了，但是大汉族主义比较大，需要再教育。"④

毛泽东民族工作思想是中国特色社会主义民族理论的探索起点，"中国共产党人，正是以毛泽东的民族理论为指导，制定了适合中国国情的民族政策，……比较成功地解决了国内民族问题，走出了一条具有中国特色的解决民族问题的正确道路，为马克思主义解决民族问题谱写了历史的新篇章"⑤。以中华人民共和国成立为标志，中华民族作为整体屹立于世界东方，中华各构成民族都是伟大祖国的平等成员，都在平等团结的基础上把中华民族的伟大复兴事业和社会主义建设事业当作自己发展的必需条件和共同目标。这些都是毛泽东民族工作思想伟大实践成就的充分体现。

---

① 《毛泽东文集》(第六卷)，人民出版社1999年版，第311—312页。
② 国家民族事务委员会政策研究室编：《中国共产党主要领导人论民族问题》，民族出版社1994年版，第145页。
③ 《毛泽东文集》(第七卷)，人民出版社1999年版，第34页。
④ 黄光学主编：《当代中国的民族工作》，当代中国出版社1993年版，第151页。
⑤ 杨荆楚：《毛泽东民族理论研究》，民族出版社1995年版，第12—13页。

第二节　习近平总书记关于加强和改进民族工作的重要思想的理论基石——中国特色社会主义民族理论已有成果

中国特色社会主义民族理论，是以毛泽东、邓小平、江泽民、胡锦涛、习近平等为主要代表的几代中国共产党人，把马克思主义民族理论基本原理同当代中国解决民族问题的工作实践和时代特征相结合的产物，是对蕴涵在毛泽东思想、邓小平理论、"三个代表"重要思想、科学发展观和习近平新时代中国特色社会主义思想中关于民族工作的思想观点和理论政策的提炼概括，是对马列主义关于民族问题的基本观点和基本政策的坚持和发展，是几代中国共产党人把马克思主义民族理论中国化时代化的集体智慧的结晶，是被70多年党和国家民族工作实践证明了的关于解决当代中国民族问题，指导中华民族实现"站起来、富起来到强起来"的正确的理论原则和经验总结，是中国特色社会主义理论体系的有机组成部分。其中，习近平总书记关于加强和改进民族工作的重要思想，是习近平新时代中国特色社会主义思想中关于民族工作思想观点的主体内容和最新理论形态，是对中国特色社会主义民族理论已有成果的继承、发展和创新。

一、邓小平民族理论

党的十一届三中全会以后，以邓小平同志为核心的党中央，在和平与发展成为时代主题的历史条件下，在我国改革开放和社会主义现代化建设的实践过程中，继承、丰富和发展了毛泽东民族工作思想，逐步形成了邓小平民族理论。"这一理论体系中最主要的内容是关于解决我国民族问题的理论。邓小平解决我国民族问题的理论，起始于理解民族问题的地位作用，立足于实现真正的民族平等，着手于实现巩固的民族团结，着重于真正实行民族区域自治，着眼于实现全面的民族发展，归宿于实现民族共同繁荣。"[①]该理论的确立，上承中华民族"站起来"的伟大成果，下启中华民族实现"富起来、强起来"的复兴任务，是中华民族伟大复兴进程中实现历史性跨越的重要中间环节和重大历史起点，标志着中国特色社会主义民族理论的形成。

---

① 金炳镐：《邓小平民族理论是科学的理论体系》，《黑龙江民族丛刊》2004年第2期。

（一）社会主义民族问题基本特点和性质

1. 社会主义民族问题具有长期性、重要性、复杂性的基本特点

邓小平在新中国成立初期就对我国民族问题的特点有过深刻论述。他指出，少数民族隔阂的消除需要经过长时间的事实教育，"我们要做长期的工作，达到消除这种隔阂的目的"①。就民族工作的重要性而言，"单就国防问题考虑，也应该把少数民族工作摆在很高的位置"②。民族团结问题是"西南最复杂的又是最重大的问题"。③ 1979年，邓小平针对"文革"中民族工作的重大失误，指出："民族工作确有很多问题要提起注意。"④在他的指导下，党对民族问题的长期性、复杂性、重要性特征做出了更为科学的概括。党的十二大、十三大都强调提出：维护祖国统一，坚持民族平等、民族团结和促进各民族共同繁荣，对于我们这个多民族国家来说，是一个关系到国家命运的重大问题。

2. 阐明了民族问题与社会主义现代化建设的相互关系

邓小平认为，民族团结是实现我国社会主义现代化的必要条件。1979年，他在政协五届二次会议上指出："这次会议的目的，就是要进一步动员、团结全国各族人民和一切爱国力量，促进社会主义现代化建设的发展。"⑤1980年，他在《目前的形势和任务》中提出，党的长期任务和总路线是"团结全国各族人民，调动一切积极因素，同心同德，鼓足干劲，力争上游，多快好省地建设现代化的社会主义强国"⑥。他强调："在实现四个现代化进程中，各民族的社会主义一致性将更加发展，各民族的大团结将更加巩固。"⑦

3. 明确了社会主义民族关系的本质属性

科学把握社会主义时期民族关系的本质属性，是正确制定民族政策的客观依据和理论基础。1979年，邓小平明确肯定："我国各兄弟民族经过民主改革和社会主义改造，早已陆续走上社会主义道路，结成了社会主义的团结友爱、互助合作的新型民族关系。"⑧这是他对我国社会主义民族关系的

---

① 《邓小平文选》（第一卷），人民出版社1994年版，第162页。
② 同上书，第161页。
③ 同上书，第171页。
④ 中共中央文献研究室编：《邓小平关于建设有中国特色社会主义的论述专题摘编》，中央文献出版社1992年版，第275页。
⑤ 《邓小平文选》（第二卷），人民出版社1994年版，第185页。
⑥ 同上书，第248—249页。
⑦ 同上书，第186页。
⑧ 同上。

准确定性。在党的十一届六中全会上,邓小平主持起草的《关于建国以来党的若干历史问题的决议》强调:必须明确认识,现在我国的民族关系基本上是各族劳动人民之间的关系。1982年宪法也以法律形式再次肯定,在我国,平等、团结、互助的社会主义民族关系已经确立,并将继续加强。

(二)处理民族问题的基本原则

1. 要真正立足于民族平等

邓小平在1987年针对西藏问题指出,"中华人民共和国没有民族歧视,我们对西藏的政策是真正立足于民族平等"①,"我们的民族政策是正确的,是真正的民族平等。我们十分注意照顾少数民族的利益"②。必须立足于真正民族平等的基础上,这是邓小平民族理论最为鲜明的基本立场,也是对马列主义民族平等纲领理论在新时期的继承和发展。

2. 关于加强中华民族大团结的思想

邓小平多次号召:"我们要争取整个中华民族的大团结。"③他论述了争取中华民族大团结的基本要求:首先,党的团结是民族大团结的前提。邓小平指出:"加强全国各族人民的团结,首先要加强全党的团结,特别是要加强党的领导核心的团结。"④其次,要树立各民族间互相离不开的民族团结观念。1981年,邓小平听到新疆同志发出的"汉族离不开少数民族,少数民族离不开汉族"的倡议时,曾赞许地说:"这个观点正确,很好,大家都这样想问题、处理问题就好了。"⑤最后,要在爱国统一战线的基础上实现中华民族的大团结。邓小平指出:"只要站在民族(指中华民族,引者注)的立场上,维护民族的大局,不管抱什么政治观点,包括骂共产党的人,都要大团结。"⑥

3. 实现各民族共同繁荣是社会主义的本质要求

邓小平把实现各民族共同富裕和繁荣看成是社会主义的本质要求。1988年,他在祝贺广西壮族自治区成立30周年的题词中写道:"加速现代化建设,促进各民族共同繁荣。"⑦他说:"社会主义的本质,是解放生产力,发展生产力,消灭剥削,消除两极分化,最终达到共同富裕。"⑧"社会主义最

---

① 《邓小平文选》(第三卷),人民出版社1993年版,第246页。
② 同上书,第362页。
③ 同上书,第161页。
④ 《邓小平文选》(第二卷),人民出版社1994年版,第148页。
⑤ 新疆自治区党委:《新疆人民永远怀念邓小平》,《新疆日报》1998年2月19日,第5版。
⑥ 《邓小平文选》(第三卷),人民出版社1993年版,第76页。
⑦ 同上书,第407页。
⑧ 同上书,第373页。

大的优越性就是共同富裕,这是体现社会主义本质的一个东西。"①所以,实现各民族共同富裕,也是社会主义优越性的重要体现,是与资本主义本质区别之一。

(三) 解决民族问题的经济社会发展战略

1. 稳定是维护中国各民族根本利益的前提

稳定压倒一切。邓小平指出:"中国要摆脱贫困,实现四个现代化,最关键的问题是需要稳定。"②没有稳定,什么事情也干不成,已经取得的成果也会失掉。1981年,他在视察新疆工作时说:"新疆稳定是大局,新疆一定要稳定,不稳定一切事情都办不成。"③邓小平强调要从政治和经济社会发展两方面,来维护安定团结的政治局面。在政治方面,他结合新疆问题指出:"不允许搞分裂,谁搞分裂就处理谁。"④在经济社会发展方面,要促进各民族实现共同发展繁荣,避免出现两极分化。因为"如果搞两极分化,情况就不同了,民族矛盾,区域间矛盾、阶级矛盾都会发展,相应地中央和地方的矛盾也会发展,就可能出乱子"⑤。

2. 发展生产力是民族工作的根本任务

以发展为核心是邓小平民族理论最为鲜明的特点。邓小平认为,发展是"民族的要求,人民的要求,时代的要求"⑥。他指出:"我们帮助少数民族地区发展的政策是坚定不移的……关键是看怎样对西藏人民有利,怎样才能使西藏很快发展起来,在中国四个现代化建设中走进前列。……我们的政策是着眼于把这些地区(指少数民族地区,引者注)发展起来。"⑦他认为民族发展是巩固民族团结的必要条件,"在西藏,要使生产发展起来,人民富裕起来,真正去做,也并不难,只有这件事办好了,才能巩固民族团结"⑧。邓小平首次把生产力标准运用于民族发展问题,把民族地区能否发展起来,作为观察少数民族地区一切工作得失成败的客观标准。他说:"观察少数民族地区主要是看那个地区能不能发展起来。"⑨

---

① 《邓小平文选》(第三卷),人民出版社1993年版,第364页。
② 同上书,第348页。
③ 新疆自治区党委:《新疆人民永远怀念邓小平》,《新疆日报》1998年2月19日,第5版。
④ 同上。
⑤ 《邓小平文选》(第三卷),人民出版社1993年版,第364页。
⑥ 同上书,第357页。
⑦ 同上书,第246—247页。
⑧ 中共中央文献研究室编:《邓小平关于建设有中国特色社会主义的论述专题摘编》,中央文献出版社1992年版,第275页。
⑨ 《邓小平文选》(第三卷),人民出版社1993年版,第247页。

3. 改革开放是各少数民族发展繁荣的必由之路

作为改革开放的总设计师,邓小平多次强调改革开放是各民族发展繁荣的必由之路。新中国成立初期,他就指出:"改革是需要的,不搞改革,少数民族的贫困就不能消灭,不消灭贫困,就不能消灭落后。"①民族地区由于各方面原因,束缚生产力发展的因素很多,改革任务非常艰巨。不改革,民族地区就不能发展,就无法摆脱贫困落后面貌。邓小平认为,"任何一个民族、一个国家,都需要学习别的民族、别的国家的长处,学习人家的先进科学技术"②。

4. 关于两个大局的发展战略

邓小平站在实现中华民族振兴的根本立场上,提出要帮助落后民族地区实现共同富裕的思想,并集中体现在他关于"两个大局"的时空差异发展战略中,即"沿海地区要加快对外开放,使这个拥有两亿人口的广大地带较快地先发展起来,从而带动内地更好地发展,这是一个事关大局的问题。内地要顾全这个大局。反过来,发展到一定的时候,又要求沿海拿出更多力量来帮助内地发展,这也是个大局。那时沿海也要服从这个大局"③。

(四) 解决民族问题的基本政治制度及相关政策

1. 民族区域自治制度是我国政治制度的优势,要坚持并不断加以完善

邓小平肯定了我国民族区域自治制度的优越性。他指出:"解决民族问题,中国采取的不是民族共和国联邦的制度,而是民族区域自治的制度。我们认为这个制度比较好,适合中国的情况。"④结合以往经验教训和新的时代要求,邓小平进一步完善了民族区域自治制度。首先,邓小平强调"要使各少数民族聚居的地方真正实行民族区域自治"⑤,并把这看作是民族平等原则在政治、法律领域的具体落实和体现。其次,在他关怀下,1984年全国人大六届二次会议通过了《民族区域自治法》,这标志着我国民族区域自治制度进入了法制化建设新阶段。最后,真正实行民族区域自治不仅表现在政治上,还要具有充实的经济内容。邓小平指出:"实行民族区域自治,不把经济搞好,那个自治就是空的。"⑥

---

① 《邓小平文选》(第一卷),人民出版社1994年版,第164页。
② 《邓小平文选》(第二卷),人民出版社1994年版,第91页。
③ 《邓小平文选》(第三卷),人民出版社1993年版,第277—278页。
④ 同上书,第257页。
⑤ 《邓小平文选》(第二卷),人民出版社1994年版,第339页。
⑥ 《邓小平文选》(第一卷),人民出版社1994年版,第167页。

2. 大力培养少数民族干部

邓小平高度重视少数民族干部在解决民族问题中的重要作用。他指出："团结各民族于祖国大家庭的中心关键之一,是在于各民族都有一批热爱祖国,并能联系群众的干部。"①他提出,要"培养民族干部,使民族干部知识化。为此,中央民族学院和各地民族学院都要加强"②。他要求培养和选派"要懂得民族政策,真正想把少数民族工作做好"③,"诚心诚意地为少数民族服务"④的汉族干部到民族地区工作。1981年,邓小平在新疆视察工作时指示,要"注意培养和提拔少数民族干部","树立一个选拔民族干部的标准","对思想作风正派,坚决维护祖国统一和民族团结,又有突出工作表现和一定资历的同志要大胆提上来,甚至放到自治区很高的位置上"。⑤

3. 要处理好与民族问题相关联的宗教问题

邓小平认为,在处理民族问题时,要正确贯彻党的宗教政策,依法加强对宗教事务的管理,积极引导宗教与社会主义社会相适应。1979年,他提出："宗教工作也有很多政策问题。"⑥他还说："宗教信仰自由涉及到民族政策。特别是我们中国,一般是少数民族在宗教信仰方面问题最多。我们要实行正确的民族政策,必须实行宗教信仰自由。"⑦1980年,他会见班禅时,指出："对于宗教,不能用行政命令办法,但宗教方面也不能搞狂热,否则同社会主义、同人民的利益相违背。"⑧

二、"三个代表"重要思想的民族理论与政策

"三个代表"重要思想的民族理论是在东欧剧变后的世纪之交,世界经济全球化和第三次民族主义浪潮相互激荡,我国改革开放和现代化建设事业进入新的关键性历史时期,民族工作面临着许多前所未有的新挑战新机遇的形势下,对马列主义民族理论、毛泽东民族工作思想、邓小平民族理论

---

① 张汉城主编:《西南民族学院院史》,四川民族出版社1991年版,第14页。
② 中共中央文献研究室编:《邓小平关于建设有中国特色社会主义的论述专题摘编》,中央文献出版社1992年版,第275页。
③ 《邓小平文选》(第一卷),人民出版社1994年版,第165页。
④ 同上书,第167页。
⑤ 新疆自治区党委:《新疆人民永远怀念邓小平》,《新疆日报》1998年2月19日,第5版。
⑥ 中共中央文献研究室编:《邓小平关于建设有中国特色社会主义的论述专题摘编》,中央文献出版社1992年版,第275页。
⑦ 中共中央文献研究室:《毛泽东邓小平江泽民论唯物论和无神论》,《人民日报》1999年8月9日,第1版。
⑧ 中共中央党史研究室科研局编:《再造中华辉煌——邓小平纪事》,人民出版社1994年版,第187页。

的全面继承和系统发展,是以江泽民同志为核心的党中央与时俱进地把马克思主义民族理论中国化时代化的理论成果,是"三个代表"重要思想的组成部分,是做好我国世纪之交民族工作的指导思想和根本保证。

(一) 社会主义民族问题的内涵、特点及民族发展规律

1. 民族问题的内涵

江泽民突破以往民族问题概念主要突出民族关系而忽视民族自身发展的不足,指出:"民族问题既包括民族自身的发展,又包括民族之间,民族与阶级、国家方面的关系。"①这个论断,把发展引入民族问题概念,充实了民族问题概念的内涵,既符合马克思主义民族理论的方法论要求,又适应我国社会主义阶段民族工作的实践要求,是我们党关于民族问题的认识达到新境界的重要标志。

2. 我国社会主义民族问题的基本特点

江泽民要求全党:"我们必须从振兴中华民族的高度,从巩固和发展我国社会主义事业的高度,充分认识民族工作的长期性、复杂性和重要性。"②

3. 社会主义时期是各民族共同繁荣兴旺的时期

江泽民指出:"社会主义阶段是各民族共同繁荣兴旺的时期,各民族间的共同因素在不断增多,但民族特点、民族差异将继续存在。"③这是他对社会主义时期民族发展规律和特点的新概括。

(二) 做好我国社会主义民族工作的基本原则

1. 坚决维护国家统一,反对民族分裂

江泽民指出,国家利益和中华民族的整体利益高于一切。他强调:"维护祖国统一,反对民族分裂,是一项长期的政治任务。利用民族和宗教问题实施'西化'、'分化'中国的政治图谋,是西方敌对势力的一贯手段。民族分裂主义分子是各民族人民的共同敌人。维护祖国统一是全国各民族共同的神圣职责。我们必须旗帜鲜明地反对民族分裂主义,最大限度地团结和依靠各族干部群众,最大限度地孤立和依法打击极少数民族分裂主义分子,防范和抵御国外敌对势力的渗透和破坏。"④

2. 坚持和完善党对民族工作的领导

江泽民指出:"坚持共产党的领导,是我国各项事业包括民族工作取得

---

① 国家民族事务委员会、中共中央文献研究室编:《民族工作文献选编(一九九○—二○○二年)》,中央文献出版社 2003 年版,第 29 页。
② 同上。
③ 同上书,第 40 页。
④ 同上书,第 216 页。

成绩的根本保证。"①他要求全党必须坚持和加强对民族工作的领导,而且要不断提高民族工作的水平。

3. 巩固发展平等、团结、互助的社会主义民族关系

党的十三届七中全会和七届全国人大四次会议,根据宪法的精神、形势的发展和各族人民的愿望,把建立和发展平等互助、团结合作、共同繁荣的社会主义民族关系,作为建设有中国特色的社会主义的一项重要原则。这些内容的精神是一致的,"就是坚持平等、互助、团结、合作,以促进各民族的共同繁荣"②。

(三) 促进民族地区发展繁荣的行动纲领和战略途径

1. 加快民族地区发展是我国民族政策的出发点和归宿

江泽民指出,抓住历史机遇,加快民族地区经济发展和社会进步,直接关系到我国社会主义现代化建设目标的顺利实现,这是我国社会主义事业的本质要求在民族工作上的体现,也是党的民族政策的基本出发点和归宿。全党同志一定要充分认识做好这项工作的重要性和紧迫性。③

2. 我国民族工作的行动纲领和主要任务

江泽民在正确把握我国社会主义民族发展两种趋势和科学分析新时期民族团结的思想、政治基础及经济条件的基础上,提出:"全党同志必须把加强民族团结、促进各民族共同发展和共同繁荣,作为整个社会主义初级阶段民族工作的行动纲领。"④

3. 加快少数民族和民族地区发展的基本方针

首先,始终牢牢地把握住改革、发展、稳定这个决定少数民族和民族地区能否实现现代化的大局,在三者的协调互动中求得良性发展。其次,坚持国家扶持与自力更生相结合,促进少数民族和民族地区经济的加速发展。

4. 促进民族地区发展繁荣的战略途径

首先,实施西部大开发战略,就是要加快少数民族和民族地区的发展。其次,加快民族地区经济社会发展,必须坚定不移地实施科教兴国战略和可持续发展战略。再次,在西部大开发进程中,要实施促进少数民族地区经济社会全面、协调的跨越式发展战略。最后,全面推进"兴边富民行动"。在西部大开发进程中,"兴边、富民、强国、睦邻"就是一项十分重要的内容。

---

① 罗广武:《新中国民族工作大事概览(1949—1999)》,华文出版社2001年版,第813页。
② 国家民族事务委员会、中共中央文献研究室编:《民族工作文献选编(一九九〇—二〇〇二年)》,中央文献出版社2003年版,第37页。
③ 同上书,第212页。
④ 同上书,第211页。

(四) 关于解决我国民族问题的基本政治制度及相关政策

1. 坚持和完善民族区域自治制度

江泽民指出,坚持实行民族区域自治制度,是我国民族工作取得巨大成就的最基本的经验之一。首先,明确了民族区域自治制度在国家政治制度体系中的地位。他确定"民族区域自治制度是解决我国民族问题的根本制度"①。其次,丰富了我们党关于民族区域自治制度特点的理论。他提出民族区域自治"把国家的集中统一领导与少数民族聚居区的区域自治紧密结合起来,具有强大的政治生命力,我们要始终不渝地坚持并不断地加以完善"②。最后,促进了民族区域自治制度的法制化进程。他指出加强民族区域自治的法制建设,是坚持和完善民族区域自治制度不可缺少的重要环节。③

2. 培养选拔少数民族干部是解决我国民族问题的关键

关于培养少数民族干部的重要意义,首先,"努力造就一支宏大的德才兼备的少数民族干部队伍,是做好民族工作和解决民族问题的关键"④。其次,少数民族干部是实现民族团结的关键。再次,少数民族干部是实践党的民族区域自治制度的载体。完善民族区域自治制度、全面贯彻《民族区域自治法》的关键在于培养少数民族干部,加强少数民族地区的干部队伍建设。最后,"民族干部的状况又是衡量一个民族发展水平的重要标志"⑤。

3. 正确解决民族宗教问题

解决我国的民族问题,就要正确认识我国各民族的宗教国情和把握与民族相关的宗教问题。特别值得警惕的是,国内外敌对势力搞民族分裂主义活动时,往往会打着宗教旗号,煽动民族分裂。因此,江泽民强调在处理民族问题时,必须全面正确地贯彻落实党的宗教政策,做好少数民族中的宗教工作,处理好与民族问题相关的宗教问题:一是要全面、正确地贯彻执行党的宗教信仰自由政策;二是依法加强对宗教事务的管理;三是积极引导宗教与社会主义相适应;四是要坚持政治上团结合作、信仰上互相尊重,继续巩固和发展党与爱国宗教界的统一战线。

(五) 全面准确概括了中国共产党关于民族问题的基本观点和政策

以江泽民同志为核心的党中央非常重视党的民族理论建设,多次从理

---

① 国家民族事务委员会、中共中央文献研究室编:《民族工作文献选编(一九九〇—二〇〇二年)》,中央文献出版社 2003 年版,第 3 页。
② 同上书,第 214 页。
③ 同上书,第 35—36 页。
④ 同上书,第 40 页。
⑤ 同上书,第 36 页。

论高度全面总结和系统概括了党关于民族问题的基本观点和政策。早在1990年江泽民在新疆视察工作时,就从五个方面对党的马克思主义民族观进行了高度概括。① 在1992年中央民族工作会议上,江泽民从八个方面对我们党观察、研究和处理民族问题的基本观点和政策做了阐述。② 2001年中央工作会议上,我们党根据江泽民的有关论述,又进一步从十个方面作出新的概括。③ 这些全面深刻的理论概括和论述,是党的第三代领导集体探索和发展中国特色社会主义民族理论体系的重要体现。

三、科学发展观的民族理论与政策

进入新世纪,我国改革开放和现代化建设迎来了重要的战略机遇期,也是加快少数民族和民族地区经济社会发展,促进各民族共同繁荣发展的重要战略机遇期。党的十六大以来,以胡锦涛同志为总书记的党中央高举邓小平理论和"三个代表"重要思想伟大旗帜,全面落实科学发展观,对新世纪新阶段民族工作做出了一系列重大决策和部署,提出了一系列重要观点和论断,党的民族理论和民族工作实践都取得了新的重大突破。

(一)民族和民族问题理论的创新和发展

1. 民族共同体定义的新解释

以胡锦涛同志为总书记的党中央,在继承马克思主义经典作家们对于民族共同体相关思想的基础上,结合民族共同体发展的一般规律、特殊规律和我国民族国情和民族工作的实际,明确提出,民族是在一定的历史发展阶段形成的稳定的人们的共同体。一般说来,民族在历史渊源、生产方式、语言、文化、风俗习惯以及心理认同等方面具有共同的特征。有的民族在形成和发展的过程中,宗教起着重要作用。④

2. 民族问题产生的根源

民族问题与民族共同体共存亡。胡锦涛指出:"马克思主义认为,民族是一个历史范畴,民族问题是一种社会现象。民族问题与民族的存在相伴生,只要有民族和民族差别存在,就有民族问题存在。"⑤这个论断科学地揭示了民族问题产生的根源有两个基本因素:一是自然因素,即民族的特征

---

① 国家民族事务委员会、中共中央文献研究室编:《民族工作文献选编(一九九〇—二〇〇二年)》,中央文献出版社2003年版,第2—3页。
② 同上书,第40—41页。
③ 同上书,第304—305页。
④ 本书编写组:《中央民族工作会议精神学习辅导读本》,民族出版社2005年版,第10—11页。
⑤ 国家民族事务委员会、中共中央文献研究室编:《民族工作文献选编(二〇〇三—二〇〇九年)》,中央文献出版社2010年版,第70页。

和特点的因素,这是民族问题产生的前提和条件;二是社会因素,即由民族的性质引起的社会根源,也就是人为地违背民族发展的客观规律而导致的问题。

3. 我国社会主义民族问题的特性

在2005年中央民族工作会议上,胡锦涛结合我国社会主义民族问题的现实情况,对民族问题的普遍性、长期性、复杂性、国际性和重要性等基本特性进行了全面系统的论述。①

4. 解决我国民族问题的根本道路

胡锦涛指出:"我国的民族问题必须放到建设中国特色社会主义的全局中来解决,解决好民族问题又有利于推进建设中国特色社会主义;中国特色社会主义是我国各族人民的共同事业,中国特色社会主义道路是解决我国民族问题的根本道路。"②

(二)巩固和发展平等、团结、互助、和谐民族关系的理论创新

1. 我国社会主义民族关系特征的新概括

胡锦涛提出"我国各民族平等、团结、互助、和谐的社会主义民族关系不断巩固"③的新论断。这是我们党从构建社会主义和谐社会的总体目标出发,基于现实民族问题的特点和规律,在新的历史条件下对我国民族关系基本特征认识的重要发展,为全面完善和发展社会主义民族关系指明了方向。

2. 新世纪新阶段我国社会主义民族关系发展的基本趋势

共同团结奋斗,共同繁荣发展,是党和国家解决我国民族问题的根本原则,是新世纪新阶段民族工作的主题,同时也科学揭示了新世纪新阶段我国民族关系发展的基本趋势。

3. 发展我国民族团结进步事业的含义

胡锦涛指出:"我国民族团结进步事业,是建设中国特色社会主义伟大事业的重要组成部分。发展我国民族团结进步事业,就是要在巩固和发展社会主义民族关系的基础上,全国各族人民和睦相处、和衷共济、和谐发展,促进社会主义祖国的繁荣昌盛,维护社会主义祖国的统一安全,同心同德为建设中国特色社会主义、实现中华民族的伟大复兴而奋斗。"④

---

① 国家民族事务委员会、中共中央文献研究室编:《民族工作文献选编(二〇〇三—二〇〇九年)》,中央文献出版社2010年版,第70—71页。
② 同上书,第71页。
③ 同上书,第69页。
④ 同上书,第73页。

4. 民族团结与国家统一的重要性

胡锦涛强调:"祖国统一是各族人民的最高利益,民族团结是祖国统一的重要保证。历史和现实都表明:国家统一、民族团结,则政通人和、百业兴旺;国家分裂、民族纷争,则丧权辱国、人民遭殃。"①

5. 妥善处理影响民族团结的问题

胡锦涛指出,妥善处理影响我国民族团结问题工作的特点是政治性、政策性强,因而必须高度重视、慎重对待。他提出要牢牢掌握对民族分裂主义分子和利用民族问题进行渗透破坏的外国敌对势力斗争的主动权的新观点。② 这些都是党和国家在处理影响民族团结问题理论上的新发展。

(三) 民族工作理论的新发展

1. "两个共同"的民族工作主题

新世纪新阶段民族工作的主题是各民族共同团结奋斗、共同繁荣发展,这也是解决我国现阶段民族问题的根本原则。把"两个共同"融会贯通,有机地统一起来作为民族工作的时代主题,是以胡锦涛同志为总书记的党中央对党的民族工作理论的创造性运用和发展。

2. 做好民族工作的指导原则

在全面系统总结民族工作经验的基础上,胡锦涛从思想路线、民族关系、基本制度和基本政策、发展途径以及法治保障等五个方面提出了做好民族工作的五项指导原则,③进一步丰富和发展了党和国家民族工作的基本经验和基本遵循。

3. 现阶段民族工作的主要任务

胡锦涛指出,现阶段民族工作的主要任务是:"坚持以邓小平理论和'三个代表'重要思想为指导,以科学发展观统领经济社会发展全局,围绕全面建设小康社会的宏伟目标,牢牢把握各民族共同团结奋斗、共同繁荣发展的主题,全面贯彻执行党和国家的民族政策和民族法律法规、坚持和完善民族区域自治制度,巩固和发展社会主义民族关系,大力培养少数民族干部和各类人才,加快少数民族和民族地区经济社会发展,为我国社会主义物质文明、政治文明、精神文明与和谐社会建设全面发展作出贡献。"④

---

① 国家民族事务委员会、中共中央文献研究室编:《民族工作文献选编(二〇〇三—二〇〇九年)》,中央文献出版社 2010 年版,第 79—80 页。
② 同上书,第 80—81 页。
③ 同上书,第 74—75 页。
④ 同上书,第 75 页。

(四) 少数民族和民族地区发展理论的新阐述

1. 少数民族和民族地区发展目标和途径的新构思

胡锦涛指出:"加快少数民族和民族地区经济社会发展,关键要坚持以科学发展观统领经济社会发展全局。"①一方面,要加大国家对少数民族和民族地区的政策、资金、技术和人才投入;另一方面,少数民族和民族地区要贯彻"五个统筹"的要求,坚持因地制宜,从本地实际出发,科学制定发展思路和目标,充分发挥自身优势,集中各族干部群众的智慧和力量,走出一条具有本地特色的加快发展的新路子,努力实现生产发展、生活富裕、生态良好的发展局面。

2. 加快少数民族和民族地区发展意义的新总结

胡锦涛对加快少数民族和民族地区发展的重要性做出新总结:一是"发展是党执政兴国的第一要务,是解决中国所有问题的关键,也是解决民族地区困难和问题的关键"②;二是"加快少数民族和民族地区经济社会发展,是各族群众的迫切要求,也是现阶段解决民族问题的根本途径"③。

(五) 解决我国民族问题的基本制度和基本政策的新论述

1. 坚持和完善民族区域自治制度的新论述

胡锦涛指出:"民族区域自治制度,是我国的一项基本政治制度,是发展社会主义民主、建设社会主义政治文明的重要内容,是党团结带领各族人民建设中国特色社会主义、实现中华民族伟大复兴的重要保证。"④该制度的本质是国家统一领导下实行民族区域自治,"体现了国家尊重和保障少数民族自主管理本民族内部事务的权利,体现了民族平等、民族团结、各民族共同繁荣发展的原则,体现了民族因素与区域因素、政治因素与经济因素、历史因素与现实因素的统一"⑤。他强调:"民族区域自治,作为党解决我国民族问题的一条基本经验不容置疑,作为我国的一项基本政治制度不容动摇,作为我国社会主义的一大政治优势不容削弱。"⑥

2. 大力培养少数民族干部和各类人才理论的新阐述

首先,针对选拔培养少数民族干部及各类人才的重要意义,胡锦涛指出:"人才是加快少数民族和民族地区经济社会发展的关键性因素……把培

---

① 国家民族事务委员会、中共中央文献研究室编:《民族工作文献选编(二〇〇三—二〇〇九年)》,中央文献出版社 2010 年版,第 76 页。
② 同上书,第 75 页。
③ 同上书,第 75—76 页。
④ 同上书,第 81 页。
⑤ 同上。
⑥ 同上。

养各级各类人才、提高劳动者素质摆在重要位置,作为加快少数民族和民族地区经济社会发展的重大战略任务来落实。"①

其次,胡锦涛就如何选拔培养少数民族干部的问题进行了新阐述。一是提出了少数民族干部队伍建设标准。要建设一支"政治坚定、业务精通、善于领导改革开放和社会主义现代化建设、深受各族群众拥护的高素质的少数民族干部队伍"②。二是提出了培养少数民族干部的原则和方法。"要坚持'四化'方针和德才兼备的原则,热情关心,严格要求,全面提高少数民族干部队伍的素质,着重帮助他们加强理论学习和实践锻炼,增强带领各族群众发展经济、脱贫致富奔小康的本领。"③三是要采取多种途径,大力加强少数民族后备干部队伍的建设。

(六)进一步阐述了加强和改善党对民族工作领导的理论

胡锦涛总结和阐述了新阶段如何加强和改善党对民族工作的领导。一是提出"正确处理民族问题,切实做好民族工作,是加强党的执政能力建设的重要内容"④。二是从四个方面具体就如何加强并完善党对民族工作的领导,进行了详细论述:加强领导,落实责任;加强学习,深入调研;夯实基础,健全组织;转变作风,狠抓落实。

综上所述,中国特色社会主义民族理论,历经了以毛泽东、邓小平、江泽民、胡锦涛等为主要代表的几代中国共产党人前赴后继,不屈不挠地探索、发展和完善,是中国共产党几代中央领导集体把马列主义民族理论的立场、观点和方法与中国统一的多民族国家民族构成国情和时代特征逐步相结合,不断探求解决当代中国民族问题正确道路的集体智慧的结晶,是中国共产党人把马克思主义民族理论中国化时代化的理论成果,是被70多年来党和国家的民族工作实践证明了的关于解决当代中国民族问题的正确的理论原则和经验总结,是中国特色社会主义理论体系的有机组成部分。毛泽东民族工作思想是这个理论在探索期的理论形态,邓小平民族理论是其在形成期的理论形态,"三个代表"重要思想与科学发展观的民族理论是其在发展完善期的理论形态。中国特色社会主义民族理论在几个发展时期的理论形态上既有相互区别的阶段性特征,又是一脉相承、不可分割的完整统一的

---

① 国家民族事务委员会、中共中央文献研究室编:《民族工作文献选编(二〇〇三—二〇〇九年)》,中央文献出版社2010年版,第78页。
② 同上。
③ 同上书,第78—79页。
④ 同上书,第82页。

理论体系,其相互间的理论关系是继承性与创造性的有机统一。中国特色社会主义民族理论与政策的这些已有成果,为党的十八大以来以习近平同志为核心的党中央实事求是、与时俱进地对党的民族理论与政策进行发展创新奠定了坚实的理论基石。

第三章 习近平总书记关于加强和改进民族工作的重要思想的形成历程和发展创新

习近平总书记关于加强和改进民族工作的重要思想，是党的十八大以来，以习近平同志为核心的党中央结合民族工作高质量发展需求，对党的民族工作理论与政策进行重大创新与发展完善的理论成果。该创新成果的最终形成和发展完善，离不开主创者习近平同志在长期的地方民族工作实践中对相关问题的艰辛探索和长期思考，更离不开党的十八大以来以习近平同志为核心的党中央对新时代民族工作的高度重视、热心关怀、大力指导与开拓创新。

第一节 习近平在地方工作期间对民族工作的重视和思考

到中央工作以前，习近平曾经长期从事地方党政领导工作，从现有能够找到相关的公开资料看，他在不同时期领导不同地方的改革和发展事业中，都持之以恒地从事业全局和发展大局高度重视民族工作，切实关心少数民族群众的生产生活，殚精竭虑地为各族群众共同发展繁荣倾心倾力，为各族群众团结进步事业有所作为。其中最突出的是他在河北正定和福建、浙江工作期间对民族工作的重视和思考。①

一、河北：调查民族工作情况，保护和传承民族文化遗产

河北省正定县是习近平"从政起步的地方"，也是他视为"第二故乡"的地方。② 1982年4月至1985年6月，在正定工作期间，习近平对民族工作

---

① 李赞：《习近平在河北、福建工作期间的民族工作思想探析》，《中国民族报》2016年11月25日，第5版。
② 程宝怀、刘晓翠、吴志辉：《习近平同志在正定》，《河北日报》2014年1月2日，第1版。

的重视,主要体现在他调查民族工作情况、扶持少数民族发展和对民族文化遗产的保护与传承方面。

(一) 调查民族工作情况,扶持少数民族发展

虽然现有公开材料没有直接反映习近平在正定期间就民族工作进行专项调研,但通过一些间接材料,也可以说明他对正定民族工作的熟悉和了解情况。其一,据1992年版《正定县志》记载,1982年正定全县有汉族、回族、满族、朝鲜族、壮族、蒙古族、白族、傈僳族和土族九个民族人口,其中回族自元初迁入,占少数民族人口的绝大多数(1611人),其他少数民族人口(共45人)则多是因工作需要调动或者随迁而来。1985年全县有回民1856人,大多聚居在县城的六个村街,也有少数回民散居于周边村街。① 该版县志编委会的副主任兼副主审贾大山,正是习近平了解正定社情民意的窗口和渠道之一,在他们的交流中,应该也不会少了对正定这些民族构成家底的交流和了解。其二,习近平非常重视调研。2015年,他在中央党校县委书记研修班学员座谈会上的讲话中指出:"当县委书记一定要跑遍所有的村,当地(市)委书记一定要跑遍所有的乡镇,当省委书记一定要跑遍所有的县市区。"② 在正定工作期间,习近平跑遍了正定的每一个村,其中当然也应该包括了回民聚居的村庄在内。

在扶持少数民族发展上,1980—1985年,正定县共发放少数民族教育、生产资助金2.2万元。③ 在今天,这个数额即使对任何一个贫困县的财政支出也显得微不足道,但放在当时的历史背景下同期横向相比,该县同期的救济款项(包括对老残且无依靠的居民的定期定量救济和对突然事故造成的临时救济)总额仅有19 403元,而1985年该县职工月均工资也只有76.75元。④ 比较之下,当时这样的扶持力度充分体现了习近平对少数民族发展事业的重视和真情。

(二) 着眼中华文明历史传承,保护各民族文化遗产

习近平到正定工作以后,正定古城的保护与发展就挂在了他的心头。好友贾大山去世后,他评价其对正定文物保护所做的贡献:"大山为正定文化事业的发展和古文物的研究、保护、维修、发掘、抢救,竭尽了自己的全力……隆兴寺大悲阁、天宁寺凌霄塔、开元寺钟楼、临济寺澄灵塔、广惠寺

---

① 河北省正定县地方志编纂委员会:《正定县志》,中国城市出版社1992年版,第192页。
② 李忠志、曹阳葵:《同呼吸才能心相印——习近平在正定工作期间坚持群众路线纪实》,《河北日报》2013年8月27日,第1版。
③ 河北省正定县地方志编纂委员会:《正定县志》,中国城市出版社1992年版,第590页。
④ 同上书,第787页。

华塔、县文庙大成殿的修复,无不浸透着他辛劳奔走的汗水。"①透过这段评价文字,我们同样能够清晰地看到站在文化局局长贾大山后面的这位年轻县委书记的身影,体会到他对古城历史文化保护的重视和支持。在正定三年,他亲自抓规划筹经费,对正定的古建筑、文化历史倾注了大量的时间和心血。他专门对赵孟頫撰写的名碑"本命长生祝延碑"和颂扬王士珍的"德威上将军正定王公神道碑"保护不力的情况作出指示,并指出:如果我们保管不当是对祖先的犯罪,要求相关部门和干部做好保护工作。② 为寻求上级支持,习近平多次联系相关领导并争取省委重视,安排划拨正定172万元用于隆兴寺修缮,使千年古刹再现雄姿。1985年后,习近平因工作关系离开正定,但他对正定古城的牵挂依然如旧,先后多次前往正定。2013年8月24日,在关于保护正定古城的文件上,习近平作出重要批示,"充分肯定近年来正定古城保护工作。要继续做好这项工作,秉持正确的古城保护理念,即切实保护好其历史文化价值"③。这些都应该看作是他对基层地方如何做好中华民族文化传承和建设工作的重视、思考和实践探索的体现。

二、福建:促进各民族共同发展繁荣,巩固民族大团结

福建是一个少数民族散杂居省份,少数民族人口近80万。其中,畲族人口全国最多,共有36.55万人,占全国畲族人口的一半以上。从1985年6月调任厦门,到2002年10月调任浙江,在福建工作的17年零5个月里,无论是主政地市还是统管全省,习近平始终心系少数民族群众的冷暖,牵挂少数民族地区的发展。

(一)千万不能漠视少数民族事业

闽东宁德地区是畲族人口最集中的地区,福建全省三分之二的畲族人口聚居于此。1988年6月习近平担任宁德地委书记后,对这些山区少数民族居民特别关心。他强调:"我们的事业方方面面,千万不能漠视少数民族事业这一重要方面。"④

1989年1月,在宁德地区民委第七次委员(扩大)会议上,他从战略高度阐述了做好民族工作的重要性:"做好民族工作,有重要的现实意义和深

---

① 习近平:《知之深爱之切》,河北人民出版社2015年版,第227页。
② 《正定:古城保护进行时》,新华网,http://www.he.xinhuanet.com/zfwq/wenwu/news/2015-01/19/c_1114047546.htm。
③ 同上。
④ 习近平:《摆脱贫困》,福建人民出版社1992年版,第87页。

远的历史意义。"①首先,民族问题具有相当的敏感性和复杂性。"民族问题处理得不好往往会引起社会的动荡,甚至政局的不稳。"②其次,闽东畲族地区的革命和建设实践充分说明,"无论是过去、现在还是将来,民族大团结都是我们进行社会主义建设必不可少的保证"③。最后,要把搞好民族工作当成是我们应尽的义务。他指出,辩证地看,汉族和少数民族之间,国家和民族地区之间实际上是互相帮助、互相扶持的关系,不要将之错误地理解为单方面的恩赐和帮助。

(二)加快发展少数民族地区经济建设

一是明确少数民族地区加快发展的必要性和重要性。首先,这是实现民族真正平等的需要。习近平指出:"民族工作的立足点在于发展经济,只有把经济搞上去,才有可能谈民族的真正平等。"④其次,这是实现少数民族地区脱贫的需要。习近平始终关心和挂牵少数民族地区的脱贫工作。宁德市下辖福鼎市磻溪镇赤溪畲族村具有"中国扶贫第一村"的称号。2015年初,他在一份关于该村脱贫工作的文件上作出重要批示,指出要确保如期啃下少数民族脱贫这块硬骨头,确保各族群众如期实现全面小康;强调全面实现小康,少数民族一个都不能少,一个都不能掉队。⑤

二是要走出一条具有畲族山区特色、适应自身发展需要的市场、技术、资源相结合的开发路子。首先,"要从本地区的优势出发,扬长避短,兴利除弊,使区域生产要素不断地优化,建立起一种最适合少数民族地区生产力水平发展的经济运行机制,使其高于全省平均水平的速度增长"⑥。其次,民族地区要立足自身发展,提高内部生产力,增强对外部援助力量的吸引和吸收能力。他认为,任何外来"支持和帮助的意义主要在于增强少数民族地区自身的'造血功能',起决定作用的还是少数民族地区的自我发展能力"⑦。最后,闽东畲族地区的发展要走一条"双向开放"和"双向开发"的道路。"双向开放"即对内、对外同步开放;"双向开发"即资源和市场同时开发。

三是探索民族开发区体制。福安市穆阳镇是畲族人口的主要聚居地之

---

① 本报采访组:《全面实现小康,少数民族一个都不能少——习近平同志帮助福建少数民族群众脱贫致富纪事》,《福建日报》2015年11月23日,第1—2版。
② 习近平:《摆脱贫困》,福建人民出版社1992年版,第88页。
③ 同上书,第88页。
④ 同上书,第6页。
⑤ 《习近平与宁德赤溪村的特殊情缘:始终关注畲族村民脱贫致富》,人民网,http://fj.people.com.cn/n/2015/0227/c181466-24011128.html。
⑥ 同上。
⑦ 习近平:《摆脱贫困》,福建人民出版社1992年版,第90页。

一。为了加快穆阳地方经济发展,经宁德地委、行署批准,1993年3月成立了福安畲族经济开发区。1998年9月,在时任省委副书记习近平的关心下,省政府批文确认原穆阳民族经济开发区为省级开发区,并更名为福安畲族经济开发区,成为我国唯一以民族名称命名的开发区。1999年6月,习近平专程到开发区调研,并指出,开发区要根据民族地区的实际,立足地方资源优势,发展高优农业和农产品加工业,等条件成熟了再发展工贸旅游业。在他的关心、指导下,福安畲族经济开发区走上良性发展之路。①

四是不能再新建民族自治地方。2014年,习近平在中央民族工作会议上指出,要从大局出发,深刻认识到保持民族识别和民族区域自治地方既定格局的重要性。这个重要认识也源于他在宁德工作时期的民族工作实践。习近平回忆自己当年在宁德当地委书记时,福安县两个乡的畲族给他写信,还派代表找他,目的是想把这两个乡分出去,变成畲族自治县。习近平问他们这么做有什么好处,他们说能拿上面的钱,可以有优惠政策。任职宁德期间的民族工作实践,使他深刻认识到了"不再细分民族成分,不再新建民族自治地方"②的必要性和重要性。

(三) 继承和发展民族地方传统文化

一是民族文化传统为民族发展提供了动力和源泉。习近平指出,"民族文化传统是一个民族世世代代积累而成的精神财富,是一个民族发展的动力和源泉"③。通过文化建设,弘扬民族文化传统,不仅增强我们的自信心,而且提高外界对闽东的信心,这也是地方精神文明建设搞得好的重要标志。

二是发展与时代相适应的民族群众文化事业。习近平指出,"任何内容的文化建设活动,都应注意活动的方式和手段的运用"④,"要抓紧挖掘整理畲族文化遗产"⑤。要积极引导群众开展各种健康有益的文体活动,比如:建立或完善民族文化站(中心、俱乐部、活动室、阅览室等);举办畲族文化节;通过电视音乐片展示畲族优秀传统文化成果等。

(四) 大力培养少数民族干部

一要认清大力培养少数民族干部的重要性。习近平指出,大力培养少

---

① 本报采访组:《全面实现小康,少数民族一个都不能少——习近平同志帮助福建少数民族群众脱贫致富纪事》,《福建日报》2015年11月23日,第1—2版。
② 国家民委民族理论政策研究室编:《中央民族工作会议创新观点面对面》,民族出版社2015年版,第56页。
③ 习近平:《摆脱贫困》,福建人民出版社1992年版,第93—94页。
④ 同上书,第18页。
⑤ 同上书,第94页。

数民族干部,不仅是党的一项重要政策,更"是解决民族问题的关键"①。

二要花大力气抓少数民族干部培养工作。结合闽东少数民族干部偏少的实际,他强调:首先,"要继续培养和不断提高现有少数民族干部的素质";其次,要"注意发现和培养少数民族干部的后备力量";②再次,在地、县两级要按照一定比例配备少数民族领导干部,千人以上少数民族聚居的乡镇至少要配备一个少数民族的副职领导;最后,要树立长远观念,从办好各层次教育着手抓少数民族干部培养。

(五)城市民族工作是福建民族工作的一个重点

1990年4月,习近平主政省会福州。虽然当时福州少数民族人口相对不多,只有8万多人,约占全市总人口的1.3%,但他依然保持着对做好民族工作的投入和思考,对少数民族群众的冷暖安危牵挂于心。他曾亲自为少数民族群众开办清真饭馆的用地问题协调各方,直至妥善解决。调到省委后,作为分管民族工作的副书记,他更为此倾心倾力。

1997年底,时任福建省委副书记的习近平在参加"面向21世纪的中国畲族社区研讨会"期间,接受记者采访时对福建民族工作进行了介绍。他说,城市民族工作是福建民族工作的一个重点,福建在这方面的经验是抓小事、抓倾向,致力于为外地来闽经商、打工和学习的少数民族提供服务,为本地少数民族解决好生活中的具体困难。他要求,福建民族工作要做到"两手抓",即一手抓农村的民族工作、一手抓城市民族工作,要"努力把福建建设成为中华民族团结进步的窗口"③。

(六)加强对民族工作的领导

一是党的坚强有力的领导是做好民族工作的组织保障。习近平指出:"民族工作十分复杂,涉及面广,政策性强,各级党政领导要经常过问民族工作,行动上要尊重少数民族的合法权益,在经济、文化、教育、卫生等方面,对少数民族都要有适当的照顾。切实帮助少数民族解决迫切需要解决的问题。"④

二是各级民族工作相关部门要加强服务观念。习近平提出:"民委和民政部门要把搞好民族工作作为自己崇高的职责,要经常深入畲族聚居地了解畲族人民的生活,及时反映和解决问题,切实地把党的方针、政策同民族

---

① 习近平:《摆脱贫困》,福建人民出版社1992年版,第93页。
② 同上。
③ 晓林:《进城记——城市民族工作采访报道的碎片化思绪》,《中国民族》2016年第5期。
④ 习近平:《摆脱贫困》,福建人民出版社1992年版,第94页。

工作的具体实际结合起来。"①他强调,治政之要在于安民,安民之道在于察其疾苦。②

三是要"加强脱贫第一线的核心力量"③。习近平指出,千百万农民的团结奋斗共同努力是脱贫致富的根本条件,而农村脱贫致富凝聚力的核心就是农村党组织党支部。"实践证明,农村改革越深化,党组织的核心地位越要强化;脱贫越深入,农村第一线党组织的力量越要增强。"④

三、浙江:多做有利于民族团结和谐的实事好事

同福建一样,浙江也是少数民族散杂居省份。少数民族人口总量不大,但民族成分较多,分布面广。"六普"显示,浙江全省居住人口中已包含全部56个民族并且少数民族人口占比达2.2%,各市、县(区)均有少数民族居住,是全国少数民族流动人口最多的省份之一(居广东之后)。全省少数民族常住人口中来自云南、贵州、重庆等省市的占79.1%,主要集中在经济发达的大中城市。世居少数民族总量不多,主要是畲族、回族和满族。户籍少数民族人口以畲族为主,其人口在万人以上的有九个县(市、区)。1984年设立的景宁畲族自治县是全国畲族唯一的自治地方,也是华东地区唯一的民族自治地方。全省还有18个畲族乡(镇),分布在13个县(市、区),少数民族人口占30%以上的行政村有437个(回族村六个),主要分布在20多个县(市、区)。2002年11月至2007年3月,在浙江工作期间,习近平提出了做好地方民族工作的基本要求:"既要站在全局和战略的高度,为维护全国民族团结进步事业作贡献,又要从实际出发,有针对性地做好我省的民族工作。"⑤

(一) 落实科学发展观,促进浙江少数民族和民族地区全面发展

一要充分认识民族工作实践科学发展观的重要性。习近平指出:"做好民族工作是落实科学发展观、实现经济社会又快又好发展的客观需要,同时实现科学发展也是解决民族问题的关键所在。"⑥

二要把加快少数民族地区发展落到实处。首先,要加强顶层设计,把"扶持我省少数民族地区加快发展摆到更加突出的战略位置,纳入'十一五'

---

① 习近平:《摆脱贫困》,福建人民出版社1992年版,第95页。
② 同上书,第12页。
③ 同上书,第120页。
④ 同上书,第121页。
⑤ 习近平:《干在实处走在前列——推进浙江新发展的思考与实践》,中共中央党校出版社2013年版,第216页。
⑥ 同上。

发展的具体规划"①。其次,要逐步加大对民族地区的优先帮扶支持力度,"加快发展民族地区的教育、科技、卫生、文化等社会事业,改善民族地区的发展能力和少数民族群众的生活条件"②。再次,"少数民族地区要创新发展思路,挖掘潜力和优势,转变经济增长方式,大力发展特色经济,注重保护生态环境"③。最后,要通过民族工作法治化促进民族地区发展、团结与和谐。他强调,要"坚持和完善民族区域自治制度,支持景宁畲族自治县充分行使宪法和民族区域自治法赋予的各项自治权利"④。

(二)以构建和谐社会为目标,巩固和发展平等、团结、互助、和谐的社会主义民族关系

一要充分认识民族团结的重要性。习近平深刻阐明了"民族关系是多民族国家中至关重要的社会关系,民族团结是社会和谐的重要基础"⑤。

二是新时期加强和巩固全省民族大团结,要做好世居和流动少数民族群众两方面的工作。习近平指出:"浙江籍的 39.54 万少数民族群众是 4700 万浙江人民的重要成员,是实现浙江经济繁荣、社会和谐的重要力量;同时,今后来我省经商、务工、求学的少数民族群众也会越来越多,出现新的少数民族移民。在这种情况下,我们要巩固和发展平等、团结、互助、和谐的社会主义民族关系,不仅要继续做好世居的少数民族居民的工作,还要认真做好少数民族移民和流动人员的工作,促进全省各族人民和睦相处、和衷共济、和谐发展。"⑥这些思想为他到中央后提出构建各民族互相嵌入式社会结构和社区环境、加强各民族交往交流交融的观点奠定了认识和实践基础。

三要多做有利于民族团结和谐的实事好事。各级各部门要切实"维护少数民族的合法权益,使在浙江的少数民族群众共享改革发展成果,感受到社会主义大家庭的温暖"⑦。

四是处理民族问题,要讲原则、讲法制、讲政策、讲策略,坚持依法、慎重处理的原则。习近平强调:"在处理民族关系上,特别是要高度重视、妥善处理影响民族关系的各种问题。民族问题无小事,民族问题高度敏感,个别矛

---

① 习近平:《干在实处走在前列——推进浙江新发展的思考与实践》,中共中央党校出版社 2013 年版,第 216 页。
② 同上。
③ 同上。
④ 同上。
⑤ 同上书,第 217 页。
⑥ 同上。
⑦ 同上。

盾、局部问题处理不好可能会产生严重后果。"①

（三）以大局为重，积极为全国民族地区的协调发展作贡献

一是经济发达地区要积极承担起帮助西部少数民族地区发展的责任和道义。习近平指出，浙江作为经济社会发展走在前列的发达省份，有能力、也有责任积极支持省外少数民族地区加快发展，这是中央交给我们的政治任务，也是我们体现民族道义的重要方面。

二是建立长效机制，促进共同发展。习近平要求，重点做好三件事：一是积极做好西藏那曲、新疆和田、贵州黔东南和黔西南等民族地区的对口支援工作，建立对口支援的长效机制，促进对口支援地区加快发展；二是发挥我省人才、产业优势，加大参与西部大开发的力度，促进我省与西部地区的共同发展；三是认真做好少数民族和民族地区干部来浙学习、培训、挂职、考察等工作。习近平在福建、浙江任职期间，他对对口援藏和援疆工作高度重视，1998年6月他亲自送福建援藏干部进藏②，2003年8月他带领浙江党政代表团在新疆考察八天，天山南北都留下了他的足迹③，这些援藏和援疆的地方工作经验为他以后在中央工作时期思考和形成成熟的治藏治疆方略奠定了基础。

综上所述，习近平在河北、福建、浙江等地方工作期间对民族工作高度重视。从他在地方工作期间对民族工作的思考和实践内容中，我们不难发现其对党的十八大以后以习近平同志为核心的党中央在民族工作上的许多创新和发展产生了深刻而又长远的影响。可以讲，习近平在地方工作期间对民族工作的思考和实践，为他以后领导全党全国的民族工作奠定了良好的工作经验基础和理论政策准备。

第二节　十八大以来党中央对加强和改进民族工作的探索

党的十八大以来，民族工作顶层设计创新程度之高前所未有。面对近些年民族工作领域出现的新情况新问题，以习近平同志为核心的党中央把民族工作作为中国特色社会主义制度的显著优势之一，摆在党和国家工作全局更加重要的战略位置，推动把"铸牢中华民族共同体意识"写入党章，把

---

① 习近平：《干在实处走在前列——推进浙江新发展的思考与实践》，中共中央党校出版社2013年版，第217页。
② 张红：《1998年，跟随习近平进藏》，《人民日报》2015年8月24日，第1版。
③ 李斌、霍小光、兰红光：《把祖国的新疆建设得越来越美好——习近平总书记新疆考察纪实》，《人民日报》2014年5月4日，第1、3版。

"中华民族"概念写入宪法,同时召开统战、民族、新疆、西藏、宗教、扶贫等领域重要会议,进行重点研究部署,正本清源、一锤定音,统一思想、一致行动,推动民族工作迈入新时代。

一、从中华民族伟大复兴的全局和战略高度研究部署新时代民族工作

(一) 党的十八大、十九大、二十大为民族工作指明了发展方向

2012年召开的党的十八大,是在我国进入全面建成小康社会决定性阶段召开的一次十分重要的大会。大会从巩固和发展最广泛的爱国统一战线角度,总结党的民族工作经验,并将之纳入中国特色社会主义政治发展道路的基本内容,即:全面正确贯彻落实党的民族政策,坚持和完善民族区域自治制度,牢牢把握各民族共同团结奋斗、共同繁荣发展的主题,深入开展民族团结进步教育,加快民族地区发展,保障少数民族合法权益,巩固和发展平等团结互助和谐的社会主义民族关系,促进各民族和睦相处、和衷共济、和谐发展。

党的十八大报告指出:"经过九十多年艰苦奋斗,我们党团结带领全国各族人民,把贫穷落后的旧中国变成日益走向繁荣富强的新中国,中华民族伟大复兴展现出光明前景。我们对党和人民创造的历史伟业倍加自豪,对党和人民确立的理想信念倍加坚定,对党肩负的历史责任倍加清醒。"[1]之后,在参观《复兴之路》展览时,习近平明确指出:"现在,大家都在讨论中国梦,我以为,实现中华民族伟大复兴,就是中华民族近代以来最伟大的梦想。"[2]这是对新时代党和国家全局工作目标与方向的明确,也是民族工作要服务与服从的总体目标与工作大局。

2017年,习近平在党的十九大报告中指出:"今天,我们比历史上任何时期都更接近、更有信心和能力实现中华民族伟大复兴的目标。行百里者半九十。中华民族伟大复兴,绝不是轻轻松松、敲锣打鼓就能实现的。"[3]他要求全党必须准备付出更为艰巨、更为艰苦的努力。在报告中,他就做好新时代民族工作强调:"全面贯彻党的民族政策,深化民族团结进步教育,铸牢中华民族共同体意识,加强各民族交往交流交融,促进各民族像石榴籽一样

---

[1] 中共中央文献研究室编:《十八大以来重要文献选编》(上),中央文献出版社2014年版,第1页。
[2] 同上书,第84页。
[3] 中共中央党史和文献研究院编:《十九大以来重要文献选编》(上),中央文献出版社2019年版,第11页。

紧紧抱在一起,共同团结奋斗、共同繁荣发展。"①他还提出,要"严密防范和坚决打击各种渗透颠覆破坏活动、暴力恐怖活动、民族分裂活动、宗教极端活动"②。党的十九大把铸牢中华民族共同体意识写入党章,成为全党全国各族人民的根本遵循,这是新时代民族工作的重大理论创新,开启了我国民族工作的新实践。

2018年3月,十三届全国人大一次会议表决通过的宪法修正案,在宪法序言中增加了"实现中华民族伟大复兴"的表述,首次将"中华民族"的概念写入宪法,明确巩固和完善了国家层次的中华民族建设在根本大法中的法律地位。这是全党和全国各族人民铸牢中华民族共同体意识的共同意志时代要求的基本体现。

3. 党的二十大

2022年召开的党的二十大,是在全党全国各族人民迈上全面建设社会主义现代化国家新征程、向第二个百年奋斗目标进军的关键时刻召开的一次十分重要的大会。习近平在大会报告中指出:"人心是最大的政治,统一战线是凝聚人心、汇聚力量的强大法宝。完善大统战工作格局,坚持大团结大联合,动员全体中华儿女围绕实现中华民族伟大复兴中国梦一起来想、一起来干。……以铸牢中华民族共同体意识为主线,坚定不移走中国特色解决民族问题的正确道路,坚持和完善民族区域自治制度,加强和改进党的民族工作,全面推进民族团结进步事业。"③这些论述为新时代民族工作高质量发展指明方向,为我们在实现国家崛起和民族复兴进程中,巩固和发展各民族大团结、全国人民大团结、全体中华儿女大团结提供了基本遵循。

(二)中央民族工作会议等重要会议对民族工作的部署

1. 2014年中央民族工作会议

2014年9月28日至29日,中央民族工作会议暨国务院第六次全国民族团结进步表彰大会在北京举行。习近平在会上发表重要讲话,全面分析我国民族工作面临的国内外形势,深刻阐述当前和今后一个时期我国民族工作的大政方针。④ 为进一步细化和落实会议精神,12月22日,中共中央、

---

① 中共中央党史和文献研究院编:《十九大以来重要文献选编》(上),中央文献出版社2019年版,第28页。
② 同上书,第35页。
③ 习近平:《高举中国特色社会主义伟大旗帜 为全面建设社会主义现代化国家而团结奋斗——在中国共产党第二十次全国代表大会上的报告》,人民出版社2022年版,第39—40页。
④ 兰红光:《中央民族工作会议暨国务院第六次全国民族团结进步表彰大会在北京举行》,《人民日报》2014年9月30日,第1、2版。

国务院印发《关于加强和改进新形势下民族工作的意见》(中发〔2014〕9号),从坚定不移走中国特色解决民族问题的正确道路、围绕改善民生推进民族地区经济社会发展、促进各民族交往交流交融、构筑各民族共有精神家园、提高依法管理民族事务能力、加强党对民族工作的领导六个方面提出了25条意见,旨在切实加强和改进新形势下民族工作,团结带领全国各族人民共同推进全面建成小康社会、努力实现中华民族伟大复兴的中国梦。①

2. 中央统战工作会议及《中国共产党统一战线工作条例(试行)》

党的民族工作是统一战线工作的有机构成和重要内容。2015年5月,中央统战工作会议在北京举行。习近平在会上发表重要讲话强调,民族工作、宗教工作都是全局性工作。② 9月22日,中共中央印发《中国共产党统一战线工作条例(试行)》。该条例共十章内容,其中第五章为"民族工作",内容包括:第十九条,关于民族工作根本要求的相关内容;第二十条,关于推动民族地区经济社会发展,维护国家统一、民族团结和社会稳定的相关内容;第二十一条,关于大力培养民族地区各族干部人才,密切联系少数民族代表人士的相关内容。该条例作为我们党关于统一战线工作的第一部法规,明确了统一战线服务"四个全面"战略布局的方向原则,全面规范了各领域各方面统战工作,是推进统战工作制度化、规范化、程序化建设的重要标志,在党的统一战线历史上和民族工作历史上都具有里程碑意义。③

3. 全国城市民族工作会议与少数民族流动人口服务管理工作

2016年1月,全国城市民族工作会议在北京召开。会议要求全面贯彻中央民族工作会议和中央城市工作会议精神,坚持中国特色解决民族问题的正确道路,依法管理城市民族事务,以保障各民族合法权益为核心,以做好少数民族流动人口服务管理为重点,以推动建立相互嵌入的社会结构和社区环境为抓手,推进城市民族工作制度化、规范化、精细化,让城市更好接纳少数民族群众、让少数民族群众更好融入城市,切实加强各民族交往交流交融。④ 为加强和改进城市民族工作中对少数民族流动人口的服务管理工作,2017年,党中央、国务院专门出台《关于加强和改进少数民族流动人口服务管理工作的意见》(中办发〔2017〕20号),对该项工作进行总体部署和

---

① 《中共中央、国务院印发〈关于加强和改进新形势下民族工作的意见〉》,《人民日报》2014年12月23日,第1、2版。
② 马古成:《巩固发展最广泛的爱国统一战线 为实现中国梦提供广泛力量支持》,《人民日报》2015年5月21日,第1版。
③ 《中国共产党统一战线工作条例(试行)》,《人民日报》2015年9月23日,第5版。
④ 《全国城市民族工作会议在京召开》,《人民日报》2016年1月7日,第1、2版。

全面要求,标志着该项工作的规范化和法治化水平提高到了新层次。

4. 2021年中央民族工作会议

2021年8月27日至28日,中央民族工作会议在北京召开。习近平出席会议并发表重要讲话,强调要准确把握和全面贯彻我们党关于加强和改进民族工作的重要思想,以铸牢中华民族共同体意识为主线,坚定不移走中国特色解决民族问题的正确道路,构筑中华民族共有精神家园,促进各民族交往交流交融,推动民族地区加快现代化建设步伐,提升民族事务治理法治化水平,防范化解民族领域风险隐患,推动新时代党的民族工作高质量发展,动员全党全国各族人民为实现全面建成社会主义现代化强国的第二个百年奋斗目标而团结奋斗。①

(三)新中国成立70周年活动中对民族工作的探索

2019年7月25日,中华人民共和国成立70周年民族工作创新与发展座谈会在京召开,时任全国政协主席汪洋出席会议并讲话。会议指出,民族工作要结合时代发展需要实现全面创新发展,特别是要创新加强民族团结的方式,要创新支持民族地区加快发展的方式,少数民族流动人口服务管理方式,少数民族优秀传统文化保护方式,做少数民族信教群众工作方式,民族工作体制机制和运转方式,为民族团结进步事业提供巨大发展动力和坚实工作保障。②

9月27日上午,全国民族团结进步表彰大会在北京举行。习近平出席大会并发表重要讲话。这篇讲话第一次用"九个坚持"对新中国成立70年民族工作宝贵经验进行深刻总结,第一次用"四个共同"从中华民族形成发展史角度重述中国历史,第一次鲜明提出铸牢中华民族共同体意识这一新时代民族工作的主线,体现了理论与实践、国内和国际、历史和未来的高度统一,是做好新时代民族工作的一篇纲领性文献,对开创民族团结进步事业新局面产生了重大而深远的影响。③

(四)治藏治疆方略的探索

1. 中央第六次、第七次西藏工作座谈会与治藏方略

2015年8月24日至25日,中央第六次西藏工作座谈会在北京召开,习近平出席会议并发表重要讲话。他强调,要以邓小平理论、"三个代表"重要

---

① 《习近平谈治国理政》(第四卷),外文出版社2022年版,第243页。
② 《坚定不移走中国特色解决民族问题正确道路 激发全国各族人民团结奋斗的磅礴伟力》,《人民日报》2019年7月26日,第1、3版。
③ 闵言平:《十八大以来党中央就民族工作作出一系列重大决策部署》,《中国民族报》2020年5月12日,第5版。

思想、科学发展观为指导,坚持"四个全面"战略布局,坚持党的治藏方略,把维护祖国统一、加强民族团结作为工作的着眼点和着力点,坚定不移开展反分裂斗争,坚定不移促进经济社会发展,坚定不移保障和改善民生,坚定不移促进各民族交往交流交融,确保国家安全和长治久安,确保经济社会持续健康发展,确保各族人民物质文化生活水平不断提高,确保生态环境良好。① 9月6日,国务院新闻办公室发表了《民族区域自治制度在西藏的成功实践》白皮书。②

2020年8月28日至29日,中央第七次西藏工作座谈会在北京召开。习近平出席会议并发表重要讲话。他强调,面对新形势新任务,必须全面贯彻新时代党的治藏方略,坚持统筹推进"五位一体"总体布局、协调推进"四个全面"战略布局,坚持稳中求进工作总基调,铸牢中华民族共同体意识,提升发展质量,保障和改善民生,推进生态文明建设,加强党的组织和政权建设,确保国家安全和长治久安,确保人民生活水平不断提高,确保生态环境良好,确保边防巩固和边境安全,努力建设团结富裕文明和谐美丽的社会主义现代化新西藏。③

2. 第二次、第三次中央新疆工作座谈会与治疆方略

2014年4月,习近平到新疆喀什和乌鲁木齐等地视察,明确提出做好新疆工作的一系列新要求,体现了新一届党中央的治疆方略已经日渐清晰。5月28日至29日,第二次中央新疆工作座谈会在北京举行。习近平在会上发表重要讲话,强调:要坚决贯彻党中央关于新疆工作的大政方针,围绕社会稳定和长治久安这个总目标,以推进新疆治理体系和治理能力现代化为引领,以经济发展和民生改善为基础,以促进民族团结、遏制宗教极端思想蔓延等为重点,坚持依法治疆、团结稳疆、长期建疆,努力建设团结和谐、繁荣富裕、文明进步、安居乐业的社会主义新疆。④

2015年9月23日,第五次全国对口支援新疆工作会议在北京召开。会议认真贯彻落实第二次中央新疆工作座谈会精神和习近平关于新疆工作一系列重要指示,总结工作,分析形势,部署任务,推动对口援疆工作为维护新

---

① 李学仁:《依法治藏富民兴藏长期建藏 加快西藏全面建成小康社会步伐》,《人民日报》2015年8月26日,第1版。
② 李昌禹:《国新办发表〈民族区域自治制度在西藏的成功实践〉白皮书》,《人民日报》2015年9月7日,第1版。
③ 《全面贯彻新时代党的治藏方略 建设团结富裕文明和谐美丽的社会主义现代化新西藏》,《人民日报》2020年8月30日,第1版。
④ 李学仁:《坚持依法治疆团结稳疆长期建疆 团结各族人民建设社会主义新疆》,《人民日报》2014年5月30日,第1版。

疆社会稳定和实现长治久安做出更大的贡献。9月25日,国务院新闻办发表了《新疆各民族平等团结发展的历史见证》白皮书。①

2020年9月25日至26日,第三次中央新疆工作座谈会在北京召开,习近平出席会议并发表重要讲话。他强调,当前和今后一个时期,做好新疆工作,要完整准确贯彻新时代党的治疆方略,牢牢扭住新疆工作总目标,依法治疆、团结稳疆、文化润疆、富民兴疆、长期建疆,以推进治理体系和治理能力现代化为保障,多谋长远之策,多行固本之举,努力建设团结和谐、繁荣富裕、文明进步、安居乐业、生态良好的新时代中国特色社会主义新疆。②

二、加快少数民族和民族地区经济社会发展,促进各民族共同繁荣发展

党的十八大以来,以习近平同志为核心的党中央高度重视民族工作,非常关心民族地区经济社会发展及少数民族群众的生产生活,多次到民族地区考察、调研,在田间地头与少数民族群众一起拉家常,关怀少数民族干部队伍建设,对事关改善民生和促进民族团结进步事业发展的全局和长远的一系列重大问题,提出许多新观点、新论断、新要求,为推进新形势下少数民族和民族地区经济社会全面发展指明方向。

(一)出台多个专项发展规划和文件

1.《国务院关于加快发展民族教育的决定》(国发〔2015〕46号)

2015年8月,国务院发布了《国务院关于加快发展民族教育的决定》,全面部署加快发展民族教育,明确了当前和今后一个时期加快发展民族教育的指导思想、基本原则、目标任务和政策措施。③

2.《"十三五"促进民族地区和人口较少民族发展规划》(国发〔2016〕79号)

2016年12月,国务院印发《"十三五"促进民族地区和人口较少民族发展规划》,对"十三五"时期国家支持少数民族和民族地区发展、加强民族工作作出全面部署。④ 该规划提出,"十三五"时期少数民族和民族地区发展的主要目标是经济持续较快发展,社会事业稳步提升,民族文化繁荣发展,生态环境明显改善,民族团结更加巩固,确保2020年实现与全国同步全面

---

① 李昌禹:《〈新疆各民族平等团结发展的历史见证〉白皮书发表》,《人民日报》2015年9月25日,第4版。
② 《坚持依法治疆团结稳疆文化润疆富民兴疆长期建疆 努力建设新时代中国特色社会主义新疆》,《人民日报》2020年9月27日,第1版。
③ 张烁:《不让一个少数民族、一个地区掉队》,《人民日报》2015年8月18日,第1版。
④ 《国务院关于印发"十三五"促进民族地区和人口较少民族发展规划的通知》,中国政府网,http://www.gov.cn/zhengce/content/2017-01/24/content_5162950.htm。

建成小康社会。

3.《兴边富民行动"十三五"规划》(国办发〔2017〕50号)

2017年5月,国务院办公厅印发了《兴边富民行动"十三五"规划》。该规划提出围绕边境地区小康社会建设六个方面的主要任务,并从边民扶持、财政、金融、土地、社会保障、资源开发与生态保护补偿、对口支援七个方面加大相关优惠政策对边境地区的倾斜力度。①

4.《中共中央 国务院关于新时代推进西部大开发形成新格局的指导意见》

2019年3月,中央全面深化改革委员会第七次会议审议通过了《中共中央 国务院关于新时代推进西部大开发形成新格局的指导意见》。2020年5月,该指导意见印发,共分为六个方面,包括:贯彻新发展理念,推动高质量发展;以共建"一带一路"为引领,加大西部开放力度;加大美丽西部建设力度,筑牢国家生态安全屏障;深化重点领域改革,坚定不移推动重大改革举措落实;坚持以人民为中心,把增强人民群众获得感、幸福感、安全感放到突出位置;加强政策支持和组织保障。②

另外,为推动少数民族医药从医疗、保健、教育、科研、产业、等方面全面发展,国家中医药管理局、国家民委等13部门联合制定的《关于加强新时代少数民族医药工作的若干意见》于2018年8月公开发布。该意见提出,加强少数民族医医疗机构基础设施建设,改善就医条件,鼓励有条件的民族自治地方兴办少数民族医医院;鼓励民族地区各类医疗卫生机构设立少数民族医科室。提升少数民族医药养生保健服务能力,加强少数民族医医疗机构治未病科室建设。③

(二)聚集精准脱贫,指导民族地区发挥自身优势走具有地区特色的科学发展路子

党的十八大以来,习近平心系贫困地区的少数民族同胞,足迹遍布全国14个集中连片特困地区,他支持民族地区发挥区位优势走具有自己特色的科学发展路子。

---

① 《国务院办公厅关于印发兴边富民行动"十三五"规划的通知》,中国政府网,http://www.gov.cn/zhengce/content/2017-06/06/content_5200277.htm。
② 《中共中央国务院关于新时代推进西部大开发形成新格局的指导意见》,《人民日报》2020年5月18日,第1、6版。
③ 《13部门发文推动少数民族医药工作全面发展》,中国政府网,http://www.gov.cn/xinwen/2018-08/23/content_5315979.htm。

1. 心系少数民族贫困群众，聚集民族地区精准脱贫

民族地区是全国扶贫攻坚的硬骨头和主战场。习近平高度重视民族地区扶贫开发工作，多次深入湖南湘西土家族苗族自治州、延边朝鲜族自治州、黑龙江省同江市、宁夏固原地区及银川市、四川大凉山等贫困民族地区调研，指出：加快民族地区发展，核心是加快民族地区全面建成小康社会步伐，并强调扶贫是社会主义本质要求；革命老区、民族地区、边疆地区、贫困地区在"三农"工作中要把扶贫开发作为重中之重，在扶贫工作中坚持改革创新，做到科学扶贫、精准扶贫、内源扶贫。①

2015年1月，习近平在国家民委一份简报上批示："30年来，在党的扶贫政策支持下，宁德赤溪畲族村干部群众艰苦奋斗、顽强拼搏、滴水穿石、久久为功，把一个远近闻名的'贫困村'建成'小康村'。全面实现小康，少数民族一个都不能少，一个都不能掉队，要以时不我待的担当精神，创新工作思路，加大扶持力度，因地制宜，精准发力，确保如期啃下少数民族脱贫这块'硬骨头'，确保各族群众如期实现全面小康。"②

2019年4月，在重庆考察调研"两不愁三保障"突出问题情况时，习近平同老乡们一起算起了收入账和医疗账。他说："小康不小康，关键看老乡，关键看脱贫攻坚工作做得怎么样。"③4月16日下午，他主持召开了解决"两不愁三保障"突出问题座谈会并发表重要讲话。④

2. 指导和支持西部民族地区发挥区位优势走具有自己特色的科学发展路子

以习近平同志为核心的党中央始终高度重视和深切关怀西部少数民族和民族地区的小康社会建设和现代化发展道路探索，利用参与各种会议和进行实地考察的时机，多次对西部欠发达民族地区的科学发展问题和民族团结进步事业给予具体指导和大力支持。

其一，关于内蒙古发展战略。2018年3月，习近平在参加他所在的十三届全国人大一次会议内蒙古代表团的审议时指出：内蒙古推动经济高质量发展，要把重点放在推动产业结构转型升级上，把实体经济做实做强做优；要立足优势、挖掘潜力、扬长补短，构建多元发展、多极支撑的现代产业

---

① 国家民族事务委员会编：《中央民族工作会议精神学习辅导读本》，民族出版社2015年版，第189页。
② 本报采访组：《全面实现小康，少数民族一个都不能少——习近平同志帮助福建少数民族群众脱贫致富纪事》，《福建日报》2015年11月23日，第1—2版。
③ 鞠鹏、刘彬、谢环驰：《统一思想一鼓作气顽强作战越战越勇　着力解决"两不愁三保障"突出问题》，《人民日报》2019年4月18日，第1—2版。
④ 同上。

新体系,形成优势突出、结构合理、创新驱动、区域协调、城乡一体的发展新格局。① 2019年3月,他在参加十三届全国人大二次会议内蒙古代表团的审议时强调,内蒙古要努力探索出一条符合战略定位、体现内蒙古特色,以生态优先、绿色发展为导向的高质量发展新路子。② 7月15日至16日,他在内蒙古考察时指出,要重视少数民族文化保护和传承,支持和扶持《格萨(斯)尔》等非物质文化遗产,培养好传承人,一代一代接下来、传下去。③

其二,关于广西发展战略。在2010年全国两会广西代表团全体会议上,习近平强调,我们一定要呵护漓江,科学保护好漓江。④ 同年5月,作为党和国家领导人的习近平第一次来到广西百色市、南宁市考察调研。他要求广西立足实际、面向东盟、放眼世界,不断拓展对外开放的广度和深度,切实把区位优势转化为发展优势。⑤ 2015年全国"两会"期间,习近平来到广西代表团。他明确指出广西发展的"三大定位":构建面向东盟的国际大通道,打造西南中南地区开放发展新的战略支点,形成21世纪海上丝绸之路和丝绸之路经济带有机衔接的重要门户。⑥ 2017年4月,习近平到广西考察了北海金海湾红树林生态保护区、南宁市那考河生态综合整治项目。⑦ 他强调:"广西是革命老区,是贫困地区,也是边境地区、民族地区。脱贫攻坚工作做好了,边疆稳定、民族团结就有了坚实基础;边境建设搞好了,民族事业发展了,对打赢脱贫攻坚战也是极大促进。这几项工作是一个有机整体,要一并研究、同步推进。"⑧

其三,关于云南发展战略。2015年1月,习近平在云南省昭通、大理、昆明等地调研时提出,希望云南主动服务和融入国家发展战略,闯出一条跨越式发展的路子来,努力成为民族团结进步示范区、生态文明建设排头兵、

---

① 谢环驰:《扎实推动经济高质量发展 扎实推进脱贫攻坚》,《人民日报》2018年3月6日,第1版。
② 谢环驰:《保持加强生态文明建设的战略定力 守护好祖国北疆这道亮丽风景线》,《人民日报》2019年3月6日,第1、5版。
③ 《习近平在内蒙古考察并指导开展"不忘初心、牢记使命"主题教育》,新华网,http://www.xinhuanet.com/politics/leaders/2019-07/16/c_1124761316.htm。
④ 《习近平和广西的约定》,央视网(cctv.com),http://news.cctv.com/2018/12/09/ARTIVjxLZoCwyoeQb3H7tYSX181209.shtml。
⑤ 同上。
⑥ 同上。
⑦ 谢环驰、鞠鹏:《扎实推动经济社会持续健康发展 以优异成绩迎接党的十九大胜利召开》,《人民日报》2017年4月22日,第1版。
⑧ 汪晓东、李翔、王洲:《共享民族复兴的伟大荣光——习近平总书记关于民族团结进步重要论述综述》,《人民日报》2021年8月25日,第1—3版。

面向南亚东南亚辐射中心,谱写好中国梦的云南篇章。① 2020年1月,习近平在云南腾冲、昆明等地考察调研时强调,要加快少数民族和民族地区发展,让改革发展成果更多更公平惠及各族人民。他强调,云南生态地位重要,有自己的优势,关键是要履行好保护的职责。

其四,关于贵州发展战略。2015年6月,习近平在贵州省遵义、贵阳和贵安新区调研考察时指出,党中央十分关心广大农民特别是农村贫困人口,制定了一系列方针政策促进农村发展。他肯定了贵州把扶贫开发与美丽乡村建设结合起来的做法,希望村党支部、村委会和村干部心往一处想、劲往一处使、汗往一处流,共同把乡亲们的事情办好。他希望贵州协调推进"四个全面"战略布局,守住发展和生态两条底线,培植后发优势,奋力后发赶超,走出一条有别于东部、不同于西部其他省份的发展新路。②

其五,关于青海发展战略。2016年8月,习近平在青海省海西州格尔木市视察时指出,盐湖是青海最重要的资源。要制定正确的资源战略,加强顶层设计,搞好开发利用。循环利用是转变经济发展模式的要求,全国都应该走这样的路。青海要把这件事情办好,发挥示范作用。青海资源也是全国资源,要有全国一盘棋思想,在保护生态环境的前提下搞好开发利用。③ 他指出,保护三江源是党中央确定的大政策,生态移民是落实这项政策的重要措施,一定要组织实施好。他还强调,我们国家是多民族国家,各民族是一家人,大家要相亲相爱、共同团结进步。④

其六,关于宁夏发展战略。2020年6月8日至10日,习近平在宁夏回族自治区吴忠、银川等地调研。他强调,宁夏要全面落实党中央决策部署,坚持稳中求进工作总基调,坚持新发展理念,落实全国"两会"工作部署,坚决打好三大攻坚战,扎实做好"六稳"工作,全面落实"六保"任务,优先稳就业保民生,决胜全面建成小康社会,决战脱贫攻坚,继续建设经济繁荣、民族团结、环境优美、人民富裕的美丽新宁夏。⑤

---

① 鞠鹏:《坚决打好扶贫开发攻坚战 加快民族地区经济社会发展》,《人民日报》2015年1月22日,第1版。
② 黄敬文、李学仁:《看清形势适应趋势发挥优势 善于运用辩证思维谋划发展》,《人民日报》2015年6月19日,第1版。
③ 《习近平到青海考察》,新华网,http://news.xinhuanet.com/politics/2016-08/22/c_129248346.htm。
④ 庞兴雷、李刚:《尊重自然顺应自然保护自然 坚决筑牢国家生态安全屏障》,《人民日报》2016年8月25日,第1版。
⑤ 《习近平在宁夏考察》,中国政府网,http://www.gov.cn/xinwen/2020-06/10/content_5518467.htm。

三、依法治理民族事务，坚持、完善和落实好民族区域自治制度

党的十八大以来，以习近平同志为核心的党中央适应新时代民族工作和民族地区发展需求，强调要坚定不移地从各个方面把民族区域自治制度坚持好、完善好、落实好。

（一）坚持、完善和落实好民族区域自治制度

2013年，党的十八届三中全会明确要求，发展社会主义民主政治，必须坚持和完善包括民族区域自治制度在内的各项制度，充分发挥我国社会主义政治制度优越性。

在2014年中央民族工作会议上，习近平全面详细地论述了如何坚持、完善和落实好民族区域自治制度。一是充分肯定了该制度的合理性和先进性。这项制度的政治正确性、文明优越性和实践合理性，都不容置疑、动摇和削弱。二是结合时代发展需求把握好该制度的本质特征，即要着重坚持统一和自治相结合、民族因素和区域因素相结合。[①] 三是实事求是地贯彻落实和发展完善好该项制度。强调"加强民族团结，根本在于坚持和完善民族区域自治制度"[②]。中共中央、国务院在之后印发的《关于加强和改进新形势下民族工作的意见》中，明确把"坚持和完善民族区域自治制度"列为中国特色解决民族问题正确道路基本内涵之一。

坚定不移地坚持和完善好这项制度，还充分体现在党和国家大力举办好民族区域自治地方逢十周年庆祝活动上。组派中央代表团、祝贺团，参加自治地方逢十周年庆祝活动，是维护民族团结、促进国家统一、彰显民族区域自治制度优势的一项重要活动，也是我们党做好民族工作的优良传统。党的十八大以来，在2015年西藏自治区成立50周年、新疆维吾尔自治区成立60周年之际，在2017年内蒙古自治区成立70周年之际，在2018年宁夏回族自治区成立60周年、广西壮族自治区成立60周年之际，中央政府均派出了由中共中央政治局常委任团长的中央代表团前往祝贺。实践证明，举办民族区域自治地方逢十周年庆祝活动，对于宣传党的民族政策、坚持和完善民族区域自治制度、为民族区域自治地方办实事好事，都具有十分重要的促进作用。

（二）依法治理民族事务与贯彻落实《民族区域自治法》

依法治理民族事务是依法治国基本方略在民族工作中的基本体现和全

---

① 国家民委民族理论政策研究室编：《中央民族工作会议创新观点面对面》，民族出版社2015年版，第51—52页。

② 谢环驰：《扎实推动经济高质量发展 扎实推进脱贫攻坚》，《人民日报》2018年3月6日，第4版。

面要求。"坚持用法律保障民族团结、巩固国家统一。这是落实民族区域自治制度的重点。"①《民族区域自治法》是我国保障少数民族和民族地区各项权利的基本法律，是我国民族工作走上法制化、规范化轨道的重要保障。2014年10月，十八届四中全会作出全面推进依法治国的重大决定，对贯彻落实民族区域自治法提出明确要求。同年，为纪念《民族区域自治法》颁布实施30周年，全国人大专门召开座谈会，强调《民族区域自治法》是一部符合国情、符合实际、符合时代发展要求的好法律，是充分体现各民族共同意志和根本利益、充分保障少数民族和民族地区各项权利的好法律，是维护国家统一和领土完整、加强民族平等团结、促进民族地区发展、增强中华民族凝聚力的好法律，是各族人民始终沿着中国特色社会主义道路前进的法治保证。

2015年7月至9月，全国人大常委会开展了针对《民族区域自治法》实施情况的执法检查。全国人大常委会到内蒙古、新疆、广西、宁夏、西藏、吉林、贵州、云南、甘肃、青海开展执法检查，并建议国务院各部门加强对已有涉及贯彻实施《民族区域自治法》的规范性文件和政策措施的清理、整合、充实和完善，并逐步上升到部门规章的层次，推进民族工作更好地进入法治化的轨道。

2017年，《中共中央办公厅国务院办公厅印发〈关于依法治理民族事务促进民族团结的意见〉的通知》（中办发〔2017〕1号），对通过提高依法治理民族事务水平来促进民族团结，促进各民族交往交流交融，推动实现"中华民族一家亲，同心共筑中国梦"作出全面部署。这标志着我国依法治理民族事务迈出新步伐。

在2019年全国民族团结进步表彰大会上，习近平强调，要全面贯彻落实《民族区域自治法》，健全民族工作法律法规体系，依法保障各民族合法权益。依法妥善处理涉民族因素的案事件，保证各族公民平等享有权利平等履行义务，确保民族事务治理在法治轨道上运行。对各种渗透颠覆破坏活动、暴力恐怖活动、民族分裂活动、宗教极端活动，要严密防范、坚决打击。②

（三）民族区域自治制度优势与国家治理体系和治理能力现代化

民族区域自治制度的重要特点和重大优势，在于能够把国家的集中统一领导和少数民族聚居地区的区域自治结合起来，既利于巩固和发展国家

---

① 巴特尔：《坚持好完善好落实好民族区域自治制度——庆祝内蒙古自治区成立70周年》，《人民日报》2017年8月8日，第7版。
② 国家民委研究室编：《新时代民族理论政策问答》，民族出版社2019年版，第281页。

统一、中华民族大团结,又利于保障少数民族平等权利、调动各少数民族积极性创造性。

2019年10月31日,党的十九届四中全会审议通过了《中共中央关于坚持和完善中国特色社会主义制度　推进国家治理体系和治理能力现代化若干重大问题的决定》,其中把"坚持各民族一律平等,铸牢中华民族共同体意识,实现共同团结奋斗、共同繁荣发展的显著优势"作为我国国家制度和国家治理体系的显著优势之一。

在2021年中央民族工作会议上,习近平在总结党和国家百年民族工作宝贵经验中强调:"必须坚持和完善民族区域自治制度,确保党中央政令畅通,确保国家法律法规实施,支持各民族发展经济、改善民生,实现共同发展、共同富裕。"①

四、铸牢中华民族共同体意识,大力推进民族团结进步事业

(一)实现中华民族伟大复兴中的民族团结进步事业

1. 新时代我国民族团结进步事业的实践基础、重要地位和基本特征

在2014年中央民族工作会议上,习近平充分肯定:"新中国成立65年来,党的民族理论和方针政策是正确的,中国特色解决民族问题的道路是正确的,我国民族关系总体是和谐的,我国民族工作做的是成功的。"②这是对新时代民族团结坚实实践基础的明确阐述。他"坚持把维护民族团结和国家统一作为各民族最高利益",明确提出"民族团结是我国各族人民的生命线"。③这条生命线关乎中华民族伟大复兴的成败,关乎各族人民幸福生活实现的程度与质量,更关乎"两个一百年"奋斗目标能否得以顺利达到。

2. 新时代民族团结进步事业的发展目标和基本要求

2015年9月30日,习近平特别邀请来自内蒙古、广西、西藏、宁夏、新疆五个自治区的13名基层民族团结优秀代表到北京参加国庆活动。在会见他们时,习近平强调,中华民族一家亲,同心共筑中国梦,这是全体中华儿女的共同心愿,也是全国各族人民的共同目标。实现这个心愿和目标,离不开全国各族人民大团结的力量。中华民族伟大复兴的中国梦是各民族大家的

---

① 《习近平谈治国理政》(第四卷),外文出版社2022年版,第244页。
② 国家民委民族理论政策研究室编:《中央民族工作会议创新观点面对面》,民族出版社2015年版,第151页。
③ 兰红光:《中央民族工作会议暨国务院第六次全国民族团结进步表彰大会在北京举行》,《人民日报》2014年9月30日,第1、2版。

梦,也是我们各民族自己的梦。中国共产党就是团结和带领各族人民向着中华民族伟大复兴、向着人民更加美好的生活。大家要行动起来,一起做交流、培养、融洽感情的工作,努力创造各族群众共居、共学、共事、共乐的社会条件,增强各族群众"五个认同",向着伟大理想去奋斗。①

3. 新时代民族团结进步事业的总体要求和工作重点

2019年9月,习近平在全国民族团结进步表彰大会上的讲话中强调,实现中华民族伟大复兴,需要各民族手挽着手、肩并着肩,共同努力奋斗。要以铸牢中华民族共同体意识为主线,全面贯彻党的民族理论和民族政策,坚持共同团结奋斗、共同繁荣发展,把民族团结进步事业作为基础性事业抓紧抓好,促进各民族像石榴籽一样紧紧拥抱在一起,推动中华民族走向包容性更强、凝聚力更大的命运共同体,共建美好家园,共创美好未来。② 9月30日,习近平在庆祝中华人民共和国成立70周年招待会上的讲话中指出,在新的征程上,我们要高举团结的旗帜,紧密团结在党中央周围,巩固全国各族人民的大团结,加强海内外中华儿女的大团结,增强各党派、各团体、各民族、各阶层以及各方面的大团结,保持党同人民群众的血肉联系,大力弘扬爱国主义精神,凝聚成一往无前的力量,推动中华民族伟大复兴的航船乘风破浪、扬帆远航。③ 在2021年中央民族工作会议上,习近平强调:"必须高举中华民族大团结旗帜,促进各民族在中华民族大家庭中像石榴籽一样紧紧抱在一起。"④

(二)党和国家对民族团结进步创建工作的决策部署

民族团结进步创建工作是做好民族工作的重要载体和有效手段。2010年,中央宣传部、中央统战部和国家民委联合制发指导性意见,推动开展民族团结进步创建活动;2014年,国家民委针对示范区和示范单位的培育制定了相应的测评指标;民族团结进步示范区、示范单位不断涌现,发挥了引领、示范、带动作用。⑤ 随着形势的发展和民族工作的变化,创建活动升格为创建工作,丰富了内涵,拓展了领域,提升了层次。为进一步适应时代需要,2018年12月,中办、国办印发《关于全面深入持久开展民族团结进步创

---

① 姚大伟:《中华民族一家亲 同心共筑中国梦》,《人民日报》2015年10月1日,第1版。
② 习近平:《在全国民族团结进步表彰大会上的讲话》,人民出版社2019年版,第7—11页。
③ 张烁、黄敬文:《庆祝中华人民共和国成立70周年招待会在京隆重举行》,《人民日报》2019年10月1日,第1版。
④ 《习近平谈治国理政》(第四卷),外文出版社2022年版,第244页。
⑤ 《在新时代征程中深化民族团结进步创建工作——一论学习贯彻《关于全面深入持久开展民族团结进步创建工作铸牢中华民族共同体意识的意见》》,《中国民族报》2019年10月25日,第5版。

建工作铸牢中华民族共同体意识的意见》（中办发〔2018〕65号，以下简称《意见》）。①《意见》将"铸牢中华民族共同体意识"的主线贯穿创建工作全过程，加强了创建工作的制度化、规范化和科学化建设。

一是关于深化民族团结进步宣传教育。《意见》强调，要加强中华民族共同体教育，引导各族群众不断增强"五个认同"。改进民族团结进步宣传载体和方式，充分运用新技术、新媒体打造实体化的宣传载体。

二是关于促进各民族交往交流交融。《意见》强调，要推进建立相互嵌入式的社会结构和社区环境，积极营造各民族共居共学共事共乐的社会条件，开展各族群众交流、培养、融洽感情的工作，形成密不可分的共同体。加快建成小康社会增进民生福祉，把加快少数民族和民族地区发展摆到更加突出的战略位置，夯实民族团结进步的物质基础。

三是关于提升民族团结进步创建工作水平。《意见》强调，要推动民族团结进步创建工作向纵深拓展，把重心下沉到社区、乡村、学校、企业、连队等基层单位。提升民族事务治理现代化水平，全面贯彻落实《宪法》和《民族区域自治法》，依法保障各民族公民合法权益。坚决依法打击破坏民族团结和制造民族分裂的违法犯罪行为。

五、以党的建设为抓手，增强和提高民族事务治理能力和水平

民族工作是政治性、政策性都很强的工作。党对民族工作的领导能力的强弱、领导水平的高低、领导机制效能的优劣等都直接影响着民族工作的成效和结果。习近平指出，民族工作能不能做好，最根本的一条是党的领导是不是坚强有力。②

（一）关键在党、关键在人

习近平强调做好民族工作关键在党、关键在人，就是强调党对解决好民族问题具有无可替代的地位，必须起到至关重要的作用。他强调，"必须坚持党对民族工作的领导，提升解决民族问题、做好民族工作的能力和水平"③。党的十八大以来，习近平亲力亲为、率先垂范，先后多次出席民族工作领域重要会议，多次到民族地区考察调研，与各族代表共商国是，并发表重要讲话、作出重要指示批示，为创新推进新时代民族工作，提供了根本政

---

① 《中办国办印发〈关于全面深入持久开展民族团结进步创建工作铸牢中华民族共同体意识的意见〉》，《人民日报》2019年10月24日，第1版。
② 国家民族事务委员会编：《中央民族工作会议精神学习辅导读本》，民族出版社2015年版，第299页。
③ 《习近平谈治国理政》（第四卷），外文出版社2022年版，第245页。

治领导、思想引领和核心动力。

1. "两个一百年"奋斗目标的领路人

"两个一百年"奋斗目标是党和国家在新时代引领各族人民共同团结奋斗、共同繁荣发展的宏伟目标。习近平指出,实现中华民族伟大复兴的中国梦是各民族大家的梦,也是我们各民族自己的梦。中国共产党就是团结和带领各族人民向着中华民族伟大复兴、向着人民更加美好的生活。① 他在内蒙古调研时指出,全面建成小康社会,一个民族不能少;实现中华民族伟大复兴,一个民族也不能少。共产党说到就要做到,也一定能够做到。② 习近平在甘肃调研时强调,党的一切工作都是为老百姓利益着想,让老百姓幸福就是党的事业。任何事业都离不开共产党员的先锋模范作用。只要共产党员首先站出来、敢于冲上去,就能把群众带动起来、凝聚起来、组织起来,打开一片天地,干出一番事业。③

2. 民族政策创新发展的设计师

政策和策略是党的生命线,也是党的民族工作的生命线。党的十八大以来,我们党既毫不动摇地坚持民族理论政策的基本原则,又与时俱进地创新具体政策举措,有效回应了社会关切,使党的民族政策焕发出新的蓬勃生机。④ 习近平指出,民族工作也要开拓创新,既有的政策要保留和改进,修订出台政策要更多针对特定地区、特殊问题、特别事项,尽可能减少同一地区民族之间的公共服务政策差异。要通过工作的开拓创新、政策的发展完善,让各族群众切实感受到党的阳光雨露,切实增强其"五个认同",使中国特色解决民族问题正确道路越走越宽广。这些重要论述,明确了民族政策完善创新的基本原则,为民族工作创新发展指明了方向。

3. 民族工作统一领导的调度员

习近平要求,各级党委必须高度重视民族工作。各级党委和政府要经常听取相关情况汇报并研究解决重大问题,一把手要亲自过问民族工作并抓好落实;要不断增强"四个意识",坚持从政治上把握民族关系、看待民族问题;要分清民族问题和非民族问题的边界,决不能混淆两者的处理方式和处理原则;要讲政治原则、讲政策策略、讲法治规范,妥善有效地处理民族问

---

① 姚大伟:《中华民族一家亲　同心共筑中国梦》,《人民日报》2015年10月1日,第1版。
② 谢环驰:《牢记初心使命贯彻以人民为中心发展思想　把祖国北部边疆风景线打造得更加亮丽》,《人民日报》2019年7月17日,第1版。
③ 谢环驰、鞠鹏:《坚定信心开拓创新真抓实干　团结一心开创富民兴陇新局面》,《人民日报》2019年8月23日,第1版。
④ 国家民委党组:《同心筑梦开新境,继往开来写华章——党的十八大以来民族工作理论与实践的新发展》,《求是》2017年第14期。

题,切实巩固和维护好民族团结进步的大局。面对复杂严峻的国内外形势,党中央坚持和加强党对民族工作的全面领导的体制机制建设,形成党委统一领导、有关部门各司其职、全社会广泛参与的民族工作强大合力。同时,通过加强民族地区基层党组织建设,不断提高基层党组织和党员干部为各族群众服务的能力,为民族工作创新发展提供根本保障。①

(二)围绕民族工作中心任务抓好党的建设

民族工作的中心任务,是党和国家工作全局的总任务总路线在民族工作上的具体体现和基本要求,既要服务服从于党和国家工作全局的总目标总任务,又要成为该总目标总任务必不可少的重要组成部分。围绕这样的总体要求和中心任务,新时代民族工作方面的党的建设,要具体抓好以下工作重点。

一是要在团结带领各族人民坚定走中国特色社会主义道路方面下功夫。习近平在会见怒江州贡山独龙族怒族自治县干部群众代表时指出,独龙族和其他一些少数民族的沧桑巨变,证明了中国特色社会主义制度的优越性。前面的任务还很艰巨,我们要继续发挥我国制度的优越性,继续把工作做好、事情办好。② 我们要增强坚持走中国特色解决民族问题正确道路的自信,把各族干部群众的思想和行动统一到党中央的决策部署上来,不断增强各族人民对"四个自信"及"五个认同"的感悟和认知。

二是要在确保少数民族和民族地区同全国一起实现全面小康和推进现代化建设目标方面下功夫。2018年,习近平在四川考察时指出,全面建成小康社会最艰巨最繁重的任务在贫困地区,特别是在深度贫困地区,无论这块硬骨头有多硬都必须啃下,无论这场攻坚战有多难打都必须打赢,全面建成小康社会一个民族、一个家庭、一个人都不能少。③ 在2019年"两不愁三保障"突出问题座谈会上,习近平指出,要把全面从严治党要求贯穿脱贫攻坚全过程,强化作风建设,完善和落实抓党建促脱贫的体制机制,发挥基层党组织带领群众脱贫致富的战斗堡垒作用,深化扶贫领域腐败和作风问题专项治理,把基层减负各项决策落到实处。④

---

① 国家民委党组:《同心筑梦开新境,继往开来写华章——党的十八大以来民族工作理论与实践的新发展》,《求是》2017年第14期。
② 李斌、李自良、张铎:《"全面实现小康,一个民族都不能少"——习近平总书记会见贡山独龙族怒族自治县干部群众代表侧记》,《人民日报》2015年1月23日,第2版。
③ 鞠鹏:《祝福全国各族人民新春吉祥 祝愿伟大祖国更加繁荣昌盛》,《人民日报》2018年2月14日,第1版。
④ 鞠鹏、刘彬、谢环驰:《统一思想一鼓作气顽强作战越战越勇 着力解决"两不愁三保障"突出问题》,《人民日报》2019年4月18日,第1—2版。

三是要在推进民族团结进步事业方面下功夫。2015年,习近平在云南考察时指出,民族团结是我国各族人民的生命线,要注重把建设各民族共有精神家园作为战略任务来抓,使各民族人心归聚、精神相依。① 党员领导干部不仅要成为带领各族群众实现共同发展繁荣目标的领头旗手,更要成为促进各民族交往交流交融以及促进民族团结进步创建工作的行家里手,还要成为依法治理民族事务的模范能手。大汉族主义和地方民族主义都是民族团结的大敌,要高度警惕和坚决反对这两种错误思潮对我们党员干部的思想侵蚀和消极影响。

(三) 重视和加强少数民族干部人才队伍建设

民族地区各族群众"两个共同"的实现,离不开各地各级高素质、能力强的优秀干部队伍的努力奋斗和无私奉献。十八大以来,以习近平同志为核心的党中央高度重视民族地区干部人才队伍建设的特殊需求,明确提出要大力培养选拔少数民族干部和各类人才。②

首先,明确了民族地区好干部的标准和要求。民族地区好干部,除了要具备普遍意义上"好干部"所要求的"五条标准"外,还要做到"四个特别",即维护党的集中统一领导态度特别坚决、明辨大是大非立场特别清醒、铸牢中华民族共同体意识行动特别坚定、热爱各族群众感情特别真挚。③

其次,肯定少数民族干部是党和国家干部队伍的重要组成部分,是党和政府联系少数民族群众的重要桥梁和纽带,是做好民族工作的重要骨干力量。④ 建设一支规模宏大的能够忠实贯彻执行党的路线方针政策、全心全意为各族人民群众服务的民族干部队伍,是我们维护民族团结、政治稳定、社会和谐、经济发展良好局面的重要依托和力量保障,也是我们做好民族工作的基本经验。

最后,要建立民族工作目标责任制。把民族工作成绩作为民族地区基层党组织和党政领导干部工作情况考核的重要内容,作为组织评优和干部选拔任用的重要依据。要把基层党组织建设成为富裕团结安定一方的战斗堡垒,把基层党员塑造成为维护团结稳定、促进共同富裕的先锋模范。

总之,习近平总书记关于加强和改进民族工作的重要思想,不仅是习近

---

① 鞠鹏:《坚决打好扶贫开发攻坚战 加快民族地区经济社会发展》,《人民日报》2015年1月22日,第1版。
② 习近平:《在全国民族团结进步表彰大会上的讲话》,人民出版社2019年版,第11页。
③ 《习近平谈治国理政》(第四卷),外文出版社2022年版,第248页。
④ 国家民族事务委员会编:《中央民族工作会议精神学习辅导读本》,民族出版社2015年版,第302页。

平个人在地方工作期间,对领导民族工作健康发展的深入思考和经验总结的进一步升华,更是党的十八大以来以习近平同志为核心的党中央结合时代发展和民族工作实践需要,对中国特色社会主义民族理论的重大创新和发展完善,是指导新时代铸牢中华民族共同体意识实践的行动指南,是马克思主义民族理论中国化时代化的最新成果。

第四章 习近平总书记关于加强和改进民族工作的重要思想的基本内容(上)

第一节 多元一体的民族国情论

认清国情,是认清一切革命问题的根据。推进新时代民族工作高质量发展,解决好我国全面建成小康社会和建设社会主义现代化强国进程中的民族问题,为中华民族伟大复兴提供强大的民族团结保障和民族发展动力,就必须深刻认识和把握中华民族多元一体的民族构成格局和当代中国统一的多民族国家的民族政治国情。为此,在2021年中央民族工作会议上,习近平强调:"必须坚持正确的中华民族历史观,增强对中华民族的认同感和自豪感。"①

一、中华民族共同体的形成与发展

(一)中华民族的含义和性质

民族是在一定的历史发展阶段形成的稳定的人们共同体。② 民族从内部构成上,可分为单一民族和复合民族,从生成过程上,可分为原生民族和次生民族。从社会形态上,民族可分为古代民族(前资本主义民族)和现代民族(资本主义民族和社会主义民族)。中华民族是复合民族和次生民族。③ 中华民族在社会形态上,历经了从古代民族到现代民族的发展和飞跃。其古代民族形态包含从原始社会到封建社会的繁衍生育于中华大地上的各种社会形态的民族成分;其现代民族形态主要包括"一国两制"原则下,

---

① 《习近平谈治国理政》(第四卷),外文出版社2022年版,第244页。
② 本书编写组:《中央民族工作会议精神学习辅导读本》,民族出版社2005年版,第10—11页。
③ 1992年金炳镐在《中华民族学探索》一书绪论中提出中华民族是复合型民族,并《关于中华民族的研究》一文中详细阐述这一观点。参见金炳镐:《关于中华民族的研究》,《中央民族学院学报》1992年第5期。

以56个构成民族为主体的社会主义民族和港澳台地区的资本主义民族成分。

从历史发展过程上讲,中华民族来源于中华大地上繁衍生息的众多古代民族,是经过近现代百余年来各族儿女共同应对民族生死存亡危机的血火锤炼、发展融合形成的现代民族。① 从民族特点和民族意识上讲,中华民族是起源和生活于中华大地的各兄弟民族在追求和实现共同的经济生活的基础上形成的,具有通用的语言文字和共同的文化心理素质的人们的稳定的共同体。② 民族孕育了国家,国家建构着民族。孙中山先生指出:"中国是一个统一的国家,这一点已牢牢地印在我国的历史意识之中,正是这种意识才使我们能作为一个国家而被保存下来。"③ 这种统一国家的历史意识是与中国历史上的诸多民族在千百年的共同生活中形成和维护的中华民族的自在发展状态分不开的,近现代以来在各族人民共同挽救国家危亡的历史进程中,中华民族实现了由自在发展向自觉发展的过渡,中华民族整体的共同体意识日益成为全民族的觉悟,各族人民共同祖国的观念在共同斗争中日益巩固。④ 正如费孝通先生所言:"中华民族作为一个自觉的民族实体,是近百年以来中国和西方列强对抗中出现的,但作为一个自在的民族实体则是几千年的历史过程所形成的。"⑤

(二)中华民族多元一体格局的形成和发展

习近平指出:"中华民族具有5 000多年连绵不断的文明历史,创造了博大精深的中华文化,为人类文明进步作出了不可磨灭的贡献。"⑥ 中华民族的形成和发展历程,就是中国各民族诞生、发展、交融并共同缔造统一的多民族国家的历史,就是中华民族从自在走向自觉并且凝聚力、包容性和向心力日益增强的历史,就是中华民族的多元一体格局在结构和形态上逐步形成和发展完善的历史。"多元一体",或者说,"中国各民族"与"中华民族"的

---

① 陈连开认为,中华民族是中国古今各民族的总称,是由许多民族在结合成统一国家的长期历史发展过程中逐渐形成的民族集合体。参见陈连开:《中华民族研究初探》,知识出版社1994年版,第1页。
② 殷丽萍:《论中华民族概念的理论界定》,《社会科学研究》2003年第2期。
③ 转引自国家民委民族理论政策研究室编:《中央民族工作会议创新观点面对面》,民族出版社2015年版,第17页。
④ 陈连开:《中华民族的自在发展》,《中央民族学院学报》1992年第4期。
⑤ 费孝通主编:《中华民族多元一体格局》(修订本),中央民族大学出版社1999年版,第3页。此处所谓"自在的民族实体"即民族共同体存在而不自知的状态,实际上只是在强调中华民族命运共同体自在发展过程中所具有的整体性、统一性的特点。
⑥ 《习近平谈治国理政》(第一卷),外文出版社2022年版,第39页。

辩证统一,这就是中国的民族格局。① 多元一体格局表明中华民族作为复合民族实体的鲜明特性,决定了我国统一的多民族国家政治实体的根本特征。中华民族共同体所具有的民族属性上的次生多元复合型民族实体性质、内部整体性结构上的多元一体的民族关系格局特征和政治载体上统一的多民族国家,此三者虽属于不同范畴,却"三位一体",共同构成了当代中国民族政治的基本国情。

在我国境内,从南到北、从东到西都分布着许多新、旧石器时代的文化遗址。大量文献与考古材料也充分表明,中华民族的文化渊源呈现多源性特征,不仅是黄河和长江流域,还有珠江流域和辽河流域等,都是孕育中华文明的大小摇篮。② 由于自然条件和生产生活方式的差异,北方的游牧民族和中原的农耕民族虽然在历史上有过激烈的冲突和战争,但其民族交往的本质仍然是各民族间在生产生活和经济文化上的需求互补和交流融合。各民族在开发疆土过程中,以各自所在地区为中心形成政治中心,进而在地区范围内实现不同民族的融合和统一,并以之为基础最终在中华大地上形成了统一的多民族的中国。

至秦汉时期,生活在中华大地上的各民族就已经共同奠定了统一的多民族国家的雏形。从秦汉到隋唐,再到元明清,每次统一都比前次范围更广、力度更强、吸纳融合进来的民族更多。中华各民族在历经迁徙、贸易、婚嫁以及碰撞、冲突甚至兵戎相见后,交往范围不断扩大,融合程度不断加深,形成了交融一体、繁荣共生的自在的中华民族共同体。习近平指出,各民族共同开发了祖国的锦绣河山、广袤疆域,共同创造了悠久的中国历史、灿烂的中华文化,共同培育了伟大的民族精神。

(三) 近代以来中华民族的自觉自强

近代以来,中华民族共同的文化和心理特征逐渐形成,并不断强化。西方资本主义文明扩张的本质是把全世界纳入资本主义体系。这使得封建王朝统治下的中华民族多元一体的政治结构和"天下体系"面临严重挑战和转型危机。在共同抗击西方列强侵略、维护国家统一的斗争中,中国各族人民深刻认识到,中华民族是一个利益共同体,一荣俱荣、一损俱损,各族人民命运相同,休戚相关,患难与共,从而极大地激发了中华民族的自觉意识。③ 特别是自1921年以来,在中华民族先锋队组织——中国共产党的坚

---

① 宁骚:《民族与国家》,北京大学出版社1995版,第570页。
② 黄崇岳编:《中华民族形成的足迹》,人民出版社1988年版,第2页。
③ 高翠莲:《试论中华民族多元一体格局发展的阶段划分》,《中南民族大学学报》(人文社会科学版)2004年第4期。

强领导下,各族人民积极投身于争取民族解放、国家统一的伟大历史进程中,经过艰苦卓绝的努力和奋斗,共同了缔造了新中国,彻底结束了旧中国任人宰割、一盘散沙的局面,实现了国家高度统一和各民族空前团结,开辟了中华民族历史的新纪元。中华民族终于从一个自在的命运共同体,变成了一个自觉、自强、自尊、自信的国家民族,拥有了自己赖以自立于世界民族之林的团结统一、进步强大的国家政权,并成为当代中国各民族的普遍认同和根本归属。

二、少数民族和民族地区

民族是国家的母体,民族孕育了国家;国家是民族发展的政治载体和表现形式,国家为民族发展提供了政治支持和制度规范。中华人民共和国是中华民族近现代历史发展在国家形态上的最大成果,是中华民族的现代政治载体。习近平强调,我国各族人民共同缔造了中华人民共和国,都为中华民族形成和发展作出了卓越贡献。新中国成立后,我国56个民族都是中华民族大家庭的平等一员,共同构成了你中有我、我中有你、谁也离不开谁的中华民族命运共同体。①

(一)从政治上看,主权、人民和土地是国家构成的基本要素

少数民族群众和汉族群众、港澳台同胞、海外侨胞都是中国人民不可分割的组成部分,也是中华民族构成的主体成分;五个省级的民族区域自治区与29个省市及港澳台地区共同组成了中华人民共和国的行政版图,都是新中国不可缺少、无法分离的主权管辖区域。这些构成单位和要素受到现代国际法的普遍认可和支持,受到国际社会的广泛尊重和保护;其构成的合法性在国内法上则通过《宪法》《民族区域自治法》《反分裂国家法》等一系列的法律法规得到体现和保护。任何人、任何势力集团对中华人民共和国主体和区域构成上述现状和事实的诋毁、否认和破坏,都是对现有国际法和国际秩序的挑战,更是对中华人民共和国主权和法律的挑衅。

(二)从经济社会发展上看,"两个一百年"奋斗目标的实现离不开少数民族和民族地区的发展

如果说地大物博是我们伟大祖国的基本特征和实现中国式现代化的物质基础,那么"少数民族地区"就是基础中的基础。毛泽东就曾指出:"我们说中国地大物博,人口众多,实际上是汉族'人口众多',少数民族'地大物

---

① 姚大伟:《中华民族一家亲　同心共筑中国梦》,《人民日报》2015年10月1日,第1版。

博',至少地下资源可能是少数民族'物博'。"①根据全国"六普"统计,55 个少数民族总人口超过 1.13 亿,占全国总人口的 8.49%。② 我国近 60%的少数民族人口居住于边疆省区,约 2.2 万公里陆地边界线中有约 1.9 万公里在民族地区。已建立的 155 个民族自治地方,包括了 5 个自治区、30 个自治州、120 个自治县(旗)行政区域面积达 610 万平方公里,占国土总面积的 64%。③ 少数民族地区蕴藏着丰富的地上、地下资源:森林资源蓄积量占全国总量的 47%,草原面积占全国的 75%,水力资源蕴藏量占全国的 66%,能源资源方面的石油、天然气、煤炭占比分别为 20.5%、41%、36%,主要矿产资源如铬、铅、锌、铝土等基础储量大都集中在民族地区。民族地区多位于大江大河源头和气候上游位置,生态多样性和生态脆弱性都非常突出,是国家生态安全的重要屏障。2010 年国务院发布的全国 25 个国家重点生态功能区中,23 个位于民族地区。④

(三)从文化上看,少数民族文化是中华文化的重要组成部分

一方面,在中华文化形成和发展过程中,少数民族做出了巨大贡献,促进了中华文化兼具统一性和多样性的鲜明特征。这些贡献和特征,也充分体现在儒家文化所秉持的较为开放的、动态发展的天下一统的夷夏文明观中。《公羊传》指出:"不与夷狄之主中国也。然则曷为不使中国主之?中国也新夷狄也。"⑤对此何休《解诂》曰:"中国所以异乎夷狄者,以其能尊尊也。王室乱,莫肯救,君臣上下败坏,亦新有夷狄之行,故不使主之。"⑥当王朝运行的道德秩序土崩瓦解,君臣上下败坏,社会发展陷入混乱状态时,中国虽仍有其名而实乃新夷狄之行为。倘若夷狄能匡扶王室而尊尊,自然也可以入主中国。这种夷夏划分的评判标准突破了狭隘的民族主义,而成为能激发各民族维护和实现天下一统、民族融合的向心力和凝聚力的文化力量。有学者指出:"华夏文明是民族意识的升华,它是一种标准,一种水平,这标准水平用以衡量一统中国的各族,达标者为中国、为华夏,落伍者为夷狄、为

---

① 《毛泽东文集》(第七卷),人民出版社 1999 年版,第 33 页。
② 国家民族事务委员会编:《中央民族工作会议精神学习辅导读本》,民族出版社 2015 年版,第 19 页。
③ 中央民族干部学院教材编写组编著:《中国共产党的民族理论与民族政策》,民族出版社 2013 年版,第 134 页。
④ 国家民族事务委员会编:《中央民族工作会议精神学习辅导读本》,民族出版社 2015 年版,第 21 页。
⑤ 《春秋公羊传注疏》,李学勤主编,北京大学出版社 1999 年版,第 517 页。
⑥ 《春秋公羊传译注》,刘尚慈译注,中华书局 2010 年版,第 556 页。

野蛮;中国可以退为夷狄,夷狄可以进为华夏。"①在中国历史上,少数民族入主中原和"蕃人汉化""汉人蕃化"等民族交融现象,都可以看成是中华文明统一性和多样性发展过程的体现。

另一方面,少数民族各具民族传统特色的物质文化和精神文化对促进祖国经济社会发展、构建中华文化大厦起了重要作用。我国许多农作物品种和培植技术是由边疆少数民族地区传入中原的,许多游牧民族在畜牧业生产方面培育了为数众多的优良牲畜品种,对中原农耕地区农业、畜牧业都产生了巨大影响,对内地的军事、交通和通信事业发展起到了重要作用。蒙古医学、藏族医学和维吾尔医学等也都以各自独有特色和贡献成为中华医学的重要构成部分。在手工业、建筑业和生产方式上各民族也都形成了自己的鲜明特色。很多民族都有影响深远、流传至今的不朽的文学作品。少数民族的音乐、歌舞、戏曲等艺术成果都是我国民族音乐文化的宝贵财富。在长期的历史发展中,少数民族为促进中西方文化交流发挥了重要作用。②

三、我国统一的多民族国家政治传统和多元一体的民族构成

(一)深刻把握我国统一的多民族国家"大一统"政治传统

在中国上下五千年的漫长历史中,"大一统"的政治目标和追求始终是我们统一的多民族国家的历史主流,是人心所向,大势所趋。范文澜先生指出:"中国这一名称,早在西周初年,已经用以称呼华夏族所居住的地区。从历史记载看来,秦以前,华夏族称它的祖国为中国,秦以后,中国扩大为国境内各族所共称的祖国。"③

1. 先秦时期是中国统一国家的政治观念形成和奠基时期

为了维护国家统一,夏、商、周三代都曾毫无例外地打击过地方分权势力。《诗经·小雅·北山》中所谓的"溥天之下,莫非王土;率土之滨,莫非王臣"的政治理想,正是对西周统一政局的深刻描述。春秋战国群雄争霸,其旨却在重建统一局面,"大一统"的政治观念深入人心。诸子百家在理论体系上千差万别,但在追求和维护国家统一这个重大问题上,却是一致或大体接近的。儒家追求"大一统",墨家、法学也同样赞成国家统一。儒家更是把大一统作为"一以贯之"的思想主张和政治理想。《公羊传》为《春秋》作注,

---

① 杨向奎:《大一统与儒家思想》,中国友谊出版社1989年版,第5页。
② 龚学增、胡岩主编:《当代中国民族宗教问题》,中共中央党校出版社2010年版,第142—144页。
③ 范文澜:《中国通史简编》(第一编),商务印书馆2010年版,第54页。

就明确指出:"曷言乎王正月?大一统也。"①儒家学说为"大一统"提供了思想基础②,家国一体、天下一家的政治组织与大一统思想相辅相成,形成了稳定的政治结构。先秦时期中华先祖优秀的政治家和思想家们把国家统一的政治观念深深融入民族和国家发展的政治基因中,成为中华民族维护国家统一,反对分裂割据的强大精神力量。

2. 秦汉时期是中国2000多年"大一统"政治格局的开创时期

与西方中世纪政治分裂、王权式微的状况截然不同,自秦朝以来,在中国社会治理中占据常态性主导地位的是中央集权的郡县制度。西汉董仲舒对此特征作了说明:"春秋大一统者,天地之常经,古今之通谊也。"③秦统一后,实行了一系列强化中央集权的措施:实行郡县制,制定通行法律,统一文字、货币、历法和度量衡,北筑长城修驰道,南凿灵渠通五尺道,东派遣使者入海探访,从而在中国历史上第一次建立了中央集权的统一的多民族国家,开创了将中华大地上渔猎文明区、游牧文明区和农耕文明区"混而为一"的"大一统"先河。秦汉在南方民族地区设置郡县,在西北、东北民族地区设置都护府和校尉,历史上首次把这些民族地区纳入中央王朝有效治理版图。同时,匈奴统一了中国北方游牧民族,建立了强大的民族政权,与内地王朝长期并存后部分并入汉朝,对促进民族经济文化交流和"大一统"国家的形成和发展起了重要的巩固作用。

3. 唐宋元明清时期是中国"大一统"政治格局的发展确立时期

隋唐结束了魏晋南北朝长达300多年的战乱,在民族大迁徙和大融合基础上建立了比汉朝疆域更为广大、民族更为众多的统一格局。唐初实行开明的民族政策,增强了对周边民族的向心力和凝聚力,形成了四海同归,胡越一家的盛况。"自古皆贵中华,贱夷狄,朕独爱之如一,故其种落皆依正如父母"④,唐太宗李世民也因之被各族人民尊称为"天可汗"。华戎同轨使得"四海宾服",都承认大唐皇权的至上权威和自己的藩属地位,遵从中央政府的调遣和指令。宋朝虽然先后与辽、金、西夏、大理等少数民族政权长期并立,但各族间经济联系和文化交往非常密切,各少数民族政权都大力吸收汉族中原王朝的政治制度和统治经验,为以后更大规模的国家统一和民族融合奠定了基础。元朝是由边区少数民族占有全部汉族地区,并首次将蒙

---

① 《春秋公羊传译注》,刘尚慈译注,中华书局2010年版,第1页。
② [美]李侃如:《治理中国:从革命到改革》,胡国成、赵梅译,中国社会科学出版社2010年版,第4页。
③ 〔汉〕班固撰:《董仲舒传·汉书》(第八册),中华书局1962年版,第2523页。
④ 司马光编著:《资治通鉴》(卷198),中华书局1956年版,第6247页。

古高原和青藏高原完整纳入中原王朝直属版图的统一帝国,在统一多民族中国发展史上具有至关重要的地位。初始于明朝兴盛于清朝的改土归流加强了中央政权对边疆民族地区的治理能力。清朝在帝国主义侵略中国之前,完成了国家统一,明确了边疆地区归属,最后奠定了当代中国的基本版图。历代各族政权为实现大一统所推行的政策制度虽异,但都促进了大一统思想不断地变化和发展,都恪守天下一统、君权至上、华夷一体的最根本准则,都以中华文化的正统自居,重视民族关系的处理,使得统一的多民族国家最终定型。

4. 近代以来是各族人民通过共同反帝反封建斗争、缔造现代化的统一的多民族国家的时期

以鸦片战争为标志,清王朝统治下的各族人民被西方帝国主义列强的坚船利炮强行拖进了其开拓世界市场的历史进程中。中国统一的多民族国家面临着前所未有的被瓜分豆剖的危机,各族人民承受着来自封建王朝地主阶级和外国帝国主义势力的双重压迫。以孙中山为代表的民族资产阶级革命党人以"振兴中华"为目标,开创了完全意义上的中国近代民族民主革命。他们推翻统治中国几千年的君主专制制度,为统一的多民族中国实现由王朝体系向现代化国家形式转变打开了历史闸门。以毛泽东为代表的中国共产党人在马列主义、毛泽东思想指导下,团结和带领全国各族人民取得了新民主主义革命的胜利,创建了中华人民共和国这个由中国各族人民共同当家作主的崭新的国家形态,并相继在全国范围内建立起社会主义制度,实现了各族人民在政治、经济、文化和社会生活方面根本利益的统一。改革开放以来,以邓小平、江泽民、胡锦涛为代表的几代中国共产党人把巩固民族团结,维护祖国统一的目标融入社会主义现代化的宏伟目标,开创了具有中国特色的社会主义现代化道路。总结近代以来各族人民团结自强、共同奋斗的百年历史经验,习近平号召全党:"要牢记我国是统一的多民族国家这一基本国情,坚持把维护民族团结和国家统一作为各民族最高利益,把各族人民智慧和力量最大限度凝聚起来,同心同德为实现'两个一百年'奋斗目标、实现中华民族伟大复兴的中国梦而奋斗。"①

综上所述,回顾中国统一的多民族国家发展史可以发现,"大一统"的政治观念已经深深融入中国历史文化的脉络之中,成为中国各族人民自我意识和民族认同的有机构成部分。习近平指出,"无论是哪个民族建鼎称尊,

---

① 国家民委民族理论政策研究室编:《中央民族工作会议创新观点面对面》,民族出版社2015年版,第150页。

建立的都是多民族国家,而且是越强盛的王朝吸纳的民族就越多,无论哪个民族入主中原,都把自己建立的王朝视为统一的多民族国家的正统",都以实现统一和维护祖国领土完整为己任,强调王朝管辖范围所及"都是大一统的组成部分"。① 近代以来,无论哪个阶级引领历史发展潮流,都把实现中华民族团结自强和维护多民族国家统一,当成是自己必然的阶级使命和国家根本利益所在。这样的政治观念已经成为跨越社会阶级阶层矛盾,促进各民族共同团结奋斗、共同发展繁荣,实现中华各民族共同振兴的社会最大公约数。这样的政治文化传统既具有鲜明的中华民族特色,更是构成当代中国统一的多民族国家基本国情不可忽视的重要内容。

(二)正确认识中华民族多元一体的民族构成格局

在对我国民族国情的认识上,以习近平同志为核心的党中央强调要深刻把握中华民族多元一体的民族构成格局,指出要从国际和国内两个不同层次和范围上来理解和把握不同语境下的民族对象及其构成属性、相互关系。

1. 从国际层面认识中华民族的一体性

中华民族是在国家层面上代表中国各构成民族,并且包括港澳台同胞、海外侨胞在内的专有集合名词。在国际上与中华民族相对应的同类型民族,只能是美利坚民族、英吉利民族等从国家层面上代表各自所有构成民族的总体民族称呼,而绝不会是盎格鲁-撒克逊人、英格兰人等多民族国家的具体构成民族。同所有屹立于世界民族之林代表多民族国家构成民族的总体民族一样,中华民族的一体性也是历史形成的。中国几千年统一多民族国家的历史为中华民族的形成奠定了基础,近代以来共同的反帝反殖反封建的斗争促进了各族人民中华民族共同体意识的觉醒。新中国的成立和社会主义改造的完成,为中华民族的伟大复兴和各构成民族的发展繁荣提供了共同的政治与经济社会基础。改革开放以来全国统一大市场的形成和各民族地区现代化建设事业的发展,为中华民族和各构成民族实现小康梦想及国家富强梦想提供了坚实的物质保障和生产力基础。可见,在漫长历史中形成,在近代斗争中加深,在改革开放中促进的中华民族共同体的一体性特征,正是保障其能够自强于世界民族之林的前提和基础。中华民族这个鲜明的一体性特征,也是奠定我们发展、巩固中华民族大团结,维护国家统一的社会共同体前提和民族政治基础。忽视甚至否认中华民族共同体的一

---

① 国家民族事务委员会编:《中央民族工作会议精神学习辅导读本》,民族出版社2015年版,第26页。

体性特征,在思想意识上就容易陷入历史虚无主义的泥潭,在民族关系上就可能出现形形色色民族主义的失误。

2. 从国内层面把握中华民族的多元性

作为集合名词的中华民族,在国内层面上包括了56个构成民族和港澳台同胞、海外侨胞。这些构成民族和特殊地区的同胞都是中华民族不可分割和不可缺少的组成部分,共同构成了中华民族共同体一体性前提下的多元性特征。习近平从历史表现和现实格局的角度对这种多元性特征进行了总结:"各民族共同开发了祖国的锦绣河山、广袤疆域,共同创造了悠久的中国历史、灿烂的中华文化。我国历史演进的这个特点,造就了我国各民族在分布上的交错杂居、文化上的兼收并蓄、经济上的相互依存、情感上的相互亲近,形成了你中有我、我中有你、谁也离不开谁的多元一体格局。"①这种多元性构成特征,主要是指中华各构成民族的差异性、非同一性,既表现为各构成民族在生产方式、社会关系等方面历史发展过程和表现形态上的巨大差异,也表现为各民族在民族意识、民族心理、民族特点和风俗习惯等方面的千差万别。习近平还非常形象地用"石榴籽"来比喻中华民族各构成民族和地区丰富多样的多元性。

3. 分层把握中华民族的多元一体特征

正确认识和处理中华民族与各构成民族及成分的关系主要有以下三点。其一,强调中华民族在国际上主体身份的一体性,就是强调国家的集中统一。这是中国几千年王朝体系"大一统"政治传统的历史主流和国家常态。这种集中统一的国家形式因为有利于各民族的生产力发展和市场经济交往、日常生活交流而被无产阶级革命导师所肯定,并将其当作是无产阶级政权尽可能采取的国家组织形式。其二,强调中华民族在国内构成民族上的多元性,就是强调中华民族大团结。习近平指出,多民族是我国的一大特色和发展的一大有利因素。构成民族多元特色之"利",体现在民族文化多样性带来的发展动力上,体现在民族地区各种丰富资源的经济潜力上,更体现在少数民族和民族地区为国家生态安全和卫疆戍边的奉献上。而众多之利的实现条件就是中华民族大团结,无民族团结则对国家和民族均无利可图。其三,在正确把握中华民族共同体一体性与多元性的辩证统一关系基础上,认识和处理中华民族与各构成民族及成分的关系。习近平指出:"中华民族和各民族的关系,是一个大家庭和家庭成员的关系,各民族的关系,

---

① 国家民委民族理论政策研究室编:《中央民族工作会议创新观点面对面》,民族出版社2015年版,第150页。

是一个大家庭里不同成员的关系。"①前者"关系"的核心是国家统一,后者"关系"的核心是民族团结,是"三个离不开"。前后两个"关系"的关系就是,"祖国统一是各族人民的最高利益,民族团结是祖国统一的重要保证"②。习近平强调,维护和实现好这两个"关系",就要"高举各民族大团结的旗帜,在各民族中牢固树立国家意识、公民意识、中华民族共同体意识,最大限度团结依靠各族群众,使每个民族、每个公民都为实现中华民族伟大复兴的中国梦贡献力量,共享祖国繁荣发展的成果"③。

第二节 统筹兼顾的民族问题论

问题是时代的口号和呼声。习近平指出:"每个时代总有属于它自己的问题,只要科学地认识、准确地把握、正确地解决这些问题,就能够把我们的社会不断推向前进。"④民族问题是社会总问题的有机组成部分,民族问题只有在解决整个社会问题的过程中才能逐步解决。"在革命的各个不同阶段上民族问题具有和各该历史时期的革命性质相适应的各种不同的任务。"⑤要解决好民族问题,就要认真考察和正确把握民族问题在解决社会总问题进程中不同历史时期和发展阶段的规律和特点。党的十八大以来,以习近平同志为核心的党中央在全面认识和系统把握我国"两个一百年"进程中民族问题的基本特点的基础上,对如何解决好我国新时代的民族问题进行了积极探索,取得了丰硕的理论成果。

一、我国民族问题的基本特点和规律

(一)民族问题具有存在长期性

民族的产生、发展和消亡是一个漫长的历史过程。在人类社会发展的过程中,民族的消亡比阶级、国家的消亡还要久远。习近平指出:"只要有民

---

① 国家民委民族理论政策研究室编:《中央民族工作会议创新观点面对面》,民族出版社2015年版,第151页。
② 国家民族事务委员会、中共中央文献研究室编:《民族工作文献选编(二〇〇三—二〇〇九年)》,中央文献出版社2010年版,第79—80页。
③ 李学仁:《坚持依法治疆团结稳疆长期建疆 团结各族人民建设社会主义新疆》,《人民日报》2014年5月30日,第1版。
④ 习近平:《之江新语》,浙江人民出版社2007年版,第235页。
⑤ 《斯大林全集》(第十一卷),人民出版社1955年版,第301页。

族存在,就会有民族问题存在,就要处理民族问题。"①民族问题存在的长期性决定了处理民族问题也是一个长期历史过程。这是推进新时代民族工作健康发展需要的及时而必要的理论总结,针对的主要是近年来各种妄图通过淡化、取消、忽略民族身份和民族特点来回避民族问题的奇谈怪论。只有真正从民族历史过程的规律角度,掌握民族发展和消亡的长期性,才能真正认识到民族问题存在的长期性,在对待和解决民族问题时才不会犯急性病和忽视、轻视民族问题的错误。

(二)民族问题具有内容复杂性

以习近平同志为核心的党中央站在时代发展的前端,统筹考察影响民族问题的各种因素和矛盾,从国内国际两个方面把握我国民族问题的复杂性。首先,从国内方面看,新时代我国的民族问题呈现"五个并存"的阶段性特征,即:改革开放和社会主义市场经济带来的机遇和挑战,民族地区经济加快发展势头和发展低水平,国家对民族地区支持力度持续加大和民族地区基本公共服务能力建设仍然落后,各民族交往交流交融趋势增强和涉及民族因素的矛盾纠纷上升,反对民族分裂、宗教极端、暴力恐怖斗争成效显著和局部地区暴力恐怖活动活跃多发等同时并存。② 这些阶段性特征,本质上都是新时代社会主要矛盾新变化在民族工作上的集中反映和重要体现。其次,从国际方面看,以美国为首的西方国家妄图利用民族问题对我国进行渗透、颠覆的阴谋昭然若揭。习近平指出,西方用双重标准、实用主义对待发展中国家的民族问题,在科索沃、叙利亚打的旗号是"人权高于主权",在乌克兰唱的调子则是"主权高于人权",真实目的是顺我者昌,逆我者亡,最终是为了他们战略利益的实现,哪会把发展中国家各民族利益真当回事?③ 可见,新时代我国民族问题的表现形态更加复杂,民族工作面临的形势和挑战更加严峻,做好民族工作的要求更加紧迫。

(三)民族问题具有地位重要性

民族问题的重要性,是指民族问题在社会总问题中占有非常重要和关键的位置,其解决得好坏直接影响到社会总问题解决的成败。以习近平同志为核心的党中央坚持将维护民族团结和国家统一作为我国各民族的最高

---

① 国家民委民族理论政策研究室编:《中央民族工作会议创新观点面对面》,民族出版社2015年版,第30页。
② 《中共中央、国务院印发〈关于加强和改进新形势下民族工作的意见〉》,《人民日报》2014年12月23日,第1、2版。
③ 国家民族事务委员会编:《中央民族工作会议精神学习辅导读本》,民族出版社2015年版,第54页。

利益,强调:民族团结是我国各族人民的生命线。处理好民族问题、做好民族工作,是关系到祖国统一和边疆巩固、民族团结和社会稳定、国家长治久安和中华民族繁荣昌盛的大事。① 甚至在新疆和西藏问题上,也突出强调做好民族工作,维护祖国统一、加强民族团结的重要性。

(四)民族问题具有矛盾敏感性

习近平在福建工作时就指出:"各族人民都非常珍惜已经稳定的平等、团结、互助的社会主义民族关系,对在民族关系方面出现的问题、产生的矛盾国家向来是十分重视的,而少数民族对此也较为敏感。比如招工、招生的比例是否得当,对民族风情习俗、语言文字宗教信仰是否尊重等问题,少数民族群众要敏感得多。民族问题处理得不好往往会引起社会的动荡,甚至政局的不稳。"②他在浙江工作时也强调:"民族问题无小事,民族问题高度敏感,个别矛盾、局部问题处理不好可能会产生严重后果。"③

(五)民族问题具有影响国际性

其一,我国有许多民族是跨界而居的民族,国内民族问题解决得成功与否,对国境之外的相同民族会产生巨大的影响。其二,外交是内政的延续,国内民族问题的解决原则和实践成就,直接反映和体现了我们对待不同层次人类共同体的态度和政策,纲领和原则。作为中华民族构成基础的各少数民族在中华人民共和国这个共同大家庭中的待遇和权利,直接反映和说明了我们将会如何在国际层次上提出及实践和谐发展的人类命运共同体的建设问题。其三,国际敌对势力和反动势力亡我之心不死,经常利用我们的国内民族问题对党和国家进行恶毒攻击,妄图制造民族隔阂,激起民族仇恨,煽动民族分裂,掀起颜色革命。

二、新时代民族问题的重要内容和重大关系

毛泽东曾经指出:"什么叫问题?问题就是事物的矛盾,哪里有没有解决的矛盾,哪里就有问题。"④对于一个引领方向、把握大局的执政党来说,能否准确发现和正确解决前进道路上的各种矛盾和问题,特别是紧紧抓住主要矛盾和关键问题,是检验其理论思维水平和治国理政能力的重要标准。

---

① 兰红光:《中央民族工作会议暨国务院第六次全国民族团结进步表彰大会在北京举行》,《人民日报》2014年9月30日,第1、2版。
② 习近平:《摆脱贫困》,福建人民出版社1992年版,第87—88页。
③ 习近平:《干在实处走在前列——推进浙江新发展的思考与实践》,中共中央党校出版社2013年版,第217页。
④ 《毛泽东选集》(第三卷),人民出版社是1991年版,第839页。

"民族问题既包括民族自身的发展,又包括民族之间,民族与阶级、国家之间等方面的关系"①。为适应新时代加强和改进民族工作的需要,以习近平同志为核心的党中央在紧紧围绕"两个一百年"奋斗目标的基础上,正确把握中华民族及其各构成民族的民族发展与民族关系问题,在深刻认识新时代我国社会主要矛盾发展变化的基础上,强调要以铸牢中华民族共同体意识为工作主线,正确把握民族与阶级、国家间的关系问题:既强调要围绕民生需求加快民族地区全面发展,又强调维护民族团结生命线的重要性;既强调民族平等要体现在"一个不少"的全面小康社会与现代化建设上,又强调要坚持和完善民族区域自治和大力加强各民族共有精神家园建设;既强调要抓住未来,重视做好城市民族工作,又强调要加强和改善党对民族工作的领导这个关键问题。

(一)"两个一百年"奋斗目标中的民族问题

党的十八大以来,以习近平同志为核心的党中央在对民族关系认识上最鲜明的特征,就是强调要把各民族全面建成小康社会和实现中华民族伟大复兴梦想这"两个一百年"奋斗目标当成促进中华民族大团结的最大公约数,牢记我国统一的多民族国家的基本国情,在全面把握中华民族大家庭两个层次民族关系的基础上,维护和实现好民族团结和国家统一这些中华民族及各构成民族的最高利益和根本利益。

1. 民族主体建设的全面性

民族主体是民族问题产生和存在的基础和前提。在以往的民族问题研究中,我们更多的是适应中华民族实现"富起来"阶段国内少数民族和民族地区欠发展问题较突出的现实矛盾和需求,把民族问题聚焦在中国56个构成民族的具体民族问题上,而经常忽视甚至遗忘了由56个民族和港澳台同胞、海外侨胞共同构成的当代中国国家层次的民族母体——中华民族整体性的建设问题。党的十八大以来,回应中华民族"强起来"的时代呼声,站在中华民族整体建设的层次上对民族主体建设进行全面把握,可以使我们对民族工作理论的研究能够从国家民族层次上获得宏观全局的理论支撑和价值建构。党的十八大以来,习近平多次做出了关于实现中华民族伟大复兴中国梦的重要论述,并且在民族工作的重要会议和文件中多次强调要"正确认识中华民族和各民族的关系",要不断增进各族群众的"五个认同",要"积极培育中华民族共同体意识",要把"铸牢中华民族共同体意识"当作新时代

---

① 国家民族事务委员会、中共中央文献研究室编:《民族工作文献选编(一九九〇—二〇〇二年)》,中央文献出版社2003年版,第29页。

民族工作的主线。在2021年中央民族工作会议上，他强调："必须从中华民族伟大复兴战略高度把握新时代党的民族工作的历史方位，以实现中华民族伟大复兴为出发点和落脚点，统筹谋划和推进新时代党的民族工作。"[1]这些重要论述，是以习近平同志为核心的党中央在中华民族伟大复兴关键时期适应新时代发展需求，对以往民族问题研究短板与不足的及时弥补和全面加强。只有站在中华民族与其56个构成民族这两个层次上正确把握民族主体建设的全面性，才能为反对各种民族主义提供有力的理论武器，才能为维护国家统一和民族团结提供坚实的理论支撑。

2. 民族发展目标的长期性和阶段性

实现中华民族伟大复兴和各民族全面建成小康社会这"两个一百年"奋斗目标，是中华民族及其56个构成民族的中长期发展目标和近期发展目标。中华民族伟大复兴必然内在地包含着中华民族作为民族共同体的实体建设目标。在建设过程中，我们既要强调作为合56个构成民族为一个复合民族的中华民族，承载着我们共同祖国政治合法性基础的民族共同体建设的长期性和艰巨性，更要强调把这项建设工作融入我们通过努力可以达到和实现的每个具体发展目标中，融入促进各民族共同团结进步、共同发展繁荣的每项具体工作中。只有通过对中华民族整体建设目标与各民族具体发展目标总体规划、统筹推进，把宏观长期性目标与微观阶段性目标统一起来，脚踏实地，锲而不舍地共同奋斗和努力，我们才能最终获得中华民族共同体建设的丰硕成果。为此，习近平强调，各民族都是中华民族大家庭的一份子，脱贫、全面小康、现代化，一个民族也不能少。[2]只有中华民族的所有构成民族都摆脱贫困、全面实现了小康目标，进而共同迈向现代化，才能为中华民族整体实现伟大复兴奠定坚实基础，才能让各族群众在共享小康社会和现代化建设成果、增强"五个认同"的基础上，培养和提升中华民族共同体意识和中华民族一家亲感情。

3. 我国民族关系的重要性和复杂性

统筹兼顾"两个一百年"奋斗目标，就要求我们无论是在中华民族伟大复兴的总体征程中，还是在各民族全面建成小康社会和推进现代化建设的新时代，都要一如既往地高度重视巩固和完善我国的社会主义民族关系，强调中华民族大团结是我国各族人民的生命线。

---

[1] 《习近平谈治国理政》（第四卷），外文出版社2022年版，第244页。
[2] 《习近平：脱贫、全面小康、现代化，一个民族也不能少》，中国政府网，http://www.gov.cn/xinwen/2020-06/09/content_5518164.htm。

一是我国社会主义民族关系是促进各民族发展的基本保障和重要内容。我国平等团结、友爱互助、和谐发展的社会主义民族关系,为各民族自身的发展提供了和谐稳定的外部环境和发展条件。各族人民在中华民族大家庭中,可以充分享有当家作主的权利,能够为本民族发展和国家繁荣昌盛贡献自己的聪明才智。同时,从民族的社会性发展角度来看,我国社会主义民族关系本身也是民族发展的重要内容和衡量标准。我国各民族对中华民族大家庭中"家庭关系"状况的体认和维护,客观上反映了各民族的现代政治文明素质和社会化程度。

二是从构成主体角度把握我国民族关系内容的复杂性。纳入我国民族关系范畴的主要包括了两个层次的民族关系,即中华民族与各民族间关系、各民族相互间关系。中华民族大家庭中两个层次的结构关系①,既相互区别又紧密联系,既有具体、直接、可感知的显性表现形式,也有隐晦、独特、曲折、不可证明的隐性表现形式。只有站在中华民族伟大复兴立场上,强调维护各民族大团结的社会主义和谐统一的民族关系的极端重要性,同时又站在各构成民族推进全面建成小康社会和现代化建设的立场上,强调推进中华民族整体进步和发展的复杂性和艰巨性,才能抓住我国民族团结进步事业的时代主题,才能处理好两个层次纷繁复杂的民族关系问题。

4. 民族与阶级、国家间关系的性质和内容

"两个一百年"奋斗目标,是中国共产党对中华民族及其56个构成民族做出的庄严政治承诺,是我们党为中华人民共和国百年发展历程描绘的美好蓝图。在民族工作方面实现这个宏伟蓝图的政治保障,就在于对我国民族与阶级、国家间关系性质和内容的准确把握。

一是中国共产党的"两个先锋队"性质鲜明地体现了中国特色的民族与阶级关系。《中国共产党章程》总纲开篇就阐明:中国共产党是中国工人阶级的先锋队,同时是中国人民和中华民族的先锋队。共产党人不是要取消民族,而是要上升为民族的领导阶级,为各民族在充分发展繁荣的基础上走向融合,创造必要的物质基础和政治条件的阶级任务。中国共产党能够把自己的阶级使命与民族使命统一于促进中华各民族共同繁荣发展和社会主义祖国国家建设的伟大事业中,是全体中国人民和中华民族及其所有构成民族根本利益的忠实代表和坚定维护者。

二是《宪法》和《民族区域自治法》等相关法律对我国的民族与国家关系

---

① 国家民委民族理论政策研究室编:《中央民族工作会议创新观点面对面》,民族出版社2015年版,第151页。

从制度上和法律上进行明确规范。首先,国家负有促进各民族和民族自治地方发展繁荣的责任。《中华人民共和国宪法》序言中要求:"国家尽一切努力,促进全国各民族的共同繁荣。"《宪法》第四条规定:"国家根据各少数民族的特点和需要,帮助各少数民族地区加速经济和文化发展。"《民族区域自治法》第六章"上级国家机关的职责",从经济、政治、文化和社会生活等不同方面详尽列举了18条支持、帮助、照顾指导民族自治地方加速发展的内容。其次,各族人民和民族自治地方负有维护国家统一和民族团结的义务。《宪法》第五十二条规定:"中华人民共和国公民有维护国家统一和全国各民族团结的义务。"《民族区域自治法》第五条也要求:"民族自治地方的自治机关必须维护国家的统一,保证宪法和法律在本地方的遵守和执行。"

正是在上述认识基础上,习近平要求:"各级党委和政府要把民族工作摆上重要议事日程,坚持从政治上把握民族关系、看待民族问题。"全党要"坚持把维护民族团结和国家统一作为各民族最高利益,把各族人民智慧和力量最大限度凝聚起来,同心同德为实现'两个一百年'奋斗目标、实现中华民族伟大复兴的中国梦而奋斗"①。

(二)民族发展中的物质问题和精神问题

民族发展是民族问题的核心,但首先要搞清楚我们要实现什么样的发展。中华民族伟大复兴的"中国梦"不仅是物质之梦,更是精神之梦。新时代我国全面建成小康社会和推进现代化强国建设的目标,本身即包含物质生活和精神生活共同"小康"、共同现代化的全面发展目标。习近平指出,实现中国梦,是物质文明和精神文明比翼双飞的发展过程,是两个文明均衡发展、相互促进的结果。②他强调:"只有物质文明建设和精神文明建设都搞好,国家物质力量和精神力量都增强,全国各族人民物质生活和精神生活都改善,中国特色社会主义事业才能顺利向前推进。"③

1. 物质方面的问题是解决民族问题的基础和前提

历史唯物主义认为:"物质生活的生产方式制约着整个社会生活、政治生活和精神生活的过程。不是人们的意识决定人们的存在,相反,是人们的社会存在决定人们的意识。"④正是用这样的观点考察民族问题,马克思、恩

---

① 兰红光:《中央民族工作会议暨国务院第六次全国民族团结进步表彰大会在北京举行》,《人民日报》2014年9月30日,第1、2版。
② 参见中共中央文献研究室编:《习近平关于社会主义文化建设论述摘编》,中央文献出版社2017年版,第5页。
③ 《习近平谈治国理政》(第一卷),外文出版社2018年版,第153页。
④ 《马克思恩格斯文集》(第二卷),人民出版社2009年版,第591页。

格斯指出,一个民族要跻入先进民族行列,就必须发展生产力、促进社会分工和内外部交往。这些因素不仅是一个民族内部社会结构和自身发展的问题,从横向来看,又是与其他民族形成相互影响和决定关系的因素。特别对现代民族而言,"新的工业的建立已经成为一切文明民族的生命攸关的问题"①。促进少数民族和民族地区经济社会和文化发展,帮助各族群众实现共同发展繁荣,是我们党在解决民族问题上的根本立场和根本目标,也是民族平等、民族团结、民族区域自治等政策的最终归宿和最终目的,并为民族平等团结进步事业奠定坚实的经济社会基础。紧紧抓住发展这个根本问题,是实现民族地区和谐稳定的基础和前提,也是不断巩固平等、团结、互助、和谐的社会主义民族关系的重要保证。新时代,以习近平同志为核心的党中央把发展当成解决民族地区各种问题的总钥匙,全面把握民族地区发展与国家发展的密切联系,深刻总结民族地区的发展现状和特点优势,明确提出加快少数民族和民族地区发展繁荣的部署要求和重点任务,确保民族地区在全面建成小康社会的基础上,迈向共同富裕的现代化。

2. 精神方面的问题是解决民族问题的根本和保证

作为一种精神力量的社会意识能够影响人们的头脑和思想,指导人们的社会实践活动,并在一定条件下变成物质力量,从而作用于社会存在和社会生活,促进或者阻碍社会发展。不同性质的社会意识对社会发展起着不同的作用:先进阶级和社会集团的社会意识所反映的经济基础及其发展要求和发展方向,在总体上适合并促进生产力的发展;而没落阶级和保守势力则妄图用其落后的反动的社会意识来阻碍社会发展,这反映了其维护自己陈旧过时的不利于生产力发展的生产关系的阶级利益的要求。社会意识只有通过群众实践才能起作用。正如马克思所言:"思想本身根本不能实现什么东西。思想要得到实现,就要有使用实践力量的人。"②先进社会意识同广大群众结合的过程,必然是同落后保守的社会意识之间旷日持久争夺人心的斗争过程,必然是通过漫长曲折的思想斗争和精神文明建设来实现自身性质的发展过程。毫无疑问,这样的激烈斗争同样也会反映和体现在民族问题上。民族问题本身的复杂性和敏感性导致没落阶级和保守势力更容易打着民族的幌子来掩盖自己自私的政治利益诉求,从而成为破坏社会主义国家统一和民族团结的突破口。这就要求我们既要立足于维护国家统一,"要旗帜鲜明地反对各种错误思想观念,增强各族干部群众识别大是大

---

① 《马克思恩格斯选集》(第一卷),人民出版社 2012 年版,第 404 页。
② 《马克思恩格斯文集》(第一卷),人民出版社 2009 年版,第 320 页。

非、抵御国内外敌对势力思想渗透的能力";又要着眼于加强中华民族大团结,从长远和根本上"增强文化认同,建设各民族共有精神家园,积极培养中华民族共同体意识"。①

3."两个一百年"奋斗目标坚实的团结基石

解决民族问题,既离不开解决好物质基础,也离不开建设共有精神家园,铸牢中华民族共同体意识。习近平强调:"解决好民族问题,物质方面的问题要解决好,精神方面的问题也要解决好。"②只有这两方面问题都解决好了,才能为民族问题的顺利解决提供坚实可靠的物质基础和精神保障。在解决这两方面问题过程中,要注意把握好以下两个关键。

一是要坚持经济建设为中心不动摇。习近平指出:"只要国内外大势没有发生根本变化,坚持以经济建设为中心就不能也不应该改变。这是坚持党的基本路线100年不动摇的根本要求,也是解决当代中国一切问题的根本要求。"③我国少数民族和民族地区发展起点低,群众困难和困难群众多,各族群众对加快发展的要求和期盼更加迫切,这些都要求我们把加快少数民族和民族地区经济社会发展作为解决民族问题的关键和根本途径,让发展成果真正体现到惠及民生,促进团结上来,真正得到各族群众的认可、拥护和支持。

二是要深刻认识精神文明建设的极端重要性。以意识形态为核心和灵魂的精神文明,能够为物质文明的进步提供精神动力、智力支持和政治保障。习近平强调:"意识形态工作是党的一项极端重要的工作。"④这种极端重要性就体现在其能够起到引领人心、凝魂聚气、推动发展的强大支撑作用上。精神文明重在建设,体现在民族问题上,就要求我们要认真贯彻落实铸牢中华民族共同体意识的主线,适应各族群众日益增长的多方面的精神文化需求,以培育和弘扬社会主义核心价值观为引领,增强各族群众的"五个认同",着力纠正"两种民族主义"和各种错误思想,建设和维护好中华民族共有的精神家园。

(三)城市民族工作和民族地区发展

民族工作千头万绪、纷繁复杂,只有结合不断发展的时代特点和发展趋势,抓住民族工作的重点和难点,创造性地做好新时代民族工作,才能为实

---

① 兰红光:《中央民族工作会议暨国务院第六次全国民族团结进步表彰大会在北京举行》,《人民日报》2014年9月30日,第1、2版。
② 同上。
③ 《习近平谈治国理政》(第一卷),外文出版社2018年版,第153页。
④ 同上。

现"两个一百年"奋斗目标奠定坚实基础。近年来,我国城镇化进程的加快促使民族发展和民族关系出现了新的特点和趋势,并使得散杂居民族工作和城市民族工作的重要性和紧迫性日益突出。在这种条件下,只有重视和做好城市民族工作,才能把握民族工作的主动权和先机,赢得民族工作的未来。同时,民族地区是脱贫攻坚的主战场,也是全面建成小康社会和全面推进现代化建设目标的短板、难点和重点所在。只有抓住民生改善这个根本,加快民族地区经济社会全面发展,缩小与全国其他地区的发展差距,才能赢得各族群众的人心,避免造成心理失衡乃至民族关系和地区关系失衡。

1. 重视做好城市民族工作

以习近平同志为核心的党中央深刻把握我国已经进入了"各民族跨区域大流动的活跃期"的时代特征,高度重视,认真研究,积极引导做好新时代城市民族工作。

一是让城市更好地接纳少数民族。习近平指出,要高度重视各民族跨区域大流动给城市民族工作带来的机遇和挑战,避免"关门主义"和"放任自流"两种错误态度。机遇主要体现在:各民族跨区域大流动,能够进一步丰富城市多元文化内涵,提升城市活力和竞争力;促进民族地区加快发展,推动区域协调发展,增进民族交往交流交融基础上的大团结,为民族地区全面建成小康社会和推进现代化建设目标注入活力和能量。挑战则体现在"三个不适应"上:进城的少数民族群众不能很好适应城市生活和管理方式,城市居民不能很好地理解和适应少数民族群众的某些生活方式和行为方式,民族工作的方式和管理机制不适应少数民族群众大流动的时代特征。[①] 任何民族和国家封闭起来是不可能存在和发展的,地区间、民族间的交往交流交融,已经成为新时代不可阻挡的历史潮流,要避免在民族工作上犯"关门主义"。同样,忽视城市民族工作的"桥梁、窗口、示范、联谊和辐射"五个方面的作用[②],对进城的少数民族群众听之任之,放任自流的做法也是要不得的。服务管理工作不到位,矛盾和问题就不能及时发现,及时解决,就可能出现"城市感冒,边疆发烧"的状况。

二是着力推动构建相互嵌入式的社会结构和社区环境。建立各民族群众共居、共学、共事、共乐的混合杂居的日常居住和生活、就业格局与氛围,即相互嵌入的社会结构和社区环境,促进各民族群众在这样的社会结构和

---

① 国家民委民族理论政策研究室编:《中央民族工作会议创新观点面对面》,民族出版社2015年版,第131页。

② 《城市,如何让少数民族生活得更美好》,《中国民族报》2010年12月17日,第5版。

社区环境中,在不断促进交流交往交融过程中相互了解欣赏、相互尊重包容、相互学习帮助。要真正起到城市社区民族工作"四两拨千斤"的作用,通过一个城市多民族社区的和谐共进的民族关系,带动和影响一个少数民族地区的民族团结和进步。

2. 大力促进民族地区加快发展

新时代,以习近平同志为核心的党中央牢牢把握通过发展改善民生、凝聚人心、促进团结这个出发点和落脚点,对民族地区加快发展的必要性和紧迫性都做出了新的思考。

一是民族地区是我国小康社会和现代化建设的重点和难点。据测算,2012年民族地区全面建成小康社会经济发展方面的实现程度为66.17%,比全国落后3年,比东部地区落后6年,比西部地区还落后1年。2014年,民族八省区的GDP总和才与广东省大体相当。[①] 民族八省区面积占我国国土面积的59%,但截至2020年,其铁路营业里程、公路里程、高速公路里程分别只占全国的27.8%、24.8%、25.4%;一些与群众生产生活密切相关的水、电、路、气(沼气)等基础设施建设还比较薄弱。部分省区物流、出行成本偏高,例如西藏物流成本高出内地近三分之一,二级以上公路仅占总里程的1.9%。依据第七次全国人口普查数据测算,民族地区城镇化率平均为55.1%,其中西藏的城镇化率仅为35.73%,而同期全国城镇化率为63.9%。[②]

二是民族地区是脱贫攻坚的主战场。2010年,民族地区农村贫困人口占全国的50.2%,民族地区的平均贫困率达17.1%,比全国平均8.5%的贫困率高出1倍。全国14个集中连片特困地区有11个在民族地区。2014年,民族八省区还有2500多万人未能达到国家扶贫线标准(每人每年2300元),还有650万农村贫困人口生活经验在缺乏基本生存条件的地区,需要易地搬迁。[③] 从2012年到2016年,民族地区贫困人口占全国贫困人口比重由30.4%上升到32.6%。2016年,民族地区有农村贫困人口1411万人,贫困发生率高于全国4.8个百分点;全国建档立卡贫困人口中,少数民族贫困人口占26.3%;全国建档立卡贫困村中,民族地区贫困村有3.2万个,占29%。[④] 十

---

① 国家民族事务委员会编:《中央民族工作会议精神学习辅导读本》,民族出版社2015年版,第137页。
② 数据来源:依据民族八省区统计局网站数据汇总。
③ 国家民族事务委员会编:《中央民族工作会议精神学习辅导读本》,民族出版社2015年版,第137页。
④ 国家民族事务委员会经济发展司:《中国民族地区经济发展报告(2017)》,民族出版社2017年版,第7页。

八大以来,通过各级党和政府及各族人民群众脱贫攻坚努力,民族地区贫困状况有所好转。据统计,2018年民族八省区脱贫攻坚取得重大突破,贫困人口从上年的1 032万减少到603万,贫困发生率下降到4.0%。但形势依然不容乐观:民族地区经济发展不平衡不充分的问题依然突出,经济发展内生动力依然不足。①

三是民族地区是我国实现平衡发展、可持续发展的重要基础和保障。民族地区是我国的资源富集区、水系源头区、生态屏障区、文化特色区,也是"一带一路"倡议的必经之地和重要腹地,为我国经济发展提供了巨大的增长空间、战略支撑和应对风险的回旋余地和发展保障,这些潜在的发展优势与其兼具边疆地区、贫困地区并与发达地区发展差距加大的特点形成鲜明对比。与东部地区相比,近年来发展不平衡不充分问题在民族地区体现得更加明显。比如,2021年民族八省区的地区生产总值为11.79万亿元,仅占全国的10.3%;城镇、农村居民人均可支配收入分别为39 572元、15 091元,分别比全国水平低7 840元和3 840元,差距较上年分别扩大了965元和343元。同时,民族八省区之间发展也不平衡,城镇居民人均可支配收入最高的(内蒙古)比最低的(青海)高71%,农村居民人均可支配收入最高的(内蒙古)比最低的(贵州)高43%。② 可见,民族地区发展结构失衡和总量不足,依然是制约新时代民族地区人民美好生活需要的主要因素。

(四)民族工作中党的领导和党的建设

民族与阶级的关系是民族问题的重要内容。在我国,这个重要内容主要体现在中国共产党的"两个先锋队"性质上,客观上决定了其是中国人民和中华民族团结统一的核心力量。民族工作能否做好,最根本的一条是党的领导够不够坚强有力。习近平强调:"做好民族工作关键在党、关键在人。只要我们牢牢坚持中国共产党的领导,就没有任何人任何政治势力可以挑拨我们的民族关系,我们的民族团结统一在政治上就是有充分保障的。"③

1. 加强和完善党对民族工作的领导

民族工作是政治性、政策性都很强的工作。习近平指出:"加强和完善党的全面领导,是做好新时代党的民族工作的根本政治保证。"④他要求:各

---

① 《2019年全国民族经济工作暨民族地区经济形势分析现场会在湖北恩施州召开》,国家民族事务委员会,http://www.seac.gov.cn/seac/xwzx/201904/1133164.shtml。
② 数据来源:依据民族八省区统计局网站数据汇总。
③ 兰红光:《中央民族工作会议暨国务院第六次全国民族团结进步表彰大会在北京举行》,《人民日报》2014年9月30日,第1,2版。
④ 《习近平谈治国理政》(第四卷),外文出版社2022年版,第248页。

级党委要增强"四个意识",坚定"四个自信",做到"两个维护",不断提高政治判断力、政治领悟力、政治执行力,牢记"国之大者",认真履行主体责任,把党的领导贯穿民族工作全过程,形成党委统一领导、政府依法管理、统战部门牵头协调、民族工作部门履职尽责、各部门通力合作、全社会共同参与的新时代党的民族工作格局。①

2. 建设一支党和人民满意的高素质的民族地区干部队伍

以习近平同志为核心的党中央立足于民族地区干部队伍建设的特殊需求,提出了以下重要观点。首先,明确提出民族地区的好干部"四个特别"的标准和要求。② 其次,肯定少数民族干部是党和国家干部队伍的重要组成部分,是党和政府联系少数民族群众的重要桥梁和纽带,是做好民族工作的重要骨干力量。③ 最后,要建立民族工作目标责任制。把民族工作作为民族地区党政领导干部工作情况考核的重要内容,作为干部选拔任用的重要依据。

3. 要重视民族地区基层工作建设,加强干部作风建设

基层组织是党治国理政的组织基础。以习近平同志为核心的党中央高度重视民族地区基础工作建设和干部作风建设的重要性,并对其提出了具体要求。一是要确保基层党组织能够发挥战斗堡垒作用,基层党员能够发挥模范带头作用。二是要加强民族地区基层服务型党组织建设,推动各级干部为群众多办实事、多办好事。三是要加强基层民族工作机构建设和民族工作力量,确保基层民族工作有效运转。四是要加强民族地区基层政权建设,夯实基层基础,确保党的民族理论和民族政策到基层有人懂、民族工作在基层有人抓。五是干部作风是影响民族团结的重要因素。必须以零容忍的态度来对待民族地区的"四风"和腐败问题,绝不允许也绝不姑息任何人对关系千家万户的惠民和扶贫资金贪污挪用,中饱私囊。要保证各级领导权始终牢牢掌握在忠于马克思主义、忠于党、忠于国家的人手里。

三、全面领会铸牢中华民族共同体意识的民族工作主线

中华民族共同体意识,是中华民族对自己的历史、文化和前途命运等所表现出的共同心理特征,是中华民族绵延不断、永续发展的力量源泉。中华民族共同体意识主要包括共同的国家观、历史观、民族观、文化观和价值观

---

① 《习近平谈治国理政》(第四卷),外文出版社2022年版,第248页。
② 同上。
③ 国家民族事务委员会编:《中央民族工作会议精神学习辅导读本》,民族出版社2015年版,第302页。

等。在2021年中央民族工作会议上,习近平强调:"做好新时代党的民族工作,要把铸牢中华民族共同体意识作为党的民族工作的主线。铸牢中华民族共同体意识,就是要引导各族人民牢固树立休戚与共、荣辱与共、生死与共、命运与共的共同体理念。"①

(一)铸牢中华民族共同体意识的提出

2013年12月,习近平在听取新疆工作报告时,首次提出"中华民族共同体意识"概念。2014年5月,习近平在第二次中央新疆工作座谈会上强调,要在各民族中牢固树立国家意识、公民意识、中华民族共同体意识。2014年9月,习近平在中央民族工作会议上提出要积极培养中华民族共同体意识。2017年10月,习近平在十九大报告中明确提出铸牢中华民族共同体意识,党的十九大把铸牢中华民族共同体意识写入了党章。2019年9月,习近平在全国民族团结进步表彰大会上强调,要以铸牢中华民族共同体意识为主线,把民族团结进步事业作为基础性事业抓紧抓好。2020年,习近平在中央第七次西藏工作座谈会、第三次中央新疆工作座谈会上强调,要把铸牢中华民族共同体意识纳入新时代党的治藏治疆方略。2021年8月,习近平在中央民族工作会议上进一步提出铸牢中华民族共同体意识是新时代党的民族工作的"纲",所有工作要向此聚焦。

1. 铸牢中华民族共同体意识是新时代党中央深刻把握中华民族历史发展特点和发展大势作出的必然选择

在漫长的历史长河中,中华民族早已结成一个休戚与共、荣辱与共、生死与共、命运与共的共同体,团结统一成为中华民族历史发展的鲜明主线。中国共产党始终高举中华民族大团结旗帜,坚定维护团结统一这个中华民族共同体根本利益。新民主主义革命时期,党强调"一切夷汉平民,都是骨肉兄弟"②。新中国成立后,党号召各民族团结起来,开创了中华民族大团结历史新纪元。改革开放后,党强调汉族离不开少数民族、少数民族离不开汉族、少数民族之间也相互离不开,各民族共同团结奋斗、共同繁荣发展。中国特色社会主义进入新时代,习近平强调铸牢中华民族共同体意识是维护各民族根本利益的必然要求,是实现中华民族伟大复兴的必然要求,是巩固和发展平等团结互助和谐社会主义民族关系的必然要求,是党的民族工作开创新局面的必然要求。

---

① 《习近平谈治国理政》(第四卷),外文出版社2022年版,第245页。
② 中共中央统战部编:《民族问题文献汇编(一九二一·七——一九四九·九)》,中共中央党校出版社1991年版,第277页。

2. 铸牢中华民族共同体意识是新时代党中央准确把握我国民族工作新的历史方位作出的科学抉择

新民主主义革命时期,党的民族工作主要任务是团结带领各族人民,对外推翻帝国主义的压迫、达到中华民族完全独立,对内铲除中华民族内部的民族歧视和民族压迫,实现各民族平等团结。党正确把握这一历史方位,制定正确的民族工作纲领,团结带领各族人民共同进行革命斗争,夺取新民主主义革命伟大胜利,共同缔造了新中国。社会主义革命和建设时期,党的民族工作主要任务是团结带领各族人民进行社会主义革命和建设,共同建设新中国。党正确把握这一历史方位,领导各族人民共同走上社会主义道路,建立并不断巩固和发展了平等团结互助和谐的社会主义民族关系。改革开放和社会主义现代化建设新时期,党的民族工作主要任务是加快少数民族和民族地区经济社会发展,实现各民族共同繁荣。党正确把握这一历史方位,坚持以经济建设为中心,把发展作为解决民族地区各种问题的总钥匙,推动中华民族实现从站起来到富起来历史性转变。中国特色社会主义进入新时代,党的民族工作主要任务是领导各族人民全面建成小康社会,并在此基础上进一步推动各民族共同为全面建设社会主义现代化国家团结奋斗,实现中华民族伟大复兴。党正确把握民族工作新的历史方位,提出铸牢中华民族共同体意识重大要求,科学回答了民族工作的时代之问,抓住新时代民族工作的"牛鼻子",推动民族工作取得历史性成就、发生历史变革。

3. 铸牢中华民族共同体意识是新时代党中央总结历史经验教训、坚持守正创新对民族工作作出的重大战略安排

实践证明,党的民族理论和民族政策是正确的,我国民族工作成就举世瞩目。与此同时,我们也应该看到,由于种种原因,一些地方在贯彻落实党的民族工作方针政策中存在各种偏差,集中表现为没能正确处理共同性与差异性、中华民族共同体意识与各民族意识、中华文化与各民族文化、物质与精神等方面的关系。只有围绕铸牢中华民族共同体意识统筹谋划和推进民族工作,按照铸牢中华民族共同体意识要求坚持正确的,调整过时的,才能与时俱进完善党的民族理论和政策,更加有针对性地做好民族工作,才能从根本上解决一些地区过去曾经出现、将来可能再度出现的偏差,确保民族工作始终沿着正确方向发展。

4. 铸牢中华民族共同体意识从根本上把准了民族工作发展方向

民族工作目标方向是关系民族工作得失成败的重大问题。维护民族平等、加强民族团结、促进各民族共同繁荣等,都是党在一定历史时期内民族工作的目标方向。但从党肩负的民族工作历史使命看,铸牢中华民族共同体意识才是党的民族工作最根本的目标方向。维护民族平等、加强民族团结、促进各民族共同繁荣,是铸牢中华民族共同体意识的基础,但并不必然能够铸牢中华民族共同体意识。铸牢中华民族共同体意识,是维护民族平等、加强民族团结、促进各民族共同繁荣的目的所在。铸牢中华民族共同体意识,是最高标准的民族团结,是党的民族工作的根本任务。正是在此意义上,习近平强调:"铸牢中华民族共同体意识是新时代党的民族工作的'纲',所有工作要向此聚焦。"[1]

5. 铸牢中华民族共同体意识从根本上确立了科学评价民族工作利弊得失的标准

一切民族政策、一切民族工作实践,最终成效如何,主要看其是否有利于铸牢中华民族共同体意识,是否有利于推进中华民族共同体建设。过去,我们评价某个地方的民族工作,习惯于主要看该地方的各民族特别是少数民族的经济、文化、教育事业发展情况如何,各民族之间的关系是否和谐等等。发展各民族特别是少数民族经济、文化、教育事业,促进民族关系和谐,根本目的是铸牢中华民族共同体意识。只有牢固树立中华民族共同体意识,才能从根本上加强民族团结,维护民族关系和谐。提出铸牢中华民族共同体意识,就能从根本上确立科学评价民族工作利弊得失标准。为此,习近平强调:"要正确把握物质和精神的关系,要赋予所有改革发展以彰显中华民族共同体意识的意义,以维护统一、反对分裂的意义,以改善民生、凝聚人心的意义,让中华民族共同体牢不可破。"[2]

(二)铸牢中华共同体意识的重大意义

1. 铸牢中华民族共同体意识是维护各民族根本利益的必然要求

国家统一是国家最高利益所在,也是各族人民根本利益所在。只有铸牢中华民族共同体意识,构建起维护国家统一和民族团结的坚固思想长城,各民族共同维护好国家安全和社会稳定,才能有效抵御各种极端、分裂思想的渗透颠覆,才能不断实现各族人民对美好生活的向往,才能实现好、维护好、发展好各民族根本利益。

我国统一的多民族国家的基本国情是各民族经过几千年共同奋斗缔造的,追求团结统一始终是我国历史发展的主流。近代以来,在拯救民族危亡的伟大斗争中,各族人民并肩作战,共同捍卫了国家统一。新中国成立以来,在党的领导下,各族人民为实现民族振兴、国家繁荣不懈努力,实现空前

---

[1] 《习近平谈治国理政》(第四卷),外文出版社2022年版,第246页。
[2] 同上。

的大团结,社会总体保持了安全稳定的良好局面,但境内外敌对势力的分裂渗透破坏活动一刻也没有停止过。在反分裂斗争中,深深根植于各族干部群众心中的"五个认同"和"三个离不开"思想理念发挥了重要作用,成为抵御渗透、反对分裂的强大思想武器。

古今中外历史告诉我们,建立高度的国家认同始终是多民族国家治理的一项重大任务。西方国家先后走过种族主义、同化主义、文化多元主义的路子。然而,这些道路并没有解决好西方的民族问题,构建起坚固的国家层面的整体认同。时至今日,西方国家内部的民族问题此起彼伏,分离主义、恐怖主义、移民问题、"伊斯兰恐惧症"、难民危机不断发作,有的甚至一度发展到暴力斗争的程度。一些发展中国家盲目照搬西方模式,非但没有构建起牢固的国家认同,甚至还导致有的国家民族问题愈演愈烈。相比之下,我国民族领域保持总体稳定,中国特色解决民族问题正确道路越走越宽广。在新的历史条件下,我们党提出铸牢中华民族共同体意识,既是对我国各族人民共同奋斗历史的凝练升华,又为世界提供了解决民族问题、维护国家统一的中国智慧和中国方案。

2. 铸牢中华民族共同体意识是实现中华民族伟大复兴的必然要求

实现中华民族伟大复兴是我国各族人民的共同理想。只有铸牢中华民族共同体意识,才能有效应对实现中华民族伟大复兴过程中民族领域可能发生的风险挑战,才能为党和国家兴旺发达、长治久安提供重要思想保证。

当前,民族地区发展迈上新台阶,但发展不平衡不充分问题仍然相对突出,经济发展基础相对较弱,产业结构不尽合理;城乡和区域发展不平衡,市场发育程度相对较低;社会事业欠账较多,巩固拓展脱贫攻坚成果任务较重,向高质量发展转型任务艰巨。各民族人口大流动大融居趋势不断增强,如何顺应形势构建互嵌式社会结构仍需加强探索。社会主义市场经济的飞速发展,促进了大规模的人员跨区域流动,改变了民族空间分布格局,使各民族杂居、融居程度不断提升。越来越多的少数民族群众到东部地区发展、定居、生活,各民族交往交流交融显著增强。但在一些城市,少数民族流动人口因风俗差异、思想观念、心理认同、文化素质等因素,居留扎根城市仍比较困难,现有服务管理措施解决这些问题的针对性、实效性还不够。中华民族共同体的思想基础不断巩固,平等团结互助和谐的社会主义民族关系不断巩固和发展。但局部地区反分裂形势依然严峻,国际反华势力干扰破坏我国民族团结的风险不容小觑。同时也要看到,我国反分裂斗争形势依然严峻,境外"藏独""东突"等分裂势力活动频繁,对国家安全、社会稳定和民族团结造成威胁。一段时期以来,国际反华势力借所谓民族议题不断干涉我国主权内政,妄图阻断中华民族复兴进程。

只有铸牢中华民族共同体意识,才能为实现中华民族伟大复兴提供更为坚实的物质基础、更为主动的精神力量、更为牢固的安全屏障。唯有团结一切可以团结的力量,调动一切可以调动的积极因素,最大限度凝聚起共同奋斗的力量,铸牢巩固国家认同、民族交融的情感纽带,才能为实现中华民族伟大复兴提供重要思想保证。

3. 铸牢中华民族共同体意识是巩固和发展平等团结互助和谐社会主义民族关系的必然要求

中华民族共同体意识是我国社会主义民族关系的社会基础。只有铸牢中华民族共同体意识,才能增进各民族对中华民族的自觉认同,夯实我国民族关系发展的思想基础,推动中华民族成为认同度更高、凝聚力更强的命运共同体。

民族关系是多民族国家社会关系中的一项重要内容,处理好民族关系对维护多民族国家的团结稳定至关重要。新中国成立后,党和国家采取一系列重大措施,有效地疏通和改善了民族关系,建立并巩固和发展平等团结互助和谐的社会主义民族关系。中国特色社会主义进入新时代,我国民族团结进步事业不断向纵深发展。与此同时,随着改革开放不断深入,我国经济社会结构发生深刻变化,影响民族关系的因素日益复杂,出现了一些新情况新问题。比如:一些少数民族地处偏远、文化差异较大,形成相对封闭的环境,阻碍了与其他民族的交往交流交融;一些错误认识和针对特定民族和特定宗教的歧视性言行伤害了民族感情,过于强调本民族利益和认同、无视少数民族的贡献、排斥少数民族文化等问题仍时有发生;一些试图解构中华民族发展历史的民族理论在社会上有一定市场,历史虚无主义、民粹主义、极端民族主义等错误思潮和模糊认识以互联网、新媒体为媒介滋生传播;一些民族主义思潮和极端思潮、活动对我国的安全稳定的影响不能低估。这些都对我国的民族关系产生了深刻而复杂的影响。

做好新时代的民族工作,必须正确认识和处理民族关系,坚持民族平等,加强民族团结,推动民族互助,促进民族和谐。铸牢中华民族共同体意识,就是要高举中华民族大团结旗帜,促进各民族间相互尊重、相互信任、相互欣赏,和睦相处、和衷共济、和谐发展,广泛交往、全面交流、深度交融,使"五个认同"更加牢固,让各民族真正像石榴籽那样紧紧抱在一起,进一步夯实和谐民族关系的社会基础和思想基础。

4. 铸牢中华民族共同体意识是党的民族工作开创新局面的必然要求

民族工作必须随着时代的发展而不断发展。只有顺应时代变化,按照增进共同性的方向改进民族工作,做到共同性和差异性的辩证统一、民族因素和区域因素的有机结合,才能把新时代民族工作做好做细做扎实。

党的民族工作创新发展,就是要坚持正确的,调整过时的。新时代民族工作在理论研究和实践举措上都要更加聚焦中华民族共同体。要切实加强中华民族共同体研究,构建与新时代民族工作发展要求相适应的民族工作话语体系。要进一步拓宽民族工作实践路径,确保全方位推进民族工作,全面加强中华民族共同体建设。要以铸牢中华民族共同体意识为导向,不断完善民族工作法律法规。我国已经形成以《宪法》为根本,包括《民族区域自治法》等相关法律法规规章和政策文件,较为完备的民族工作法律法规政策体系。但随着时代的发展进步和民族工作形势任务的调整,有些地方制定政策更多考虑对少数民族的特殊照顾,造成了同一地区不同民族之间的政策差异;一些政策法规或背离了原有的意图,或与铸牢中华民族共同体意识的主线导向不相符合。要适应经济社会发展要求,以铸牢中华民族共同体意识为衡量标准,科学稳妥调整相关政策,适时修改完善相关法律法规。同时,要注意总结提炼经验,将各地经过实践检验、有利于铸牢中华民族共同体意识的举措,适时转化为民族政策和法律法规。只有坚持守正创新、与时俱进,才能确保民族工作始终充满活力。

(三)铸牢中华民族共同体意识的目标任务

铸牢中华民族共同体意识,是一项系统性、综合性极强的重大任务,最重要的是推动各民族坚定对伟大祖国、中华民族、中华文化、中国共产党、中国特色社会主义的高度认同,牢固树立休戚与共、荣辱与共、生死与共、命运与共的共同体理念。

1. 推动各民族坚定对伟大祖国的高度认同

推动各民族坚定对伟大祖国的高度认同,核心是要把国家好、各民族才能好的道理讲清楚讲透彻,引导各族人民自觉捍卫国家利益、自觉为国家尽责。要引导各民族牢固树立正确的国家观、祖国观,深刻牢记民族众多、祖国只有一个的道理。要在各族人民中大力弘扬爱国主义精神。习近平指出:"历史深刻表明,爱国主义自古以来就流淌在中华民族血脉之中,去不掉,打不破,灭不了,是中国人民和中华民族维护民族独立和民族尊严的强大精神动力,只要高举爱国主义的伟大旗帜,中国人民和中华民族就能在改造中国、改造世界的拼搏中迸发出排山倒海的历史伟力!"[①]要大力宣传历史上各民族维护祖国统一、维护国家主权、安全和法治利益的人和事,不断

---

① 习近平:《在纪念五四运动100周年大会上的讲话》,人民出版社2019年版,第3页。

激发各族人民爱国热情。要牢牢把握新时代弘扬爱国主义的根本要求,提升爱国主义教育的针对性有效性。习近平指出:"当代中国,爱国主义的本质就是坚持爱国和爱党、爱社会主义高度统一。只有坚持爱国和爱党、爱社会主义相统一,爱国主义才是鲜活的、真实的,这是当代中国爱国主义精神最重要的体现。今天我们讲爱国主义,这个道理要经常讲、反复讲。"①要认真总结宣传新时代各民族把爱国和爱党、爱社会主义高度统一的先进典型及其经验,不断拓宽爱国主义教育渠道,丰富爱国主义教育形式,推动爱国主义教育有形、有感、有效。

2. 推动各民族坚定对中华民族的高度认同

推动各民族坚定对中华民族的高度认同,核心是不断增强各族人民对中华民族的归属感荣誉感责任感。要引导各族人民正确认识中华民族的特点,树立正确的中华民族观。要引导各族人民正确认识中华民族的历史。习近平指出:"中华民族是世界上伟大的民族,有着5000多年源远流长的文明历史,为人类文明进步作出了不可磨灭的贡献。1840年鸦片战争以后,中国逐步成为半殖民地半封建社会,国家蒙辱、人民蒙难、文明蒙尘,中华民族遭受了前所未有的劫难。从那时起,实现中华民族伟大复兴,就成为中国人民和中华民族最伟大的梦想。"②要引导各族人民深刻认识中华民族曾经的辉煌,坚定实现中华民族伟大复兴的信心。要引导各族人民深刻认识中华民族经历的苦难,激励各族人民为实现中华民族伟大复兴发愤图强。要引导各族人民深刻认识实现中华民族伟大复兴进入不可逆转进程,踔厉奋发、勇毅前行。在中国共产党领导下,各民族在各个历史时期都涌现出一批热爱中华民族大家庭的典型,"八千湘女上天山""三千孤儿进草原"等,都是各民族对中华民族高度认同的体现。

3. 推动各民族坚定对中华文化的高度认同

推动各民族坚定对中华文化的高度认同,核心是不断增强各族人民对中华文化的自豪感自信心。要引导各族人民正确认识中华文化的内涵和特点。习近平指出:"中华文化是各民族文化的集大成。"③这一重大论断是对中华文化内涵和特点的深刻揭示,为我们正确认识中华文化指明了方向。要以此为基础,正确处理中华文化与各民族文化的关系,推动各民族把本民族文化放到中华文化中去认识,在认识中华文化中更好认识本民族文化,在

---

① 中共中央文献研究室编:《习近平关于社会主义文化建设论述摘编》,中央文献出版社2017年版,第129页。
② 《习近平谈治国理政》(第四卷),外文出版社2022年版,第3—4页。
③ 习近平:《在全国民族团结进步表彰大会上的讲话》,人民出版社2019年版,第5页。

认识本民族文化中增强对中华文化的高度认同。要引导各族人民深刻认识中华文化的重要地位。习近平指出："中华文化是中华儿女共同的精神基因。"①中华文化是中华民族的重要标识，只有对中文化有深度热爱，才谈得上对中华民族高度认同。要引导各族人民深刻认识中华文化的世界价值。中华文明有亲仁善邻、协和万邦的处世传统，有民为邦本、安民富民的价值导向，有革故鼎新、与日维新的精神气质，有道法自然、天人合一的文明理念，这些中华文化的重要理念，为解决今天人类发展面临的困境提供了价值参照。正因为中华民族始终秉持这样的价值理念，中华民族从未有过殖民掠夺，从未搞过恃强凌弱、强国称霸，从未有过宗教战争，从未引发过文明冲突，从未转移过人口资源危机。这些道理需要向各族人民讲清楚。

4. 推动各民族坚定对中国共产党的高度认同

推动各民族坚定对中国共产党的高度认同，核心是引导各族人民深刻认识中国共产党领导对中华民族团结进步的极端重要性。要引导各族人民深刻认识中国共产党领导是民族团结的根本保证。历史证明，只有中国共产党才能实现中华民族大团结。中国共产党把促进中华民族大团结作为自己初心使命的一部分。《中国共产党党章》规定："中国共产党维护和发展平等团结互助和谐的社会主义民族关系，积极培养、选拔少数民族干部，帮助少数民族和民族地区发展经济、文化和社会事业，铸牢中华民族共同体意识，实现各民族共同团结奋斗、共同繁荣发展。全面贯彻党的宗教工作基本方针，团结信教群众为经济社会发展作贡献。"②这充分体现了中国共产党对促进中华民族团结进步的坚定担当。中国共产党坚持把马克思主义民族理论基本原理与中国民族问题具体实际相结合、与中华优秀传统文化相结合，开辟中国特色解决民族问题正确道路，不断引领各族人民共同团结奋斗、共同繁荣发展，不断创造中华民族团结进步历史奇迹。要引导各族人民深刻认识中国共产党领导是实现中华民族伟大复兴的根本保证。在中国共产党领导下，中国人民、中华民族实现了从"站起来""富起来"向"强起来"的伟大飞跃。只有坚持中国共产党领导，才能为实现中华民族伟大复兴提供最根本的政治保证。

5. 推动各民族坚定对中国特色社会主义的高度认同

推动各民族坚定对中国特色社会主义的高度认同，核心是引导各族人民深刻认识中国特色社会主义道路是实现中华民族伟大复兴唯一正确道

---

① 《习近平谈治国理政》（第一卷），外文出版社2018年版，第64页。
② 《中国共产党党章》，人民出版社2022年版，第16页。

路。习近平指出:"只有中国特色社会主义才能凝聚各民族、发展各民族、繁荣各民族。"①这是历史证明了的真理。要引导各族人民深刻认识实现各民族共同繁荣是社会主义的本质要求,是中国式现代化的本质特点,深刻认识中国特色社会主义制度能够保证各民族共同繁荣。新中国成立后,各族人民共同走上社会主义道路,为实现共同繁荣奠定了制度基础。改革开放特别是党的十八大以来,党团结带领各族人民,充分发挥中国特色社会主义的制度优势,各民族同步实现全面小康,少数民族面貌、民族地区面貌、中华民族面貌发生翻天覆地变化。在新时代中国特色社会主义现代化强国建设道路上,各族人民不断对美好生活的向往正在变为现实。

推动各民族坚定对伟大祖国、中华民族、中华文化、中国共产党、中国特色社会主义的高度认同是一个整体,必须整体把握,一体推进。对伟大祖国、中华民族、中华文化的高度认同是基础,对中国共产党、中国特色社会主义的高度认同是核心,没有对中国共产党、中国特色社会主义的高度认同,就不可能有真正牢固的中华民族共同体意识。

在2021年中央民族工作会议上,习近平指出,铸牢中华民族共同体意识是新时代党的民族工作的"纲",所有工作要向此聚焦。一引其纲,万目皆张。把握"纲",才能统揽全局,实现纲举目张。以铸牢中华民族共同体意识为"纲",就是要在民族工作的全过程各方面都体现铸牢中华民族共同体意识的总体要求,就是要把是否有利于铸牢中华民族共同体意识作为衡量和检验民族工作成效的根本标准,最大限度调动有利于铸牢中华民族共同体意识的积极因素。抓住铸牢中华民族共同体意识这个"纲",就抓住了做好新时代党的民族工作的关键。要将铸牢中华民族共同体意识贯穿民族工作的全过程各方面,不断推进中华民族共同体建设,为实现中华民族伟大复兴注入源源不竭的强劲动力。要推动各地区各部门把铸牢中华民族共同体意识摆上重要议事日程,在"五位一体"总体布局和"四个全面"战略布局中统筹谋划,纳入党的建设和意识形态工作责任制,纳入政治考察、巡视巡察、政绩考核。要在各民族中同步推进铸牢中华民族共同体意识,根据不同地区不同民族实际,有针对性地做好工作,向各族群众讲清楚各民族血脉相连、命运共同的道理,讲清楚中华民族和各民族是一个大家庭和家庭成员的关系,各民族是一个大家庭中不同成员的关系,坚决纠正大汉族主义和地方民族主义,引导各族干部群众自觉维护国家最高利益和民族团结大局,全面提升铸牢中华民族共同体意识的水平。

---

① 习近平:《在全国民族团结进步表彰大会上的讲话》,人民出版社2019年版,第8页。

第五章　习近平总书记关于加强和改进民族工作的重要思想的基本内容(中)

第一节　中国特色解决民族问题的正确道路论

党的十八大以来,以习近平同志为核心的党中央创造性地提出并阐明了中国特色解决民族问题正确道路的基本内涵和基本经验。这是对新中国成立以来党的民族工作理论与政策基本成就的肯定和优越性、合理性的坚持,是对党的民族工作经验全面系统的新概括和新总结,是对中国特色社会主义民族理论的重大拓展、创新和发展,是对马克思主义民族纲领的全面继承、丰富和充实。为我们做好"两个一百年"进程中的民族工作,团结和带领全国各族人民实现中华民族伟大复兴梦想指明了努力方向和正确道路。

一、形成和发展

中国特色解决民族问题的正确道路,是中国共产党在长期的革命、建设和改革过程中把马克思主义民族理论基本原理与解决中国民族问题的工作实践和时代特征相结合的产物,是被新中国成立以来70多年党和国家民族工作实践证明了的关于解决当代中国民族问题正确的方针政策和经验总结,是中国特色社会主义道路的有机组成部分。以习近平同志为核心的党中央对中国特色解决民族问题正确道路基本内涵与基本经验的阐述,则是全面系统地对党和国家民族工作经验及纲领、方针的最新提炼、丰富和升华。

(一) 毛泽东民族工作思想奠定了基石

以毛泽东同志为核心的党中央,确立了以民族平等、民族团结、民族区域自治、各民族共同繁荣为纲领要义的民族理论和民族政策,引导各民族走上社会主义道路,实现了中华民族发展史上最广泛最深刻的社会变革,开创了中国特色解决民族问题的正确道路。① 这条道路在开创时期所形成的基本原则,构成了毛泽东民族工作思想的基本内容。

1. 过渡时期解决民族问题的工作任务和经验总结

新中国成立后,在领导全国各族人民进行社会主义革命和建设过程中,以毛泽东同志为核心的党中央逐步确立了以民族平等、团结统一、民族区域自治及各民族共同发展繁荣为纲领要义的党的民族理论政策框架。② 但由于各种原因,在个别地区依然存在着不能正确执行党的民族政策,甚至在工作中歧视少数民族的现象。根据党中央和毛泽东的指示及要求,从1952年8、9月到1953年底,在全国开展了民族政策执行情况大检查。本次大检查的成果,就形成了由中央统战部起草并经毛泽东亲自改定的《关于过去几年内党在少数民族中进行工作的主要经验总结》(以下简称《总结》)。③

《总结》于1954年10月以中共中央文件形式向全党批转,这是新中国成立以来对党的民族工作第一次全面系统的基本经验总结。④《总结》为党探索中国特色解决民族问题正确道路奠定了坚实的实践基础和理论基石。这些解决过渡时期民族问题基本原则探索成果的法制化,在1954年《宪法》中得到明确、及时而又充分的体现,为新型社会主义民族关系的建立和各民族共同发展繁荣的实现提供了法律保障。

2. 社会主义建设进程中解决民族问题的基本原则

一是六条政治标准确立的是非原则。1957年,毛泽东在《关于正确处理人民内部矛盾的问题》中提出了判断言行是非的六条政治标准,也是对正确解决民族问题道路内容的丰富和发展。⑤

二是青岛民族工作座谈会确立的基本原则。为了纠正和解决1956年民族政策执行情况大检查中存在的问题,1957年7月20日到8月6日,国家民族事务委员会和全国人大民族委员会在青岛召开了民族工作座谈会。这是新中国成立后召开的第一个有关少数民族工作的全国性会议。周恩来

---

① 国家民族事务委员会、中共中央文献研究室编:《民族工作文献选编(二〇〇三—二〇〇九年)》,中央文献出版社2010年版,第399页。
② 中央民族干部学院教材编写组编著:《中国共产党的民族理论与民族政策》,民族出版社2013年版,第3页。
③ 中共中央党史研究室科研管理部、国家民族事务委员会民族问题研究中心:《中国共产党民族工作历史经验研究》(上),中共党史出版社2009年版,第285—293页。
④ 胡钧:《忆新中国第一份民族工作经验总结的形成》,《中共党史资料》2007年第3期。
⑤ 中共中央文献编辑委员会编:《毛泽东著作选读》(下册),人民出版社1986年版,第789页。

在会上全面系统地阐述了我国民族政策的四个原则性问题。①

（二）改革开放以来的探索

1. 邓小平民族理论重启探索进程

十一届三中全会以来，以邓小平同志为核心的党中央，重新确立我国民族工作的正确方向，把民族工作重心转向为经济建设服务，巩固和发展社会主义新型民族关系，开辟了我国各民族蓬勃发展的崭新局面，推动我国民族团结进步事业在改革开放进程中迈出崭新步伐。②

一是对立国之本根本原则的坚持和发展。坚持四项基本原则，是党对社会主义现代化建设规律、党的建设规律和执政规律的科学揭示，为改革开放和现代化建设坚持党的领导和社会主义方向，不断推进马克思主义中国化，提供根本思想基础和政治保证。

二是对民族工作指导思想的拨乱反正。1979年，邓小平在全国政协五届二次会议上指出，我国各兄弟民族经过民主改革和社会主义改造早已陆续走上社会主义道路，结成了社会主义的团结友爱、互助合作的新型民族关系。③ 该论断在1980年的《中共中央关于转发〈西藏工作座谈会纪要〉的通知》中得到了进一步确认，从而彻底澄清和纠正了"以阶级斗争为纲"对民族工作的误导。

三是对民族工作根本任务的确定。1987年1月，中央统战部、国家民委向党中央、国务院上报的《关于民族工作几个重要问题的报告》明确指出经济建设是全党的中心任务，也是民族工作的中心任务。同年4月，中共中央、国务院批转了这个报告，并在批语中明确提出新时期我国民族工作总的指导思想和根本任务。④ 上述原则和观点，在同年10月的党的十三大报告中也得到相应确认和体现。

2. "三个代表"重要思想的民族理论探索了基本概念和相关内涵

以江泽民同志为核心的党中央，深化和发展党的民族理论与民族政策，制定并实施西部大开发战略，采取一系列重大举措加快少数民族和民族地区发展，有力维护了民族团结、社会稳定、国家统一，把我国民族团结进步事

---

① 中共中央文献研究室编：《建国以来重要文献选编》（第10册），中央文献出版社1994年版，第495—518页。
② 国家民族事务委员会、中共中央文献研究室编：《民族工作文献选编（二〇〇三—二〇〇九年）》，中央文献出版社2010年版，第399页。
③ 《邓小平文选》（第二卷），人民出版社1994年版，第186页。
④ 国家民族事务委员会、中共中央文献研究室编：《新时期民族工作文献选编》，中央文献出版社1990年版，第303—304页。

业全面推向21世纪。① 党在世纪之交的民族工作上取得的这些重大发展成就,集中体现在1992年和1999年两次中央民族工作会议的相关内容上。在回顾总结党和国家民族工作基本经验的基础上,两次会议都从理论与实践相结合的角度科学提出了"具有中国特色的(解决)处理民族问题的正确道路"的概念,并对这条道路的基本内容进行了原则性的概括和归纳。

3. 科学发展观的民族理论强调了政治原则

党的十六大以来,以胡锦涛同志为总书记的党中央确立了"两个共同"的民族工作主题,强调促进民族团结、实现共同进步是民族工作的根本任务,做出一系列加强和改进民族工作的重大部署,我国民族团结事业焕发出新的生机活力。② 我们党对中国特色解决民族问题正确道路的历程和成就认识更加清晰明确,对推进民族团结进步事业的历史经验和政治原则的把握更为深刻到位,体现了党中央对该道路探索的新的理论高度。

(三)十八大以来党的民族理论创新阐明了基本内涵与基本经验

为了进一步提高新时代实现中华民族伟大复兴进程中推进民族工作高质量发展的能力和水平,2014年9月,党中央召开了中央民族工作会议。会议要求全党全国各族人民要坚定不移走中国特色解决民族问题的正确道路,把民族团结进步事业全面推向前进。③ 会后不久,中共中央、国务院印发《关于加强和改进新形势下民族工作的意见》,提出要全面理解中国特色解决民族问题正确道路的基本内涵,必须牢牢把握"八个坚持"④的基本要求。⑤

经过2014年中央民族工作会议之后几年来民族工作实践探索的发展,党中央对"中国特色解决民族问题的正确道路"科学内涵的把握也进一步丰富和深刻。2019年9月27日,在全国民族团结进步表彰大会上,习近平发表重要讲话,回顾党和国家70年民族工作的辉煌成就,指出:"70年的成就

---

① 国家民族事务委员会、中共中央文献研究室编:《民族工作文献选编(二〇〇三—二〇〇九年)》,中央文献出版社2010年版,第399页。
② 同上。
③ 国家民委民族理论政策研究室编:《中央民族工作会议创新观点面对面》,民族出版社2015年版,第149—161页。
④ "八个坚持"即坚持:党的领导、中国特色社会主义道路、维护祖国统一、各民族一律平等、民族区域自治制度、"两个共同"民族工作主题、打牢中华民族共同体的思想基础、依法治国。参见《中共中央、国务院印发〈关于加强和改进新形势下民族工作的意见〉》,《人民日报》2014年12月23日,第1,2版。
⑤ 《中共中央、国务院印发〈关于加强和改进新形势下民族工作的意见〉》,《人民日报》2014年12月23日,第1,2版。

值得自豪,70 年的经验尤须铭记。"①他首次用"九个坚持"②对新中国成立 70 年民族工作宝贵经验进行了深刻总结。这"九个坚持"是在 2014 年中央民族工作之后近 5 年来民族工作全面推进的基础上,对中国特色解决民族问题正确道路"八个坚持"基本内涵的相关内容进一步地深化、拓展和丰富、创新。

2019 年 10 月 31 日,党的十九届四中全会审议通过了《中共中央关于坚持和完善中国特色社会主义制度、推进国家治理体系和治理能力现代化若干重大问题的决定》,其中把"坚持各民族一律平等,铸牢中华民族共同体意识,实现共同团结奋斗、共同繁荣发展的显著优势"作为我国国家制度和国家治理体系具有的多方面显著优势之一。这是党和国家在民族工作方面坚持和完善中国特色社会主义制度、推进国家治理体系和治理能力现代化作出的行动纲领和政治宣示,充分彰显了以习近平同志为核心的党中央高瞻远瞩的战略眼光、强烈的历史担当、坚定的制度自信和道路自信。

在 2021 年中央民族工作会议上,习近平指出,回顾党的百年历程,党的民族工作取得的最大成就,就是走出了一条中国特色解决民族问题的正确道路。他强调,改革开放特别是党的十八大以来,我们党强调中华民族大家庭、中华民族共同体、铸牢中华民族共同体意识等理念,既一脉相承又与时俱进贯彻党的民族理论和民族政策,积累了把握民族问题、做好民族工作的宝贵经验,形成了党关于加强和改进民族工作的重要思想,概括起来就是"十二个必须"③。这是对党的民族工作实践经验的最新总结,是对中国特

---

① 习近平:《在全国民族团结进步表彰大会上的讲话》,人民出版社 2019 年版,第 3 页。
② "九个坚持"即:坚持准确把握我国统一的多民族国家的基本国情,把维护国家统一和民族团结作为各民族最高利益;坚持马克思主义民族理论中国化,坚定走中国特色解决民族问题的正确道路;坚持和完善民族区域自治制度,做到统一和自治相结合、民族因素和区域因素相结合;坚持促进各民族交往交流交融,不断铸牢中华民族共同体意识;坚持加快少数民族和民族地区发展,不断满足各族群众对美好生活的向往;坚持文化认同是最深层的认同,构筑中华民族共有精神家园;坚持各民族在法律面前一律平等,用法律保障民族团结;坚持在继承中发展、在发展中创新,使党的民族政策既一脉相承又与时俱进;坚持加强党对民族工作的领导,不断健全推动民族团结进步事业发展的体制机制。参见习近平:《在全国民族团结进步表彰大会上的讲话》,人民出版社 2019 年版,第 3 页。
③ "十二个必须",即:必须从中华民族伟大复兴战略高度把握新时代党的民族工作的历史方位,以实现中华民族伟大复兴为出发点和落脚点,统筹谋划和推进新时代党的民族工作;必须把推动各民族为全面建设社会主义现代化国家共同奋斗作为新时代党的民族工作的重要任务,促进各民族紧跟时代步伐,共同团结奋斗、共同繁荣发展;必须以铸牢中华民族共同体意识为新时代党的民族工作的主线,推动各民族坚定对伟大祖国、中华民族、中华文化、中国共产党、中国特色社会主义的高度认同,不断推进中华民族共同体建设;必须坚持正确的中华民族历史观,增强对中华民族的认同感和自豪感;必须坚持各民族一律平等,保证各民族共同当家作主、参与国家事务管理,保障各族群众合法权益;必须高举中华民族大团结旗帜,促进各民族在中华民族大家庭中像石榴籽一样紧紧抱在一起;(转下页)

色解决民族问题正确道路基本内涵最新的全面丰富与发展。

总之,这些重大的系列集成式理论创新,凝结着几代中国共产党人在民族事务治理上的智慧、心血和远见卓识,体现了以习近平同志为核心的党中央对我们党100多年以来和新中国70多年以来民族工作理论和实践经验最新的全面系统的深刻思考和归纳总结,涵盖我们党关于民族问题的基本理论、政策、制度、法律等各方面,涉及经济、政治、文化、社会等各领域,是新时代民族工作的基本遵循和道路基础,是马克思主义民族理论中国化时代化的最新理论成果。

二、探索与创新

结合民族问题含义和定位理论,我们可从以下方面把握中国特色解决民族问题正确道路的基本内涵和基本经验对党的民族问题理论和民族纲领理论的探索和发展。

(一)这些"坚持"和"必须"是对民族问题理论的探索和创新

新时代社会主要矛盾的发展变化,对我国民族问题形成了全面、长期和根本性的影响。新时代民族工作适应和满足各族人民日益增长的对美好生活的向往和需要,就要坚定不移地走以"八个坚持"为主要内涵和以"九个坚持""十二个必须"为基本经验的中国特色解决民族问题的正确道路。这是从民族自身发展、民族间相互关系、民族与阶级及国家之间关系(也即无产阶级政党和社会主义国家对各民族的政治领导的角度,集中体现为党和国家解决民族问题的民族工作和民族政策)等不同角度,结合民族工作实践的时代要求,对民族基础理论和民族纲领政策进行拓展完善的科学结论,全面包括和充分反映了民族问题"一个发展,三个关系"的基本内容,是党中央对新时代中国民族问题"怎么看"和"怎么办"的正确回答。

1. 这些"坚持"和"必须"是对民族发展问题的全面阐释

"八个坚持"的主要内涵与"九个坚持""十二个必须"的基本经验,在民

(接上页)必须坚持和完善民族区域自治制度,确保党中央政令畅通,确保国家法律法规实施,支持各民族发展经济、改善民生,实现共同发展、共同富裕;必须构筑中华民族共有精神家园,使各民族人心归聚、精神相依,形成人心凝聚、团结奋进的强大精神纽带;必须促进各民族广泛交往交流交融,促进各民族在理想、信念、情感、文化上的团结统一,守望相助、手足情深;必须坚持依法治理民族事务,推进民族事务治理体系和治理能力现代化;必须坚决维护国家主权、安全、发展利益,教育引导各民族继承和发扬爱国主义传统,自觉维护祖国统一、国家安全、社会稳定;必须坚持党对民族工作的领导,提升解决民族问题、做好民族工作的能力和水平。参见《习近平谈治国理政》(第四卷),外文出版社2022年版,第244—245页。

族问题的主体上,全面涵盖中华民族及其56个构成民族的发展问题,在内容上全面包括民族发展的目标与条件,是"五位一体"总体布局和"四个全面"战略布局在解决新时代民族发展问题上的集中体现和现实要求,是党和国家在民族工作上加强"两个维护",巩固"三个离不开",坚定"四个自信",促进"五个认同"的必然要求和根本保证。这些"坚持"和"必须"是全面论和重点论的统一,是长期目标和近期目标的结合。

一是从全面论和长期目标角度来讲,这些"必须""坚持"的内容,涵盖民族发展的政治、经济、文化、社会和生态建设等各个方面,体现了全面建成小康社会(全面建设社会主义现代化国家)、全面深化改革开放、全面依法治国、全面从严治党对民族工作的总体要求。缺少其中任何一项的支撑,中华民族的伟大复兴和各族群众的小康与现代化梦想就是镜花水月,民族工作实践就会陷入缘木求鱼的困境。

二是从重点论和近期目标角度来讲,民族地区是全面建成小康社会和全面建设社会主义现代化强国的短板和重难点,只有加快其自身经济社会的跨越式发展,才能如期实现中华民族全面建成小康社会和建设现代化强国的发展目标,才能为我国实现平衡、协调、可持续发展奠定重要基础和可靠保障,才能为中华民族伟大复兴事业奠定坚实的物质基础和人心保证。

2. 这些"坚持"和"必须"中对民族与国家关系问题的精准规范

当今世界,国家和民族相伴相生,相互依存。民族是国家建构必不可少的条件和要素,国家反过来也为民族发展提供支撑和保障。"八个坚持"中的坚持维护祖国统一,坚持和完善民族区域自治制度,坚持依法治国,就是对当代中国处理民族与国家关系原则的精准规范。依法治国是新时代党执政兴国的基本方略。国家治理的法治化,就包括对民族问题治理的法治化,《宪法》《民族区域自治法》《反分裂国家法》等法律,既是维护祖国统一和民族团结的利器,又是对民族与国家相互间权利与义务关系问题的基本规范。国家保障各族群众依法平等享有经济、政治和文化方面的权利不受侵犯,保障民族自治地方落实自治权利并帮助其缩小与全国其他地方的发展差距,各族群众和自治地方则负有维护法律尊严,维护国家团结统一的义务。另外,《宪法》规定了我们的国家属性:"中华人民共和国是全国各族人民共同缔造的统一的多民族国家。"[①]中国共产党领导的多民族的社会主义中国,当然也是民族国家的形态之一。但如果非要用所谓"一国一族"的民族国家模式来否定我们的民族国家属性,那我们可以讲,我们的"一国"就是中华人

---

① 《中华人民共和国宪法》,中国法制出版社2015年版,第8页。

民共和国,我们的"一族"就是包含56个构成民族和港澳台同胞、海外侨胞在内的中华民族。在"九个坚持"的基本经验中,这些对民族与国家关系问题的具体要求则丰富和发展为:坚持准确把握我国统一的多民族国家的基本国情,把维护国家统一和民族团结作为各民族最高利益;坚持和完善民族区域自治制度,做到统一和自治相结合、民族因素和区域因素相结合;坚持各民族在法律面前一律平等,用法律保障民族团结。这也体现在"十二个必须"中所强调的推动各民族为全面建设社会主义现代化国家共同奋斗作为新时代党的民族工作的重要任务,推动各民族坚定"五个认同",坚持和完善民族区域自治制度,确保党中央政令畅通,必须坚决维护国家主权、安全、发展利益,教育引导各民族继承和发扬爱国主义传统,自觉维护祖国统一、国家安全、社会稳定等重要内容。这些发展完善,全面阐明了中国这个统一的多民族的社会主义国家中民族事务治理的价值取向、基本制度和基本原则。

3. 这些"坚持"和"必须"中对民族与阶级关系问题的精辟概括

在分析和揭示人类社会分层分群的生产和生活发展的本质方面,阶级观点终究要比民族观点更为深刻,更能说明其利益关系的本质。所以,科学社会主义比形形色色精致的民族主义更能代表人类先进生产力和先进文化的发展要求和前进方向,更能代表各族人民群众的根本利益。"八个坚持"中的坚持党的领导和中国特色社会主义道路,就是对无产阶级政党领导的社会主义事业与中华民族及其56个构成民族间关系的精辟概括。正如金炳镐先生所言,社会主义道路和无产阶级政党的领导,是解决民族问题的基本保证。① 这两个基本保证在学理、法理和工作实践上都有坚实可靠的根据和支撑,不容回避,不容置疑,不容否定。同时要看到,阶级性能够超越民族性,但不能取代民族性。在这两者关系把握上,我们要避免片面强调民族或者阶级绝对优先性的错误。前者忽视或者不愿承认阶级利益的超民族性,从而陷入国家权力"民族共治"的误区②,更有甚者为民族主义招魂,公然宣扬"民族主义要超越意识形态"的错误言论③;后者则看不到中华民族共同体中共同历史文化、共同经济生活、共同心理素质等体现民族凝聚力和向心力的重要因素的作用,而直接用"政党国家"(party state 或称"党化国家")

---

① 金炳镐:《民族理论政策概论》,中央民族大学出版社1994年版,第159页。
② 朱伦:《自治与共治:民族政治理论新思考》,《民族研究》2003年第2期。
③ 侯玉兰、徐波:《情感与利剑:民族主义何以重构世界版图》,昆仑出版社1999年版,第21页。

特性来否定当代中国的民族国家属性。① 在工作实践中,既要明确少数民族干部都是党的干部,民族团结关键是党内各民族干部间的团结,反对在党内以民族划界,又要警惕和坚决反对任何以无产阶级社会主义事业之名行大汉族主义之实的言行。在"九个坚持"中,这些对民族与阶级关系问题的具体要求则丰富和发展为:坚持加强党对民族工作的领导,不断健全推动民族团结进步事业发展的体制机制;坚持马克思主义民族理论中国化,坚定走中国特色解决民族问题的正确道路;坚持在继承中发展、在发展中创新,使党的民族政策既一脉相承又与时俱进。"十二个必须"中强调,必须坚持党对民族工作的领导,提升解决民族问题、做好民族工作的能力和水平。这些发展完善,充分体现了党的民族工作是无产阶级革命和建设事业的重要组成部分,是无产阶级政党与时俱进推进民族团结进步事业的本质要求。

4. 这些"坚持"和"必须"中对民族关系问题的创新论述

以往囿于非均衡发展战略导致民族地区与发达地区差距过大的欠发展状态,我们讲民族关系问题,更多的是从民族发展差距角度讲 56 个构成民族间的关系问题,而较少从中华民族整体统一性与内部差异性关系角度探讨其与 56 个构成民族间的关系问题。党的十八大以来,适应各族人民共同携手实现中国梦的时代需要,以习近平同志为核心的党中央充分考虑中华民族整体发展不平衡不充分的状况,提出要加快少数民族和民族地区跨越式发展,并在此基础上着眼于中华民族共同体整体由富向强的质性变化和时代要求,提出"八个坚持"的道路内涵。这是突破以往在民族地区欠发展状态基础上考虑民族关系问题的常规思路,从中华民族整体性角度对多元一体的中华民族内部构成民族关系发展目标做出的全面系统的新论述。"八个坚持"中的坚持各民族一律平等,坚持各民族共同团结奋斗、共同繁荣发展,坚持打牢中华民族共同体的思想基础,全面构成了新时代处理中华民族共同体整体统一性与内部多元差异性的民族关系之间的基本准则。其中前两个"坚持"是解决中华民族内部 56 个构成民族间关系,即"一个大家庭里不同成员的关系",体现和反映了马克思主义民族理论的基本纲领和原则;后一个"坚持"则是处理"中华民族和各民族的关系,一个大家庭和家庭成员的关系",形成近年来对中华民族共同体认同研究的热点。这说明新时代对民族关系的原则要求更加丰富更加全面,不仅关注解决好内部构成民族的发展差距和个性差异问题,更加关注解决好民族发展起来以后的团结

---

① 任剑涛:《从政党国家到民族国家:政党改革与中国政治现代化》,《江苏行政学院学报》2013 年第 3 期。

进步和共同性建设问题。在此,我们应该警惕和避免对新时代民族关系原则把握上的两种错误思潮:把中华民族与各构成民族性质等同化,把中华民族与国家含义的范围等同化。前者在混淆集体名词与个体名词的同时,会陷入西方民族主义理论所倡导的"一族一国"的理论泥潭难以自拔;后者则会在混淆社会共同体与政治共同体的同时,缩小乃至抽空中华民族大团结的统一战线基础。① 在"九个坚持"的基本经验中,这些对民族关系问题的具体要求则丰富和发展为:坚持加快少数民族和民族地区发展,不断满足各族群众对美好生活的向往;坚持促进各民族交往交流交融,不断铸牢中华民族共同体意识;坚持文化认同是最深层的认同,构筑中华民族共有精神家园。"十二个必须"中也强调:必须坚持正确的中华民族历史观,增强对中华民族的认同感和自豪感;必须坚持各民族一律平等,保证各民族共同当家作主、参与国家事务管理,保障各族群众合法权益;必须高举中华民族大团结旗帜,促进各民族在中华民族大家庭中像石榴籽一样紧紧抱在一起;必须构筑中华民族共有精神家园,使各民族人心归聚、精神相依,形成人心凝聚、团结奋进的强大精神纽带;必须促进各民族广泛交往交流交融,促进各民族在理想、信念、情感、文化上的团结统一,守望相助、手足情深等重要内容。这些发展完善,指明了新时代社会主要矛盾发展变化条件下实现"两个共同"的民族工作主题,促进社会主义民族关系、区域关系健康发展的基本要求,也指明了铸牢中华民族共同体意识的物质基础、社会条件与精神归属。

(二)这些"坚持"和"必须"是对民族纲领理论的拓展和充实

1. 马克思主义民族纲领理论的原则性要求

马克思主义经典作家们在把握民族和民族问题发展规律的基础上,把民族问题当成社会总问题的重要组成部分,要求无产阶级政党要在把握资本主义不同历史阶段民族发展过程的一般规律和发展趋势的基础上,结合具体民族和具体国家的具体发展任务,提出不同国家不同时期不同革命任务中解决民族问题的具体指导思想和基本原则。不同国家不同时期因形势和任务不同,在具体实施的民族政策层面上可能会有很大差异,但在具体政

---

① 有些学者错误地把中华民族与其构成民族对立起来,形而上学地认为强调中华民族的国族建构就必然要与民族平等、"两个共同"等传统民族理论话语相区割,为了实现这种区割,他们甚至脱离国情地提出了要把构成民族"去政治化"后只当作文化族群对待的荒唐主张。这些都是以上在民族关系原则上两种错误思潮的反映和体现。参见马戎:《理解民族关系的新思路——少数族群问题的"去政治化"》,《北京大学学报》(哲学社会科学版) 2004年第6期。

策所体现和遵循的马克思主义民族纲领原则上却都有共同的原则性要求。这些要求可以从两个层面来把握：一是从各民族对无产阶级国家建构和发展的共同性需求层面，主要体现为国家民主化前提下的民族自主自治及社会主义道路和无产阶级政党的领导①；二是从各民族自身发展的个性需求层面，主要体现为民族平等，民族团结互助，各民族发展繁荣②。这两个层面需求，其实是民族发展在资本主义和社会主义阶段都存在着的两种历史趋势的体现。③

2. 中国共产党对马克思主义民族纲领原则的继承和发展

(1) 适应民族发展个性需求的原则纲领

中国共产党的民族纲领，就是我们党把马克思主义民族理论的基本原理与不同时期革命和建设进程中的民族工作实践相结合，解决我国民族问题所遵循和坚持的基本的和核心的政治理念和基本原则。新中国成立以来，我们党继承和发展马克思主义民族纲领的基本原则，并结合民族工作实践，提出了民族平等团结、民族区域自治和各民族共同繁荣的党的民族工作纲领。④ 其中，解决中国民族问题的根本原则和总政策是民族平等团结，基本形式和基本政策是民族区域自治，根本宗旨和现实目标是各民族共同发展。⑤ 很明显，这些纲领原则，着眼于解决我国56个构成民族层次的民族问题，既满足了各民族在共同国家内平等生活、互助合作、共同发展的个性需求，又满足了社会主义多民族国家团结统一前提下各构成民族民主自治的现实需求。新时代，以习近平同志为核心的党中央关于中国特色解决民族问题正确道路的基本内涵和基本经验中有关坚持民族平等的立国之本；坚持和完善民族区域自治制度，做到统一和自治相结合、民族因素和区域因素相结合；坚持共同团结奋斗、共同繁荣发展的民族工作主题；坚持加快少数民族和民族地区发展，不断满足各族群众对美好生活的向往；坚持推动少数民族文化的创造性转化和创新性发展，构筑中华民族共有精神家园；坚持

---

① 金炳镐：《民族理论政策概论》，中央民族大学出版社1994年版，第159—163页。
② 民族平等形式上是共性需求，实质上是个性需求，因为对民族间事实上的平等，在内容和表现形式上各民族没有也不可能形成相同一致的要求，甚至在各民族内部因为地域等不同因素的影响，也不可能形成完全相同的和一致的要求。
③ 列宁对资本主义在民族问题上两种历史趋势的论述，参见《列宁全集》(第二十四卷)，人民出版社1990年版，第129页。李维汉则是从社会主义民族的共性和个性角度来分析社会主义时期民族问题上的这两种历史趋势，参见李维汉：《关于民族理论和民族政策的若干问题》，民族出版社1980年版，第89—91页。
④ 吴仕民主编：《民族问题概论》，四川人民出版社1997年版，第205页。
⑤ 金炳镐、王铁志主编：《中国共产党民族纲领政策通论》，黑龙江教育出版社2002年版，第14页。

在继承中发展、在发展中创新,使党的民族政策既一脉相承又与时俱进。这些重要内容都在一定程度上体现了党和国家对民族发展个性需求的重视和满足。

(2)满足民族发展共性需求的原则纲领

在适应民族发展个性需求的基础上,我们党从来就没有忽视和忘记从民族共同性建设层面上对加强无产阶级领导的社会主义国家层次民族共同体建构的努力。从毛泽东到胡锦涛的几代中国共产党领导人都对中华民族大团结、爱国主义精神、反对民族分裂、维护国家统一有过很多的专门论述和深刻分析。随着我国社会主义现代化建设事业的全面发展,民族间交往交流交融已经成为各族群众生产生活的新常态,民族间共同性的东西在日益增多,这也是民族发展的历史趋势。这就要求我们的民族工作纲领也要与时俱进地全面关注和研究这些民族共同性的发展需求。新时代,习近平提出的要通过政策创新和完善,增强各族人民群众的"五个认同"①,铸牢中华民族共同体意识,就是对民族发展的这种共同性需求的反映。及时地把民族共同性发展对国家民族建构的这种要求落实到我们的民族工作上,就体现为"八个坚持"道路内涵中的坚持党的领导和中国特色社会主义道路,坚持维护祖国统一和打牢中华民族共同体的思想基础以及坚持依法治国。在"九个坚持"的基本经验中,这些具体要求则丰富和发展为:坚持准确把握我国统一的多民族国家的基本国情,把维护国家统一和民族团结作为各民族最高利益;坚持文化认同是最深层的认同,构筑中华民族共有精神家园;坚持促进各民族交往交流交融,不断铸牢中华民族共同体意识;坚持各民族在法律面前一律平等,用法律保障民族团结。"十二个必须"中强调,必须以铸牢中华民族共同体意识为新时代党的民族工作的主线,推动各民族坚定对伟大祖国、中华民族、中华文化、中国共产党、中国特色社会主义的高度认同,不断推进中华民族共同体建设。这些"坚持"和"必须"的着眼点,显然是从整个中华民族大团结和维护社会主义中国国家统一的层次上考虑解决好民族问题的纲领原则。

综上所述,新时代中国特色解决民族问题道路"八个坚持"的基本内涵与"九个坚持""十二个必须"的基本经验,是马克思主义民族纲领理论中国化时代化的重大发展和理论创新,是指导新时代党和国家解决好"两个一百

---

① 即对伟大祖国、中华民族、中华文化、中国共产党、中国特色社会主义的认同。参见李学仁:《依法治藏富民兴藏长期建藏 加快西藏全面建成小康社会步伐》,《人民日报》2015年8月26日,第1版。

年"奋斗目标进程中民族问题的唯一正确的道路。

三、重要意义

(一) 唯一正确的道路

这条道路是解决我国社会主义现代化进程中的民族问题的唯一正确的光明大道。20世纪末苏联、东欧社会主义多民族国家的制度剧变,导致这些国家民族分裂、国家解体。国内外宣扬马克思主义民族理论失效论者以此为机遇和话柄,抓住近年来社会上出现的一些涉及民族因素的矛盾和个别民族地区发生的骚乱与暴力恐怖事件为突破口,妄图"唱衰"同样是社会主义多民族国家的中国。如果我们在思想理论上对这些相关问题认识不清,左右摇摆,行动上就无法明确努力方向,就不能坚定贯彻落实相关民族政策。

针对这些错误观点,习近平在2014年中央民族工作会议上作出以下论述。首先,民族问题的普遍性,决定了当今世界任何多民族国家都不得不面对和处理好自己的民族关系问题,中国也概莫能外,不必大惊小怪。其次,准确认识我国民族关系主流,就要多看民族大团结的光明面,就要从总体上把握我国民族关系的和谐性,肯定我国民族工作的辉煌成就;就要站在历史高度正确评价新中国党的民族理论和方针政策的伟大贡献,肯定党领导下开创和形成的中国特色解决民族问题道路的正确性。再次,维护新疆、西藏这两个地方的团结稳定任务还非常繁重,那些本不属于民族和宗教问题的同相关敌对分裂势力进行的政治斗争,还以各种形式掺杂渗透于各种民族问题当中,容易破坏和谐民族关系和团结统一的民族工作大局。最后,要清醒认识以美国为首的西方国家操纵和利用民族问题对发展中国家搞渗透、颠覆活动的本质。在解决本国民族问题上,苏联、东欧社会主义国家有失误并且受到严重挫折,但是美国等西方国家也"并没有什么包治百病的灵丹妙药"[①]。

新时代,以习近平同志为核心的党中央明确提出和丰富深化了中国特色解决民族问题正确道路的基本内涵与基本经验,向世界展示我们党和国家民族工作独特的巨大优势,表明了我们坚定不移走中国特色解决民族问题正确道路的信心和决心。这条正确道路的基本内涵与基本经验,"集中回答了在我们这个统一多民族的社会主义大国,'如何正确看待民族问题,怎样正确处理民族问题'这个民族工作最根本最重大的问题,深刻解答了当前关于我们党民族理论政策最集中、最突出的思想困惑,是对我们党民族工作

---

① 丹珠昂奔:《沿着中国特色解决民族问题的道路前进——中央民族工作会议精神学习体会》,《民族论坛》2014年第12期。

经验的丰富和发展"①。只有坚持我们几代中国共产党人探索形成的适合我国实际的解决民族问题的正确道路,才是能够解决我国社会主义现代化进程中的民族问题的唯一正确的光明大道。只有坚定道路自信,牢牢把握这些"坚持"和"必须",切实提高做好新时代民族工作的能力和水平,才能不断为巩固国家团结统一和实现中华民族伟大复兴提供强大动力和可靠保障。习近平强调:"我们要把党和人民90多年的实践及其经验,当做时刻不能忘、须臾不能丢的立身之本,既不妄自菲薄、也不妄自尊大,毫不动摇走党和人民在长期实践探索中开辟出来的正确道路。"②

(二) 借鉴和参考

这条正确道路的基本内涵、基本经验和纲领原则中所包含的关于民族问题的发生和民族工作的发展规律,对世界其他多民族国家解决好本国的民族问题都具有积极的参考和借鉴意义。多民族国家解决好本国民族问题,关键是要找到符合本国实际国情的正确道路。中国特色解决民族问题的正确道路已经被新中国成立以来70多年的伟大实践和辉煌成就所肯定,也经受住了东欧剧变所引发的世界民族主义浪潮的冲击。党的民族工作的历史和实践充分说明,"在世界上,马列主义是能够解决民族问题的。在中国,马列主义与中国革命实践相结合的毛泽东思想,也是能够解决这个问题的"③。这条道路的成功,是中国特色社会主义民族理论强大生机活力的体现,也是为解决人类社会普遍面临的国家民族建设问题贡献的中国智慧、中国方案。这条道路的纲领原则和基本内涵、基本经验,为多民族国家寻找适合自身国情的能够解决本国民族问题的道路提供了可资借鉴和参考的优秀范例和成功导向。

可以讲,几代中国共产党人前仆后继开创的中国特色社会主义民族理论,实际上就是中国化的马克思主义"多民族国家"(state of multiple nationalities)建设理论。其在当代中国的成功实践,实际上就是多个民族在自己共同世居的统一的社会主义祖国内共同团结奋斗、共同繁荣发展的成功途径。在中国共产党的坚强领导下,中国特色解决民族问题的正确道路不仅通过全国人民代表大会制度、多党合作和政治协商制度、民族区域自治制度以及基层群众自治制度保障和实现了各族群众当家作主的政治平等权

---

① 国家民族事务委员会编:《中央民族工作会议精神学习辅导读本》,民族出版社2015年版,第52页。
② 习近平:《在纪念毛泽东同志诞辰120周年座谈会上的讲话》,人民出版社2013年版,第14页。
③ 《邓小平文选》(第一卷),人民出版社1994年版,第163页。

利,而且通过帮助民族地区加快发展,走出了一条具有中国特色、民族地区特点的跨越式发展道路,实现了少数民族群众在经济和社会发展方面的"事实上的平等"权利。各族人民在民族关系上亲如家人,在国家民族共同体意识上坚如磐石。新时代,习近平强调,要加强各民族交往交流交融,引导各族群众牢固树立正确的祖国观、历史观、民族观,建设中华民族共有精神家园,铸牢中华民族共同体意识,抓好爱国主义教育,自觉维护国家最高利益和民族团结大局。

在民族事务治理现代化问题上,在解决当代中国民族问题正确道路的比较上,我们没有必要妄自菲薄与邯郸学步。我们几代中国共产党人团结和带领各族人民千辛万苦找到一条适合自己国情的解决民族问题的正确道路并不容易,在当今世界纷繁复杂的百年未有之大变局下,我们更要清醒理论是非,增强政治定力,守护好党和国家解决民族问题的宝贵经验,发挥好新时代党的民族工作理论与政策的巨大优势,维护与实现好各族人民的长远利益和根本利益,铸牢各族人民的中华民族共同体意识,为各族人民携手奋进早日实现中华民族伟大复兴目标加油打气、凝心聚力。

第二节 "源头""法治"的民族区域自治论

民族区域自治制度是中国共产党根据马克思主义国家学说理论和民族问题理论等基本原理,结合中国民族国情实际制定的一项解决我国民族问题的基本政治制度,是促进和实现民族平等、民族团结和各民族共同繁荣的马克思主义民族纲领的重要政治基础和基本制度保证,也是中国特色解决民族问题理论的重要内容和伟大贡献。

一、我国的一项基本政治制度

1949年,中国人民政治协商会议通过的《共同纲领》,正式确定民族区域自治为我国解决民族问题的一项基本政策。1984年颁布实施的《民族区域自治法》,标志着民族区域自治工作全面走上了法治化建设的轨道。1997年,党的十五大报告把民族区域自治由"重要政治制度"提升为我国的三大基本政治制度之一,并将其写进《中国共产党章程》。据此,2001年新修订的《民族区域自治法》对民族区域自治制度地位的表述作了相应修改,明确指出:"民族区域自治是中国共产党运用马克思列宁主义解决我国民族问题的基本政策,是国家的一项基本政治制度。"这就以国家法律的形式完成了对民族区域自治制度地位的重新界定和正式确定,构建起民族区域自治政策、法律、制度三位一体的完整体系。

(一)民族区域自治是党的民族政策的源头

我国的民族政策在纵向体系结构上主要由民族纲领和民族政策两个层次的内容构成。民族纲领,是党和国家运用马克思主义民族理论基本原理,来观察和思考解决中国民族问题时所应遵循和坚持的基本的、核心的政治理念和基本原则。民族纲领着重于回答民族政策"是什么和为什么",而民族政策则着重于回答在实际工作中"怎么样"贯彻落实民族纲领的精神和要求,解决民族问题的具体措施和办法。可以讲,民族纲领是民族政策形成的根源和依据,民族政策是民族纲领实现的途径和保障。

我国的民族纲领主要包括民族平等、民族团结、民族区域自治和各民族共同发展繁荣这"四大基本原则"①,是中国处理民族问题"公开而鲜明的旗帜"②。在这四大原则中:民族区域自治是民族平等、民族团结和各民族共同发展繁荣的实现方式和基本载体;前者为后者全面实现提供合适平台和实践途径,后者为前者的发展完善提供方向指导和价值支撑。我国民族区域自治的总原则,即:"民族区域自治是在中华人民共和国领土之内、在中国共产党和中央人民政府统一领导之下、遵循宪法规定的总道路前进的、以少数民族聚居区为基础的区域自治。"③解决中国的民族问题,没有民族区域自治这个立足于中国民族构成国情的工作平台和现实载体,宪法规定的民族平等、民族团结和各民族共同发展繁荣等马列主义纲领原则就会成为空中楼阁,任何想要在中国实现上述马列主义纲领原则的政策和措施也都终将沦为无源之水、无本之木。习近平强调:"民族区域自治是党的民族政策的源头,我们的民族政策都是由此而来、依此而存。这个源头变了,根基就动摇了,在民族理论、民族政策、民族关系等问题上就会产生多米诺效应。"④"源头"就是基础、条件和前提,就是"10000"中的"1"。⑤ 强调民族区域自治是党的民族政策的源头,突出彰显了民族区域自治在民族工作中的制度性原则和在民族政策体系中的基础性地位。

我国民族区域自治政策实施70多年来,民族关系总体上比较和谐,但

---

① 黄铸:《五十年民族工作的成就和经验》,《民族团结》1999年第4期。
② 吴仕民主编:《民族问题概论》,四川人民出版社1997年版,第205页。
③ 图道多吉主编:《中国民族理论与实践》,山西教育出版社2004年版,第188页。
④ 中共中央宣传部编:《习近平总书记系列重要讲话读本(2016年版)》,学习出版社、人民出版社2016年版,第168页。
⑤ 刘宝明:《深刻把握中央民族工作会议理论创新重大成果》,《中国民族报》2014年10月24日,第5版。

近年来由于受国际国内各种因素影响,我国民族地区暴力恶性事件也呈现多发趋势,发生了如2008年的拉萨"3·14"打砸抢烧群体性恶性事件、2009年的乌鲁木齐"7·5"骚乱、2014年的"5·22"乌鲁木齐爆炸案等一系列暴力恐怖事件。面对这些"藏独""疆独"分子制造的多起恶性事件,有人质疑民族区域自治制度,建议民族问题要"去政治化",甚至主张实行仿效美国民族大熔炉模式的"第二代民族政策"。实际上,"把此类事件的发生归结为我国在处理民族问题方面政策和制度上的失误,是没有道理的"①。近年发生于我国西藏和新疆的暴力事件,既有民族地区与汉族地区贫富差距急剧拉大的经济原因,又有国际大环境的背景("冷战"结束后第三次民族主义浪潮的影响),更有世界反华势力背后的支持。把这些事件发生的原因归结于民族区域自治制度本身,在逻辑方法上更存在明显错误。一是经验主义因果关系论的错误,即想当然地把这些事件归因于实行民族区域自治制度。可为什么在我国实行民族区域自治制度的70多年里,只是近年才出现这些民族地区恶性事件多发?更无法解释那些没有采用民族区域自治制度的国家民族矛盾依然尖锐的情况了。二是把制度的实现程度和制度本身画上了等号,混淆了事物质与量的关系。把民族区域自治制度贯彻落实不到位等同于民族区域自治制度本身设计不合理,实际上,因制度贯彻落实不到位而出现问题不仅没有否定制度本身,反而恰恰证明了制度的科学性。三是忽视我国坚持民族区域自治制度70多年来民族地区经济社会发展所取得的伟大成就,而夸大存在的问题与不足,这是形而上学的以偏概全。② 若以这些逻辑混乱的错误观点来升级和代替我们的民族区域自治政策,无异于饮鸩止渴、缘木求鱼。

(二)民族区域自治制度是解决我国民族问题的基本政治制度

所谓"政治制度",即"在特定社会中,统治阶级通过组织政权以实现其政治统治的原则和方式的总和。它包括一个国家的阶级本质,国家政权的组织形式和管理形式,国家结构形式和公民在国家生活的地位"③。人民代表大会制度与中国共产党领导的多党合作和政治协商制度、民族区域自治制度共同组成我国的国家政治制度体系。这些制度都体现并与我国的"国体"人民民主专政相适应。民族区域自治制度之所以在中国国家政治制度

---

① 毛公宁:《关于深入贯彻落实民族区域自治法的思考》,《广西民族研究》2014年第3期。
② 沈其新、王明安:《制度自信与治理现代化:坚持和完善民族区域自治制度》,《西南民族大学学报》(人文社会科学版)2015年12期。
③ 中国大百科全书总编辑委员会《政治学》编辑委员会、中国大百科全书出版社编辑部编:《中国大百科全书·政治学》,中国大百科全书出版社1992年版,第514页。

体系中占有重要的地位和作用,主要有以下五个原因。

其一,这是从民族区域自治制度与我国国体和政体间密不可分的关系考虑的。我国的民族区域自治制度实质上是我国人民民主专政在少数民族聚居地方的具体体现,也是人民代表大会制度这一国家根本政治制度的一个重要组成部分和具体体现。①

其二,这是从民族区域自治制度涵盖内容的广泛性考虑的。我国的民族区域自治制度,除了包含有国体和政体在民族自治地方具体实现方式的内容外,根据《宪法》和《民族区域自治法》,还内在地规定了我国单一制的国家结构和少数民族人民作为国家公民在国家与地方政治、经济、社会生活中的地位和权利。

其三,这是从加强和完善民族区域自治制度所具备的制度性特征考虑的。作为政治制度的民族区域自治,具有稳定性、明确性、明示性和权威性等特点。民族区域自治制度是《宪法》和《民族区域自治法》规定的当代中国的一项基本的政治制度,而《宪法》作为国家的根本大法,是国家意志的最高体现,《民族区域自治法》是次于《宪法》的基本法律。完善和加强民族区域自治的制度性特征,就必须明确肯定其作为国家一项基本政治制度的地位。

其四,这是从民族区域自治在解决我国民族问题的政治制度中的地位来考虑的。"我国解决民族问题的政治制度,归结起来有两项,即民族区域自治制度和杂散居少数民族保障制度。"②民族自治地方不仅面积占国土面积的多数,而且实行民族区域自治的少数民族数量及其人口数量都占全国相关比例的大多数。正是在此意义上,党和国家将民族区域自治制度定位为解决我国民族问题的基本制度。

其五,这是从民族区域自治制度在我国民族工作纲领体系中的地位考虑的。我国民族区域自治制度是保障各民族平等的制度,是维护各民族团结的制度,也是促进民族共同繁荣的制度。③ 民族区域自治制度由此而成为中国特色社会主义民族工作纲领不可或缺的有机构成部分。它与民族平等、民族团结和各民族共同繁荣一起构筑了我国民族工作纲领的理论体系,使其实现了理论目标与实现方式的有机统一,体现了政治理念与政治制

---

① 敖俊德:《基本政策·基本政治制度·基本法律——论民族区域自治在我国的法定地位》,《西南民族学院学报》(哲学社会科学版)2002年第7期。
② 李瑞:《民族区域自治制度定位之浅见》,《广播电视大学学报》(哲学社会科学版)2004年第1期。
③ 刘惊海、李瑞主编:《我国民族区域自治制度的完善与发展》,内蒙古人民出版社2000年版,第4—13页。

度的完美结合。

我国实行民族区域自治的成功做法,受到世界关注,被称为处理民族问题的"中国经验"。目前,我国已经成立的自治地方包括5个自治区、30个自治州、120个自治县(旗),管辖约64%的国土面积。55个少数民族中,有44个建立了自治地方,占少数民族总人口71%左右的少数民族群众实行了区域自治。此外,我国还建立了1100多个民族乡作为民族区域自治的重要补充。① 我国155个民族自治地方的人大常委会中,都有实行区域自治的少数民族公民担任主任或副主任。各自治区主席、自治州州长、自治县县长已全部由实行区域自治的少数民族公民担任。民族区域自治制度保障少数民族当家作主的制度功能得到了充分体现。自治地方发展成效的高低优劣,也是考察和衡量制度好坏成败的重要因素和重要标志。2018年,民族八省区地区生产总值突破9万亿元,与1952年相比年均增长8.7%;城乡居民人均可支配收入分别达到33 983元、11 426元,与1978年相比年均增长分别为12.6%、12.1%。②

(三)《民族区域自治法》是保障少数民族和民族地区各项权利的基本法律

我国《民族区域自治法》明确规定:民族区域自治是在国家统一领导下,各少数民族聚居的地方实行区域自治,设立自治机关,行使自治权。这是党和国家对我国民族区域自治基本概念的科学规范。从性质上来讲,自治机关的自治权力来源于自治区域内各族群众享有的自我管理权利。各族群众在自己的聚居区域,享有自主地根据本民族和本区域实际情况贯彻落实党和国家的方针政策,管理本民族和本地区事务的权利,这种当家作主的群体性民族权利并不能被民族成员个体公民身份的普通权利所代替,并且只有受到国家法律的特殊保障才能真正变为现实。③

中国共产党在领导中国革命和建设的实践中,继承和发展了经典作家们关于民族权利法制化的思想,高度重视通过法制形式对各族群众享有的自治权利给予充分的保障。新中国成立后,党和国家通过《共同纲领》《宪

---

① 国家民族事务委员会编:《中央民族工作会议精神学习辅导读本》,民族出版社2015年版,第77页。
② 《凝聚团结伟力 铸就伟大梦想——我国民族团结进步事业发展成就综述》,中国政府网,http://www.gov.cn/xinwen/2019-09/16/content_5430331.htm。
③ 北美土著印第安人对公民个体的公平性制度并不认可,其政治诉求说明了对其公民个体身份的平等维护并不能消除和代替对其群体性权利被忽视的不满。参见戴小明、潘弘祥等:《统一·自治·发展——单一制国家结构与民族区域自治研究》,中国社会科学出版社2014年版,第122—123页。

法》《民族区域自治实施纲要》等法律形式来规范和保障各族群众的法定自治权利。1957年,周恩来还特别强调:"民族自治权利必须受到尊重。凡是宪法上规定的民族自治权利,以及根据宪法制定的有关民族自治权利的各种法规、法令,统统应该受到尊重。"①改革开放初期,在对民族工作拨乱反正的基础上,党的十一届六中全会指出:"必须坚持实行民族区域自治,加强民族区域自治的法制建设,保障各少数民族地区根据本地实际情况贯彻执行党和国家政策的自主权。"②1984年六届全国人大颁布实施的《民族区域自治法》,使民族区域自治走上了规范化、法治化建设的轨道。该法实施30余年以来,在实践中不断发展完善,"已经基本形成了以宪法相关条款和民族区域自治法为主干的一整套民族法律法规体系"③。2014年9月,中央民族工作会议强调,要把《宪法》和《民族区域自治法》的相关规定落实好,要加强对规范和完善民族区域自治相关法规和制度的研究。10月,党的十八届四中全会作出了全面推进依法治国的重大决定,对贯彻落实《民族区域自治法》提出了明确要求。2015年7月至9月,全国人大常委会开展了针对《民族区域自治法》实施情况的执法检查。2017年,《中共中央办公厅、国务院办公厅印发〈关于依法治理民族事务促进民族团结的意见〉的通知》(中办发〔2017〕1号)指出,依法治理民族事务是全面依法治国的重要内容,是坚持中国特色解决民族问题正确道路的关键环节,是党和国家民族工作的一条基本经验。在2019年全国民族团结进步表彰大会上,习近平强调:"依法治理民族事务,确保各族公民在法律面前人人平等。要全面贯彻落实民族区域自治法,健全民族工作法律法规体系,依法保障各民族合法权益。"④

《民族区域自治法》是党和国家民族工作和民族事务治理法治化、规范化的重要保障。一是调整关系广泛。《民族区域自治法》所调整的是民族自治地方与国家(中央)及上级国家机关之间的关系、与非民族自治地方及其他民族自治地方之间的关系,以及民族自治地方内的民族关系。⑤ 二是规范对象全面。民族区域自治法规范的对象不仅包括国家(中央)及上级国家机关、民族自治地方及其自治机关、民族自治地方内实行区域自治的民族和

---

① 《周恩来选集》(下卷),人民出版社1984年版,第268页。
② 中共中央文献研究室编:《三中全会以来重要文献选编》(下),人民出版社1982年版,第788—789页。
③ 国家民族事务委员会编:《中央民族工作会议精神学习辅导读本》,民族出版社2015年版,第83页。
④ 国家民委研究室编:《新时代民族理论政策问答》,民族出版社2019年版,第281页。
⑤ 戴小明、潘弘祥等:《统一·自治·发展——单一制国家结构与民族区域自治研究》,中国社会科学出版社2014年版,第7页。

其他民族群体及其公民个人等直接主体,还包括与民族自治地方发生各种关系的其他所有地方、组织及个人。① 三是权利内容丰富。《民族区域自治法》所规定的权利义务内容既包括国家(中央)及上级国家机关对民族自治地方的领导、组织、帮助及扶持的权利和义务,也包括自治机关、民族自治地方及其少数民族所享有的权利和应尽的义务,甚至还涉及与自治地方进行各种合作的其他地方、组织及个人的权利和义务。② 四是法制功能完善。我国民族区域自治制度具有政治、经济、文化、社会等多方面的功能,呈现出多重性、关联性和发展性的功能特点。③ 作为民族区域自治制度的法制化形态,民族区域自治法除具有普通的法律制度功能外,还具有民族法律独特的相应的政治、经济、社会与文化等方面的功能,主要体现为:规范社会主义民族关系,维护国家统一和全国各民族团结功能;保障各少数民族的平等权利和自治权利,充分调动和发挥各族人民当家作主积极性的功能;保障民族自治地方迅速发展经济和文化,促进各民族共同繁荣的功能。

二、解决中国民族问题的伟大制度创举

我国的民族区域自治制度,是马克思主义国家学说、民族问题理论、社会发展理论等的基本原理与我国民族构成国情及社会主义现代化建设实践相结合的产物。它既有广泛而深厚的马克思主义理论基础,又有全面而现实的国情依据。该制度是对苏联模式、任何形式民族自决的摒弃,是对"大一统"而又"因俗而治"政治传统的超越,是我们党探索中国特色社会主义道路的制度创新和伟大创举。

(一) 对"大一统"而又"因俗而治"政治传统的借鉴和超越

中国历史上"无论哪一个朝代都认识到对少数民族地区的行政管理应与汉族地区有所区别,必须'以其故俗治'",所以,"尽管对少数民族进行行政管理的具体形式有发展变化,但以少数民族自己管理自己的原则却是一致的","这种历史传统也正是中国共产党在选择解决中国民族问题的途径时,决定以民族区域自治为其基本政策的历史根据"。④ 可以讲,民族区域自治是我们党站在中国民族治理的历史传统基础上,结合马列主义民族纲领原则和时代进步的基本要求,对历代中央王朝民族事务治理经验的借鉴和超越。

---

① 吴宗金主编:《中国民族区域自治法学》(第 2 版),法律出版社 2004 年版,第 30—31 页。
② 沈寿文:《中国民族区域自治制度的性质》,法律出版社 2013 年版,第 64—65 页。
③ 王铁志、沙伯力主编:《国际视野中的民族区域自治》,民族出版社 2002 年版,第 32—35 页。
④ 徐杰舜、韦日科主编:《中国民族政策史鉴》,广西人民出版社 1992 年版,第 14 页。

1. 在治理价值上的借鉴和超越

历代中央王朝所奉行的"大一统"而又"因俗而治"政治传统的根本准则是君权至上,故:所谓"天下一体",也皆为王土王臣;所谓"因俗而治",也不过是给各族统治者以本民族习惯方式继续压迫本族人民的特别代理权。民族区域自治所强调的团结统一及当家作主以其人民主权的本质特征,远远超越了历代统治者维护家族统治权力的王朝政治本质。这项制度是建立在生产资料公有制基础上的社会主义民主制度的重要内容,其目的在于促进社会主义本质和人民当家作主在各民族自治地方的全面实现,在于促进民族平等、民族团结、各民族共同发展繁荣等马列主义民族纲领原则在全国范围内的实现。

当然,对传统治理价值的超越,绝不意味着我们可以否认和忽视这些政治传统中所蕴含的追求国家统一和维护治理秩序、尊重民族差异等符合人类社会政治文明发展要求的社会治理价值。实际上,对这些具有历史进步意义的传统社会治理价值追求的肯定、吸收和借鉴,已经内化地成为党和国家创制民族区域自治的历史根据和基本内涵,并鲜明地作为该项制度所具有的"中国特色"而为世界所瞩目。

2. 在治理方式上的借鉴和超越

历代中央政权在大一统的前提下,均从不同民族的实际出发制定民族政策。所以"因俗而治""以夷治夷"便成为中国传统民族政策的共同性原则之一。与之相对应,规范民族以俗自治的羁縻政策,也就成为我国历代统治阶级贯彻始终的最主要的民族政策。中央王朝采用民族羁縻自治政策,力求在不改变少数民族政治体制的前提下,通过政治、法律、经济、文化、宗教等多方面的途径和联系,加强对少数民族聚集区的影响力和控制力,从而实现和维护多民族中央集权国家的大一统。形式体现本质,方法反映目的。与羁縻政策不同,民族区域自治的目的是让各族人民学会"用自己的脚走路"[①],提高他们自我治理的能力和水平,以及增强各族人民实现社会主义本质的能力和水平及管理国家事务、民族自治地方事务的能力和水平。可见,这种基于法治基础上的民族区域自治方式,已经远远超越历代统治者基于人治基础上的民族自治方式。

同样,对传统治理方式的超越,也绝不意味着我们可以否认和忽视这些政治传统中所蕴含的从实际出发制定民族政策精神、注重通过法律法规来协调民族关系,并在司法实践中尊重民族习惯法等中华法治的优良

---

① 《斯大林全集》(第四卷),人民出版社1956年版,第358页。

传统。正是在吸收、借鉴传统民族事务治理中求实重法的法治传统的基础上,党和国家才注重通过《宪法》和《民族区域自治法》的相关规定,把各族群众享有的既相互区别又相互联系的国家治理、地方治理、民族治理的权利统一于民族区域自治制度中,使其成为既维护国家统一、领土完整,又加强民族平等团结、促进民族地区发展、增强中华民族凝聚力的国家基本制度。

(二) 对苏联模式、任何形式民族自决的摒弃和反思

十月革命后,列宁、斯大林通过联邦制和民族自决方式解决俄国革命进程中复杂的民族问题,是苏联模式民族政策的显著特征和重要内容。苏联关于解决民族问题的政策和做法,无疑对早期中国共产党思考和探索解决中国民族问题产生过重大影响,但中国的民族区域自治制度并非对苏联模式的照抄照搬,恰恰相反,可以讲该项制度正是立足于我们自身国情基础上对苏联模式和任何形式民族自决的摒弃。

1. 对苏联模式的摒弃和反思

苏联是人类历史上出现的第一个多民族社会主义国家。学习苏联经验,在中国实践联邦制和民族自决的观点体现和反映在党成立初期的各种重要文件、决议等历史文献中。但经过长征和抗日战争时期根据地民族区域自治的初步实践,我们党对中国统一的多民族国家的国情有了更加深刻的认识和把握,逐步形成并于新中国成立前两年在内蒙古成功实践了民族区域自治的主张。新中国成立前夕,在广泛征求党内外各方面意见的基础上,党中央和毛泽东最终确定在即将成立的新中国实行民族区域自治政策,并在《中国人民政治协商会议共同纲领》中予以确认。毛泽东后来对此予以解释和说明:"苏联的少数民族人口,占全国人口的一半,他们实行加盟共和国、自治共和国的办法。我们这里少数民族人口占百分之六,实行民族区域自治的办法。有些人想援引苏联的办法,在中国成立加盟共和国或自治共和国,这是不对的。"①周恩来也指出:"我们根据我国实际情况,实事求是地实行民族区域自治……这样的制度是史无前例的创举。"②我国民族区域自治创举独特而又长期的政策效应,也得到了中共第二代领导核心的赏识与拥护。1986年,邓小平在苏联尚未解体前的一次讲话中指出:"我们中国是团结的,我们在处理民族问题上是好的,毛主席是英明的,没有搞什么民族

---

① 国家民委民族理论政策研究室编:《中央民族工作会议创新观点面对面》,民族出版社2015年版,第45—46页。
② 《周恩来选集》(下卷),人民出版社1984年版,第258页。

自治共和国。有的国家搞民族自治共和国,矛盾很深,不好解决。"①

新中国成立后,针对有些中外人士提出的中国为什么不实行苏联那样的自治共和国制和联邦制,而实行民族区域自治的问题,周恩来、李维汉对苏联与中国两国五个方面的不同特点做了分析研究,并得出结论:在中国适宜民族区域自治,而不宜于建立也无法建立自治共和国,不宜于实行也无须实行联邦制。② 乌兰夫是中央派往内蒙古负责领导筹建第一个少数民族自治区的亲历者。1981 年 7 月,他在《人民日报》发表《民族区域自治的光辉历程》一文,科学概括了决定我国实行民族区域自治的民族关系的六个基本特点。他指出,这些基本特点,是决定我国实行民族区域自治的基本因素和基本条件。③ 费孝通也曾回忆:"毛主席亲自同我讲过,别的我们可以学苏联,这个我们不学。指的是苏联搞联邦制,我们搞民族区域自治。"④

综上可见,领导创立这项伟大制度的主要当事人,都对不搞苏联模式而选择民族区域自治讲得清清楚楚、明明白白,而且该制度在新中国 70 多年的光辉实践也足以证明自身的理论正确性和国情适应性。有些别有用心的人罔顾事实,非要把民族区域自治的伟大创举认定为苏联模式,习近平对此批驳道:"现在国内有人这样说,当年东欧剧变后西方有人也这样说。这种说法不符合事实,是张冠李戴。"⑤

2. 对任何形式民族自决的摒弃和反思

民族自决权,也是所谓苏联模式的重要内容之一。"苏联成立是民族自决的运用和体现"⑥,苏联成立宣言和历次宪法都对各民族的自决权和加盟共和国的自由退盟权予以承认。正是对这些权力没有从法律上及时制定规范制约的程序,为民族分离和独立运动提供了合法借口,造成了各共和国可以随时自决出去的隐患。⑦ 列宁肯定民族自决权的真正意义和根本目的,完全是为了使各民族在民主和社会主义基础上自愿联合起来,从而为他们争取社会主义的斗争扫清道路。苏共继任者没有正确理解列宁关于民族自

---

① 金炳镐、青觉:《中国共产党三代领导集体的民族理论与实践》,黑龙江教育出版社 2004 年版,第 207 页。
② 《中国民族区域自治 50 年》课题组:《中国民族区域自治 50 年》,内蒙古人民出版社 1997 年版,第 21—22 页。
③ 同上书,第 22—23 页。
④ 费孝通:《费孝通民族研究文集新编》(下卷),中央民族大学出版社 2006 年版,第 197 页。
⑤ 丹珠昂奔:《坚持走中国特色解决民族问题的正确道路——学习习近平同志关于民族工作重要论述的体会》,《中国民族》2015 年第 2 期。
⑥ 许新、陈联璧、潘德礼、姜毅:《超级大国的崩溃——苏联解体原因探析》,社会科学文献出版社 2001 年版,第 33—35 页。
⑦ 江流、徐葵、单天伦主编:《苏联剧变研究》,社会科学文献出版社 1994 年版,第 268 页。

决权的策略性,致使其在政治和法律上对民族自决权做出了机械、僵化的处理。① 这种策略性和非根本性,还体现在列宁提出的"我们应当使民族自决的要求服从的正是无产阶级阶级斗争的利益"②,"任何民主要求(其中也包括自决)都要服从社会主义的最高利益"③等重要论述上。可见,如何根据新的形势调整"民族自由分离权"与社会主义事业发展进程的关系,"实际上是列宁留给后人的一项极其艰巨的任务"。④

列宁的民族自决权理论对中国共产党探索本国民族政策影响深远。抗战以前,受苏联模式在民族政策上的话语影响及共产国际的指示,我们党虽然也提出过自治及民族自治,但民族自决权思想无可争议地处于主导地位。⑤ 抗战时期,结合国内革命形势发展和任务变化,我们党对民族自决权的理解和把握才逐渐符合中国革命的实际要求。1938年,杨松撰文指出:"坚持神圣的抗日民族革命战争,坚持抗日民族统一战线,去争取中华民族自决权而斗争。"⑥《回回民族问题》(1941年)也提出:"我们虽然承认民族自决权,但是我们并不主张回回民族和其他民族实行自决,实行分立,因为这样做法是帮助了日本帝国主义。我们主张必须按照民族平等的原则,去联合中华各民族共同抗日,并且实行民族的自治,建立统一的国家,因为这样做,才有利于回族和全中国。"⑦这说明该时期我们党已经把中华民族对外国帝国主义的集体自决权,同国内少数民族的内部的自决分立明确区分开来,把民族自决权同民族自治权明确区分开来。

20世纪30年代,我国内外民族矛盾非常尖锐和复杂。国内少数民族方面也发生了民族分裂和民族"自治"的运动,建立了几个民族分裂的政权。主要有日本扶植建立的伪满洲国、新疆民族分裂分子策划建立的所谓"东土耳其斯坦伊斯兰共和国"、蒙古族反动上层分子策划的"自治"运动等。⑧ 这

---

① 青觉、栗献忠:《苏联民族政策的多维审视》,中央民族大学出版社2009年版,第103页。
② 《列宁选集》(第一卷),人民出版社2012年版,第461页。
③ 《列宁选集》(第二卷),人民出版社2012年版,第763页。
④ 张建华:《苏联民族问题的历史考察》,北京师范大学出版社2002年版,第101页。
⑤ 如1923年6月、1928年7月举行的中共"三大""六大"都把民族自决、民族自决权写进党的文件中,参见中央档案馆编:《中共中央文件选集》(第1册),中共中央党校出版社1989年版,第141—142页;中央档案馆编:《中共中央文件选集》(第4册),中共中央党校出版社1989年版,第300页。1936年7月,王稼祥发表《反对日本帝国主义占领内蒙》一文,仍指出"民族自决是我们政策的中心原则",参见中共中央统战部编:《民族问题文献汇编(一九二一·七——一九四九·九)》,中共中央党校出版社1991年版,第503页。
⑥ 中共中央统战部编:《民族问题文献汇编(一九二一·七——一九四九·九)》,中共中央党校出版社1991年版,第795、801页。
⑦ 同上书,第918页。
⑧ 张尔驹:《中国民族区域自治史纲》,民族出版社1995年版,第42—49页。

促使我们党提高了对任何形式的民族自决要求的防范和警惕,包括形形色色打着自治旗号追求民族自决的独立运动。特别是雅尔塔会议后外蒙古公决独立的事实被承认,以及内蒙古内部错误独立运动的抬头和发展,都促使我们党明确抛弃民族自决权提法和联邦制建国的构想,①转而坚定地探索如何结合自身国情和社会主义事业发展需求,充分发挥民族区域自治反国家分裂、促民族团结的制度功能。1945年10月、1946年2月,党中央对内蒙古问题连续发出指示:"对内蒙的基本方针,在目前是实行区域自治。"②"我们对蒙古民族问题应取慎重态度,根据和平建国纲领要求平等自治,但不应提出独立自决口号"③,成立"自治共和国式的政府"是"过左"④。1949年9月,周恩来在向政协会议代表作的报告中指出:"在这里主要的问题在于民族政策是以自治为目标,还是超过自治范围。我们主张民族自治,但一定要防止帝国主义利用民族问题来挑拨离间中国的统一。"⑤随后,中共中央给二野前委的指示强调:"关于各少数民族的'自决权'问题,今天不应再去强调……以免为帝国主义及国内各少数民族中的反动分子所利用,而使我们陷于被动的地位。"⑥上述表明,我国民族区域自治的确是对"任何形式民族自决的摒弃"⑦。习近平对此感慨道:"老一辈领导人想得是很深很远的!"⑧

(三) 对马克思主义民族理论和国家建设相关理论的坚持和发展

我国民族区域自治制度,是把中国的民族构成国情、革命和建设实践与民族平等、民族团结、各民族共同繁荣等马克思主义民族纲领理论相结合的成果,同时也是对马克思主义关于国家建设理论、社会治理理论、民主建设理论和无产阶级政权建设理论的重大创新和发展。

---

① 周昆云:《民族自决权·联邦制·民族区域自治——抗日战争时期中国共产党民族理论思想的再探讨》,《广西民族研究》2001年第2期。
② 中共中央统战部编:《民族问题文献汇编(一九二一·七——一九四九·九)》,中共中央党校出版社1991年版,第964页。
③ 同上书,第1000页。
④ 同上书,第1011页。
⑤ 同上书,第1267页。经过建国初期的民族工作实践检验,1957年周恩来再次明确提出,民族区域自治适合于像中国这样的从民族解放运动中发展起来的国家,它可以防止帝国主义的挑拨,促进国内各民族的团结。参见国家民族事务委员会政策研究室编:《中国共产党主要领导人论民族问题》,民族出版社1994年版,第151—152页。
⑥ 《建国以来重要文献选编》(第1册),中央文献出版社1992年版,第24页。
⑦ 国家民委文化宣传司编:《中央民族工作会议重要文章评论集》,民族出版社2015年版,第42页。
⑧ 丹珠昂奔:《坚持走中国特色解决民族问题的正确道路——学习习近平同志关于民族工作重要论述的体会》,《中国民族》2015年第2期。

1. 以民主集中制原则建立单一而不可分的民主共和国

马克思主义把民族问题与国家结构形式联系起来,始终坚持民主集中制原则,提出要建立尽可能大的单一而不可分的共和国,反对其他形式的国家结构。马克思恩格斯指出,德国工人"不仅要力求建立统一而不可分割的德意志共和国,而且还要极其坚决地把这个共和国的权力集中在国家政权手中"[1]。他们认为"在德国实行最严格的中央集权制是真正革命党的任务"[2]。他们肯定大国与小国相比,有很多的优点,因此,他们反对国家的分裂、割据,但为了使殖民地被压迫民族彻底摆脱民族压迫和剥削,获得民族自由平等和独立,他们提出了民族分离权思想,认为各民族有权自由分离和自愿联盟,这与民族自决权的思想是一致的。列宁也强调:"在各个不同的民族组成一个统一的国家的情况下……马克思主义者是决不会主张实行任何联邦制原则,也不主张实行任何分权制的。"[3]他明确反对分立主义,认为:"在其他条件相等的情况下,大国比小国能有效得多地完成促使经济进步的任务,完成无产阶级同资产阶级斗争的任务。"[4]经典作家们在一般情况下或者说原则上都是反对联邦制的,认为它是"发展的障碍"[5],是"一大退步"[6]。他们都认为单一而不可分的民主共和国具有巨大的优越性。[7]

我国《宪法》和《民族区域自治法》规定:各民族自治地方都是中华人民共和国不可分离的地方;民族自治机关必须维护国家统一,保证宪法和法律在本地方的遵守和执行;民族自治地方要把国家的整体利益放在首位,积极完成上级国家机关交给的任务;强调国家机构和自治机关都实行民主集中制原则等。这些法规原则都是结合中国国情对马克思主义国家结构理论的坚持和发展。

2. 自治是建立真正民主的多民族国家的条件和一般普遍原则

国家民主化是马克思主义民族纲领的基本原则,是解决民族问题的前提条件。马克思主张,应该消灭脱离并凌驾于民族之上的腐朽的国家政权,按照巴黎公社的原则实现民族的统一。[8] 恩格斯指出:"民主共和国甚至是

---

[1] 《马克思恩格斯选集》(第一卷),人民出版社2012年版,第562页。
[2] 同上书,第562—563页。
[3] 《列宁全集》(第二十卷),人民出版社2017年版,第148页。
[4] 《列宁全集》(第二十五卷),人民出版社2017年版,第72页。
[5] 《列宁选集》(第三卷),人民出版社2012年版,第175页。
[6] 《马克思恩格斯选集》(第四卷),人民出版社2012年版,第295页。
[7] 金炳镐主编:《马克思主义民族理论发展史》,中央民族大学出版社2007年版,第182页。
[8] 《马克思恩格斯选集》(第四卷),人民出版社2012年版,第307—308页。

无产阶级专政的特殊形式,法国大革命已经证明了这一点。"①斯大林也强调:"国家完全民主化是解决民族问题的基础和条件。"②在此基础上,经典作家们还对地方居民成分复杂的多民族国家通过自治方式实现国家民主化进行了探索。马克思恩格斯虽然坚决主张国家的集中统一领导,但也丝毫不排斥广泛的地方自治。列宁把自治当作是建立真正民主的多民族国家的条件和一般普遍原则。他认为:"一个民族成分复杂的大国只有通过地区的自治才能够实现真正民主的集中制。"③我国的民族区域自治制度是结合本国国情对马克思主义民族民主自治理论的创新和发展。周恩来指出:"历史发展给我们造成了另一种条件,就是中国各民族杂居的条件,这种条件适用于民族合作,适宜于实行民族区域自治。一个民族不仅可以在一个地区实行自治,成立自治区,而且可以分别在很多地方实行自治,成立自治州、自治县和民族乡。"④

我国《宪法》和《民族区域自治法》都对民族自治区自治机关所享有的自治权进行了详细规定,自治地方的各民族群众通过国家权力机关和民族自治机关享有全面真实、广泛充分的管理国家和民族自治地方事务的权利。这些都是该项制度在国家民主化方面对马克思主义中国化的创新和贡献。

3. 各民族走向社会主义的走法都会有自己的特点

经典作家们从来没有因为人类社会历史发展规律的共同性,而否认和忽视各民族因自然和人文条件等的差异形成的发展形态与发展道路的多样性。他们提出了著名的卡夫丁峡谷理论并以此表明自己理论"提供的不是现成的教条,而是进一步研究的出发点和供这种研究使用的方法"⑤。列宁认为:"一切民族都将走向社会主义,这是不可避免的,但是一切民族的走法却不会完全一样,在民主的这种或那种形式上,在无产阶级专政的这种或那种形态上,在社会生活各方面的社会主义改造的速度上,每个民族都会有自己的特点。"⑥民族区域自治是中国特色社会主义实践方式多样化的制度保障,使得中国的社会主义现代化建设事业呈现出丰富多彩的民族特色和区域特点。在民主革命和社会主义革命时期,内蒙古、新疆、西藏、云南等少数民族地区都结合各自民族和地区特点,实行了与内地广大汉族地区不同的

---

① 《马克思恩格斯选集》(第四卷),人民出版社 2012 年版,第 294 页。
② 《斯大林论民族问题》,民族出版社 1990 年版,第 75 页。
③ 《列宁全集》(第二十五卷),人民出版社 2017 年版,第 73 页。
④ 《周恩来选集》(下卷),人民出版社 1984 年版,第 257 页。
⑤ 《马克思恩格斯选集》(第四卷),人民出版社 2012 年版,第 664 页。
⑥ 《列宁全集》(第二十八卷),人民出版社 2017 年版,第 163 页。

政策和措施,使得处于不同社会发展阶段和民族特色的边疆各族群众通过自己的方式顺利走进了社会主义社会。

新时代,在以习近平同志为核心的党中央领导下,国家和民族自治地方按照依法治国基本方略的要求,认真落实《民族区域自治法》相关精神,紧紧围绕全面建成小康社会与全面推进社会主义现代化建设事业的总目标,凝聚中央、自治地方和发达地区之力,加快民族地区发展繁荣,推动各民族和睦相处、和衷共济、和谐发展,走出一条具有中国特色、民族地区特点的科学发展路子。这样特色鲜明的发展道路,同样是民族区域自治制度对中国特色社会主义现代化实践方式多样化制度保障的体现。

三、坚持和发展完善民族区域自治制度的基本要求①

在坚定制度自信的基础上,不断发展完善民族区域自治,就要落实好《宪法》和《民族区域自治法》的规定,保持民族识别和民族自治地方的既有格局稳定,帮助自治地方发展经济、改善民生,加强对规范和完善民族区域自治相关法规和制度的研究,进一步挖掘和发挥民族区域自治制度的优越性,使其不断焕发出勃勃生机和制度优势。

(一) 与时俱进地把握好民族区域自治制度的本质特征

确立和实行民族区域自治制度,是"中国共产党对国家结构形式和民族问题处理模式的伟大创造"②,有力地促进了国家统一、民族团结和民族地区各项事业的发展。该项制度凝聚了高超的政治智慧和精致的法律技术,充分体现了我们党对国家建构与民族平等、保护公民权利与尊重民族差异之间平衡的系统把握,及对统一性与多样性、普遍性与特殊性之间辩证统一关系的全面考虑。

在该制度初创之时,我们党强调的是区域自治与民族自治的正确结合。此后,与时俱进地结合时代发展需求,不断深化和发掘对其优势的认识和本质的把握,避免和防止对其片面化理解和误读。1957年,周恩来指出,民族区域自治是各民族自治与区域自治的正确结合,是经济因素与政治因素的正确结合。1992年,江泽民强调,民族区域自治制度把国家的集中统一与少数民族聚居地区的区域自治有机结合起来,把政治因素与经济因素有机结合起来,是完全适合我国国情的解决民族问题的基本制度。2005年,

---

① 本小节相关内容改写自笔者:《正确认识和落实完善我国的民族区域自治制度》,《中国民族报》2017年4月28日,第7版。

② 张殿军:《民族自治地方自治权研究》,民族出版社2015年版,第292页。

胡锦涛阐明,民族区域自治体现了民族因素与区域因素、政治因素与经济因素、历史因素与现实因素的统一。后来,又增加了制度因素与法律因素的统一,进一步丰富了该项制度的内涵。为防止对该项制度认识上出现新的偏差和失误,2014年,习近平指出,坚持和完善民族区域自治制度,要着重坚持统一和自治相结合、民族因素和区域因素相结合,为我们在新时代正确把握该项制度的本质特征指明了方向。①

其一,坚持统一和自治相结合。"团结统一是国家最高利益,是各族人民共同利益,是实行民族区域自治的前提和基础。"②民族区域自治的一切相关内容,都建立在这个前提下和基础上。"没有国家团结统一,就谈不上民族区域自治。同时,要在确保国家法律和政令实施的基础上,依法保障自治地方行使自治权,给予自治地方特殊支持,解决好自治地方特殊问题。"③必须把两者有机地结合起来,才能发挥出民族区域自治制度的优势。

强调统一和自治相结合,并不是各占一半的机械结合,而是要与国家及自治地方整个的经济社会发展形势的客观需要结合起来考虑两者的关系。在计划经济时期把握两者关系要强调自治多一些,是为了在国家权力高度集中的计划经济体制下保护和发挥好自治地方的自主权;在社会主义市场经济条件下强调统一多一些,则是为了弥补民生及公共服务等领域可能会出现市场失灵和政府缺位等市场经济体制的天然缺陷,加强和发挥好上级国家机关扶持自治地方发展的责任,给予自治地方特殊支持的需要。

其二,坚持民族因素和区域因素相结合。"民族区域自治,既包含了民族因素,又包含了区域因素,民族区域自治不是某个民族独享的自治,民族自治地方更不是某个民族独有的地方。这一点必须搞清楚,否则就会走到错误的方向上去。达赖集团、'东突'分裂势力就打这个旗号,要求汉人等都退出西藏、新疆,包藏的祸心就是搞民族分裂。我们的同志不能照这个逻辑走!"④

我国的民族自治地方都是中华人民共和国不可分割的部分,其地方所有权不属于某个特殊民族,而是统一归属于全中国人民所共有。民族区域自治,从来就是以承认国家领土主权统一和中央权威为基础,重视民族特色和地方特点的"区域自治",而不是单纯强调民族因素的"民族自治",这在理

---

① 国家民委民族理论政策研究室编:《中央民族工作会议创新观点面对面》,民族出版社2015年版,第51—52页。
② 丹珠昂奔:《沿着中国特色解决民族问题的道路前进——中央民族工作会议精神学习体会》,《民族论坛》2014年第12期。
③ 同上。
④ 同上。

论上和实践上对民族分离主义形成了不容置疑的约束力,有利于现代国家的统一建构和各民族的团结繁荣。① "藏独""疆独"势力毫不顾忌自己狭隘、落后、自私、反动的政治价值追求,悍然以我国特定民族的利益代言人自居,妄图以争取所谓真正的民族区域自治为幌子,否定现行的民族区域自治制度和中央的统一领导。他们把民族权利与地方自治割裂开来,把地方自治与中央领导对立起来,谋求不受约束的自治权。其实质是打着所谓的民族"高度自治"旗号,妄图篡夺中国共产党对相关民族的领导权,煽动民族仇恨,破坏民族团结,并以"高度自治"对抗中央领导权威。

(二)旗帜鲜明地反对取消民族区域自治制度的颠覆性错误

"改革开放是决定当代中国命运的关键一招,也是决定实现'两个一百年'奋斗目标、实现中华民族伟大复兴的关键一招。"②我们要始终头脑清醒地深刻把握全面深化改革的政治定位和立场原则,明确全面深化改革绝不是对中国特色社会主义制度的改弦易辙。习近平指出,我们推进改革,关键问题是"改什么、不改什么,有些不能改的,再过多长时间也是不改,不能把这说成是不改革"。③ 在民族工作中贯彻落实全面深化改革的目标要求,就是要发展和完善作为中国特色社会主义制度重要内容的民族区域自治制度,推进民族事务治理体系和治理能力现代化。

一是要坚决反对把"本民族内部事务"绝对化和封闭化的地方民族主义倾向。单纯的"民族自治"以民族划界,把民族身份作为行使自治权力管理"本民族内部事务"的唯一标志和绝对载体,实际上是人为制造民族矛盾,与民族发展过程中各民族交往交流交融的历史趋势背道而驰。并非所有"本民族内部事务"都必须通过自治机关行使自治权力来进行管理,比如本民族自发地移风易俗、文化传承等事务,也可能通过群众文化团体等社会组织来进行相应管理。能够纳入我国民族自治地方自治机关行使自治权进行管理的"本民族内部事务",在事务内容上必然具有非封闭性的社会公共事务属性,管理方式上必须具有要求依法管理的程序规范属性。我国历史形成的自治地方各族群众大杂居、小聚居的居住格局,更使得需要自治机关管理的"本民族内部事务"的公共事务属性远超出了本民族内部可以封闭管理的范围。那些宣扬和妄图通过单纯的"民族自治"来管理"本民族内部事务"的观

---

① 朱伦:《民族共治——民族政治学的新命题》,中国社会科学出版社2012年版,第229页。
② 中共中央文献研究室编:《习近平关于协调推进"四个全面"战略布局论述摘编》,中央文献出版社2015年版,第52页。
③ 中共中央文献研究室编:《习近平关于全面深化改革论述摘编》,中央文献出版社2014年版,第20页。

点,无疑是画地为牢、画饼充饥。其后果正如有学者指出的:"在中国,如果五十六个民族各自建立民族机构,各自实行超地域的民族自治,那是多么荒谬啊!这样的民族自治根本无法实行,并且必然造成无止无休的民族纷争,使国家完全分崩离析。"①

二是要坚决反对忽视和不顾及民族问题存在长期性,妄言取消民族区域自治制度的大汉族主义论调。单纯的"区域自治"否定民族自治地方的民族聚居基础和历史分布格局,妄图用普通政治和行政权力代替和取消自治机关行使自治权力的民族属性,实际上是人为地刺激民族感情和制造民族矛盾,与现阶段民族特点、民族差异仍将长期存在的历史趋势格格不入。自治机关的民族化,是保障我国民族区域自治政策有效落实的基本条件。自治机关的民族化就是:"实行区域自治的民族,主要地以他们民族自己的干部,用他们自己的语言文字,并适当地运用他们自己的民族形式管理他们自己民族内部的事务。"②这是国家法律明确赋予实行区域自治的各民族在自治地方当家作主,自主管理本民族内部事务的权利。这些权利实质上是国家对民族地方政治生活中基于民族特点和民族差异基础上各族群众自我管理和民主管理权利的认可、尊重和保障。那些忽视和否认民族自治地方民族特性,宣扬和妄图用普通行政管理代替民族自治权、用普通公民身份掩盖各族群众民族感情的观点,无异于掩耳盗铃、自欺欺人罢了。③ 习近平对此批评指出:"这种看法是不对的,在政治上是有害的。我再次明确说一遍,取消民族区域自治制度这种说法可以休矣。"④

考察自治理论谱系在世界各国的实践可以发现,民族区域自治在各国的实践内容并没有统一标准和固定模式。"每个国家实行民族区域自治所形成的原因不同,自治的形式与内容也有所不同,因此必然导致所走的民族区域自治道路是多种多样的,这也正是文化多样性表现。"⑤任何政治制度都无法脱离特定社会政治条件来抽象评判,不能割断历史,不能想象突然就搬来一座政治制度上的"飞来峰"。某些人生搬硬套地妄图用西方的民族自治理论和公民社会建设理论来升级换代我们的民族区域自治理论,与我们

---

① 王天玺:《民族法概论》,云南人民出版社 1988 年版,第 224 页。
② 罗广武编著:《新中国民族工作大事概览 1949—1999》,华文出版社 2001 年版,第 104 页。
③ 这些典型的错误观点,参见马戎:《习近平同志近期讲话指引我国民族工作的方向》,《中央社会主义学院学报》2018 年第 3 期;马戎:《中国民族区域自治制度的历史演变轨迹》,《中央社会主义学院学报》2019 年第 3 期。
④ 丹珠昂奔:《坚持走中国特色解决民族问题的正确道路——学习习近平同志关于民族工作重要论述的体会》,《中国民族》2015 年第 2 期。
⑤ 王铁志、沙伯力主编:《国际视野中的民族区域自治》,民族出版社 2002 年版,第 24 页。

全面深化改革的方向背道而驰。我们不排斥、不反对,甚至要积极吸收借鉴世界其他多民族国家解决民族问题的经验和做法,"但决不能囫囵吞枣、决不能邯郸学步。照抄照搬他国的政治制度行不通,会水土不服,会画虎不成反类犬,甚至会把国家前途命运葬送掉"①。我们要时刻谨记习近平多次明确强调的:"在改革问题上绝不能出现颠覆性错误,大的制度和方针政策不能搞一百八十度的大转弯,否则没有不跌跟头的。"②

(三)实事求是地贯彻落实和发展完善好民族区域自治制度

习近平指出:"加强民族团结,根本在于坚持和完善民族区域自治制度。要高举各民族大团结旗帜,全面贯彻党的民族政策,使民族区域自治制度这一理论根源越扎越深、实践根基越打越牢。"③他在2021年中央民族工作会议上强调:"必须坚持和完善民族区域自治制度,确保党中央政令畅通,确保国家法律法规实施,支持各民族发展经济、改善民生,实现共同发展、共同富裕。"④

1. 落实民族区域自治制度,关键是促进民族自治地方发展繁荣

如果说实现民族平等、民族团结是我国民族区域自治制度的基本政治职能,那么实现各民族的共同发展繁荣就是该制度的基本经济和社会职能。"民族的发展繁荣,包括民族的经济、文化、科学技术、语言文字和人口素质各方面都达到高度发达的水平,而主要的是经济文化的发展繁荣。"⑤少数民族的发展繁荣,离不开民族自治地方的发展进步,并且是以之为前提和基础的。习近平指出,把《宪法》和《民族区域自治法》的规定落实好,关键是帮助自治地方发展经济,改善民生。⑥ 这个论断彰显了我国社会主义本质要求在民族工作上的体现,指明了解决我国新时代民族问题的根本途径,适应了全面实现"两个一百年"奋斗目标的现实需要。

落实民族区域自治制度,牢牢把握帮助自治地方发展经济,改善民生这个关键任务,就要以民族区域自治制度为依托,发挥好中央、发达地区、自治地方各方面的积极性,因地制宜地科学谋划适合地方特点和具有民族特色的发展道路,力争使民族地区在全面建成小康社会的基础上,通过加快发

---

① 全国人大常委会办公厅、中共中央文献研究室编:《人民代表大会制度重要文献选编》(四),中国民主法制出版社、中央文献出版社2015年版,第1771页。
② 丹珠昂奔:《坚持走中国特色解决民族问题的正确道路——学习习近平同志关于民族工作重要论述的体会》,《中国民族》2015年第2期。
③ 谢环驰:《扎实推动经济高质量发展 扎实推进脱贫攻坚》,《人民日报》2018年3月6日,第4版。
④ 《习近平谈治国理政》(第四卷),外文出版社2022年版,第244页。
⑤ 张尔驹主编:《中国民族区域自治的理论和实践》,中国社会科学出版社1988年版,第74页。
⑥ 国家民委民族理论政策研究室编:《中央民族工作会议创新观点面对面》,民族出版社2015年版,第152页。

展,不断缩小相同地区内不同民族间的发展差距和落后的自治地方与经济发达地区间的发展差距。首先,国家和上级机关要加大对初步脱贫地区和边疆民族地区发展的扶持力度。要着眼于促进基本公共服务均等化,着力解决好就业、教育等民生难题,解决通路、通水、通电等实际问题,切实让各族群众共享国家改革开放的发展成果,增强初步脱贫地区各族群众的"五个认同"。其次,优化对口支援体制,充实和完善对口支援的内涵。要有序做好发达地区对口支援民族地区发展工作,调动各类企事业单位和社会慈善组织、社会团体等开展全方位、多层次对口支援民族地区的积极性;要着力指导和帮助民族地区各族群众巩固脱贫成果,提高他们生产发展和乡村振兴能力,使支援过程成为促进民族交往交流交融、地区合作发展的过程。要加快全国统一市场建设进程,推进基础设施互联互通,推进产业结构跨区域有序升级,支持民族地区融入全国和区域一体化发展。再次,民族地区要充分发挥后发优势、资源优势、沿边优势,深化改革,抓住"一带一路"新机遇,不断增强自我发展能力。

2. 完善民族区域自治制度,关键是贯彻落实好民族区域自治法

贯彻落实民族区域自治法,实现民族事务治理法治化,就要求民族事务治理主体要能够运用法治思维和法治方式,遵照法律法规要求,做好民族工作。

其一,加强配套立法,建立系统完备的民族法律法规体系。首先,在立法理念上,要维护和体现好《宪法》和《民族区域自治法》的原则规定。其次,在立法程序上,要坚持科学、民主、依法决策。再次,在立法技术上,要提高配套法律法规的可执行性和可操作性。

其二,严格依法办事,建立高效公平的民族法治实施体系。首先,在执法层面要坚持依法行政。上级国家机关和民族自治地方都要在法律框架内维护国家法制统一,依法保障和落实自治机关的自治权,促进自治地方加快发展;各地各部门都要建立健全依法决策机制,推行政府权力清单制度、法律顾问制度,依法保障少数民族合法权益。要严格规范操作,公正文明执法,尊重民族感情和心理,争取各族群众支持和理解。其次,在司法层面要坚持法律面前人人平等。"要依法妥善处理涉及民族因素的问题,坚持在法律范围内、法治轨道上处理涉及民族因素的问题,不能把涉及少数民族群众的民事和刑事问题归结为民族问题,不能把发生在民族地区的一般矛盾纠纷简单归结为民族问题。"[①]

[①] 《中共中央、国务院印发〈关于加强和改进新形势下民族工作的意见〉》,《人民日报》2014年12月23日,第1、2版。

其三,强化检查监督,建立严密到位的民族法治监督体系。首先,要建立和完善包括权力机关监督、司法监督、行政监督、社会监督在内的全方位的监督检查体系。① 其次,要坚持问题导向,重点抓好执法部门、窗口单位和服务行业等领域的检查监督,加强对基层民族关系的监测、预警和评估。再次,应抓好领导干部这个"关键少数",建立健全和严格落实领导干部质询、问责制度。

其四,完善体制机制,形成支持有力的民族法治保障体系。首先,要加大普法教育和宣传力度。要教育和引导各族干部和群众知法、懂法、守法、信法、用法,依法享受与维护权利,履行法定义务;要教育和培训参与民族事务治理的相关部门、单位、团体及人员,使之成为实现民族事务依法治理的合格主体和行为模范。其次,要推动城乡公共法律服务体系建设。要完善法律援助制度,健全司法救助体系,形成遇见问题找法、化解矛盾靠法的良好法治环境。

第三节 "生命"攸关的民族团结论

民族团结进步事业是国家安定和社会团结的重要内容,安定团结的政治和社会环境也是实现民族振兴与国家发展的基础和前提。做好民族工作,解决好我国"两个一百年"进程中的民族问题,为中华民族伟大复兴提供切实强大的保障和动力,"最关键的是搞好民族团结,最管用的是争取人心"。② 习近平在2021年中央民族工作会议上强调,"必须高举中华民族大团结旗帜,促进各民族在中华民族大家庭中像石榴籽一样紧紧抱在一起"。③

一、我国民族团结进步事业的基本内涵和发展历程

(一) 我国民族团结进步事业的基本内涵

1. 基本含义

在当代中国的政治话语体系中,民族团结进步是民族团结和民族进步的合意。我国民族团结进步事业的基本含义可概括为:主要是指在党和国家的领导下,中华民族整体及56个构成民族之间、各民族内部都遵循平等

---

① 王允武:《试论完善民族区域自治法的实施制度》,《西南民族学院学报》(哲学社会科学版)1997年第3期。
② 国家民委民族理论政策研究室编:《中央民族工作会议创新观点面对面》,民族出版社2015年版,第158页。
③ 《习近平谈治国理政》(第四卷),外文出版社2022年版,第244页。

相待,互相尊重,和睦相处,互助合作的行为准则,各族人民同心同德,共同致力于发展政治、经济、文化和各项社会事业,共同致力于维护国家统一和安全,努力促进社会稳定和协调发展,坚决反对一切违背各族人民共同愿望和根本利益的要求和行为。① 该基本含义涵盖了我国民族问题"一个发展、三个关系"的基本内容,客观概括了我国民族自身发展,民族内部及其相互间关系,民族与国家、阶级间关系的遵循原则、现状与发展愿景,能够为我们开展相关研究提供探索空间和基本指引。

2. 基本内容

从中华民族及其构成民族及成分的层次上全面把握民族团结进步的基本内容,最主要的就是要在正确把握中华民族一体性与多元性的辩证统一关系基础上,把维护国家统一与实现民族团结结合起来,在实现中华民族伟大复兴和各民族振兴进程中,正确认识和处理中华民族大家庭两个层次的民族关系。前者"关系"的核心就是国家统一,后者"关系"的核心就是民族团结,就是"三个离不开"。习近平号召:"各民族同胞要手足相亲、守望相助,共同维护民族团结、国家统一。"②

3. 发展目标

新时代,以习近平同志为核心的党中央提出"两个一百年"奋斗目标,体现了各族群众对民族复兴和美好生活的向往和期盼,阐明了民族团结新的奋斗方向。习近平指出:"实现中华民族伟大复兴的中国梦是各民族大家的梦,也是我们各民族自己的梦。"③中华民族一家亲,同心共筑中国梦,这是全体中华儿女的共同心愿,也是全国各族人民的共同目标。实现这个心愿和目标,就要铸牢中华民族共同体意识,把推动各民族为全面建设社会主义现代化国家共同奋斗作为新时代党的民族工作的重要任务,促进各民族紧跟时代步伐,共同团结奋斗、共同繁荣发展,在党的领导下万众一心为实现中华民族伟大复兴而奋斗。

4. 本质特征

我国民族团结进步事业,是建设中国特色社会主义伟大事业的重要组成部分。④ 唯物辩证法认为,事物整体对其局部起着支配、统率、决定作用,

---

① 李贽:《中国特色社会主义民族理论的体系建构及发展创新》,中国社会科学出版社2016年版,第200页。
② 姚大伟:《中华民族一家亲 同心共筑中国梦》,《人民日报》2015年10月1日,第1版。
③ 同上。
④ 《指导新时期民族工作的纲领性文献——深入学习胡锦涛同志在中央民族工作会议上的重要讲话》,人民出版社2005年版,第7页。

协调各局部向着统一的方向发展。中国共产党是中华民族团结统一的核心力量,是党领导各族人民开创了作为中国特色社会主义伟大事业重要组成部分的中华民族的民族团结进步事业。这就决定了党的领导同样也是我国民族团结进步事业的本质特征。没有党的领导,就不会有中华人民共和国的成立,就不会有各族人民相依为命的社会主义大家庭,就不会有我国各民族平等团结、互助和谐的社会主义民族关系,更不会有中华民族一家亲,同心共筑中国梦的光明未来。可见,党的领导是民族团结进步事业存在与发展的前提和基础,坚持和完善党的领导是该事业的本质特征和基本要求。

(二) 新中国成立以来党和国家促进民族团结进步事业的探索历程

1. 新中国成立初期党和国家对民族团结的重视和探索

新中国成立不久,毛泽东就提出"在一切工作中坚持民族平等和民族团结政策"[①]。1949年《共同纲领》和1954年《宪法》确认和规范了民族平等和民族团结的根本原则,明确规定:中华人民共和国境内各民族一律平等,实行团结互助……使中华人民共和国成为各民族友爱合作的大家庭。反对大民族主义和狭隘民族主义,禁止民族间的歧视、压迫和分裂各民族团结的行为。针对新中国成立初期纷繁复杂的国内民族关系状况,毛泽东强调,"国家的统一,人民的团结,国内各民族的团结,这是我们的事业必定要胜利的基本保证"[②],并且把民族团结与民族分裂作为在民族问题上区分人民内部矛盾和敌我矛盾的首要政治标准。党和国家还制定了一系列的方针政策,采取了各种措施理顺和疏通民族关系,努力构建新型和谐的社会主义民族关系。

新中国成立初期党的民族工作实践着力于从各个方面疏通民族关系,加强民族团结,从而形成了新的社会主义的民族关系,为我国社会主义民族大团结奠定了坚实基础。1957年以后由于指导思想上"左"倾错误对党的各项民族政策的践踏,特别是"文化大革命"期间在民族地区制造的大量冤假错案,"使各民族人民之间的关系特别是汉族与少数民族之间的关系受到了严重的破坏"[③]。

2. 改革开放以来党和国家对民族团结的促进和发展

改革开放以来,党和国家把民族团结工作与促进各民族的改革、发展繁荣紧密结合起来,实现了民族团结工作的新飞跃,开创了民族团结进步事业

[①] 《毛泽东书信选集》,人民出版社2003年版,第322页。
[②] 《毛泽东著作选读》(下册),人民出版社1986年版,第757页。
[③] 郝时远:《中国的民族与民族问题——论中国共产党解决民族问题的理论与实践》,江西人民出版社1996年版,第192页。

的新局面。

一是拨乱反正,修复"左"倾错误对民族团结的创伤。五届人大一次和二次会议先后恢复了国家民委和全国人大民族委员会。各地民委及其他民族工作机构也相继恢复。1979年,中共中央批准撤销了长期以来林彪、"四人帮"强加给民族工作的种种罪名,并通过召开全国边防工作会议和民族政策宣传工作座谈会等方式,大力开展民族政策的再教育。党和国家还对民族宗教工作方面的冤、假、错案进行平反,对"文化大革命"以前历次运动错误处理的遗留问题也按照政策进行复查纠正,重申并且落实了党的民族政策。通过这些工作"恢复并增强了中国共产党在少数民族中的威信,改善了汉族和少数民族之间的关系。对于弥合民族团结方面存在的裂痕,增进民族团结,起了重要的作用"①。

二是正本清源,实现民族工作重心的转移。1980年中共中央的《关于转发〈西藏工作座谈会纪要〉的通知》及1981年十一届六中全会通过的《关于建国以来党的若干历史问题的决议》都对"民族问题的实质是阶级问题"这个不加限定、盲目套用的"左"倾错误理论进行了清算。在此基础上,1981年中共中央书记处批准的《云南民族工作汇报会纪要》和1987年中共中央、国务院批转的《关于民族工作几个重要问题的报告》都进一步明确了新时期民族工作的根本任务:"以经济建设为中心,全面发展少数民族的政治、经济和文化,不断巩固社会主义的新型民族关系,实现各民族的共同繁荣。"②

三是实事求是,准确把握我国民族关系的发展趋势和基本特点。在1979年全国政协五届二次会议上,邓小平指出:"我国各兄弟民族经过民主改革和社会主义改造早已陆续走上社会主义道路,结成了社会主义的团结友爱、互助合作的新型民族关系。"1990年,江泽民在新疆视察时肯定了"两个离不开"思想,并将其进一步发展完善为"三个离不开"的思想。1999年,江泽民要求:"全党同志必须把加强民族团结、促进各民族共同发展和共同繁荣,作为整个社会主义初级阶段民族工作的行动纲领。"③2005年,胡锦涛在科学界定"发展我国民族团结进步事业"内涵的基础上,提出了平等、团结、互助、和谐是我国社会主义民族关系的基本特征。④ 2014年,习近平指

---

① 《当代中国》丛书编辑部:《当代中国的民族工作》,当代中国出版社1993年版,第166页。
② 国家民族事务委员会、中共中央文献研究室编:《新时期民族工作文献选编》,中央文献出版社1990年版,第303—304页。
③ 国家民族事务委员会、中共中央文献研究室编:《民族工作文献选编(一九九〇—二〇〇二年)》,中央文献出版社2003年版,第211—212页。
④ 《指导新时期民族工作的纲领性文献——深入学习胡锦涛同志在中央民族工作会议上的重要讲话》,人民出版社2005年版,第7页。

出,民族团结是各族人民的生命线,我们要牢牢把握"两个共同"的主题,牢固树立"三个离不开"的思想观念,增强各族群众的"五个认同"。①

四是夯实基础,大力促进少数民族和民族地区发展繁荣。邓小平曾强调:"要使生产发展起来,人民富裕起来……只有这件事办好了,才能巩固民族团结。"②改革开放以来,党的几代中央领导集体都把少数民族和民族地区的经济、社会发展及文化建设,看作是实现民族团结的基础和核心工作。多次深入少数民族地区开展实地调查研究、分类指导,与少数民族干部和代表人物共同商讨民族地区发展大计,扩大少数民族地区对外开放;采取西部大开发、兴边富民、扶持人口较少民族等一系列加快少数民族和民族地区经济发展的发展战略和政策措施;按照民族地区特点进行相应改革,对民族省区实行特殊财政体制和税收优惠政策,给予特别财政扶持和税收减免,大力发展民族贸易和民族用品生产。党和国家还组织经济发达省市同少数民族地区开展对口支援,组织民主党派专家帮助少数民族脱贫致富。大力发展少数民族地区的文化教育卫生事业,保护和改善少数民族地区的生态环境。

五是高度重视,积极探索民族团结进步事业的发展规律。党的十一届三中全会后,党的历次重要大会和会议都把民族团结工作当作是党领导社会主义建设事业的重要内容和任务进行研究部署和专门指导。改革开放以来,党中央先后召开了七次西藏工作座谈会、三次新疆工作座谈会,体现了党中央对西藏和新疆特殊地区民族团结和社会发展的重视和探索。1992年—2021年,党中央先后召开五次中央民族工作会议。"历次中央民族工作会议对民族团结进步事业的研究部署,始终着眼于维护民族团结和国家统一这个中华民族的根本利益,始终着眼于推动民族团结进步事业新的实践和新的发展这个民族工作根本任务,始终坚持实事求是、一切从实际出发、与时俱进、开拓创新这个民族工作的根本方法,始终坚持加强和改善党的领导这个民族工作的根本保障,这正是我国民族团结进步事业不断取得辉煌成就的根本原因。"③

六是与时俱进,不断丰富和创新民族团结的实现形式。首先,广泛深入地推进民族团结进步表彰活动。1980年,党和国家在全国范围进行了民族

---

① 李学仁:《依法治藏富民兴藏长期建藏 加快西藏全面建成小康社会步伐》,《人民日报》2015年8月26日,第1版。
② 中共中央文献研究室编:《邓小平关于建设有中国特色社会主义的论述专题摘编》,中央文献出版社1992年版,第275页。
③ 刘宝明:《历次中央民族工作会议关于民族工作几个基本问题的阐述》,《中国民族报》2014年10月10日,第5版。

政策再教育活动。到2019年,党和国家在北京先后召开了七次全国民族团结进步表彰大会,推动了这项活动的制度化和规范化发展。其次,建立健全了妥善处理影响民族团结的有效机制。再次,依法打击各种破坏民族团结的活动。

七是抓住关键,建设一支宏大的少数民族干部队伍。改革开放以来,党和国家坚持把少数民族干部培养选拔工作作为管根本、管长远的大事,采取特殊扶持政策,制定周密规划,认真组织实施,为少数民族干部队伍的建设做了大量工作。少数民族干部队伍的数量和质量都得到很大提升和发展。

综上所述,以新中国的成立和社会主义制度的建立为标志,我国平等、团结、互助、和谐的社会主义民族关系得以制度化的建立,并在实质和内容上进入了不断结合时代发展需求得以巩固和发展的新纪元。

二、民族团结是我国各族人民的生命线

党的十八大以来,以习近平同志为核心的党中央多次强调,民族团结是我国各族人民的生命线。[①] 该论断的提出,"标志着中国共产党对民族团结功能和意义的认识达到了一个新境界,即将过去仅将民族团结作为实现国家统一的'重要保证'这样一种工具理性的层面,上升到'各族人民的生命线'这样一种价值理性的高度,深刻转变了我们看待民族团结的角度和思维"[②]。

(一)民族团结生命线的重要体现

习近平强调,要高举各民族大团结的旗帜,坚持绵绵用力、久久为功,把加强民族团结作为战略性、基础性、长远性工作来做。[③] 该论断为我们认识和把握民族团结在我国社会主义现代化建设事业中的地位、作用和特征指明了方向。

---

① 习近平对该论断的几次强调,参见:李学仁:《坚持依法治疆团结稳疆长期建疆 团结各族人民建设社会主义新疆》,《人民日报》2014年5月30日,第1版;兰红光:《中央民族工作会议暨国务院第六次全国民族团结进步表彰大会在北京举行》,《人民日报》2014年9月30日,第1、2版;鞠鹏:《坚决打好扶贫开发攻坚战 加快民族地区经济社会发展》,《人民日报》2015年1月22日,第1版;姚大伟:《中华民族一家亲 同心共筑中国梦》,《人民日报》2015年10月1日,第1版。应该指出的是,胡锦涛也曾经用"生命线"来定位民族团结对新疆各族人民的重要性,2009年他在新疆考察的讲话中提出"民族团结是新疆各族人民的生命线,是做好新疆一切工作的重要保证"。这可以看成是习近平同志提升、发展、创新和完善该论断的基础。参见鞠鹏、孙承斌、邹声文:《创造新疆更加美好的明天》,《人民日报》2009年8月26日,第1版。
② 王怀强:《十八大以来党的民族理论的若干创新》,《中国民族报》2015年11月20日,第5版。
③ 国家民委民族理论政策研究室编:《中央民族工作会议创新观点面对面》,民族出版社2015年版,第65页。

1. 战略性地位

民族团结是我国各族人民共同参与和承担的中国特色社会主义建设事业的重要组成部分和必要保障条件。民族团结在中国特色社会主义事业中所占据的重要战略性地位,是由社会主义民族关系的性质所决定的,也是我国民族平等的表现和必然结果。①

2. 基础性作用

我国各族人民的大团结,为自己超越民族差异界限联合起来,建设共同的社会主义事业奠定了坚实的政治和社会基础。习近平强调,"做好民族工作,最关键的是搞好民族团结,最管用的是争取人心"②。"最关键"意即"民族团结是发展进步的基石"③,体现了民族团结工作在国家全局建设中的基础性作用。"最管用"则体现了民族团结在党的群众路线实践中的基础性作用。

3. 长远性特征

不谋万世者,不足谋一时。习近平强调,对待民族团结工作要"坚持绵绵用力、久久为功"④;在2014年视察新疆时,他指出"新疆的问题,最难最长远的还是民族团结问题"⑤。这些论断充分体现了党中央对民族团结工作长远性特征的深刻把握,体现了当代中国马克思主义者在民族团结问题上深邃独到的历史眼光和宽广博大的人民情怀。

(二)民族团结生命线符合中国历史文化发展传统

在我国各族人民共同的政治生活和发展道路中,民族团结事业始终占据和发挥着"生命线"这样重要而关键的地位和作用。这既来源于中国千百年悠久丰富的和合共生的政治文化和历史传统,更植根于中华民族共同体各构成群体融合发展的自然历史发展过程。

1. 和合共生的政治文化传统的本土思想基础

英国史学家汤因比指出:"就中国人来说,几千年来,比世界上任何民族都成功地把几亿民众,从政治文化上团结起来。他们显示出这种在政治、文

---

① 金炳镐:《民族关系理论通论》,中央民族大学出版社2007年版,第208页。
② 国家民委民族理论政策研究室编:《中央民族工作会议创新观点面对面》,民族出版社2015年版,第65页。
③ 李斌、霍小光、兰红光:《把祖国的新疆建设得越来越美好——习近平总书记新疆考察纪实》,《人民日报》2014年5月4日,第1、3版。
④ 兰红光:《中央民族工作会议暨国务院第六次全国民族团结进步表彰大会在北京举行》,《人民日报》2014年9月30日,第1、2版。
⑤ 李斌、霍小光、兰红光:《把祖国的新疆建设得越来越美好——习近平总书记新疆考察纪实》,《人民日报》2014年5月4日,第1、3版。

化上统一的本领,具有无与伦比的成功经验。"①这样的政治智慧和成功经验,就体现在中华先贤们对和合共生、社会团结的政治文化传统的创造、维护和完善上。②

2. 农牧互补基础上多元融合的民族过程铸就的历史纽带

中华民族在长期历史交融中形成的农牧民族与游牧渔猎民族间互通有无、相互依存的命运共同体关系,实质上是内部构成民族间有机团结的和合共生民族关系传统的写真和体现。③ 习近平用"四个共同"来描述这种历史形成的和合共生民族关系传统,充分肯定中华各构成民族共同开发祖国疆域河山、共同书写统一多民族国家历史、共同创造中华精彩纷呈文化、共同培育中华民族伟大精神的共同体历史发展过程。

(三) 民族团结生命线具有深厚的马克思主义理论基础

民族团结是各族人民的生命线,适应马克思主义关于民族解放的条件和民族平等团结的纲领理论的要求,体现了马克思主义理论与当代中国民族工作实践相结合的本质特征。

1. 全世界无产者联合起来在统一多民族国家的实践

《共产党宣言》提出"全世界无产者,联合起来",鲜明表明马克思主义不分民族和国别的无产阶级联合起来争取共同解放的思想。列宁肯定共产国际提出的"全世界无产者和被压迫民族联合起来"的口号。

中国共产党是马列主义指导下的无产阶级政党,是中国无产阶级的先锋队组织,是中国人民和中华民族的先锋队组织。这样的性质和定位决定了中国共产党肩负着组织和团结中国无产阶级和中华民族的先进力量,完

---

① [英]A.J.汤因比、[日]池田大作:《展望二十一世纪:汤因比与池田大作对话录》,荀春生、朱继征、陈国栋译,国际文化出版公司1985年版,第294页。

② "和合"的定义,是"指自然、社会、人际、心灵、文明中诸多形相和无形相的相互冲突、融合,与在冲突、融合的动态变易过程中诸多形相和无形相和合为新结构方式、新事物新生命、的总和"。参见张立文:《和合学——21世纪文化战略的构想》(上卷),中国人民大学出版社2006年版,第58页。"共生"本意是两种不同生物之间所形成的紧密互利关系,在社会科学中则是指"人类之间、人与自然之间相互依存、相互开放、相互促进、相互获利、共存共荣、共同发展的生存关系"。参见许锋华:《共生道德教育论》,华中师范大学出版社2012年版,第48页。

③ 法国社会学家涂尔干提出,有机团结是随着社会分工的出现而出现的,它是建立在社会分工和个人异质性基础上的一种社会联系。机械团结存在于不发达社会和古代社会,根本特征是社会成员信仰、情感、意愿的高度同质性。我们认为,从中华民族整体角度看,中华民族各群体间千百年来建立于农牧渔猎自然经济分工基础上的社会联系,本质上更符合有机团结的特点。从各构成民族角度看,各民族群体内部则是建立在个人之间的相同性或相似性(即同质性)基础上的一种社会联系,本质上更符合机械团结的特点。参见[法]埃米尔·涂尔干:《社会分工论》,渠东译,生活·读书·新知三联书店2000年版。

成中国各族人民的政治解放和社会解放,并为社会主义、共产主义远大理想在中国的实现准备各方面现实条件的历史重任。我们党团结和领导各族人民推进社会发展的社会实践,既体现在党团结和领导各族人民取得新民主主义革命、社会主义革命及其后的社会主义现代化建设的探索成就的历史中,更体现在改革开放后中国特色社会主义道路为中华民族实现伟大复兴中国梦开辟的现实保障中。无论是在我们已经取得还是即将取得的民族、国家和社会发展成果中,党通过坚强领导把各族人民团结起来,实现中华民族大团结,都是我们唯一可以依靠的、决定我们能否最终取得成功的最有力的武器。新时代党中央强调的"两个一百年"奋斗目标,体现了各族人民对民族复兴和美好生活的向往和期盼,也阐明了民族团结新的奋斗方向,实现这个心愿和目标,同样离不开全国各族人民大团结的力量。

2. 民族平等是民族团结的基础和前提

列宁提出马克思主义的民族纲领考虑到资本主义条件下的民族问题两种历史趋势,"因而首先要维护民族平等和语言平等,不允许在这方面存在任何特权","其次要维护国际主义原则,毫不妥协地反对资产阶级民族主义(哪怕是最精致的)毒害无产阶级"。[1]

中国共产党在领导和团结全国各族人民进行革命和建设进程中,始终把民族团结生命线的科学性置于民族平等的忠实实践之上,正确把握民族团结与民族平等相互关系,实现了民族平等与民族团结的良性互动。一是我国56个民族都是中华民族大家庭的平等一员,共同构成了你中有我、我中有你、谁也离不开谁的中华民族命运共同体。[2] 党和国家不仅从公民个体角度重视依法保障各族个体公民的平等权利,更重视从民族群体角度把"包括政治上的平等权利,发展经济文化的平等权利,语言文字的平等地位。还包括尊重各民族的宗教信仰和风俗习惯等"[3]内容都写进《宪法》《民族区域自治法》等国家正式的法律法规中。二是不仅重视各民族各方面权利和地位的法律平等,更重视提升和推进这些民族平等权利和地位在事实上的实现程度。通过党和国家及发达地区对发展落后地区各种形式的对口帮扶,增强落后地区各族群众的经济社会发展能力,从而使得各民族政治法律上的平等权利在经济社会生活的各个方面、各个领域得到充分体现。

---

[1] 《列宁选集》(第二卷),人民出版社2012年版,第340页。
[2] 姚大伟:《中华民族一家亲 同心共筑中国梦》,《人民日报》2015年10月1日,第1版。
[3] 国家民族事务委员会、中共中央文献研究室编:《民族工作文献选编(一九九〇—二〇〇二年)》,中央文献出版社2003年版,第2页。

三、新时代巩固和加强民族团结的基本要求和实现途径①

在 2014 年中央民族工作会议上,习近平指出,做好民族工作,最关键的是搞好民族团结。② 在 2021 年中央民族工作会议上,他强调:"铸牢中华民族共同体意识是巩固和发展平等团结互助和谐社会主义民族关系的必然要求,只有铸牢中华民族共同体意识,才能增进各民族对中华民族的自觉认同,夯实我国民族关系发展的思想基础,推动中华民族成为认同度更高、凝聚力更强的命运共同体。"③这要求我们要以铸牢中华民族共同体意识为主线,切实加强和改进民族工作,为开拓创新新时代民族团结进步事业奠定坚实的思想基石、群众基础、社会条件、创新载体和法治保障。

(一)思想基石:正确认识我国民族关系的主流,反对两种民族主义

2014 年中央民族工作会议指出,汉族离不开少数民族、少数民族离不开汉族、各少数民族之间也相互离不开是当今我国民族关系的真实写照,各民族和睦相处、和衷共济、和谐发展是我国民族关系的主流。④

1."三个离不开"和"三和"主流定位是对中华民族历史发展和现实结构特征的准确把握

其一,在中华民族这个大家庭里,各民族之间谁也离不开谁的关系,正是对中华民族多元一体结构特征的深刻揭示。中华民族"并不是指汉族或任何一个特定的民族,而是包括中华人民共和国政治统一体中所有的民族"⑤。构成中华民族有机部分的各具体民族尽管有各种差异,但它们共存、共生于一个统一的中华民族共同体之中。这是我们铸牢中华民族共同体意识的客观依据和现实基础。

其二,"三和"主流关系定位,符合我国各民族和合共生的历史发展传统。美国作家埃德加·斯诺在 20 世纪 60 年代对比美国白人殖民者屠杀印第安人的种族灭绝历史指出:"鉴于汉族与非汉族人民数千年来和平共处的事实……在民族问题上,还是让我们放弃道德优越感,在考虑当前的汉族与

---

① 本小节相关内容改写自笔者及金炳镐先生:《新时代促进我国民族团结进步事业基本途径的探索》,《中国边疆史地研究》2019 年第 3 期。
② 国家民委民族理论政策研究室编:《中央民族工作会议创新观点面对面》,民族出版社 2015 年版,第 149—161 页。
③ 《习近平谈治国理政》(第四卷),外文出版社 2022 年版,第 245 页。
④ 国家民族事务委员会编:《中央民族工作会议精神学习辅导读本》,民族出版社 2015 年版,第 101 页。
⑤ 关桂霞:《巩固和发展平等团结互助和谐的社会主义民族关系》,《中共云南省委党校学报》2014 年第 1 期。

少数民族的关系时,不应忘记汉族人没有对少数民族的祖先进行大屠杀。"①这是我们巩固民族团结的历史优势和传统资源。

其三,"三和"的民族关系主流定位,是对新中国 70 多年新型民族关系构建成果的客观描述和准确定性,也是对我国社会主义民族关系平等、团结、互助、和谐的基本特征的现实反映。新中国成立初期,邓小平指出,在中国的历史上,少数民族与汉族的隔阂是很深的,"只有在消除民族隔阂的基础上,经过各族人民的共同努力,才能真正形成中华民族美好的大家庭"。② 经过不懈努力,党和国家全面促进各民族政治、经济、文化发展,认真贯彻落实"真正的民族平等"政策,逐步消除民族隔阂,"十分注意照顾少数民族的利益",形成了"中国一个很重要的特点就是没有大的民族纠纷"。③

2. 充分认识我国民族团结的历史局限性,认清民族关系逆流和支流的社会根源

其一,要多看民族关系的主流,不被逆流和支流所迷惑。"一段时期以来,民族分裂势力企图破坏民族团结,这是逆流;极个别民族地区发生民族隔阂的现象,这是支流。逆流阻挡不了潮流,支流改变不了主流。"④要看到我国民族关系总体和谐稳定的基本格局没有变,中华民族团结进步的历史大势没有变。特别是要看到十八大以来铸牢中华民族共同体意识的工作实践极大地增强了各族人民的"五个认同",极大地增强了中华民族的凝聚力向心力。

其二,要把握社会主义民族关系本质特点的进步性与初级阶段实现程度的局限性的辩证统一。"三和"的民族关系主流,体现了我国社会主义民族关系平等、团结、互助、和谐的本质特征,明显优越于历史上其他类型民族关系。但由于我国仍处于社会主义初级阶段,因而这种进步的民族关系在现实生活中的完全实现,还不能不受到现阶段国内外敌对势力的影响、干扰,还不能不受到各方面矛盾、冲突和现实条件的障碍和制约,从而在我国社会主义民族关系本质特点的实现程度上表现出了很大的局限性。这具体表现为:民族平等的不完全性、民族团结的相对性、民族间互助合作的有限性和互助与竞争的共生性、共同繁荣的初步性。⑤ 所以,要清醒认识到我国

---

① Snow, Edgar: *The Other Side of the River*, Random House, 1962, p.596.
② 《邓小平文选》(第一卷),人民出版社 1994 年版,第 162 页。
③ 《邓小平文选》(第三卷),人民出版社 1993 年版,第 362 页。
④ 国家民族事务委员会编:《中央民族工作会议精神学习辅导读本》,民族出版社 2015 年版,第 103 页。
⑤ 金炳镐:《民族理论通论》,中央民族大学出版社 1994 年版,第 279—280 页。

新型民族关系"还只是一种欠成熟、欠巩固的发展中的民族关系"①。这是我们认识和思考形成民族关系逆流和支流的社会根源的历史基点。

其三,要把增强民族团结的自信心与做好民族工作的忧患意识结合起来。看不到民族团结的光明面,过度夸大个别事件的负面影响,甚至以某个民族区域自治地方局部出事否定该地方整体工作,以某一少数民族中极少数分裂分子闹事质疑该民族全体,以个别少数民族成员的个例否定长期实践证明的卓有成效的民族政策等借题发挥、挑拨生事的短视行为和浮浅见识,最终只能动摇我们坚定不移走中国特色解决民族问题正确道路的信心,伤害我们民族团结的根本。而没有忧患意识,盲目乐观,看不到时代发展给民族关系领域带来的新变化、新情况、新挑战、新问题,不抓早抓小抓苗头抓倾向性问题,积极探索和把握解决民族关系逆流、支流的方法和途径,最终也会使小问题积累成大问题。

3. 把握我国民族关系主流,要坚决反对两种民族主义,自觉维护国家最高利益和民族团结大局

习近平指出:"加强民族团结,要坚决反对大汉族主义和狭隘民族主义。反对两种主义的问题,从共同纲领到现行宪法都作了规定。大汉族主义要不得,狭隘民族主义也要不得,它们都是民族团结的大敌。"②其一,两种民族主义主要表现为:大汉族主义高高在上,自以为是,看不起少数民族,爱搞包办代替、指手画脚,遇事很少同少数民族商量;狭隘民族主义坐井观天,故步自封,排斥别的民族,遇事首先考虑本民族或局部权利,罔顾大局和大多数人的利益。其二,两种民族主义都会对民族团结造成伤害:大汉族主义错误发展下去容易产生民族歧视,狭隘民族主义错误发展下去容易滋生离心倾向,最终都会造成民族隔阂和对立,严重的还会被敌对势力利用。其三,反对两种民族主义,要防止无限上纲上线。人民内部、同志之间真正能上升到主义层面的分歧并不多,要防止随意乱揪辫子、乱发帽子、乱打棍子,把两种民族主义变成内耗工具。在反对两种民族主义倾向上,要把大民族主义作为矛盾的主要方面来认真对待。其四,要教育和引导各族人民把对本民族的民族感情同爱国主义、社会主义结合起来,同铸牢中华民族共同体意识结合起来,牢固树立正确的祖国观、历史观、民族观。习近平强调:"要正确把握中华民族共同体意识和各民族意识的关系,引导各民族始终把中

---

① 郭大烈主编:《论当代中国民族问题》,民族出版社1994年版,第174页。
② 丹珠昂奔:《民族工作方法论——中央民族工作会议精神学习体会》,民族出版社2016年版,第39页。

华民族利益放在首位,本民族意识要服从和服务于中华民族共同体意识,同时要在实现好中华民族共同体整体利益进程中实现好各民族具体利益,大汉族主义和地方民族主义都不利于中华民族共同体建设。"①

(二)群众基础:善于团结群众,抓住争取人心这个最管用的办法

民族团结工作,实质上是由党和政府主导的面向各族群众广泛开展的群众工作,民族团结的主体是各族群众,核心是做好各族群众凝心聚力的工作。习近平指出,做好民族工作,最关键的是搞好民族团结,最管用的是争取人心;人心是最大的政治;人心在我,各族人民就能众志成城。"抓不住人心,就搞不好民族团结、做不好民族工作。"②

1. 以服务民生利益为根本,树立抓民生争人心的政绩观

民生是人民幸福之基,社会和谐之本,民族团结之根。2014年4月,习近平在新疆考察期间指出,必须紧紧围绕改善民生、争取人心来推动经济发展。③他强调,要紧紧围绕各族群众安居乐业,多搞一些改善生产生活条件的项目,多办一些顺民意、惠民生的实事,多解决一些各族群众牵肠挂肚的问题,让各族群众切身感受到党的关怀和祖国大家庭的温暖。④ 2014年中央民族工作会议强调,要以推进基本公共服务均等化为重点,着力改善民生。发展经济的根本目的就是要让各族群众过上好日子。⑤ 在2021年中央民族工作会议上,习近平指出:"要赋予所有改革发展以彰显中华民族共同体意识的意义,以维护统一、反对分裂的意义,以改善民生、凝聚人心的意义,让中华民族共同体牢不可破。"⑥这些心系各族群众民生利益的谆谆教导,正是党中央对新时代民族团结工作要树立起抓民生争人心政绩观的高度重视和充分肯定。只有把各族群众对自身全面发展繁荣的需求和利益,纳入和体现到我们的民族工作中来,统筹安排,积极实现,才能为民族团结和国家统一奠定坚实广泛的人心基础。

2. 尊重各族群众的主体地位,大力发展基层协商民主

争取各族群众人心的前提和基础,是在政治、经济和社会生活中充分尊

---

① 《习近平谈治国理政》(第四卷),外文出版社2022年版,第246页。
② 国家民族事务委员会编:《中央民族工作会议精神学习辅导读本》,民族出版社2015年版,第104页。
③ 谢环驰:《紧紧依靠各族干部群众共同团结奋斗 建设团结和谐繁荣富裕文明进步安居乐业的社会主义新疆》,《人民日报》2014年5月1日,第01版。
④ 李学仁:《坚持依法治疆团结稳疆长期建疆 团结各族人民建设社会主义新疆》,《人民日报》2014年5月30日,第01版。
⑤ 国家民委民族理论政策研究室编:《中央民族工作会议创新观点面对面》,民族出版社2015年版,第151页。
⑥ 《习近平谈治国理政》(第四卷),外文出版社2022年版,第246页。

重他们当家作主的主人翁地位。在涉及民族地区和各族群众切身利益及改革、发展、稳定等重大事项上，要事先做好沟通，征求并尊重他们的意见，要和各族群众商量办事。习近平指出："船的力量在帆上，人的力量在心上。做民族团结重在交心，要将心比心、以心换心。"①在民族团结工作中，争取人心，以心换心，促使各族群众与党和政府心心相印的规范途径和有效方式，就是大力发展基层协商民主。涉及人民群众利益的大量决策和工作，主要发生在基层。要按照协商于民、协商为民的要求，大力发展基层协商民主，重点在基层群众中开展协商。

3. 团结各族群众中的不同群体，争取更多的人心支持

习近平提出："善于团结群众、争取人心，全社会一起做交流、培养、融洽感情的工作。"②这个要求充分体现了我国民族团结工作涵盖社会群体的广泛性和工作性质的社会性。各民族参与社会分工的深化细化，使得各族群众都已经由从事不同社会职业的社会群体构成，都包含了领导干部、知识分子、工人农民以及企事业单位从业人员等不同的社会群体。并且这些群众的政治面貌和个人信仰也各不相同，有中共党员也有民主党派和无党派人士，有无神论者也有信教群众和宗教职业人员，这些不同职业背景、不同政治面貌和个人信仰的各族群众构成了我国民族团结的社会主体。做好民族团结工作，就是要做好各民族中这些在很多方面不尽相同的社会群体群众的团结工作。这就要求"党政机关、企事业单位、民主党派、人民团体都要行动起来，一起做交流、培养、融洽感情的工作，一起共创共建，筑牢民族团结、社会稳定、国家统一的人心防线"③。要针对不同群体的社会特征，有的放矢地发挥好他们在民族团结中的作用。

（三）社会条件：尊重差异，缩小差距，促进民族交往交流交融

我国民族团结的社会成果，最终要体现在各族群众在共同的政治、经济、文化和社会生活中，通过相互交往交流交融形成的对共同生活的大家庭及彼此之间关系的看法和情谊上来。2010 年召开的中央第五次西藏工作座谈会提出要把"四个有利于"作为衡量民族工作成效的重要标志，其中就有"有利于民族交往交流交融"，这也是中央首次提出"三交"理念。④ 2014

---

① 姚大伟：《中华民族一家亲　同心共筑中国梦》，《人民日报》2015 年 10 月 1 日，第 1 版。
② 中共中央宣传部编：《习近平总书记系列重要讲话读本（2016 年版）》，学习出版社、人民出版社 2016 年版，第 179—180 页。
③ 国家民族事务委员会编：《中央民族工作会议精神学习辅导读本》，民族出版社 2015 年版，第 106 页。
④ 饶爱民：《中共中央国务院召开第五次西藏工作座谈会》，《人民日报》2010 年 1 月 23 日，第 01 版。

年,习近平在第二次新疆工作座谈会上继续使用这一提法并加以完善。在其后召开的中央民族工作会议上,他又系统阐述了"三交"理念。在2021年中央民族工作会议上,他再次强调:"必须促进各民族广泛交往交流交融,促进各民族在理想、信念、情感、文化上的团结统一,守望相助、手足情深。"①"要正确把握共同性和差异性的关系,增进共同性、尊重和包容差异性是民族工作的重要原则。"②

1. 正确认识各民族交往交流交融的历史必然性

各民族交往交流交融,既是近现代工业革命以来人类社会历史发展的必然趋势,又符合千百年来中华民族多元一体格局形成的自然历史过程。新中国成立后,各民族在新的社会历史基础上以前所未有的频率、深度和广度推进团结合作,极大地增强了中华民族的凝聚力。各民族交往交流交融,是我国社会主义民族关系的本质要求和发展方向,更是中华民族发展进步的必然结果。

首先,各民族"三交"是近现代工业革命以来人类社会历史发展的必然。经典作家对工业革命以来在社会化大生产和世界市场推动下形成的各民族间交往交流交融的历史进步趋势给予高度重视和充分肯定。列宁认为:"社会主义的目的不只是要消灭人类分为许多小国的现象,消灭一切民族隔绝状态,不只是要使各民族接近,而且要使各民族融合。"③

其次,各民族"三交",符合中华民族多元一体格局形成的自然历史发展过程。中华民族的形成是一个漫长的自然历史过程,各民族在历经迁徙、贸易、婚嫁,甚至矛盾冲突、王朝战争等激烈形式的碰撞对立过程中,交流内容不断丰富,交往范围不断扩大,交融程度不断加深,逐步形成了中华民族多元一体的格局和谁也离不开谁的命运共同体意识。

最后,新中国成立后各民族以前所未有的频率、深度和广度开展"三交",体现了社会主义民族关系的本质要求和中华民族的发展方向。随着民族地区市场要素更深层次地融入全国统一市场,民族地区的封闭、落后的面貌必然会极大地得到改变,各族群众在经济生活上联系交往的频繁,必然会促进相互间在社会生活上的相互包容和融合程度的提高。新时代,以实现各族群众共同发展繁荣和中华民族伟大复兴为基本内容的"两个一百年"发展目标的奋斗过程,必然也是各族群众在共同团结奋斗中不断促进交往交

---

① 《习近平谈治国理政》(第四卷),外文出版社2022年版,第244页。
② 同上,第246页。
③ 《列宁全集》(第二十七卷),人民出版社2017年版,第258页。

流交融,不断提升、培养及铸牢中华民族共同体意识的铸魂过程。

2. 切实尊重民族特点、民族差异存在的长期性

尊重和把握民族关系发展的社会历史规律,就要正确认识民族间的差异性和共同性,把握好民族交往交流交融的历史方向,既反对无视民族共同性建设,放弃引导民族关系健康发展的无所作为,也反对超越发展阶段,忽视民族差异,强行推进民族融合的激进蛮干。

首先,要正确认识现阶段各民族间差异性和共同性的发展规律。"社会主义阶段是各民族共同繁荣兴旺的时期,各民族间的共同因素在不断增多,但民族特点、民族差异将继续存在。"①这是我们党对现阶段各民族间差异性和共同性发展规律的精辟阐述。

其次,要在充分认识民族差异存在长期性的基础上,切实尊重民族差异。尊重民族差异,就是尊重各族群众自己对风俗习惯的历史选择,就是党的群众观点在民族团结上的重要体现。任何民族都不能以自己风俗习惯的好恶评判标准来对待其他民族的风俗习惯。

最后,尊重民族差异不等于固化差异,更要反对强制同化。随着我国社会主义市场经济的发展和现代化建设在各方面的推进,随着民族交往交流交融的加深,民族差异势必逐渐减少,民族间的共同性定会逐渐增多。在此基础上,促进民族交往交流交融,要坚决反对强制同化论与盲目固化论。具体实践中,既不能消极无为,也不能急躁乱为。

3. 逐步缩小民族发展差距,增进各民族的共同性

从民族社会发展的一般过程看,民族发展差距是民族差异存在的现实基础和客观原因之一。实现各民族共同富裕,是社会主义本质在我国民族工作上的充分体现和必然要求,也是增进各民族共同性,促进民族团结的重要保证。

首先,各民族的社会发展程度决定了民族间的相互关系。马克思恩格斯指出,各民族之间的相互关系及该民族本身的整个内部结构都取决于自己的生产以及自己内部和外部交往的发展程度。②

其次,实现各民族共同富裕,必然离不开各民族共同团结奋斗,共同发展繁荣。这样的发展目标和奋斗过程,既包括各民族物质文化和精神文化的和谐发展,也包括各民族社会共同性和民族差异性的和谐发展。

最后,促进民族交往交流交融并不等同于推进同化。一是各民族的发

---

① 国家民族事务委员会、中共中央文献研究室编:《民族工作文献选编(一九九〇—二〇〇二年)》,中央文献出版社 2003 年版,第 40 页。
② 《马克思恩格斯选集》(第一卷),人民出版社 2012 年版,第 147 页。

展离不开相互间取长补短,合作共进。没有民族间交往交流交融,就不可能有各民族的发展繁荣。二是民族发展过程中形成的民族交融与民族同化在内涵上具有明显的区别。民族交融的目的,不是要取消民族差异性,更不是要消灭哪个民族,而是要通过民族交往交流,促进民族社会共同性和群体差异性的和谐发展,从而形成"你中有我,我中有你;你还是你,我还是我;你离不开我,我也离不开你"的民族开放包容意识,形成对中华民族大家庭的归属意识与共同体的认同意识。

(四)创新载体:抓实抓小抓日常,开展多种形式的民族团结交流活动

习近平指出,抓民族团结,载体和方式十分重要。开展民族团结进步创建活动,端着架子空喊口号是不行的,形式轰轰烈烈,效果未必就好。① 他强调,要深入开展民族团结进步创建,着力深化内涵、丰富形式、创新方法。②

1. 抓日常环节,推动建立相互嵌入式的社会结构和社区环境

首先,从民族交往交流交融的日常环节上促进和实现民族团结。让各族群众在交往中就像一家人,在共同的居住生活、学习工作、吃穿娱乐、婚丧嫁娶等日常事务中都能彼此尊重,心灵相通,共担风雨,没有距离与不适;使各族群众通过日常交往,能够交得了知心朋友、做得了和睦邻居、结得成美满姻缘,没有障碍与阻拦;要引导各族干部群众团结共建和谐民族关系,牵手结对共解生产生活困难,在互帮互助中加强共同利益和情感纽带,没有隔阂与猜忌。

其次,双语教育是促进各族群众沟通交流的重要途径。要推广普及国家通用语言文字,科学保护各民族语言文字,尊重和保障少数民族语言文字学习和使用。在一些民族地区推行"双语教育",既要求少数民族学习国家通用语言文字,也要鼓励在民族地区生活的汉族群众学习少数民族语言文字。

最后,推动建立相互嵌入式的社会结构和社区环境。这既是对党的民族地区工作经验的继承,又是顺应和引领新时代城市民族工作新常态的体现。无论是从国家民族事务治理视角,还是从社会学研究视角来看,"民族互嵌"绝非仅指不同民族之间在区域分布、居住形态上的空间关系,更多是指不同民族之间经济上的高度依赖、生活上的高度包容、文化上的高度认同、感情上的相互亲近等深层次融合的关系。③ 习近平强调:"要充分考虑

---

① 国家民族事务委员会编:《中央民族工作会议精神学习辅导读本》,民族出版社 2015 年版,第 113 页。
② 《习近平谈治国理政》(第四卷),外文出版社 2022 年版,第 247 页。
③ 李为超、张卫东:《构建新疆生产建设兵团民族互嵌式社会结构探究》,《云南行政学院学报》2016 年第 6 期。

不同民族、不同地区的实际,统筹城乡建设布局规划和公共服务资源配置,完善政策举措,营造环境氛围,逐步实现各民族在空间、文化、经济、社会、心理等方面的全方位嵌入。"①

2. 抓共享共建,全面深入持久地开展民族团结进步创建活动

首先,引导各族群众共建共享多民族和谐社区。要明确城市多民族和谐社区的主体和客体,包括与进城少数民族群众工作、生活、学习等日常环节相关的所有城市居民,而不是甚至主要不是针对少数民族群众。培育和形成多元包容、文明繁荣的城市和谐社区,是包括少数民族和汉族在内的所有城市居民的共同责任和光荣义务。

其次,全面深入持久地开展民族团结进步创建活动。开展民族团结进步创建和表彰活动是加强民族团结、巩固和发展社会主义民族关系的好形式。我国团结进步的民族关系具有明显的建构性特征,其形成和发展离不开党和国家的主导,离不开中央和地方政府的支持,更离不开各族群众的广泛参与和积极推动。

最后,推动民族团结宣传教育人文化、大众化和实体化。要在全社会不留死角地以铸牢中华民族共同体意识为主线,搞好民族团结宣传教育。习近平指出,要适应当今时代人们接受信息的方式千变万化的形势要求,注重人文化、大众化和实体化,推进理念、手段、方法的创新。他还强调,要构建铸牢中华民族共同体意识宣传教育常态化机制,纳入干部教育、党员教育、国民教育体系,搞好社会宣传教育。

3. 抓网络舆情,把网络建成促进各族群众交往交流交融的团结阵地

首先,信息化是促进各族群众交往交流交融的新平台。网络联系拉近了边疆与内地的距离,实现了各族群众间咫尺天涯的接触和交流,极大地便利了群众的生产生活,提高了民族地区与全国统一市场的融合度。各族群众通过网站、QQ群、微信公众号等网络平台展示自己的民族特色,提升自己的文化自信,加深与其他兄弟民族的交流沟通与相互认同。

其次,要提高利用网络开展民族团结进步创建和宣传教育活动的能力。要办好主流媒体的民族频道和民族语文网站,让各族网民能够获得来源可靠、数量充足的各类信息,获得平等交流、自由共享的机会和平台。要打造优质资源,提升新媒体下的民族团结宣传教育的话语权。② 要善于运用微信、微博等自媒体工具,将鲜活生动的民族团结教育内容通过二维码传送到

---

① 《习近平谈治国理政》(第四卷),外文出版社 2022 年版,第 247 页。
② 青觉、左岫仙:《新媒体时代民族团结教育创新研究》,《民族教育研究》2016 年第 6 期。

各族网民的信息终端设备上。

最后,要加强对涉及民族和宗教因素的网络舆情的管控能力。习近平指出,网络是把双刃剑,要趋利避害,善加运用;要加强研究、应用,坚持疏堵结合,亮出底线,画出红线,严厉打击利用网络造谣生事、挑动民族情绪的行为,鼓励有利于密切各民族感情、增进各民族了解的做法,把网络建成各民族的交往交流交融之网。①

(五)法治保障:树立对法律的信仰,促进民族事务治理法治化

1. 依法治国是促进我国民族团结进步事业的可靠保障

首先,依法治国是实现党的民族纲领的基本方略。要维护和实现各族群众在国家和社会生活中的平等地位和权利,巩固民族团结,促进各民族共同发展繁荣,就须臾离不开国家民族法治体系的保障。习近平强调:"必须坚持依法治理民族事务,推进民族事务治理体系和治理能力现代化。"②

其次,依法治国是坚定不移地走中国特色解决民族问题正确道路的必然要求。新时代党中央明确提出中国特色解决民族问题正确道路"八个坚持"等系列工作纲领的基本内涵所要求的,正是我国民族法治实践的基本精神和发展方向,都已经有专门、明确、规范的法律条文来支持、阐释和保障。

最后,建设中国特色的社会主义民族法治体系。经过60多年的不懈努力,我国已经初步形成了以《宪法》有关规定为根本、以《民族区域自治法》为主干的民族法律法规体系。在此基础上,要着重抓好两方面工作。其一,加强民族工作法律法规建设。③ 民族地方要特别重视立法工作的引领和推动作用,实现民族团结工作的制度化和规范化。④ 其二,把《宪法》和《民族区域自治法》的规定贯彻落实好,加强对《民族区域自治法》的研究、普及和宣传,特别是要搞好对贯彻落实情况的监督检查。

2. 各族群众对国家法律的信仰是实现民族事务治理法治化的基础

首先,实现依法保障民族团结的基础在于群众对法治的拥护和信仰。习近平指出,要用法律来保障民族团结,只有树立对法律的信仰,各族群众自觉按法律办事,民族团结才有保障,民族关系才会牢固。他强调:"要依法保障各族群众合法权益,依法妥善处理涉民族因素的案事件,依法打击各类

---

① 国家民族事务委员会编:《中央民族工作会议精神学习辅导读本》,民族出版社2015年版,第120页。
② 《习近平谈治国理政》(第四卷),外文出版社2022年版,第244页。
③ 国家民委民族理论政策研究室编:《中央民族工作会议创新观点面对面》,民族出版社2015年版,第87—92页。
④ 参见刘玲:《民族团结的地方立法保障研究》,《中南民族大学学报》(人文社会科学版)2016年第6期。

违法犯罪行为,做到法律面前人人平等。"①

其次,通过严格执法和公正司法来维护法律尊严,树立法治权威。一是公平正义是法治的生命线,也是在法律上充分实现民族平等的基本要求。不能以民族划线搞选择性执法,任何民族都没有超越法律的特权。二是要大力宣传法律面前人人平等。不管是哪个民族,也不管是什么组织的什么人,都必须遵纪守法,都必须在法律的框架内行动。三是要把虚拟网络世界纳入法治管辖范围。

最后,领导干部要做好尊法学法守法用法的模范。党和国家依法治国的战略主要是通过各级领导干部的具体行动和工作来体现和实现的,这个"关键少数"群体的信念、决心和行动,对各族群众法治信仰的确立无疑具有强烈的示范带动作用。要把法治建设成效作为衡量民族地区各级领导班子和领导干部工作实绩的重要考核内容。

3. 提高运用法律和政策来解决各族群众交往交流交融中涉及民族因素的矛盾和冲突的能力和水平

首先,要建立和完善涉及民族因素矛盾纠纷排查机制,切实提高依法预防和处理有关矛盾纠纷的能力和水平。要坚持在法律范围内、法治轨道上处理涉及民族因素的问题,不能把涉及少数民族群众的民事和刑事问题归结为民族问题,不能把发生在民族地区的一般矛盾纠纷简单归结为民族问题。对极少数蓄意挑拨民族关系、破坏民族团结的犯罪分子,对搞民族分裂和暴恐活动的犯罪分子,不论什么民族出身、信仰哪种宗教,都要坚决依法打击。

其次,要抓好民族政策的发展完善。针对社会上反映比较多的"两少一宽"、高考加分、计划生育等三项政策的误读和质疑,习近平指出,对社会上议论较多的一些具体政策,要区别情况、准确把握、积极完善、稳妥实施。要避免出现民族之间的政策陡坡,防止相互攀比和产生新的矛盾,防止因政策导向人为制造隔阂、强化固化民族意识。要根据不同地区、不同民族实际,以公平公正为原则,突出区域化和精准性,更多针对特定地区、特殊问题、特别事项制定实施差别化区域支持政策。

最后,要把握民族政策和民族法律的界限,慎重适当地运用政策和法律工具推动民族关系和谐发展。与民族政策相比,民族法律作为调整民族关系的法制工具,具有明显的长期性、根本性和强制性。

---

① 《习近平谈治国理政》(第四卷),外文出版社2022年版,第247页。

第六章　习近平总书记关于加强和改进民族工作的重要思想的基本内容(下)

第一节　"一个不少"的全面发展论

党的十八大以来,习近平多次强调指出,"发展经济的根本目的就是让各民族群众过上好日子,这也是我们一切工作的出发点和落脚点","脱贫、全面小康、现代化,一个民族也不能少"。① 这些重要论断都彰显了中国共产党为各族人民谋幸福、为中华民族谋复兴的初心和使命,宣示了各族人民对美好生活的向往,就是新时代我们党坚定不移的努力方向和持之以恒的奋斗目标。

一、民族地区全面发展的历史定位和重要意义

促进各族人民共建共享改革开放发展成果,全面建成小康社会,进而全面实现现代化,让各族人民共同过上富裕、文明、和谐、安康的幸福美好生活,共享中华民族伟大复兴的荣耀,是新时代民族工作发展的终极指向和根本目标。

(一) 中华民族伟大复兴与各民族共同发展繁荣

1. "两个一百年"奋斗目标明确了中华民族伟大复兴的中国梦

党的十八大以来,以习近平同志为核心的党中央进一步明确,把"两个一百年"作为实现中华民族伟大复兴中国梦的奋斗目标,把全体中华儿女作为实现中国梦的主体力量。2014年11月,他在澳大利亚联邦议会的演讲中指出,中国梦就是要实现国家富强、民族振兴、人民幸福。我们的发展目标是,到2020年国内生产总值和城乡居民人均收入比2010年翻一番、全面

---

① 《习近平:脱贫、全面小康、现代化,一个民族也不能少》,中国政府网,http://www.gov.cn/xinwen/2020-06/09/content_5518164.htm。

建成小康社会,到21世纪中叶建成富强民主文明和谐的社会主义现代化国家。① 2015年,习近平在会见基层民族团结优秀代表时指出,中华民族一家亲,同心共筑中国梦,这是全体中华儿女的共同心愿,也是全国各族人民的共同目标。中华民族伟大复兴的中国梦是各民族大家的梦,也是我们各民族自己的梦。我们党就是团结和带领各族人民向着中华民族伟大复兴、向着人民更加美好的生活。②

2. "两个共同"的民族工作主题体现了各民族共同振兴的发展愿望

习近平在新疆考察时指出:"要把民族团结紧紧抓在手上,坚持正确的祖国观、民族观,全面贯彻党的民族政策,牢牢把握各民族共同团结奋斗、共同繁荣发展的主题,促进各民族和睦相处、和衷共济、和谐发展。"③牢牢把握"两个共同"的工作主题,就是要把新时代实现中国梦这个中国人民和中华民族的共同利益与各族人民共同繁荣发展的具体利益结合起来,通过中华民族的大团结和各族人民群众的共同奋斗,逐步实现中华民族的伟大复兴和各民族的共同振兴。习近平指出:"历史告诉我们,每个人的前途命运都与国家和民族的前途命运紧密相连。国家好,民族好,大家才会好。"④要用中国梦把全国各族人民的智慧和力量凝聚到全面建成小康社会上来,凝聚到中国特色社会主义现代化建设和实现中华民族伟大复兴上来。中华民族的振兴,离不开少数民族的振兴,少数民族地区实现不了小康,全国就实现不了小康。⑤ 无法想象我们向世界宣告中华民族伟大复兴的目标实现时,国内还有少数民族和民族地区深受贫困落后、愚昧无知的困扰。习近平强调:"增强团结的核心问题,就是要积极创造条件,千方百计加快少数民族和民族地区的经济社会发展,促进各民族共同繁荣发展。"⑥

3. "两个一百年"与"两个共同"在中国特色社会主义现代化建设的伟大实践中相辅相成、相得益彰

"两个一百年"奋斗目标与"两个共同"的民族工作主题,都是我们党在

---

① 习近平:《携手追寻中澳发展梦想 并肩实现地区繁荣稳定》,《人民日报》2014年11月18日,第2版。
② 姚大伟:《中华民族一家亲 同心共筑中国梦》,《人民日报》2015年10月1日,第1版。
③ 李斌、霍小光、兰红光:《把祖国的新疆建得越来越美好——习近平总书记新疆考察纪实》,《人民日报》2014年5月4日,第1、3版。
④ 中共中央宣传部编:《习近平总书记系列重要讲话读本(2016年版)》,学习出版社、人民出版社2016年版,第9页。
⑤ 国家民族事务委员会、中共中央文献研究室编:《民族工作文献选编(一九九〇—二〇〇二年)》,中央文献出版社2003年版,第71页。
⑥ 《习近平的民族观》,新华网,http://news.xinhuanet.com/politics/2015-08/24/c_128160466_3.htm。

领导中国特色社会主义事业实践中取得的伟大成果,是我们党结合中国式现代化建设实践对马克思主义社会发展理论和民族理论的发展创新,是对中国特色社会主义理论的丰富和发展。如果讲"两个一百年"的国家梦想是从中华民族层次上为56个民族"两个共同"的团结和发展梦想明确了发展方向、价值指引和阶段性目标,那么后者也为前者提供了力量来源、动力支持和基本保障。离开前者讲后者,后者就会成为无的之矢、无源之水、无本之木;离开后者讲前者,前者就会成为空中楼阁、水中之月、镜中之花。

新时代,结合中国式现代化建设的伟大实践,正确把握好"两个一百年"与"两个共同"间的相辅相成、相得益彰的关系,在民族工作上就要强调以下两点。一是以中国特色社会主义道路为依托的中华民族伟大复兴的中国梦,是指引56个民族在内的全体中华儿女的团结梦和发展梦的指南。"两个一百年"的奋斗目标,从本质上讲都是中国特色社会主义发展进程中的目标,都是社会主义本质和各族人民根本利益的体现。实现中华民族伟大复兴,不是哪一个人、哪一部分人的梦想,而是全体中国人民共同的追求;中国梦的实现,不是成就哪一个人、哪一部分人,而是造福全体中国人民。二是中国梦的提出,赋予民族团结进步事业以新的时代内涵,它在民族事务领域直接表现为56个民族的团结梦和发展梦。① 圆好团结梦,追寻发展梦,共筑中国梦,就要求我们在促进民族团结进步事业中,牢记"发展是解决民族地区各种问题的总钥匙",坚持"不谋民族工作就不足以谋全局"的指导思想,坚持"不让一个兄弟民族掉队,不让一个民族地区落伍"的发展思路,坚持"各民族都是一家人,一家人都要过上好日子"的命运共同体信念。②

(二) 全面建成小康社会和推进现代化建设,一个民族都不能少

1. 内容、主体、区域的全面性是全面发展的重要标志

党的十八大提出到2020年全面建成小康社会的奋斗目标,这是"两个一百年"的第一个奋斗目标,是实现中华民族伟大复兴的重要基础和关键一步,是中华民族复兴征程上一座重要的里程碑。全民小康、城乡共同小康和"五位一体"的全领域小康,是全面建成小康社会的重要内容和基本标志,也是适应新时代我国社会主要矛盾发展变化的必然要求。习近平指出:"没有全

---

① 毕跃光、马仲雄:《习近平民族团结进步理论与实践探微》,《中南民族大学学报》(人文社会科学版)2017年第2期。
② 李晓林:《七彩之外的另一种"颜值"——云南建设全国民族团结进步示范区进行时》,《中国民族》2017年第1期。

民小康,就没有全面小康。"①他强调:"没有农村的全面小康和欠发达地区的全面小康,就没有全国的全面小康。"②同时,全面小康社会要求经济持续健康发展,人民民主不断扩大,文化软实力显著增强,人民生活水平全面提高,资源节约型、环境友好型社会建设取得重大进展。

少数民族和民族地区是国家全面建成小康社会的重要组成部分。支持民族地区加快经济社会发展,是中央的一项基本方针。③ 要积极创造条件,千方百计加快少数民族和民族地区经济社会发展,让民族地区群众不断得到实实在在的实惠。④ 他提出,解决好民族问题,物质方面的问题和精神方面的问题都要解决好。他要求,要增强各族群众的"五个认同",长远和根本的是增强文化认同,建设各民族共有精神家园,积极培养中华民族共同体意识。⑤ 要把生态环境保护放在更加突出位置,像保护眼睛一样保护生态环境,像对待生命一样对待生态环境。⑥ 这些论述都是习近平全面建成小康社会新思想在民族工作上的体现,强调了创新、协调、绿色、开放、共享的发展新理念,让各族人民共享国家改革发展和现代化建设的成果,共享中华民族大团结和祖国繁荣昌盛带来的民族尊严和自豪感⑦;诠释了全面建成小康社会的丰富内涵,指出了全面小康的建设内容、实施主体和受惠对象,真正地把中华民族和中国人民的根本利益与各族群众的切身利益放到了最重要的位置,体现了中国特色社会主义道路的优越性和本质要求,体现了中国特色解决民族问题正确道路的合理性和时代特色。

2. 民族地区是全面建成小康社会和推进现代化建设的短板与重难点

党的十九大报告指出,新时代我国社会主要矛盾已经转化为人民日益增长的美好生活需要和不平衡不充分的发展之间的矛盾。这样的主要矛盾当然也反映在民族地区全面建成小康社会和推进现代化建设进程中区域发

---

① 中共中央宣传部编:《习近平总书记系列重要讲话读本(2016年版)》,学习出版社、人民出版社2016年版,第59页。
② 同上书,第60页。
③ 兰红光:《中央民族工作会议暨国务院第六次全国民族团结进步表彰大会在北京举行》,《人民日报》2014年9月30日,第1、2版。
④ 丁林:《习近平李克强张德江俞正声刘云山王岐山张高丽 分别看望出席全国政协十二届二次会议委员并参加讨论》,《人民日报》2014年3月5日,第1版。
⑤ 兰红光:《中央民族工作会议暨国务院第六次全国民族团结进步表彰大会在北京举行》,《人民日报》2014年9月30日,第1、2版。
⑥ 鞠鹏:《坚决打好扶贫开发攻坚战 加快民族地区经济社会发展》,《人民日报》2015年1月22日,第1版。
⑦ 张希中:《习近平命运共同体思想的形成维度、内涵及价值意蕴探析》,《行政与法》2016年第2期。

展不平衡和不充分发展方面。全国同步进入小康不等于进入同一水平的小康。实现共同富裕不是所有人都同时富裕,也不是所有地区同时达到一个富裕水准。少数民族地区实现全面建成小康,最主要的是实现人均国内生产总值比2010年翻一番和基本公共服务均等化。2014年中央民族工作会议指出,全面建成小康社会,民族地区是短板,是重点,也是难点。[①] 这样的认识和定位,完全符合现阶段民族地区经济社会发展和小康社会建设的客观实际,具体体现在以下三个方面。

一是发展难度大。由于历史的原因和主客观条件的不同,民族地区经济社会发展同发达地区存在着较大的发展差距。有统计显示,全国30个自治州的地区生产总值不如江苏省苏州市。[②] 从总体来看,民族地区经济社会发展总体滞后,供给侧结构性改革任务艰巨,产业发展层次水平偏低,新旧动能转换难度较大。民族地区发展滞后既有与全国其他不发达地区一样的更为突出的普遍性困难和问题,又有其自身独特的困难和问题。首先,民族地区大多位于中西部地区,地处偏远,自然条件较差,城乡区域发展不平衡,基本公共服务供给不足,基础设施建设欠账多。其次,少数民族和民族地区人口整体素质有待提高,少数民族传统文化传承发展亟待加强,创新发展能力弱,市场化程度不高,多数产业处于低端,市场竞争力和自我发展能力不强,对内对外开放水平不高。再次,人口居住分散,公共服务半径大,经济建设和社会管理成本高。比如,西藏经济建设综合成本比全国平均水平高70%以上。[③] 复次,多民族聚居区民族关系复杂,社会发展水平低,并且地处边疆容易受到国内外政治变化影响,部分地区社会稳定和公共安全问题突出,维护社会和谐稳定任务繁重。最后,生态环境脆弱,资源环境约束大,经济社会发展受到生态制约明显。

二是脱贫压力大。在全面建成小康社会进程中,贫困问题非常严峻,民族地区在全国贫困人口和贫困地区总量中占有较大比重。首先,贫困人数多且程度深。据国家统计局对民族八省区的抽样调查显示,2014年,"民族自治地方农村贫困人口占同期全国农村贫困人口比重高达54.3%,且该比

[①] 国家民族事务委员会编:《中央民族工作会议精神学习辅导读本》,民族出版社2015年版,第136页。
[②] 崔清新:《奏响新形势下民族工作新乐章(治国理政新思想新实践)——党的十八大以来以习近平同志为总书记的党中央推进民族工作创新发展纪实》,《人民日报》2016年10月10日,第1、2版。
[③] 国家民族事务委员会编:《中央民族工作会议精神学习辅导读本》,民族出版社2015年版,第138页。

例呈逐年上升趋势"①。按贫困率算,全国平均8.5%,而民族地区平均17.1%,比全国高一倍。按照每人每年2300元的国家扶贫线标准,民族八省区尚有农村贫困人口2500多万人。如果按照世界银行每人每天1.25美元的标准,贫困人口规模更大。其次,扶贫难度大。全国14个集中连片特困地区有11个在民族地区,片区内的680个县有351个属于民族地区,其中155个属于主体功能区限制或禁止开发县。尤其是还有650万农村贫困人口生活在缺乏基本生存条件的地区,需要易地搬迁。②

三是面临新挑战。"十三五"时期,我国经济发展进入新常态,国际国内发展环境更加复杂,少数民族和民族地区面临新的挑战:世界局势正在发生深刻变化,地缘政治关系多极化不断向纵深发展,世界范围内不稳定不确定不平衡因素显著增多,我国发展面临的国际风险挑战加大。同时,新型工业化、信息化、城镇化、农业现代化深入推进,改革攻坚进入深水区,我国经济下行压力增大,稳增长、调结构、惠民生、防风险任务日益繁重,民族地区协调各方面关系、承受各种风险、化解社会矛盾的压力呈现加大趋势,面临脱贫攻坚和实现全面小康双重任务、发展经济和保护环境双重责任、加快发展和维护团结稳定双重压力。③

3. 民族地区必须加快实现跨越式发展

发展是解决民族地区各种问题的总钥匙。地区发展差距是经济发展中无法回避的问题,但差距过大,势必会产生一系列连锁反应。从表象看,它会诱发许多矛盾和不稳定因素,使民族地区广大干部群众心理失衡,有些情绪会不断发酵,一旦有诱因引发,很可能酿成大的风波。从深层次看,地区发展差距拉大是对民族平等权利的一种制约。④ 在全面建成小康社会的进程中,某些民族地区的极端贫困成为严重影响地区发展稳定和团结进步的重要因素,因为"在极端贫困的情况下,必须重新开始争夺必需品的斗争,全部陈腐污浊的东西又要死灰复燃"⑤。民族地区只有加快实现跨越式发展,

---

① 常理:《探索民族地区城镇化新路径》,《经济日报》2014年11月26日,第14版。
② 国家民族事务委员会编:《中央民族工作会议精神学习辅导读本》,民族出版社2015年版,第137页。
③ 《国务院关于印发"十三五"促进民族地区和人口较少民族发展规划的通知》,中国政府网,http://www.gov.cn/zhengce/content/2017-01/24/content_5162950.htm。
④ 赵英:《青海民族团结进步先进区建设论析》,《青海师范大学学报》2014年第5期。
⑤ 《马克思恩格斯选集》(第一卷),人民出版社2012年版,第166页。笔者在新疆进行综治情况调查时,基层综治干部总结影响地区稳定的原因大都把贫困放在突出位置,并且指出新疆"三股势力"蛊惑的首要目标就是贫困人群,包括物质贫困和文化贫困人群,突出特征就是身无分文、头脑简单、轻信盲从。

才能在如期完成全面建成小康社会的基础上,与全国其他地区共同实现社会主义现代化建设的发展目标。

民族地区实现跨越式发展,是指民族地区在生产力发展水平落后的条件下,为缩小与经济相对发达地区的差距,借鉴和吸收先进经验和优秀成果,跨越某个经济发展常规阶段,或者用较短时间走完发达地区用较长时期走过的阶段,通过速度与效益并进、不平衡推进和超常规增长等方式,最终实现经济发展水平的整体跃升。① 2001年,党中央在第四次西藏工作座谈会上提出,西藏在新世纪要采取跨越式发展战略。这不仅对西藏的发展进步具有重要意义,对全国的社会主义现代化建设也具有重要意义。② 这个战略理念为其他民族地区提供了新的发展思路和模式。跨越式发展的核心是依靠体制、科技和管理等方面的创新和产业的升级、结构的优化、经济运行质量的提升,而不是简单地量的扩张和规模的扩大,从而达到生产力的较快提高。习近平在谈到民族地区发展问题时,曾经多次论及跨越式发展。2014年,他在新疆考察时指出,要坚定不移实现新疆跨越式发展,同时必须紧紧围绕改善民生、争取人心来推动经济发展。③ 在同年的中央民族工作会议上,他又指出,新中国成立以来,少数民族和民族地区得到了很大发展,但一些民族地区群众困难多,困难群众多,同全国一道实现全面建设小康社会目标难度较大,必须加快发展,实现跨越式发展。④ 他强调,加快民族地区发展,核心是加快民族地区全面建成小康社会步伐。⑤ 2015年,他在云南省考察时提出,希望云南主动服务和融入国家发展战略,闯出一条跨越式发展的路子来。⑥ 民族地区实现跨越式发展的本质要求,就在于其要走出一条具有中国特色和民族地区特点的科学发展道路。

---

① 李贽:《中国特色社会主义民族理论的体系建构及发展创新》,中国社会科学出版社2016年版,第226页。
② 国家民族事务委员会、中共中央文献研究室编:《民族工作文献选编(一九九〇—二〇〇二年)》,中央文献出版社2003年版,第350页。
③ 李斌、霍小光、兰红光:《把祖国的新疆建设得越来越美好——习近平总书记新疆考察纪实》,《人民日报》2014年5月4日,第1、3版。
④ 兰红光:《中央民族工作会议暨国务院第六次全国民族团结进步表彰大会在北京举行》,《人民日报》2014年9月30日,第1、2版。
⑤ 王晔:《深化改革开放推进创新驱动 实现全年经济社会发展目标》,《人民日报》2013年11月6日,第1版。
⑥ 鞠鹏:《坚决打好扶贫开发攻坚战 加快民族地区经济社会发展》,《人民日报》2015年1月22日,第1版。

二、走出一条具有中国特色和民族地区特点的科学发展道路①

党的十八大以来,以习近平同志为核心的党中央在积极推进"五位一体"总体布局和"四个全面"战略布局,践行"五大发展理念"的过程中,高度重视研究少数民族和民族地区经济社会发展事业,②明确提出加快民族地区发展的一系列重大战略举措,对探索具有中国特色和民族地区特点的科学发展道路作出全面部署和顶层设计。在2021年中央民族工作会议上,习近平指出:"民族地区要立足资源禀赋、发展条件、比较优势等实际,找准把握新发展阶段、贯彻新发展理念、融入新发展格局、实现高质量发展、促进共同富裕的切入点和发力点。"③这为民族地区在全面建成小康社会的基础上,持续推进乡村振兴,加快全面现代化建设,指明了努力方向和实现途径。

(一) 把握创新理念,凝聚各方力量,引领发展动力

创新是引领发展的第一动力。习近平指出,抓住了创新,就抓住了牵动经济社会发展全局的"牛鼻子"。④ 创新发展理念包括发展本身的创新、改革方式的创新、宏观调控的创新等方面内容。以这些先进理念指导民族地区加快发展,主要体现在以下方面。

1. 民族工作贯彻"五大发展理念"的创新

"理者,物之固然,事之所以然也。""五大发展理念"揭示的"固然"是中国特色社会主义正在怎么走,呈现的"应然"是中国特色社会主义应该朝着什么发展方向走。习近平强调:发展理念是发展行动的先导,是管全局、管根本、管方向、管长远的东西。他还指出,创新、协调、绿色、开放、共享的发展理念,是"十三五"乃至更长时期我国发展思路、发展方向、发展着力点的集中体现,也是改革开放30多年来我国发展经验的集中体现,反映出我们

---

① 本小节相关内容改写自笔者:《"五大发展理念"对民族地区科学发展创新的基本要求》,《云南行政学院学报》2019年第3期。
② 据不完全统计,从党的十八大到2015年年底,中央召开过5次中央政治局常委会会议、3次中央政治局会议以及第四次全国对口支援新疆工作会议、第二次中央新疆工作座谈会、对口支援西藏工作20周年电视电话会议、中央第六次西藏工作座谈会等多次会议,专题研究民族地区经济社会发展相关事宜。参见罗宇凡等:《中华民族一家亲 同心共筑中国梦——以习近平同志为总书记的党中央亲切关怀下全国各族人民团结奋斗实现历史性跨越》,《中国民族》2015年第10期。
③ 《习近平谈治国理政》(第四卷),外文出版社2022年版,第247页。
④ 中共中央宣传部编:《习近平总书记系列重要讲话读本(2016年版)》,学习出版社、人民出版社2016年版,第133页。

党对我国发展规律的新认识。①

作为统一国家有机构成的民族地区,在其经济社会发展上,要把国家发展的普遍性要求与民族地区发展的特殊性要求结合起来,既要体现和适应国家经济社会发展的基本原则和总体要求,又要体现和适应自身发展的实际需求。2016年的《国务院关于印发"十三五"促进民族地区和人口较少民族发展规划的通知》(国发〔2016〕79号),不仅明确坚持和树立五大发展理念,而且还注重经济发展的基础地位和民族团结发展的生命线地位,设置了经济发展、协调发展、共享发展、绿色发展、开放发展、创新发展、团结发展7大类23个定量指标,其中预期性指标16个,约束性指标7个。② 这些规划充分体现了结合民族地区自身发展要求贯彻创新五大发展理念的工作特色。

2. 民族地区实现科学发展思路的创新

党的十八大以来,以习近平同志为核心的党中央准确把握新形势下民族地区全面建成小康社会的目标、任务和特点、规律,逐步实现了对加快民族地区科学发展思路的创新。习近平指出,要紧紧围绕全面建成小康社会目标,顺应各族群众新期盼,深化改革开放,调动广大干部群众的积极性,激发市场活力和全社会创新创造热情;发挥民族地区特殊优势,加大各方面支持力度,提高自我发展能力,释放发展潜力;发展社会事业,更加注重改善民生,促进公平正义;大力传承和弘扬民族文化,为民族地区发展提供强大精神动力;加强生态环境保护,提高持续发展能力。③ 这些总体要求充分体现了党中央对新时代民族地区加快科学发展基本内容的全面把握。同年12月22日,中共中央、国务院印发的《关于加强和改进新形势下民族工作的意见》指出,要走出一条具有中国特色、民族地区特点的科学发展路子。④ 该科学发展路子,是五大发展理念与民族地区发展实践相结合的产物,是指导民族地区如期全面完成小康社会建设任务的基本遵循。

3. 支持民族地区加快发展途径的创新

习近平指出,一定要牢牢抓住发展这个党执政兴国的第一要务不动摇,在推动产业优化升级上下功夫,在提高创新能力上下功夫,在加快基础设施

---

① 习近平:《关于〈中共中央关于制定国民经济和社会发展第十三个五年规划的建议〉的说明》,《人民日报》2015年11月4日,第2版。
② 《国务院关于印发"十三五"促进民族地区和人口较少民族发展规划的通知》,中国政府网,http://www.gov.cn/zhengce/content/2017-01/24/content_5162950.htm。
③ 兰红光:《中央民族工作会议暨国务院第六次全国民族团结进步表彰大会在北京举行》,《人民日报》2014年9月30日,第1、2版。
④ 《中共中央、国务院印发〈关于加强和改进新形势下民族工作的意见〉》,《人民日报》2014年12月23日,第1、2版。

建设上下功夫,在深化改革开放上下功夫,扎扎实实走出一条创新驱动发展的路子来。① 民族地区的创新驱动发展之路的探索,同样也离不开在以上四个方面下功夫,同时还要大力做好以下工作。一是实施差别化的区域政策。差别化的区域政策能够有效发挥民族地区的比较优势,加快民族地区资源优势向经济优势的转化。二是创新民族地区发展动力。加快民族地区发展,离不开产业结构创新和科技创新的支撑。三是深化民族地区体制改革。构建加快发展的新体制,尽快形成有利于创新发展的市场环境、产权制度、投融资体制、分配制度、人才培养引进使用机制。

(二)把握协调理念,解决关键难题,释放发展潜力

协调是持续健康发展的内在要求。习近平指出:"下好'十三五'时期发展的全国一盘棋,协调发展是制胜要诀。"② 民族地区着力增强发展的整体协调性,必须牢牢把握中国特色社会主义事业总体布局和战略布局,正确处理发展中的重大关系,解决关键难题,在协调中拓宽发展空间,在加强薄弱领域中增强发展后劲。

1. 全面协调以总体和战略布局为目标的小康建设要求

习近平要求,我们要学会运用辩证法,善于"弹钢琴",处理好局部和全局、当前和长远、重点和非重点的关系,在权衡利弊中趋利避害,作出最为有利的战略抉择。③ 民族地区要把小康社会建设战略目标和实现途径相结合,加快民族地区全面建成小康社会步伐。一是要牢牢把握民族地区小康社会建设总体布局,全面协调推进民族地区经济建设、政治建设、文化建设、社会建设、生态文明建设。二是要深刻认识"四个全面"战略布局的新要求,抓住影响民族地区加快发展的重大问题。

2. 综合协调以新型城镇化为抓手的小康发展差距

城镇化是现代化的必由之路和重要标志。统计数据显示,2013年我国5个民族自治区中,只有内蒙古的城镇化率高于全国城镇化率平均值53.7%,为58.7%。其余四个民族自治区的城镇化率都低于全国平均水平。④ 目前,少数民族人口城镇化率只有30%多,比全国平均水平低近20个百分点;民族地区新型城镇化还面临着层次不高、规划滞后、产业不强、体

---

① 鞠鹏:《坚决打好扶贫开发攻坚战 加快民族地区经济社会发展》,《人民日报》2015年1月22日,第1版。
② 习近平:《在省部级主要领导干部学习贯彻党的十八届五中全会精神专题研讨班上的讲话》,《人民日报》2016年5月10日,第2、3版。
③ 同上。
④ 张永岳、张传勇、胡金星:《"一带一路"战略下民族地区新型城镇化路径探讨》,《西南民族大学学报》(人文社会科学版)2017年第1期。

制机制不健全等方面的问题。① 城镇化是加快民族地区发展、增加就业、改善民生的一个着力点,也是一个新增长点,是解决民族地区协调发展上存在着的不平衡、不协调、不可持续问题的重要抓手。要加快推进民族地区城镇化进程,坚持以人为本、"四化"同步、优化布局、生态文明、文化传承的原则,走出一条具有民族地区特点的新型城镇化道路。

一是民族地区新型城镇化要与国家着力解决好"三个一亿人"城镇化目标相适应。李克强强调,今后一个时期,着重解决好现有"三个一亿人"问题,即促进约一亿农业转移人口落户城镇,改造约一亿人居住的城镇棚户区和城中村,引导约一亿人在中西部地区就近城镇化。② "十三五"时期,民族地区要全面深化户籍制度改革,建立健全农业转移人口市民化机制,加快推进农业转移人口市民化。加大城市棚户区改造力度。充分尊重农牧民意愿,完善收益形成与返还机制,促进农牧民就近就地城镇化。③

二是民族地区新型城镇化与国家区域经济发展和产业结构政策相适应。民族地区推进新型城镇化,缩小城乡、区域发展差距,要与国家经济支撑带、重要交通干线的规划建设紧密结合,与推进农业现代化紧密结合,要让这些经济发展带和交通干线成为带动民族地区城镇化的腾飞之路和各族群众脱贫致富的希望之路,特别要注意在铁路沿线规划建设新的小城镇,使之成为生态移民、扶贫搬迁的落脚点。

三是民族地区新型城镇化建设要保护与传承少数民族优秀传统文化,推进少数民族特色村镇建设。要根据不同民族地区的自然历史文化禀赋、区域差异性和不同民族的文化形态多样性,发展有历史记忆、文化脉络、地域风貌、民族特点的美丽城镇,形成建筑风格、产业优势、文化标识独特的少数民族特色小镇保护与发展模式。加强历史文化名城名镇、历史文化街区、民族特色小镇的文化资源挖掘和整体文化生态保护,打造魅力特色旅游文化街区,推进民族特色突出、历史底蕴厚重、时代特色鲜明的新型民族特色城镇化建设。④

3. 重点协调以扶贫攻坚为短板的小康和现代化建设难点

习近平指出,协调发展,就要找出短板,在补齐短板上多用力,通过补齐

---

① 国家民族事务委员会编:《中央民族工作会议精神学习辅导读本》,民族出版社2015年版,第213页。
② 《李克强作的政府工作报告(摘登)》,《人民日报》2014年3月6日,第2版。
③ 《国务院关于印发"十三五"促进民族地区和人口较少民族发展规划的通知》,中国政府网,http://www.gov.cn/zhengce/content/2017-01/24/content_5162950.htm。
④ 同上。

短板挖掘发展潜力、增强发展后劲。① 民族地区是全面建设小康社会和扶贫开发、推进现代化建设的短板和重难点所在。全面建成小康社会和推进现代化建设,最艰巨最繁重的任务在贫困地区。要坚持民族和区域相统筹,分类推进特殊贫困地区发展。要因地制宜,分类施策。要加大国家扶持力度,积极整合各方资源及力量合力攻坚。在民族地区如期完成脱贫任务基础上,"十四五"规划要求,严格落实"摘帽不摘责任、摘帽不摘政策、摘帽不摘帮扶、摘帽不摘监管"要求,建立健全巩固拓展脱贫攻坚成果长效机制。健全防止返贫动态监测和精准帮扶机制,对易返贫致贫人口实施常态化监测,建立健全快速发现和响应机制,分层分类及时纳入帮扶政策范围。②

(三)把握绿色理念,找到特色优势,增强发展能力

绿色是永续发展的必要条件。民族地区加快实现跨越式发展,要把握好尊重自然、保护自然与改造自然的辩证统一关系,打破制约发展的基础设施瓶颈,使各族群众不再为山阻、为路困、为水穷。要发挥民族地区比较优势,发展特色经济和优势产业,增强民族地区自我发展能力。

1. 保护中华民族永续发展的生态环境

习近平指出,经济要发展,但不能以破坏生态环境为代价。2015年,他在云南考察时强调,要把生态环境保护放在更加突出位置,像保护眼睛一样保护生态环境,像对待生命一样对待生态环境,在生态环境保护上一定要算大账、算长远账、算整体账、算综合账,不能因小失大、顾此失彼、寅吃卯粮、急功近利。③

一是民族地区要率先实行资源有偿使用制度和生态补偿制度。要着眼于生态文明建设,进一步健全完善民族地区资源有偿使用制度和生态补偿机制。实行最严格的源头保护制度、损害补偿制度、责任追究制度、完善环境治理和生态修复制度,用制度保护生态环境,加快自然资源及其产品价格改革,全面反映市场供求、资源稀缺程度、生态环境损害成本和修复效益。④

二是民族地区要把生态文明建设放在更加突出的位置。首先,筑牢国

---

① 习近平:《在省部级主要领导干部学习贯彻党的十八届五中全会精神专题研讨班上的讲话》,《人民日报》2016年5月10日,第2、3版。
② 《中华人民共和国国民经济和社会发展第十四个五年规划和2035年远景目标纲要》,中国政府网,http://www.gov.cn/xinwen/2021-03/13/content_5592681.htm。
③ 鞠鹏:《坚决打好扶贫开发攻坚战 加快民族地区经济社会发展》,《人民日报》2015年1月22日,第1版。
④ 国家民族事务委员会编:《中央民族工作会议精神学习辅导读本》,民族出版社2015年版,第219—222页。

家生态安全屏障,加快重大生态工程建设。其次,推进资源节约循环高效利用,大力发展循环经济。最后,加强生态环境保护,加大山水林田湖沙生态系统保护力度。

2. 打破制约民族地区发展的基础设施瓶颈

2014年中央民族工作会议指出:基础设施建设是民族地区经济社会发展的着力点之一;要把基础设施建设与扶贫开发、城镇化、生态保护结合起来,下更大功夫夯实发展的基础。[1] 民族地区的基础设施建设要重点解决好路和水的问题。交通建设要抓"两头":一头要结合国家开放战略和区域规划,打通对内对外联系的大通道;一头要畅通与大通道联系的"静脉"和"毛细血管",形成交通网络,为民族地区产业发展和各族群众脱贫致富插上"腾飞的翅膀"。[2] 加快信息化建设步伐,加快云计算数据通道建设和宽带网络建设,全面推进三网融合。根治缺水问题,特别要建设一批重大引调水工程、大型水库和骨干渠网。还要支持地方搞好支渠、塘坝、小水库等水利设施,解决好农村人口饮水安全问题。

3. 形成体现民族地区特色优势的产业支柱

发挥比较优势,发展民族地区特色经济。继续支持民族地区做大做强特色经济,要把优势资源开发好、利用好。充分发挥民族地区自然人文资源比较优势,提升特色农林牧产品市场竞争力,促进当地群众就近增收。大力发展民族特色旅游业,打造民族特色旅游品牌。大力支持民族医药及关联产业发展。大力发展少数民族传统手工艺品产业。

优化产业结构,培育民族地区优势产业。大力提升民族地区现代农牧业发展水平,提高农牧业综合生产能力。要在惠及当地和保护生态的前提下,找准民族地区的工业发展定位和产业升级优势。有序推进能源矿产资源开发,形成一批特色鲜明、产业集聚的产业基地。要提高民族地区工业核心竞争力。[3] 积极发展新能源、新材料、高端装备制造、生物、新一代信息技术、节能环保等战略性新兴产业。大力发展民族地区现代服务业。大力培育县域优势产业。

适应民生需求,扶持民族贸易和民族特需商品生产。继续执行扶持民族贸易和民族特需商品生产的税收、金融、财政等优惠政策,扶持一批重点

---

[1] 《国务院关于印发"十三五"促进民族地区和人口较少民族发展规划的通知》,中国政府网,http://www.gov.cn/zhengce/content/2017-01/24/content_5162950.htm。
[2] 国家民族事务委员会编:《中央民族工作会议精神学习辅导读本》,民族出版社2015年版,第207—208页。
[3] 常理:《探索民族地区城镇化新路径》,《经济日报》2014年11月26日,第14版。

企业上规模、上档次、树品牌,依托这些企业来带动全国民族贸易和民族特需商品定点生产企业发展。通过田野调研、走访传承人、文字、影像等手段,继续做好少数民族特需商品传统生产工艺的保护工程。① 支持民族地区市场体系建设,继续做好边销茶、清真牛羊肉储备管理和市场调控工作。

(四) 把握开放理念,推进互联互通,激发发展活力

开放是国家繁荣发展的必由之路。贯彻落实开放理念,就要统筹民族地区发展和对外开放,利用好国内国际两个市场,促进生产要素有序流动、内外资源合理高效配置、地区内外市场深度融合。要以开放型城市民族工作为抓手,发挥好城市带动发展的作用,促进民族团结;要加强经济发达地区对口支援和帮扶民族地区,优化体制机制,形成互利互惠共赢的发展模式;要以"一带一路"倡议为契机,大力推进兴边富民行动,扩大沿边和内陆民族地区对外开放合作,增强民族地区发展活力。

1. 以开放型城市民族工作为抓手,让少数民族群众更好地融入城市

城市作为人类文明的结晶和社会活动的中心,承载着各族人民对美好生活的向往。改革开放以来,特别是进入新世纪后,与国家城镇化飞速发展的步伐相适应,少数民族人口大规模向东部和内地城市流动,我国已经进入了各民族跨区域大流动的活跃期。习近平指出,少数民族同胞进入城市,是历史发展的趋势,带动了民族地区发展,也有利于民族团结。② 他强调,要重视做好城市民族工作,对少数民族流动人口不能采取"关门主义"的态度,也不能采取放任自流的态度,而是要持欢迎的心态。③ 与"两个不能"的保守、消极、落后的封闭型城市民族工作相区别,新时代以开放发展理念为统领的积极进取的新型城市民族工作可称为开放型城市民族工作。一是要发挥城市引领带动作用,实现各民族群众共享发展、同步小康。④ 二是要适应少数民族群众进城要求,正确把握做好开放型城市民族工作的必要性和基本内涵。三是要明确工作理念,探索工作途径,使各族群众共享城市发展,共建城市家园。

2. 以加强对口支援和帮扶工作为途径,促进民族地区加快发展

对口支援,是指在国家统一领导和协调下,经济发达地区对口帮扶民族

---

① 张庆安:《中国民族地区经济发展与差距问题研究》,中国经济出版社2013年版,第165—166页。
② 《习近平的民族观》,人民网,http://politics.people.com.cn/n/2015/0824/c1001-27508701-3.html。
③ 同上。
④ 《全国城市民族工作会议在京召开》,《人民日报》2016年1月7日,第1、2版。

地区,与经济欠发达地区结成相对固定的合作关系,前者帮助后者,从而促进地区协调发展、实现共同富裕的一种经济活动,是加快民族地区发展的重要途径,也是促进和发展平等、团结、互助、和谐的社会主义民族关系的重要措施,体现了民族地区对内开放的发展需求。对口支援具有计划性和指导性、支援性和互补性、稳定性和全面性等特征。① "十三五"时期,党和国家仍将继续鼓励经济较发达省市、大中城市等采取多种形式支援民族地区加快发展。② 同时也特别强调:要把行政力量帮扶和引入市场机制结合起来,形成互利互惠共赢的发展模式;要把改善民生放在首位,帮扶资金大部分要投入民生、用于基层;要注重帮扶实效,不搞面子工程。③ 另外,在推进帮扶工作法治化方面,要不断完善对口支援地地方政府的制度性激励,使对口支援由"政治动员式"向"制度激励型"转变;要加快完善对口支援政策的启动、协调、激励和评估考核机制的立法,让对口支援由"政策规范化"向"法律规范化"转变;要规范好援助方与受援方的权利与义务关系。④

3. 以"一带一路"倡议为契机,推动民族地区全方位开放合作

民族地区要积极融入"一带一路"倡议实施,壮大和发展自己。中央全面深化改革领导小组第十六次会议指出,要以改革创新助推沿边开放,允许沿边地区先行先试,大胆探索创新跨境经济合作新模式、促进沿边地区发展新机制、实现兴边富民新途径。⑤ 民族地区要敢闯敢试,利用好重点开发开放试验区、沿边国家级口岸、边境城市、边境和跨境经济合作区等沿边区域合作的重要平台,以建设国际大通道为引擎,提升基础设施保障能力;以推进区域合作为核心,助推全面互联互通;以全面深化改革为动力,促进投融资体制创新和经贸往来升级。以增进各民族福祉为导向,解决好关系民生的现实问题。以提升文化软实力为目标,积极推动包括各民族文化在内的中华文化"走出去"。⑥

(五) 把握共享理念,抓住民生重点,实现发展目标

共享是中国特色社会主义的本质要求。民族地区贯彻共享理念,就要

---

① 吴仕民主编:《中国民族理论新编》,中央民族大学出版社 2006 年版,第 327 页。
② 《国务院关于印发"十三五"促进民族地区和人口较少民族发展规划的通知》,中国政府网, http://www.gov.cn/zhengce/content/2017-01/24/content_5162950.htm。
③ 国家民族事务委员会:《中央民族工作会议精神学习辅导读本》,民族出版社 2015 年版,第 204 页。
④ 文晓静、王永才:《对口支援民族地区法治化初探》,《贵州民族研究》2014 年第 4 期。
⑤ 《坚持以扩大开放促进深化改革 坚定不移提高开放型经济水平》,《人民日报》2015 年 9 月 16 日,第 1 版。
⑥ 王正伟:《民族地区要在服务"一带一路"战略大局中大有作为》,《求是》2015 年第 14 期。

在发展中体现人民至上的主体地位,通过各族人民共建共享全面小康和中国式现代化发展目标来实现社会主义共同富裕的本质要求;要把握共享发展的内涵,把促进民族团结进步事业纳入发展全局;要以推进基本公共服务为重点,促进社会公平。

1. 让各民族群众过上好日子,是我们发展经济的目的

在民族工作上坚持共享发展理念,是马克思主义民族平等观的基本要求。十八大以来,以习近平同志为核心的党中央对民族地区的民生冷暖念兹在兹,强调决不让一个少数民族、一个民族地区掉队,坚决阻止贫困现象代际传递。① 要求社会事业发展和民生建设资金向民族地区倾斜,让民族地区群众共享改革发展成果。② 只有坚持贯彻和落实共享发展理念,实现各族人民生活水平和民生质量普遍提高,才能使各族人民在共建共享全面小康和社会主义现代化建设中有更多获得感,也才能使民族团结进步和国家发展繁荣获得深厚伟力。

2. 全面把握共享发展内涵,统筹解决好发展问题与团结问题

习近平指出,共享发展的内涵主要有四个方面:一是就共享的覆盖面而言是全民共享;二是就共享的内容而言是全面共享;三是就共享的实现途径而言是共建共享;四是就共享发展的推进进程而言是渐进共享。这四个方面是相互贯通的,要整体理解和把握。③ 在民族工作中,深刻把握这些内涵对全面建成小康社会的要求,就要明确小康社会建设主体的全民性、内容的全面性、途径的共建性、过程的渐进性,就要把民族团结纳入小康社会建设全过程,把发展落实到增进民族团结上来,统筹解决好发展问题与团结问题。

一是落实共享发展理念,有利于铸牢各族群众的中华民族命运共同体意识。只有通过共享发展改善民生,才能争取和凝聚人心。这种良性互动关系使各族人民真正感受到国家发展富强与个人福祉增加、民族地区繁荣进步的正相关联系及对本民族发展进步的重要意义,从而极大增强民族地区各族群众的中华民族共同体意识和爱国主义精神。④

---

① 罗宇凡等:《中华民族一家亲 同心共筑中国梦——以习近平同志为总书记的党中央亲切关怀下全国各族人民团结奋斗实现历史性跨越》,《中国民族》2015年第10期。
② 黄敬文:《习近平李克强张德江王岐山张高丽分别参加全国人大会议一些代表团审议》,《人民日报》2016年3月11日,第1版。
③ 习近平:《在省部级主要领导干部学习贯彻党的十八届五中全会精神专题研讨班上的讲话》,《人民日报》2016年5月10日,第2,3版。
④ 徐江虹:《共享发展是引领民族地区科学发展的决定性因素》,《广西民族研究》2016年第3期。

二是落实共享发展理念,让各族群众的主体地位体现在发展的全方面全过程。习近平指出,共建才能共享,共建过程也是共享的过程。要充分发扬民主,广泛汇聚民智,最大激发民力,形成人人参与、人人尽力、人人都有成就感的生动局面。① 这些精辟论述实质上是对唯GDP论英雄的错误发展观的纠正,正确地阐明了人是发展的目的,而经济建设则是达到目的的手段。

三是落实共享发展理念,要按照循序渐进的原则,以推进基本公共服务均等化为重点。习近平指出,一口吃不成胖子,共享发展必将有一个从低级到高级、从不均衡到均衡的过程,即使达到很高的水平也会有差别。

3. 贯彻共享发展理念,大力推进民族地区基本公共服务均等化

一是推进民族地区基本公共服务均等化的目标。《"十三五"促进民族地区和人口较少民族发展规划》确定了民族地区社会事业发展的总体目标是:"基本公共服务均等化水平显著提升,资源配置更加合理,城乡差距明显缩小,主要领域指标达到或接近全国平均水平。"② 该规划还专门单列"优先保障和改善民生"作为重要内容,并分别从提高教育发展水平、大力促进就业创业、健全社会保障体系、加强医疗卫生服务、推进文化繁荣发展五个方面进行了具体目标规划和任务分解。二是推进民族地区基本公共服务均等化的重点。要紧扣民生抓发展,重点抓好就业和教育。③ 三是全面推进民族地区的公共服务均等化建设。要加快完善民族地区医疗卫生条件,编织好全覆盖的社会保障安全网,建立覆盖民族地区的公共文化服务体系。"十四五"规划强调要把乡村建设摆在社会主义现代化建设的重要位置,要求健全城乡基础设施统一规划、统一建设、统一管护机制,推动市政公用设施向郊区乡村和规模较大中心镇延伸,完善乡村水、电、路、气、邮政通信、广播电视、物流等基础设施,提升农房建设质量。推进城乡基本公共服务标准统一、制度并轨,增加农村教育、医疗、养老、文化等服务供给,推进县域内教师医生交流轮岗,鼓励社会力量兴办农村公益事业。④

2021年2月25日,习近平在全国脱贫攻坚总结表彰大会上的讲话中指出:"经过全党全国各族人民共同努力,在迎来中国共产党成立一百周年的

---

① 习近平:《在省部级主要领导干部学习贯彻党的十八届五中全会精神专题研讨班上的讲话》,《人民日报》2016年5月10日,第2、3版。
② 《国务院关于印发"十三五"促进民族地区和人口较少民族发展规划的通知》,中国政府网,http://www.gov.cn/zhengce/content/2017-01/24/content_5162950.htm。
③ 兰红光:《中央民族工作会议暨国务院第六次全国民族团结进步表彰大会在北京举行》,《人民日报》2014年9月30日,第1、2版。
④ 《中华人民共和国国民经济和社会发展第十四个五年规划和2035年远景目标纲要》,中国政府网,http://www.gov.cn/xinwen/2021-03/13/content_5592681.htm。

重要时刻,我国脱贫攻坚战取得了全面胜利,现行标准下9899万农村贫困人口全部脱贫,832个贫困县全部摘帽,12.8万个贫困村全部出列,区域性整体贫困得到解决,完成了消除绝对贫困的艰巨任务,创造了又一个彪炳史册的人间奇迹!"①少数民族和民族地区脱贫攻坚成效显著,到2020年底,民族八省区3121万贫困人口全部脱贫;28个人口较少民族全部实现整族脱贫,一些新中国成立后"一步跨千年"进入社会主义社会的"直过民族",又实现了从贫穷落后到全面小康的第二次历史性跨越。② 作为全面建成小康社会的底线任务,脱贫攻坚战的全面胜利,标志着我们党在团结带领各族人民创造美好生活、实现共同富裕的道路上迈出了坚实的一大步。在此基础上,民族地区要切实做好巩固拓展脱贫攻坚成果同乡村振兴有效衔接各项工作,持续推进补短板与挖潜力等提升自我发展能力的任务,更好地融入新发展格局,完成好高质量发展与生态环境保护并重的发展目标。

第二节 "五个认同"的共铸族魂论

"文化认同是最深层次的认同,是民族团结之根、民族和睦之魂。"③加强中华民族大团结,长远和根本的是增强文化认同。要抓好民族领域的思想政治斗争,积极培养和铸牢中华民族共同体意识,建设好各民族共有精神家园。

一、要推动物质文明和精神文明协调发展

2014年中央民族工作会议指出,推动民族工作,既要依靠物质力量,也要依靠精神力量;解决好民族问题,既要解决好物质方面的问题,也要解决好精神方面的问题。2021年中央民族工作会议强调:"要正确把握物质和精神的关系,要赋予所有改革发展以彰显中华民族共同体意识的意义,以维护统一、反对分裂的意义,以改善民生、凝聚人心的意义,让中华民族共同体牢不可破。"④这些重大观点的提出,是对马克思主义两个文明协调发展观

---

① 燕雁、鞠鹏:《全国脱贫攻坚总结表彰大会在京隆重举行》,《人民日报》2021年2月26日,第1、2版。
② 中华人民共和国国务院新闻办公室:《中国的全面小康(2021年9月)》,《人民日报》2021年9月29日,第10版。
③ 丹珠昂奔:《民族工作方法论:中央民族工作会议精神学习体会》,民族出版社2016年版,第56页。
④ 《习近平谈治国理政》(第四卷),外文出版社2022年版,第246页。

的继承与发展,标志着我们党对促进新时代少数民族和民族地区全面发展,巩固和加强中华民族大团结有了新的更深层次的认识。

(一) 坚持两个文明协调发展的根本方针

1. 两个文明协调发展是马克思主义文明观的体现和要求

历史唯物主义认为,物质文明和精神文明是以物质形式和精神形式呈现的人类改造客观世界和主观世界的积极成果,是两类最基本的文明形态。① 毛泽东曾深刻指出:"无产阶级和革命人民改造世界的斗争,包括实现下述的任务:改造客观世界,也改造自己的主观世界——改造自己的认识能力,改造主观世界同客观世界的关系。"②

改造客观世界的物质文明建设和改造主观世界的精神文明建设之间存在着互相依存、互为条件、互相渗透、不可分离的密切关系,两者辩证统一于人们遵循客观规律的社会实践中。前者是后者的基础和条件,为后者的形成和发展提供了物质前提和条件以及实践经验和基础;后者则是前者的灵魂和体现,为前者提供了精神动力、智力支持和思想保证。只有两个文明协调发展,才能促进生产力和生产关系、经济基础和上层建筑的相互适应和协调发展,才能促进人类社会整体文明程度的提高和发展。

2. "两手抓,两手都要硬"是推进党的事业全面发展的根本方针

重视物质和精神两方面工作协调发展,是我们党领导革命和建设事业的优良传统和根本方针之一。在改革开放初期,邓小平就指出,经济建设属于物质文明的范畴,"我们要在建设高度物质文明的同时,提高全民族的科学文化水平,发展高尚的丰富多彩的文化生活,建设高度的社会主义精神文明"③。他还强调这两手都要硬,不能"一手硬,一手软",以确保中国特色社会主义事业全面发展。

在坚持经济建设这个中心不动摇的同时,强调促进社会主义物质文明、精神文明协调发展,体现了重点论和全面论的统一。习近平指出:"要坚持'两手抓、两手都要硬',以辩证的、全面的、平衡的观点正确处理物质文明和精神文明的关系,把精神文明建设贯穿改革开放和现代化全过程、渗透社

---

① 涂大杭主编:《精神文明概论》,厦门大学出版社2002年版,第33页。随着改革开放以来社会实践的发展,党和国家对两类基本文明的内容和表现有了更加深刻和具体的认识,相继提出了政治文明、生态文明的建设任务及"五位一体"的总体建设布局,这些都说明我们在全面把握"两个文明"建设基础上,对社会主义建设内容的全面性的认识上达到了新高度。
② 《毛泽东选集》(第一卷),人民出版社1991年版,第296页。
③ 《邓小平文选》(第二卷),人民出版社1994年版,第208页。

生活各方面。"①他强调,只有两个文明建设都搞好,国家物质力量和精神力量都增强,全国各族人民物质生活和精神生活都改善,中国特色社会主义事业才能顺利向前推进。② 实现中国梦,物质财富和精神财富都要极大丰富,是两个文明比翼双飞、均衡发展、相互促进的过程与结果。

3. 中国梦的实现离不开中华民族精神的复兴与弘扬

精神力量是一个国家最为深沉厚重的力量,是一个民族赖以生存和发展的精神支撑。中华民族在5000多年的发展中,形成了以爱国主义为核心的团结统一、爱好和平、勤劳勇敢、自强不息的伟大民族精神。③ 在几千年的历史流变中,中华民族历经劫难困苦而不灭不弃,"其中一个很重要的原因就是世世代代的中华儿女培育和发展了独具特色、博大精深的中华文化,为中华民族克服困难、生生不息提供了强大精神支撑"④。这是中华先祖对人类文明的巨大贡献,也是支撑我们实现民族伟大复兴梦想的不竭动力。

我们党团结和带领中华儿女在实现民族复兴的长期实践中,不断以新的时代内涵丰富和完善中华民族精神大厦的基本结构。习近平形象地指出:"当高楼大厦在我国大地上遍地林立时,中华民族精神的大厦也应该巍然耸立。"⑤他强调:"一个民族的复兴需要强大的物质力量,也需要强大的精神力量。"⑥实现中国梦必须弘扬中国精神,就是以爱国主义为核心的民族精神和以改革创新为核心的时代精神。爱国主义始终是把中华民族坚强团结在一起的精神力量,改革创新始终是鞭策我们在改革开放中与时俱进的精神力量。这种精神是凝心聚力的兴国之魂、强国之魂。⑦

(二)民族工作要见物,更要见人

1. 树立以人为本的民族工作发展观

民族工作说到底是做人的工作,是做各族群众的发展和团结的工作,是

---

① 《习近平谈治国理政》(第二卷),外文出版社2017年版,第324页。
② 倪光辉、鞠鹏:《胸怀大局把握大势着眼大事　努力把宣传思想工作做得更好》,《人民日报》2013年8月21日,第1版。
③ 江泽民:《全面建设小康社会　开创中国特色社会主义事业新局面》,人民出版社2002年版,第87页。
④ 中共中央文献研究室编:《十八大以来重要文献选编》(中),中央文献出版社2016年版,第119页。
⑤ 中共中央宣传部编:《习近平总书记系列重要讲话读本(2016年版)》,学习出版社、人民出版社2016年版,第187页。
⑥ 中共中央文献研究室编:《十八大以来重要文献选编》(中),中央文献出版社2016年版,第121页。
⑦ 《习近平论基层宣传思想文化工作——十八大以来重要论述摘编》,人民网,http://culture.people.com.cn/n/2015/0505/c172318-26951273.html。

党的群众工作的有机构成。各族群众是民族工作的主体,离开他们的支持和参与,任何民族工作都不可能取得成就。做人的工作,就要眼中有人,以人为工作中心和根本出发点、落脚点。马克思指出:"批判的武器当然不能代替武器的批判,物质力量只能用物质力量来摧毁;但是理论一经掌握群众,也会变成物质力量。理论只要说服人[ad hominem],就能掌握群众;而理论只要彻底,就能说服人[ad hominem]。所谓彻底,就是抓住事物的根本。而人的根本就是人本身。"①以人为本是科学发展观的核心,是全心全意为人民服务的党的根本宗旨的体现,是与那种以 GDP 为本、"以物为本"、见物不见人的发展观相对立的不同的发展观。② 民族工作贯彻和体现以人为本的发展观,就要把各族群众的个人、群体和地区发展利益与国家的发展利益统一起来,把各族群众的民族性发展与社会性发展统一起来,把民族发展与民族团结统一起来,实现个人、群体、社会、国家各得其所、各美其美又美人之美、美美与共的共赢共享式发展。

2. 运用两种力量解决好两类问题

推动民族工作要依靠物质力量和精神力量。两种力量各有其用,可以互相促进、互相支持,但很大程度上却不能互相替代。物质层面的问题要靠增强物质力量来解决,精神层面的问题要靠增强精神力量来解决。经济发展、人民生活水平提高,并不会自然而然带来人们思想认识水平的提高,并不会自然而然增强各族群众"五个认同"与民族团结进步的实现。党的十八大以来,以习近平同志为核心的党中央在聚精会神抓好民族地区发展的同时,还多次强调发展要落实到争取人心和增进团结上,多次强调民族团结就是各族人民的生命线,明确要求全面深入持久开展民族团结进步创建活动,要广泛开展民族团结教育,注重把建设共有精神家园作为战略任务来抓,使各民族人心归聚、精神相依。

3. 抓好"两个文明"是做好民族工作的前提和基础

一是要深刻认识物质文明建设对解决民族问题的基础性作用。以习近平同志为核心的党中央深刻把握当前我国民族工作"五个并存"的阶段性特征,明确指出:"增强团结的核心问题,就是要积极创造条件,千方百计加快少数民族和民族地区的经济社会发展,促进各民族共同繁荣发展。"③在新

---

① 《马克思恩格斯文集》(第一卷),人民出版社 2009 年版,第 11 页。
② 高永久、郝龙:《关于"以人为本"新型社区民族工作的方法论思考》,《中南民族大学学报》(人文社会科学版)2013 年第 1 期。
③ 《习近平的民族观》,人民网,http://politics.people.com.cn/n/2015/0824/c1001-27508701-3.html。

疆考察时,他特别强调发展仍是解决新疆一切问题的关键,必须切实抓好,发展要落实到改善民生上,落实到惠及当地上,落实到增进团结上。① 民族地区的贫困问题,是导致各族群众滋生社会不满、影响民族团结和诱发各类犯罪的重要根源之一。习近平要求,要加大扶贫资金投入力度,重点向农牧区、边境地区、特困人群倾斜,建立精准扶贫工作机制,扶到点上、扶到根上、扶贫扶到家。②

二是要深刻认识精神文明建设对解决民族问题的关键性作用。精神文明建设是解决民族问题"一个发展、三个关系"的重要途径。民族发展是"综合实现民族的民族性发展、社会性发展、人的发展的过程",最根本的内容是民族素质的提高和优化。③ 民族的基本素质包括科学文化、思想政治、心理意识、人口身体等多方面素质要素,其中除人口身体素质外,基本上都可以视为精神文明建设的成果和体现。民族地区的发展离不开各族群众科学文化素质的提高,特别是贫困地区的脱贫事业,离不开精神文明建设的智力支持和发展动力作用。

民族的民族性和社会性的协调发展是民族思想政治素质和心理意识素质的基本内容,是现代民族发展过程中差异性将长期存在,共同性将逐渐增多的历史规律的重要体现。我国各民族的社会性发展,主要体现为各族群众在为实现"两个一百年"目标进程中形成的,为实现中华民族伟大复兴的中国梦而团结奋斗的一致性和共同性特征,本质上是各族群众对共同团结奋斗的利益基础、遵循原则和奋斗目标的高度认同和深刻感悟。我国各民族的民族性发展,主要体现为各族群众正确对待本民族与他民族间的利益、特色和传统的相互关系,本质上是各族群众在与他民族交往交流交融中对彼此民族心理和意识等民族特点认同和尊重的民族过程。一把钥匙开一把锁,解决各族群众民族素质提高问题,铸牢各族群众的中华民族共同体意识,离不开精神文明建设和思想教育这把钥匙。我们必须把思想教育这把精神力量的钥匙用好用足。

(三)要抓好民族领域的思想政治斗争

1. 充分认识民族领域思想政治斗争的重要性、严峻性和复杂性

一是做好民族领域思想政治工作意义重大。习近平强调:"要坚决防范

---

① 李斌、霍小光、兰红光:《把祖国的新疆建设得越来越美好——习近平总书记新疆考察纪实》,《人民日报》2014年5月4日,第1、3版。
② 李学仁:《坚持依法治疆团结稳疆长期建疆 团结各族人民建设社会主义新疆》,《人民日报》2014年5月30日,第1版。
③ 金炳镐:《民族理论通论》,中央民族大学出版社1994年版,第134—148页。

民族领域重大风险隐患。要守住意识形态阵地,积极稳妥处理涉民族因素的意识形态问题,持续肃清民族分裂、宗教极端思想流毒。"[1]对民族工作而言,坚决推进意识形态领域的反民族分裂主义、宗教极端主义、暴力恐怖主义斗争,是党和政府与国内外敌对势力在民族领域争夺人心、争夺群众、争夺阵地,巩固社会主义制度的严肃的政治斗争,直接关系到祖国统一、民族团结和各族人民的根本利益,直接关系到边疆的长治久安和发展繁荣,直接关系到全面建成小康社会和中华民族伟大复兴中国梦能否顺利实现。

二是清醒认识当前民族领域思想政治工作的严峻形势。为遏制中国发展,国际敌对势力以"民族""宗教""人权"等为幌子,加紧插手策划和支持边疆民族分裂主义势力活动。特别是进入21世纪以来,在国际敌对势力支持下,境内外民族分裂主义分子在西藏和新疆相继制造了2008年拉萨"3·14"事件、2009年乌鲁木齐"7·5"事件等多起影响恶劣、骇人听闻的暴力恐怖事件和打砸抢烧严重犯罪事件。为了扩大政治影响,暴恐犯罪分子2014年还相继制造了"3·01"云南昆明火车站暴力恐怖案件、北京"10·28"天安门金水桥暴力恐怖案件等一系列犯罪事件。[2] 这些事件和案件的发生,给国家及民族地区的社会稳定和各族群众的生命财产安全造成了严重危害,损害了中国的国际形象,也反映了民族领域思想政治工作面临的严峻形势。

三是深刻把握民族领域思想政治工作斗争的复杂性。民族领域的思想政治斗争,是我们同国内外敌对势力在民族问题上尖锐复杂斗争的前哨战。首先,反分裂斗争实质和表现形式不一致。"分裂和反分裂的斗争是政治斗争,从实质上讲,不是民族问题,也不是宗教问题,但敌对势力往往打着民族和宗教的旗号来进行破坏活动,因此增加了问题的复杂性。"[3]其次,反分裂的历史问题与事实真相相冲突。"内亚史观""新清史观""征服王朝论"及大汉族主义史观等形形色色打着学术幌子的错误历史观严重干扰和影响了我们干部群众对于中华民族和中华文化的认同,不利于我们铸牢中华民族共同体意识。达赖集团和"东突"分子最擅长的就是全然不顾自己的历史反动

---

[1] 《习近平谈治国理政》(第四卷),外文出版社2022年版,第248页。
[2] 参见:《西藏拉萨"3·14"打砸抢烧严重暴力犯罪事件真相》,中国政府网,http://www.gov.cn/jrzg/2008-03/22/content_926067.htm;《〈中国观察〉:新疆暴力"打砸抢烧"事件完全回顾》,中国网,http://www.china.com.cn/news/txt/2009-07/17/content_18135358.htm;《昆明"3·01"严重暴案告破》,人民网,http://legal.people.com.cn/n/2014/0304/c42510-24517360.html;《暴恐袭击天安门金水桥画面曝光》,中新网,http://www.chinanews.com/mil/2014/06-25/6317280.shtml。
[3] 国家民族事务委员会政策研究室编:《中国共产党主要领导人论民族问题》,民族出版社1994年版,第221页。

性，以虚伪自私的嘴脸冒充相关宗教和民族的代言人，编造和虚构相关民族和宗教的发展历史，煽动和欺骗藏族和维吾尔族群众为自己的政治野心买单。最后，反分裂的国际斗争与国内阵地相呼应。在国际敌对势力的支持下，民族分裂势力大肆鼓吹"大藏区""东突厥斯坦"等主张，并在国内影响和误导了一些人，使其成为搞民族分裂、暴力恐怖活动的"急先锋"和"马前卒"。

2. 正确区分民族领域两类不同性质的思想政治斗争

一是按照人民内部矛盾和敌我矛盾来区分民族领域两类不同性质的思想政治斗争。正确处理人民内部矛盾，是党和国家政治生活的主题。在社会主义时期，我国各民族的关系基本上是各族劳动人民之间的关系，各民族之间和民族内部的矛盾基本上是人民内部矛盾。① "两个基本"的论断，当然并不排除一定范围内阶级斗争的长期存在，一些反对祖国统一、破坏民族团结、策动民族分裂的敌对分子仍将长期存在，国际上企图利用民族问题干涉中国内政、颠覆中国社会主义政权、分裂中国领土的敌对势力仍将长期存在。② 这两类不同性质的矛盾，必然也要在民族领域思想政治斗争中体现和展开。

二是坚定"四个自信"③，以"团结—批评—团结"的方法解决人民内部矛盾范围内的民族领域思想政治斗争。当前影响民族领域思想政治斗争的人民内部矛盾，主要体现在一些对民族工作、民族问题不正确的认识和观点上。对待此类矛盾，就要用讨论的方法、批评的方法、说服教育的方法去解决，而不能用强制的、压服的方法去解决，就要从团结的愿望出发，经过批评和自我批评，达到新的团结。通过这样的斗争，才能适应新时代民族工作发展需求，不断坚定我们对中国特色解决问题正确道路的自信、对习近平总书记关于加强和改进民族工作重要思想的自信、对中国特色社会主义制度的自信、对中华民族优秀文化的自信，从而保持战略定力，为实现中华民族伟大复兴的中国梦凝心聚力。

三是全面推进依法治国，依法打击和制裁敌对势力和民族分裂分子破坏民族团结的违法言行，打好反恐人民战争。习近平指出，必须深刻认识反

---

① 国家民族事务委员会、中共中央文献研究室编：《民族工作文献选编（一九九〇—二〇〇二年）》，中央文献出版社 2003 年版，第 44 页。
② 唐鸣：《社会主义初级阶段的民族矛盾研究》，中国社会科学出版社 2002 年版，第 31 页。
③ 即坚定对中国特色社会主义道路、理论体系、制度和文化的自信。参见中共中央宣传部：《习近平新时代中国特色社会主义思想学习纲要》，学习出版社、人民出版社 2019 年版，第 31 页。

分裂斗争的长期性、复杂性、尖锐性,反暴力恐怖斗争一刻也不能放松,必须采取果断措施,坚决把暴力恐怖分子的嚣张气焰打下去。对暴力恐怖活动,要高举法治旗帜,保持严打高压态势,先发制人,以震慑敌人、鼓舞人民。他要求对暴力恐怖活动,露头就打,打早、打小、打苗头,以迅雷不及掩耳之势、用铁的手腕予以毁灭性打击。在反恐策略上,习近平强调了民族团结和"打好反恐人民战争"。① 他还重视通过国际合作打击网络恐怖主义②,强调要加强国际反恐合作,做好重点国家和地区、国际组织、海外少数民族华侨华人群体等的工作。③

3. 加强研究和宣传,牢牢把握民族领域思想政治工作的主动权

一是要加强理论研究,用中国特色社会主义民族理论,特别是习近平总书记关于加强和改进民族工作重要思想武装全党,使之成为各族群众抵御西化、分化错误理论和各种极端主义思潮侵蚀、蛊惑的有力武器。二是要加大宣传力度,讲好中华民族伟大复兴旗帜下各民族大团结铸牢中华民族共同体意识的中国故事,在国际上争取民族工作的话语权和国际舆论的主动权,充分展示中国特色解决民族问题正确道路的优越性及在和谐民族关系建设方面对人类文明新形态的重大贡献。只有这样,才能推动民族宣传工作走进人心,走向世界,才能彰显民族团结进步事业的中国特色和铸牢中华民族共同体意识的强大威力。

二、长远和根本的是增强文化认同

习近平指出,加强中华民族大团结,长远和根本的是增强文化认同,"文化认同是最深层次的认同,是民族团结之根、民族和睦之魂。文化认同问题解决了,对伟大祖国、对中华民族、对中国特色社会主义道路的认同才能巩固"④。

(一) 文化认同是民族团结之根、和睦之魂

"文化是民族生存和发展的重要力量。"⑤"文化认同性基本上是指民族

---

① 李斌、霍小光、兰红光:《把祖国的新疆建设得越来越美好——习近平总书记新疆考察纪实》,《人民日报》2014年5月4日,第1、3版。
② 杜尚泽、黄文帝:《习近平出席上海合作组织杜尚别峰会并发表重要讲话——强调凝心聚力,精诚协作,推动上海合作组织再上新台阶》,《人民日报》2014年9月13日,第1版。
③ 《习近平谈治国理政》(第四卷),外文出版社2022年版,第248页。
④ 丹珠昂奔:《民族工作方法论:中央民族工作会议精神学习体会》,民族出版社2016年版,第56页。
⑤ 中共中央文献研究室编:《十八大以来重要文献选编》(中),中央文献出版社2016年版,第119页。

性。"①文化认同本质上是民族成员对长期共同生活所形成的本民族最基本最有意义的事物和价值的肯定性认同,是民族认同、国家认同的重要基础,而且是最深层的基础。② 习近平强调:"提高国家文化软实力,不仅关系我国在世界文化格局中的定位,而且关系我国国际地位和国际影响力,关系'两个一百年'奋斗目标和中华民族伟大复兴中国梦的实现。"③

文化认同是民族团结之根、和睦之魂,主要表现在其对民族团结所具有的价值整合功能、行为导向功能、力量凝聚功能方面。首先,文化认同促进民族成员价值观念的整合。习近平指出,一个国家,一个民族,要同心同德迈向前进,必须有共同的理想信念作支撑。④ 党的十八大以来,党中央致力于用"两个一百年"奋斗目标和社会主义核心价值观凝聚全民共识,集聚中华民族蓬勃发展的精神伟力,铸造兴国强国之魂。其次,文化认同对民族成员的社会行为能够起到引导作用。民族文化中经过历史积淀下来的科学的思维方式、健康的理想人格、正确的价值取向、高尚的伦理观念、高雅的审美情趣等对于引导人们积极进取、奋发有为,合乎现代文明理性地生产和生活等都具有不可替代和积极导向作用。再次,文化认同能够凝聚全民族力量。价值整合使得人们在价值取向上获得认同,行为导向使得人们在实践中步调取得一致。这就会使本民族各方面力量相互协调,形成合力。

(二)中华文化是各民族文化的集大成

1. 各族人民共同创造了多元一体的中华文化

习近平提出,中华文化是各民族文化的集大成。少数民族文化是中华文化不可分割的重要组成部分,各民族都对中华文化做出了重要贡献。⑤ "集大成"意即"集中某类事物的各个方面,达到相当完备的程度"。⑥ 中华文化是各民族文化的集大成,就是指集中华各民族文化之"元"于中华文化"大成"之"体"。这个"集成"过程,本身就是千百年来中华各构成民族在中国大地上相互交往交流交融中形成、发展,最终合而为一的民族

---

① 《第欧根尼》中文精选版编辑委员会编选:《文化认同性的变形》,商务印书馆2008年版,第11页。
② 朱贻庭、赵修义:《文化认同与民族精神》,《学习时报》2008年10月27日,第6版。
③ 中共中央文献研究室编:《习近平关于社会主义文化建设论述摘编》,中央文献出版社2017年版,第198页。
④ 李章军、李学仁:《人民有信仰民族有希望国家有力量 锲而不舍抓好社会主义精神文明建设》,《人民日报》2015年3月1日,第1版。
⑤ 国家民族事务委员会编:《中央民族工作会议精神学习辅导读本》,民族出版社2015年版,第255页。
⑥ 中国社会科学院语言研究所词典编辑室编:《现代汉语词典》(2002年增补本),商务印书馆2004年版,第607页。

过程的历史组成部分。"要向各族人民反复讲,各民族都对中华文化的形成和发展做出了贡献,各民族要相互欣赏、相互学习。"①

2. 认同中华文化和认同本民族文化并育而不悖

"不让一个民族认同本民族文化是不对的,认同中华文化和认同本民族文化并育而不相悖。"②"要正确把握中华文化和各民族文化的关系,各民族优秀传统文化都是中华文化的组成部分,中华文化是主干,各民族文化是枝叶,根深干壮才能枝繁叶茂。"③这些论断符合多民族国家文化认同的一般特征,深刻揭示了中华文化认同的深层机理、认知过程和根本遵循。

首先,多层次性、共生性和整体性是多民族国家文化认同的一般特征。文化认同具有多层次性。④ 多民族国家的公民和民族成员对于自己民族群体文化的认同与国家层面文化的认同可以协调互补、共存共生,而并不一定冲突对立。⑤ 不同民族的文化都可以共生于一个统一的多民族国家中并在国家文化层面上形成新的共同的整体民族文化。多民族国家内的构成民族都有自己不同于其他民族的独特文化,都与其他民族文化共生于一个统一的国家文化中并形成国家意义上的共同的整体民族文化。

其次,和谐共生是中华文化认同的根本遵循。"万物并育而不相害,道并行而不相悖。"习近平指出,不同国家、民族的思想文化各有千秋,只有姹紫嫣红之别,而无高低优劣之分。每个国家、每个民族不分强弱、不分大小,其思想文化都应该得到承认和尊重。⑥ 能够积极主动地促进各民族文化的协调发展,使各民族文化规范和行为相互适应,使不同的风俗制度在功能上互补共享,也是中华文化一体化发展的生命力所在。

---

① 丹珠昂奔:《民族工作方法论——中央民族工作学习体会》,民族出版社2016年版,第61页。

② 同上。

③ 《习近平谈治国理政》(第四卷),外文出版社2022年版,第246页。

④ 塞利姆·阿布认为,文化认同具有三个层次:对民族集团文化遗产的认同、对民族国家同质文化的认同和对超民族整体的共同文化的认同。参见《第欧根尼》中文精选版编辑委员会编选:《文化认同性的变形》,商务印书馆2008年版,第11—12页。

⑤ 拉兹认为,认同一个政治社会并不必然取代对于这个社会中其他群体的认同,而是可以把对其他群体的认同结合起来。参见[英]约瑟夫·拉兹:《多元文化主义》,载于李丽红编:《多元文化主义》,浙江大学出版社2011年版,第11—12页。格罗斯也指出,欧洲人有各种互为补充的认同和不同层次的情感归属:地方认同,地区认同,民族、国家认同,……有时,这些认同也会发生冲突。一般来说,上述认同是互补的而不是对立的,在很多情况下是可以协调的。参见[美]菲利克斯·格罗斯:《公民与国家》,王建娥等译,新华出版社2002年版,第234页。

⑥ 杜尚泽、黄敬文:《从延续民族文化血脉中开拓前进 推进各种文明交流交融互学互鉴》,《人民日报》2014年9月25日,第1版。

最后，个体成员对本民族的文化认同和对国家整体的文化认同是辩证统一的关系。一般意义上，个体的文化认同都是从对本民族文化的认同开始的。没有对本民族文化的认同，也不可能有对中华文化的认同。① 同时，只有把对本民族的文化认同厚植于对中华民族文化的整体认同中，才能为本民族文化发展繁荣奠定深厚的根基。中国境内信仰伊斯兰教的各民族既能坚守圣训《古兰经》，又能秉持"爱国爱教"等理念，这既是中国穆斯林文化的重要标志，也是各信仰伊斯兰教民族文化发展的基本成就。

3. 反对和克服两种狭隘的民族文化观

习近平指出，把汉文化等同于中华文化、忽略少数民族文化，把本民族文化自外于中华文化、对中华文化缺乏认同，都是不对的，都要坚决克服。② 这两个"不对"，实质上是两种错误的民族主义（即大民族主义和狭隘民族主义）意识在文化认同上的体现，必须要高度重视，坚决克服。

其一，大民族主义错误意识在文化上经常体现为大汉族主义意识，经常把汉文化等同于中华文化、忽略不计少数民族文化，缺乏文化多样性的理性兼容自觉。考察中华文化发展史可以发现，汉文化与少数民族文化在长期的文化交往交流交融中已经形成了你中有我、我中有你的文化共生态。没有少数民族为中华民族文化多样性和创造性的巨大贡献，就没有中华文化乃至汉文化本身的源远流长和发展繁荣。

其二，狭隘民族主义在文化上经常把本民族文化自外于中华文化、对中华文化缺乏认同。某些人用真实或者臆想的历史来把自己民族文化与古代民族联系起来，从而在国外到处寻找"千年表兄弟"的文化认同更是荒唐至极。难道匈奴、突厥、回纥等曾经长期与汉族共生共存的古代民族就没有在中国各族中留下自己的血脉？就没有与汉族通过各种途径和形式交往交流交融？更何况远亲还不如近邻，难道我们荣辱与共的中华各兄弟民族的血缘和文化关系还不比那些千里之外的异国民族更为亲近和可信？！

（三）弘扬和保护各民族传统文化

2014 年中央民族工作会议指出，少数民族文化块头小，抵抗市场经济冲击能力弱，一些非物质文化遗产流失严重，不能等到失去才懂得珍惜。要弘扬和保护各民族传统文化，去粗取精、推陈出新，努力实现创造性转化和

---

① 丹珠昂奔：《民族工作方法论——中央民族工作学习体会》，民族出版社 2016 年版，第 62 页。
② 同上，第 63 页。

创新性发展。①

第一,要努力实现创造性转化和创新性发展。首先,要牢牢树立各民族文化都是中华民族文化平等而不可缺少的组成部分的意识。其次,保护和发展少数民族优秀传统文化,要去粗取精、推陈出新。最后,要立足于"增强对中华文化认同的基础之上",保护文化多样性的"家底",繁荣和发展各民族的文化。

第二,要建立覆盖民族地区的公共文化服务体系。一是要加大投入,继续实施重大文化惠民工程,并重点向民族地区特别是贫困民族地区倾斜,加快少数民族和民族地区公共文化基础设施建设。二是要创新服务方式,通过流动文化服务、公共数字文化建设和群众服务网点建设等途径提升少数民族和民族地区公共文化服务能力。三是要注意尊重、继承和弘扬少数民族优秀传统文化,突出民族特色,推动少数民族和民族地区群众文化活动和文艺创作繁荣发展。四是要继续深化改革,为少数民族和民族地区公共文化服务体系建设提供不竭动力。五是要加强队伍建设,为民族地区开展公共文化服务提供有力的人才保障。②

(四) 抓好民族文化领域的统一战线工作

统一战线工作是党的全局工作的重要组成部分。民族文化领域的统一战线工作,是党的民族工作和统一战线工作的重要内容,主要任务是为中华民族伟大复兴的中国梦凝聚人心、团结力量。

一是要结合新时代的时代特色和发展任务,充分认识加强少数民族代表人士和知识分子工作的重要性和紧迫性,切实把这项工作抓紧抓实抓好。

二是切实做好信教群众的工作是一项特殊的群众工作,也是民族工作的重要组成部分。党员要坚决执行不信仰宗教、不参加宗教活动的规定,在思想上同宗教信仰划清界限,同时尊重和适当随顺民族风俗习惯,以利于更好联系信教群众,把他们紧紧团结在党和政府周围。③

三、抓好构筑中华民族共有精神家园战略任务

习近平指出:"加强中华民族大团结,长远和根本的是增强文化认同,建

---

① 国家民族事务委员会编:《中央民族工作会议精神学习辅导读本》,民族出版社2015年版,第256页。
② 杨志今:《加快推进少数民族和民族地区公共文化服务体系建设的实践与思考》,《中国文化报》2012年8月9日,第1、2版。
③ 国家民族事务委员会编:《中央民族工作会议精神学习辅导读本》,民族出版社2015年版,第276页。

设各民族共有精神家园,积极培养中华民族共同体意识。"①他强调:"必须构筑中华民族共有精神家园,使各民族人心归聚、精神相依,形成人心凝聚、团结奋进的强大精神纽带。"②高度重视共有精神家园建设,并将其作为重要战略任务,充分体现了我们党在新的历史条件下加强民族文化建设的高度自觉及增强民族文化自信的历史责任感。

(一)铸牢中华民族共同体意识

1. 族体结构认知是铸牢中华民族共同体意识的基础

铸牢中华民族共同体意识是国家统一之基、民族团结之本、精神力量之魂。中华民族共同体意识是对中华民族是由各民族共同构成的你中有我、我中有你的多元一体的族体结构认知,是对中华各民族在千百年的发展中形成的相互依存、休戚与共、谁也离不开谁的共同历史认同,是对"各美其美,美人之美,美美与共"的民族文化自觉。③ 一是要引导人们树立正确的历史观、民族观、国家观、文化观。通过对中华民族形成发展史的正确解读和宣传,让各族人民深刻了解和认知中华民族多元一体的族体结构格局的基本内涵。二是要通过对中华文化发展的历史与现实的正确解读和宣传,让各族人民深刻领悟中华民族内部谁也离不开谁的命运共同体特征,牢固树立各族人民共同创造了中国的历史、疆域、文化等基本常识。三是要深刻认识和全面把握当代中国和中华民族的发展大势,始终牢记我国统一的多民族国家的基本国情;始终坚持把对本民族的感情同对祖国、中华民族和其他兄弟民族的感情结合起来,把民族团结和祖国统一作为各民族的生命线,把各族群众的智慧和创造凝聚到实现民族振兴和中华民族伟大复兴的事业中去。

2. 民族文化自信是铸牢中华民族共同体意识的重要内容

民族文化的发展繁荣是全面建设小康社会的基本内容,也是实现中华民族伟大复兴的重要内容。从民族心理上讲,任何民族都对自己的文化具有自觉的认同感和自豪感。全面建成小康社会和实现中华民族伟大复兴的中国梦,体现了中国各族人民深植于优秀传统文化沃土中的价值追求、精神世界及与日俱新、与时俱进的文化具象。

3. 增强"五个认同"是铸牢中华民族共同体意识的必然要求

铸牢中华民族共同体意识,就是要增强各族群众对中华民族共同体的

---

① 国家民族事务委员会编:《中央民族工作会议精神学习辅导读本》,民族出版社 2015 年版,第 252 页。
② 《习近平谈治国理政》(第四卷),外文出版社 2022 年版,第 244 页。
③ 陈乐齐:《在民族团结进步创建活动中如何将"三化"落到实处》,《中国民族》2015 年第 1 期。

认同,基本内涵主要体现为增强各族群众的"五个认同"。习近平强调:"必须以铸牢中华民族共同体意识为新时代党的民族工作的主线,推动各民族坚定对伟大祖国、中华民族、中华文化、中国共产党、中国特色社会主义的高度认同,不断推进中华民族共同体建设。"①尽管铸牢中华民族共同体意识问题是更高层次、更为宏观和复杂的民族问题,但从根本上讲,这依然是民族问题,依然需要回答与中华民族共同体相关的"一个发展、三个关系"②等基本内涵问题。"五个认同"就是对铸牢中华民族共同体意识所面临的这些基本内涵问题的全面系统的回答和说明。"五个认同"是相互联系而又各具特点的统一整体,共同支撑起中华民族共同体意识的大厦。③ 只有不断强化各族人民"五个认同",培养和树立各族人民的现代国家意识、公民意识和中华民族共同体意识,增强各族人民坚持党的领导的自觉性和坚定不移地走中国特色社会主义发展道路的自信心,才能为中华民族大团结和共有精神家园建设奠定坚实的思想意识基础。

(二)培育和践行社会主义核心价值观

习近平指出:"人类社会发展的历史表明,对一个民族、一个国家来说,最持久、最深层的力量是全社会共同认可的核心价值观。"④社会主义核心价值观决定着各民族共有精神家园的发展方向,要在全社会、各民族中大力培育和践行。

1. 核心价值观决定着共有精神家园的内涵和方向

在当代中国,我们的民族、国家和人民应该坚守的社会主义核心价值观,就是党的十八大提出和倡导的富强、民主、文明、和谐,自由、平等、公正、法治,爱国、敬业、诚信、友善。这些核心价值观正确引导各族群众在"什么样的中国,才是我们引以为豪的伟大国家? 什么样的社会,才是令人向往的理想家园? 什么样的人生,才有内心的安宁和恒久的幸福?"⑤等重大问题上形成一致认同,从而为中华民族共有精神家园的建设奠定坚实的内涵基础,指明正确的发展方向。

2. 发挥好少数民族文化对共有精神家园建设的作用

中华民族共有精神家园是我国 56 个民族在继承民族优秀传统文化的

---

① 《习近平谈治国理政》(第四卷),外文出版社 2022 年版,第 244 页。
② 民族问题既包括民族自身的发展,又包括民族之间、民族与阶级、国家之间等方面的关系。参见《中央民族工作会议精神学习辅导读本》,民族出版社 2005 年版,第 29 页。
③ 孙军:《习近平民族团结思想述评》,《湖南省社会主义学院学报》2016 年第 4 期。
④ 中共中央宣传部编:《习近平总书记系列重要讲话读本(2016 年版)》,学习出版社、人民出版社 2016 年版,第 189 页。
⑤ 任仲平:《凝聚当代中国的价值公约数》,《人民日报》2015 年 4 月 20 日,第 1 版。

基础上,通过不断创新而共同塑造形成的,中华各民族都是我们共有精神家园的建设者和拥有者。精神家园的"民族共有性"要求我们必须在尊重少数民族文化的基础上,注重吸收和弘扬少数民族优良传统文化,引导少数民族群众及其文化在共有精神家园建设中发挥积极作用。① 一是要发挥社会主义核心价值体系对少数民族文化的引导作用。二是要挖掘、提炼、阐发、宣扬少数民族优秀传统文化中有利于培育和践行社会主义核心价值观的文化营养。三是必须加强对少数民族文化遗产的保护、开发和创新。四是必须注重中华民族共同体意识的培养。建设中华民族共有精神家园的目的,就在于促进全体中国人民的文化认同与民族认同的高度统一,提高中华民族的凝聚力、包容性和生命力,铸牢中华民族共同体意识。

(三) 让爱国主义在广大青少年心中牢牢扎根

爱国主义是社会主义核心价值观中最深层、最根本、最永恒的价值追求,也是中华民族精神的核心。习近平指出,爱国主义精神深深植根于中华民族心中,是中华民族的精神基因,维系着华夏大地上各个民族的团结统一,激励着一代又一代中华儿女为祖国发展繁荣而不懈奋斗。② 弘扬爱国主义精神,必须把爱国主义教育作为永恒主题,在广大青少年中开展深入、持久、生动的爱国主义宣传教育。

1. 对青少年进行爱国主义教育的重要性和紧迫性

青少年是国家的未来、民族的希望。对其进行持续有效的爱国主义教育是一项艰巨紧迫的战略任务。其艰巨性和紧迫性主要体现在:一是当代青少年的生活成长环境较以往更为纷繁复杂;二是在民族、宗教问题复杂的边疆地区,境内外敌对势力和民族分裂势力一直把青少年当作他们分裂活动的战略重点和后备军,从各方面加紧拉拢和渗透;三是民族地区与沿海和内地巨大的发展差距必然会影响到青少年群体的发展上来。

2. 切实提高青少年爱国主义教育的实效性和针对性

习近平要求,要把爱国主义教育贯穿国民教育和精神文明建设全过程。要深化爱国主义教育研究和爱国主义精神阐释,不断丰富教育内容、创新教育载体、增强教育效果。③

一是在教育内容上,要把爱国主义教育与社会主义核心价值观教育、中华优秀传统文化教育、维护祖国统一及民族团结教育、中国特色社会主义道

---

① 郝亚明:《少数民族文化与中华民族共有精神家园建设》,《广西民族研究》2009年第1期。
② 《习近平论爱国主义——十八大以来重要论述摘编》,《党建》2016年第2期。
③ 同上。

路及中国梦教育结合起来。

二是在教育方法上,要坚持因材施教、因地制宜、与时俱进的原则。首先,要因材施教。要针对不同的青少年群体,分层次、有重点地进行相关教育。其次,要因地制宜。一方面要组织专家学者定期出版和及时修订面向全国青少年进行爱国主义教育和民族团结教育的相关统编教材,做好师资力量和教学方法的培训、交流工作;另一方面也要允许、支持和鼓励各民族地区根据自己区情实际和各族青少年民族特点,积极探索具有民族地区区情特点、民族特色的地方教材、教学资源和教学形式,力求形成各族青少年喜闻乐见、扎实有效、富有活力的爱国主义教育途径和方法。① 最后,要与时俱进。要力求顺应时代潮流,注意发掘重要时节内涵,善于引导时政热点。

第三节 "未来""关键"的民族工作论

做好新时代民族工作,要具有面向"未来"的战略眼光和抓住"关键"的战略思维。做好城市民族工作,才能赢得民族工作的未来,这体现了新时代民族工作着眼未来的战略眼光。办好中国的事情,关键在党。② 实现中华民族伟大复兴,关键在党。③ 做好民族工作关键在党、关键在人。④ 只有抓住党的领导与党的建设这个"牛鼻子",才能为民族工作健康发展提供坚强的领导保证和组织保障。民族工作能不能做好,最根本的一条是党的领导是不是坚强有力。这体现了新时代民族工作抓住关键的战略思维。

---

① 因地制宜的工作原则,具体体现在爱国主义教育和民族团结教育的统编教材和地方教材之间的关系问题上,就是要深刻认识两者缺一不可,两者之间是互补关系,而不是互相排斥的关系。统编教材面向全国青少年,承担着向全国各族青少年,特别是占主体数量的汉族青少年普及国情和族情知识的任务;地方教材则要把爱国主义和民族团结知识与本地区区情和民族特征结合起来,向民族地区的各族青少年提供富有针对性和实效性的教学资源。前者强调的普遍性、示范性和统一性与后者体现的特殊性、区域性及针对性相结合,才能体现我们统一多民族国家多元一体的民族和文化国情。网络上的有关该问题的传言、分歧和争议,参见《新疆紧急叫停中央民族大学版"民族团结"教材(转载)》,天涯社区,http://bbs.tianya.cn/post-worldlook-1270298-1.shtml。
② 中共中央文献研究室编:《习近平关于全面从严治党论述摘编》,中央文献出版社2016年版,第5页。
③ 同上书,第12页。
④ 国家民族事务委员会编:《中央民族工作会议精神学习辅导读本》,民族出版社2015年版,第299页。

一、做好城市民族工作才能赢得民族工作的未来

改革开放以来,随着我国城市化和市场化的深入发展,少数民族群众大规模地流入城市生活、工作和学习,给城市民族工作带来前所未有的机遇和挑战,也使得城市民族工作的重要性日益凸显和提升。以习近平同志为核心的党中央,深刻把握新时代民族工作发展规律、发展趋势和面临的形势任务,通过党的十八届三中、四中全会和中央民族工作会议、中央城市工作会议、中央城市民族工作座谈会等一系列重要会议对如何做好新时代城市民族工作进行了深刻阐述和重大创新,为我们探索以城市民族事务治理现代化促进民族关系大发展指明了努力方向。

(一)城市民族工作的定位和意义

1. 定位和形势

城市民族事务治理是党和国家城市工作和民族工作的重要内容。新时代我们党把城市民族事务治理放在城市治理的大局中,并成为城市治理统筹兼顾众多方面中的重要方面和内容。团结和带领各族群众共享共建幸福美好的城市家园,已经成为中国特色城市发展道路和城市民族工作的基本内容和鲜明特色之一。

在城市化和市场化推动下,地区及民族间的交往交流交融,已成为新时期不可阻挡的历史潮流。2010年,全国共有20个省(区市)民族成分齐全,43个少数民族在全国各省(区市)均有分布。目前我国少数民族流动人口已达到2000余万,其中大部分流向了中西部大中城市和东部沿海发达地区。[①] "七普"公报显示,我国14.43亿人口中有63.89%生活在城市。据统计,居住在城市和散居地区的少数民族人口已经超过少数民族的1/3。[②] 少数民族群众大量进入城市生活、工作、学习,这是现代市场经济发展规律的必然,是现代城市发展规律和多民族国家民族发展规律的体现,也是给我们"送上门来的民族工作"。这个趋势为城市发展和民族工作带来新的发展机遇,也为城市民族事务治理带来新的难度和挑战。

2. 重要意义

"进一步做好城市民族工作事关民族工作和城市工作两个大局,事关党

---

① 国家民族事务委员会编:《中央民族工作会议精神学习辅导读本》,民族出版社2015年版,第282页。
② 中共中央统一战线工作部、国家民族事务委员会编:《中央民族工作会议精神学习辅导读本》,民族出版社2022年版,第151页。

和国家事业发展全局。"①只有及时改变传统治理模式,转换治理理念,调整治理结构、优化治理方式,才能集合和协调多方力量共同致力于推进新时代城市民族工作,才能形成全民共享共建的城市民族事务治理格局。只有推进和实现城市民族事务治理现代化,切实提高做好新时代民族工作的能力和水平,才能为城市的经济繁荣、民族团结和社会稳定提供积极的影响和支持,才能为国家的团结统一、长治久安和中华民族的繁荣昌盛提供强大动力和可靠保障。

(二) 城市民族工作的发展目标

1. 维护民族平等是基本目标

民族平等是党和国家处理民族问题的总原则、总政策,也是城市民族工作的基本目标。城市民族事务治理中维护民族平等主要体现在两个方面:一要保障城市少数民族群众的合法权益,充分考虑城市少数民族群众的特点和实际,切实把民族平等政策体现和落实在城市社会生活的各个方面、各个领域和各项具体工作中;二要推进城市基本公共服务均等化,尽快清除城乡二元结构下在户籍、用工、医疗、教育等方面形成的制度藩篱的障碍和影响,让进城少数民族群众能同其他城市居民一样平等享有城市发展带来的机遇和保障,在城市中既能留得住,还要有保障。

2. 实现民族团结是核心任务

民族团结是我国各族人民的生命线。这是对我国民族团结重要性的最新和最高定位,也是城市民族事务治理现代化的核心任务。城市民族工作体现民族团结的要求主要有两个方面。一是要尊重民族差异,缩小发展差距。城市民族问题主要是不同民族群众在城市经济和社会发展中的利益竞争和文化差异问题,其根源在于民族发展的差距和民族文化的差异。要用市场"看不见的手"引导少数民族群众发掘、发挥自身独特优势形成市场竞争力,要用政府和社会"看见的手"扶持和帮助少数民族群众克服自身在适应市场方面的先天不足,缩小与其他城市居民的发展差距。要把培育和形成包容、多样化的城市民族文化氛围,作为现代文明城市文化建设的重要内容。二要排解涉民纠纷,扩大认同共识。要建立和完善涉民矛盾纠纷排查机制,切实提高依法预防和处理有关矛盾纠纷的能力和水平。要让各族群众在每起矛盾纠纷的化解处理中切实感受到国家法律和政策的公正公平,共同树立起对国家法治的信心和信仰。要让各族群众在城市民族事务周到、细致、体贴、文明的服务与管理中合理释放各民族的对自我(己族)、他者

---

① 《全国城市民族工作会议在京召开》,《人民日报》2016年1月7日,第1、2版。

(异族)及共同生活的国族(国家)的认同意识和包容感情,不断增强他们的"五个认同"。

3. 促进各民族共同发展繁荣是根本宗旨

各民族共同发展繁荣,"就是各民族的经济和社会得到发展,自身素质得到提高,并且各民族的特点得到展现,共同走向富裕文明的社会"①。帮助和支持少数民族群众在适应与融入城市发展过程中,共享共建城市发展的现代化文明成果,促进各民族在共同的城市生活中实现共同发展、全面发展、协调发展、可持续发展和以人为本的发展,就是城市民族事务治理的根本宗旨。为此,在城市民族事务治理中要强调:一是城市少数民族群众的协调发展对民族地区的发展起着强烈的、无可替代的示范和导向作用;二是要把促进城市民族关系和谐发展作为治理的重要内容和考量指标。

(三) 大力促进城市民族事务治理现代化②

城市民族工作就是处理城市民族事务的相关工作。城市民族事务治理现代化,就是指实现党和国家与其他社会力量通过共同努力对城市区域内出现的民族问题及时高效地进行妥善、合理的解决、处理和应对的过程和状态。

1. 城市民族事务治理现代化的体系建构

首先,理念先行。结合国家治理现代化的根本要求,新时代城市民族事务治理现代化的实现,要求在理念上要有以下转变:一是要树立共治共享理念;二是要树立服务为先理念;三是要树立尊重规律理念,即市场化条件下的利益多元化规律、民族共性与个性全面发展规律。要在尊重民族差别的基础上,欢迎和提倡民族间相互交往交流交融,以全国统一市场建设和共有精神家园为纽带,促进和加强各民族间的经济文化联系,巩固和完善中华民族一家亲的民族关系。

其次,体制保障。党的十八届三中全会提出:"国家治理体系是在党领导下管理国家的制度体系,是一整套紧密相连、相互协调的国家制度。"③制度建设在民族事务治理中同样具有根本性、全局性、长远性的作用。要形成党委领导、政府负责、有关部门协同配合、全社会通力合作的民族工作格局,坚持好、健全好民委委员制度。这为我们改革和完善城市民族事务治理体

---

① 吴仕民主编:《民族问题概论》,四川人民出版社 1997 年版,第 221 页。
② 本小节相关内容改写自笔者:《论城市民族事务治理现代化对民族关系发展的促进》,《中南民族大学学报》2018 年第 2 期。
③ 中共中央宣传部编:《习近平总书记系列重要讲话读本(2016 年版)》,学习出版社、人民出版社 2016 年版,第 73 页。

系指明努力方向:一是领导体制上要突出党政主责;二是治理格局上要突出多元参与;三是工作机制上要突出协同治理①;四是平台整合上要突出委员制度。

(四) 城市民族事务治理促进民族关系的途径和方式

1. 以合法权益保障为核心,实现民族流动人口服务管理的网络化治理

改革开放以来,我国有很多城市通过对少数民族流动人口服务管理工作创新与经验总结,形成了卓有成效的城市民族流动人口服务管理模式。② 以下方式被认为是比较成功和值得借鉴和推广的经验:一要加强顶层设计,建立完善少数民族流动人口信息采集系统;二要加强部门协作,构建少数民族流动人口服务管理协作机制;三要依托城市社区,着力打造少数民族流动人口服务管理大平台。③ 城市民族流动人口服务管理的网络化治理,适应了"实行整体性治理要求,实现无缝隙治理,达到整合不同部门、不同利益主体的目标"④。同时,针对工作中出现把网络化治理泛化、虚化和全能化的倾向,需要明确:一是网络化治理的关键,在于治理过程中实现人、地、事、权、责、利明确清晰、分工合理、制度规范、流程高效、协调统一;二是网格化和信息化是网络化治理的重要组织形式和实现手段,但绝不能将其视为必要条件和唯一途径;⑤三是要以民族流动人口权利保障为核心,积极整合支撑网络化治理所必需的户籍、就业、医疗、教育等民生方面的法律、制度和政策资源。⑥

2. 以民族互嵌式社会结构和社区建设为抓手,推进多民族社区的社会化治理

城市多民族社区是各民族在城市中生产生活、交往交流的重要平台,也

---

① 联合国全球治理委员会把"协同治理"定义为:协同治理是个人、各种公共或私人机构管理其共同事务的诸多方式的总和。它是使相互冲突的不同利益主体得以调和并且采取联合行动的持续的过程。其中既包括具有法律约束力的正式制度和规则,也包括各种促成协商与和解的非正式的制度安排。参见 Commission on Global Governance, *Our global partnerships*, Oxford University Press, 1995.
② 例如以北京牛街为代表的"社区建设模式"、多部门合作的"上海模式"、注重服务的"武汉模式"、夯实基层的"广州模式"、主动协调的"南京模式"、多元发展的"深圳模式",等等。参见中国民族编辑部:《城市民族工作模式大展示》,《中国民族》2006 年第 9 期。
③ 《城市,让少数民族群众生活更美好》,《民族画报》2016 年第 2 期。
④ 方堃:《城市民族事务治理社会化问题研究》,人民出版社 2016 年版,第 92 页。
⑤ 特别是针对终端信息处理平台的信息化的作用更不能夸大和绝对化。笔者在带领西部民族地区学员参观北京东城区网格化治理模式时,有学员说我们地方没钱,建不起那么高档的信息处理系统,我们就用老百姓最常用的 QQ 群和微信群的功能也可以实现相关信息的及时收集和高效处理。
⑥ 万尚庆、徐超阳:《城市少数民族流动人口的权益保障》,《行政与法》2016 年第 5 期。

是城市民族事务治理的基本单元和重要依托。习近平指出,城市民族工作要把着力点放在社区,推动建立相互嵌入式的社会结构和社区环境。① 这是对新时代民族工作新常态的深刻把握,也是对城市多民族社区治理途径的重大创新。建构这样的社会结构和社区环境,要在明确建构过程多向性、建构力量主体性、建构结果平等性的基础上,强调通过建构目标和治理途径的社会化,实现价值理性和工具理性的统一。结合实际,需要强调:一是要坚持分类治理、因区施策,精细化治理;二是要重视发挥基层党组织的作用;三是要把法治和政策的教育宣传工作贯穿始终。

3. 以社会组织等多元主体参与为方向,促进城市民族事务的民主化治理

加强城市民族事务的协商民主建设,要在依法有序、积极稳妥的基础上,坚持多元多层广泛参与,更好地保障各族群众对民族事务的知情权、参与权、表达权、监督权;坚持求同存异、理性包容,提高协商质量和效率。为此,一要体现多元主体的广泛性。在利用好正式制度范围内多元主体协商的基础上,更要研究和探索社会组织管理制度改革后,如何更好地培育、利用好民族类、宗教类社会组织来提高民族事务协商治理水平的问题。② 二要体现协商平台的多层次性。要把协商重点放在事关各族群众民生的事务上来,要把基层社区的民族事务作为协商民主的基础和重点。三要体现民主过程的有序性和时效性。要把推进民主协商与健全科学决策机制紧密结合,通过听证会、论证会、评估会、个别酝酿、定点沟通等各种正式和非正式形式,把协商民主融入决策的全过程,使协商民主落到实处。

4. 以涉民市场主体的服务管理为重点,实现涉民纠纷矛盾的法治化治理

要在明确政府与市场边界的基础上,综合运用政府和市场"两只手"的协调配合做好对涉民市场主体的服务管理工作,并通过法治方式化解涉民市场主体间的纠纷矛盾。一是要加大对城市涉民市场主体行为规范的立法研究,并结合城市民族工作实践逐步完善相关的法律、法规和政策。二是要通过购买法律服务、法律社会工作、多元参与调解等社会化途径,引入多方

---

① 国家民委民族理论政策研究室编:《中央民族工作会议创新观点面对面》,民族出版社2015年版,第158页。
② 广州等地的民族工作实践说明,发展民族类社会团体是党和政府联系少数民族群众的桥梁、纽带,在反映诉求、服务群众、协调关系、化解矛盾等方面发挥着不可替代的作用。宗教类团体中,伊协在信仰伊斯兰教的民族中的影响则明显高于其他宗教团体。参见陈晓毅:《当代中国城市少数民族服务管理体系建设的实践与思考》,《城市观察》2016年第1期。

力量合作开展对涉民市场主体合法权益的保护、服务和管理。三是要在涉民市场主体中积极开展法治宣传和教育工作,培养各类主体在市场行为中的法治意识、法律素养和民族团结意识,从而使其成为守法诚信的城市民族关系的建设者和维护者。

总之,城市民族事务治理现代化的目标,就是让各族群众无论工作、生活在祖国大家庭的哪个地区、哪座城市,都感到自己是平等一员,能找得到称心工作、交得了知心朋友、做得了和睦邻居、结得下美满姻缘、过得上踏实日子、当得成合格市民。该目标的实现,必将进一步巩固和完善我国新时期平等、团结、互助、和谐的民族关系。

二、做好民族工作关键在党、关键在人

习近平指出,做好民族工作关键在党、关键在人。民族工作能不能做好,最根本的一条是党的领导是不是坚强有力。① 这些重大论断,为我们加强和改进党对民族工作的领导提供了基本遵循。党的十八大以来,从中央到地方普遍成立了统战工作领导小组,完善了民委委员制度,党委领导、政府负责、有关部门协同配合、全社会通力合作的格局不断巩固和发展。同时,通过加强民族地区基层党组织建设,不断提高基层党组织和党员干部为各族群众服务的能力,为民族工作创新发展提供了根本保障。②

(一) 毫不动摇地坚持党对民族工作的坚强领导

1. 坚持党的领导,是中国特色社会主义事业兴旺发达的根本保证

这符合中国特色社会主义事业的发展规律和必然要求。首先,从领导力量和依靠力量看,中国共产党是中国特色社会主义事业的领导核心,各族人民是该项事业的依靠力量。其次,从党与社会主义事业的关系看,中国共产党是中国特色社会主义事业的开辟者、引领者和实践者。习近平多次强调,中国共产党的领导是中国特色社会主义最本质的特征,是中国特色社会主义制度的最大优势,③要求我们"一定要认清,中国最大的国情就是中国共产党的领导"④。作为中国特色社会主义事业有机构成的民族团结进步事业、作为

---

① 国家民族事务委员会编:《中央民族工作会议精神学习辅导读本》,民族出版社 2015 年版,第 299 页。
② 国家民委党组:《同心筑梦开新境,继往开来写华章——党的十八大以来民族工作理论与实践的新发展》,《求是》2017 年第 14 期。
③ 中共中央宣传部编:《习近平总书记系列重要讲话读本(2016 年版)》,学习出版社、人民出版社 2016 年版,第 102 页。
④ 中共中央文献研究室编:《习近平总书记重要讲话文章选编》(内部发行),中央文献出版社、党建读物出版社 2016 年版,第 133 页。

中国特色社会主义制度有机构成的民族区域自治制度及其他相关制度,当然必须体现整体事业所要求的"最本质的特征"和整体"制度的最大优势"。

2. 坚持党的领导,是实现中华民族伟大复兴中国梦的客观需要

其一,这是中国共产党的性质和宗旨决定的。中国共产党"两个先锋队"和"三个代表"所体现的先进性,及"全心全意为人民服务"的宗旨所体现的人民性,决定了其能够成为中国各族人民根本利益的真正代表。习近平指出,坚持党的领导,是党和国家的根本所在、命脉所在,是全国各族人民的利益所系、幸福所系。①

其二,这是中国特色解决民族问题正确道路的基本要求。回顾和考察该正确道路的发展历史和基本内涵,贯穿始终的"生命线",就是坚持党的领导。正是在我们党的坚强领导和不懈努力下,各族人民才能建立起平等团结互助和谐的社会主义新型民族关系,中华民族多元一体格局才能更加坚实巩固,各民族团结进步事业和中华民族伟大复兴事业才能和谐统一于"两个一百年"的伟大历史进程中。

中国共产党是中国人民和中华民族根本利益的忠实代表和坚定守护者。没有党的领导,就不会形成中国特色社会主义道路和民族区域自治制度,就不能维护祖国统一和民族团结,就不能实现体现民族平等的"一个民族都不能少"的全面小康社会,就不能实现各民族共同团结奋斗、共同繁荣发展,"两个一百年"奋斗目标和中华民族伟大复兴也就终将成为永远不可能实现的梦想。正是看到了我国民族问题的这个本质特征,国内外敌对势力才会处心积虑地通过各种途径来煽动民族分裂主义活动,妄图以民族的、宗教的名义来与共产党争夺对民族和地方事务的领导权,以达到推翻党的领导,分裂社会主义国家,颠覆社会主义制度,复辟其反动、没落的剥削阶级统治的罪恶目的。我们必须牢牢把握斗争的关键,坚持党对各民族的领导。

(二) 与时俱进地加强和完善党对民族工作的领导

1. 加强和完善党对民族工作的领导

民族工作是政治性、政策性都很强的工作。习近平强调:"必须坚持党对民族工作的领导,提升解决民族问题、做好民族工作的能力和水平。"②坚持党的领导,首先就要加强和完善党对民族工作的领导。为此,党中央提出如下要求。

---

① 中共中央宣传部编:《习近平总书记系列重要讲话读本(2016年版)》,学习出版社、人民出版社2016年版,第102页。
② 《习近平谈治国理政》(第四卷),外文出版社2022年版,第245页。

首先,必须高度重视民族工作。各级党委和政府要经常听取相关情况汇报并研究解决重大问题,一把手要亲自过问民族工作并抓好落实;要不断增强政治意识、政权意识、大局意识和责任意识,坚持从政治上把握民族关系、看待民族问题;要分清民族问题和非民族问题的边界,决不能混淆两者的处理方式和处理原则;要讲政治原则、讲政策策略、讲法治规范,妥善有效地处理民族问题,切实巩固和维护好民族团结进步的大局。

其次,创新完善党的民族政策,激发其生机活力。政策和策略是党的生命线,也是党的民族工作的生命线。只有与时俱进地结合实践需求不断发展完善党的民族政策,才能保持党的民族工作的生命之树常青。

再次,加强相关职能部门建设,坚持和完善民委委员制。各级党委统战部门和政府民族工作部门要提高自身政治和业务素质,加强调查研究,搞好综合协调,充分发挥好党和政府在民族工作方面的参谋和助手的作用和职能。国家民委要继续坚持发展和完善委员会制度,探索新的社会历史条件下各委员单位在民族工作中相互协调、形成合力的制度化途径;基层民族工作单位,也要大力探索新形势下民族工作社会化的制度建设及民族团结目标管理工作的制度建设。要进一步加强和完善党委领导、政府负责、相关部门协同、社会公众参与的民族工作格局,充分调动、发挥各方面的积极作用。

最后,保持历史耐心和战略定力,坚持"绵绵用力、久久为功",形成以上率下、齐心协力做好新时代民族工作的新气象。

2. 建设一支党和人民满意的高素质的民族地区干部队伍

政以才治,事以才兴。为政之要,莫先于用人。政治路线确定之后,干部就是决定因素。民族地区各族群众共同发展繁荣和共同团结进步的实现,离不开各地各级高素质、能力强的优秀干部队伍的努力奋斗和无私奉献。新时代党中央立足民族地区干部队伍建设的特殊需求,提出以下重要观点。

首先,明确提出民族地区的好干部的标准和要求。除了要具备普遍意义上"好干部"所要求的"五条标准"(即信念坚定、为民服务、勤政务实、敢于担当、清正廉洁)外,民族地区的好干部还要做到"四个特别"。[①] 中国共产党的党员干部来自五湖四海、不同民族。无论是哪个地区、哪个民族的党员干部,都是中国共产党各级组织中的有机构成和平等一员,都要把维护和实现党的性质和宗旨当成自己言行的根本准则。党员干部虽然出身不同民族,来自不同地区,但决不能以民族和地区来划界;党的各级组织,包括党在

[①] 《习近平谈治国理政》(第四卷),外文出版社2022年版,第248页。

少数民族地区的组织,也不能以民族和地区来划界;坚决反对在党内搞团团伙伙、拉帮结派的非组织活动。坚决反对把党的各级组织中少数民族干部的比例,当作分析和衡量民族关系的原因和标准的观点和做法。

其次,肯定少数民族干部是党和国家干部队伍的重要组成部分。[①] 新时代,以习近平同志为核心的党中央强调:要坚持德才兼备的原则,大力培养选拔少数民族干部,着重解决结构不合理、梯队不完备等突出问题。对于政治过硬,敢于担当的优秀少数民族干部,要加强交流、大胆使用,放到重要领导岗位上来,让他们当主官,挑大梁。

最后,要建立民族工作目标责任制。把民族工作作为民族地区党政领导干部工作情况考核的重要内容,作为干部选拔任用的重要依据。各族各级干部都要坚守好干部标准,以党和国家事业为重,以造福各族人民为念,齐心协力维护民族团结和社会稳定,加快民族地区全面发展。

3. 要重视民族地区基层党组织建设,加强干部作风建设

党的基层组织是党治国理政的组织基础。基础不牢,地动山摇。各族群众对党和政府的形象、对党的路线方针政策最真实、最直观、最深刻的体验与感受,就来自自己身边的党员干部,来自常年打交道的基层组织和政权机关。在一些民族地区,领导干部的作风问题直接影响到当地民族关系的好坏。以习近平同志为核心的党中央高度重视民族地区基层党组织建设和干部作风建设的重要性。要警惕和纠正大汉族主义与狭隘民族主义对各族党员干部的消极影响,警惕和纠正各种与民族因素相关的错误的社会思潮对各族党员干部的消极影响,加强各族党员干部自觉用习近平关于加强和改进民族工作重要思想武装头脑,提高执政能力与工作水平的主动性与积极性,保证党和国家始终牢牢掌握着民族团结进步事业与中华民族伟大复兴的旗帜,保证民族地区的各级领导权始终牢牢掌握在忠于中国特色社会主义道路、忠于党的领导、忠于国家统一与民族团结的中华儿女手里。

---

① 国家民族事务委员会编:《中央民族工作会议精神学习辅导读本》,民族出版社 2015 年版,第 302 页。

第七章　习近平总书记关于加强和改进民族工作的重要思想的重大贡献和历史意义

习近平指出:"我们党关于加强和改进民族工作的重要思想,是党的民族工作理论和实践的智慧结晶,是新时代党的民族工作的根本遵循,全党必须完整、准确、全面把握和贯彻。"[1]该重要思想从不同层次紧紧围绕"怎样正确认识和把握我国的民族国情和新时代的民族问题""怎样坚持和完善中国特色解决民族问题正确道路""怎样进一步加强和改进新时代民族工作"等一系列重大民族问题,提出了一系列内容丰富的新思想、新论断、新观点,作出了一系列适应时代要求的新决策、新部署、新要求,具有鲜明的理论创新特色,开辟了马克思主义民族理论中国化时代化的新境界,成为习近平新时代中国特色社会主义思想的重要组成部分。[2] 该重要思想是铸牢中华民族共同体意识,开创中华民族伟大复兴事业在民族事务治理方面必须长期坚持的行动指南。

第一节　创新及贡献

习近平总书记关于加强和改进民族工作的重要思想具有严密科学的逻辑体系结构:在基础理论层次上,坚持以历史唯物主义和辩证唯物主义为指导,认清和把握新时代铸牢中华民族共同体意识的民族工作主线赖以确立的民族国情观与民族问题观等基础理论;在民族纲领层次上,立足马克思主义民族纲领中国化时代化发展本质,阐述新时代民族工作的基本遵循——中国特色解决民族问题正确道路的基本内涵与基本经验;在工作重

---

[1]《习近平谈治国理政》(第四卷),外文出版社2022年版,第245页。
[2]《深入学习贯彻党的十九大精神　推动新时代民族工作创新发展》,《中国民族报》2017年10月24日,第1版;潘岳:《以党的二十大精神为指引,奋力推进铸牢中华民族共同体意识工作》,《机关党建研究》2022年第11期。

点和基本途径层次上,从政治制度、社会团结、全面发展、共同文化、工作未来和关键等不同角度探索推进民族工作高质量发展的实践途径与基本要求,阐明新时代加强和改进民族工作的新理念、新举措、新要求。

一、理论创新及体系结构

(一)基础理论层次

第一层次是对党的民族及民族问题理论与政策的创新与发展,主要体现为多元一体的民族国情观和统筹兼顾的民族问题观的相关内容上。这两个方面的基础理论夯实了确定铸牢中华民族共同体意识工作主线的理论基石,坚持了马克思主义民族观的理论逻辑与中国特色解决民族问题正确道路的历史逻辑的辩证统一,正确回答了"什么是"中国的民族国情和"怎么样"正确认识和把握当代中国的民族问题这两个根本性的理论问题,以及"如何"准确把握新时代民族工作主线这个根本性的实践问题,为习近平总书记关于加强和改进民族工作的重要思想体系的创新和发展奠定了坚实的价值观和方法论基石。

1. 多元一体的民族国情观

主要是在考察中华各构成民族共同开发祖国疆域河山、共同书写统一多民族国家历史、共同创造中华精彩纷呈文化、共同培育中华民族伟大精神的基础上,从民族杂居分布、经济文化联系、民族心理感情等方面阐明中华民族多元一体格局的民族结构,阐明中华民族交融汇聚、团结融合的历史过程和基本特点;正确揭示中华民族共同体的科学内涵、历史定位及其与各构成民族的相互关系,讲清中华民族命运共同体由整体性存在向实体性建设发展的历史过程,讲清近代以来中华民族历史命运峰回路转与中国共产党及中华人民共和国的不可分割性,阐明中国统一多民族国家"大一统"政治传统的历史延续性和必然性等创新与发展习近平总书记关于加强和改进民族工作重要思想必须要盘点清楚的民族国情的"家底子"。

2. 统筹兼顾的民族问题观

为适应新时代民族工作高质量发展的需要,以习近平同志为核心的党中央紧紧围绕"两个一百年"奋斗目标认识我国的民族发展与民族关系问题,牢牢把握民族工作中"两个文明"建设的关系及其重要性,确定了铸牢中华民族共同体意识的工作主线。全面把握新时代民族工作主线,就是:既强调要围绕民生需求加快民族地区全面发展,又强调维护民族团结生命线的重要性;既强调民族平等要体现在"一个不少"的全面小康和现代化建设上,又强调要坚持和完善民族区域自治和大力加强共有精神家园建设;既强调要抓住未来,重视做好城市民族工作,又强调要加强和改善党对民族工作的领导这个关键问题。新时代紧紧围绕铸牢中华民族共同体意识工作主线加强和改进民族工作的认识和思考,既着眼于民族发展的阶段性和全面性、民族关系的结构整体性和内部平等性、民族与国家、阶级关系的本质性和法治性,又牢牢把握住民族问题诸多方面中发展不平衡不充分的主要矛盾和关键问题,是对新时代我国社会主要矛盾重大发展变化在民族问题上体现和反映的正确总结,是对中国特色社会主义民族问题理论的重大发展和创新,为民族工作高质量发展指明了光明大道。

(二) 纲领原则层次

第二层次是对中国特色解决民族问题正确道路理论的创新和发展,主要体现为包含"八个坚持"的基本内涵与"九个坚持""十二个必须"的基本经验在内的"中国特色解决民族问题的正确道路"。在2014年中央民族工作会议上,习近平提出"八个坚持"的中国特色解决民族问题正确道路的基本内涵。在2019年全国民族团结进步表彰大会上,习近平从新中国70年民族工作发展史的角度,把这条道路的基本经验全面系统总结为"九个坚持"。在2021年中央民族工作会议上,习近平把我们党百年民族工作的宝贵经验,总结概括为"十二个必须"。这些"坚持"与"必须"所包含的基本内涵及基本经验,形成新时代"中国特色解决民族问题的正确道路",集中而又鲜明地体现了当代中国共产党人解决民族问题的价值观立场和方法论原则。

中国特色解决民族问题正确道路中这些"坚持"与"必须",都是我们党民族工作理论与实践的智慧结晶,"集中回答了在我们这个统一多民族的社会主义大国,'如何正确看待民族问题,怎样正确处理民族问题'这个民族工作最根本最重大的问题,深刻解答了当前关于我们党民族理论政策最集中、最突出的思想困惑,是对我们党民族工作经验的丰富和发展"[①],构成习近平总书记关于加强和改进民族工作重要思想体系的理论支柱,又是联结基础理论与民族工作与政策实践的桥梁,是新时代党对马克思主义民族纲领的重大发展和理论创新。

(三) 实践工作层次

第三层次是对新时代党的民族工作理论与政策的创新和发展,主要体现为"源头""法治"的区域自治观、"生命"攸关的民族团结观、"一个不少"的全面发展观、"五个认同"的共铸族魂观、"未来""关键"的民族工作观五个方

---

① 国家民族事务委员会编:《中央民族工作会议精神学习辅导读本》,民族出版社2015年版,第52页。

面的相关内容上。这五个方面的内容,是在明确第一、二层次上"什么是"当代中国的民族问题、"怎么样"正确解决当代中国民族问题这两个根本问题基础上,面对新时代、新阶段、新形势下民族工作遇到的新问题和新任务,民族工作具体要"如何做"才能破解面临困局、化解复杂矛盾、完成伟大使命、达到事业目的的工作探索和具体回答,是第一层次的基础理论和第二层次的基本原则在新时代具体民族工作层面的延伸和运用。

1. "源头""法治"的区域自治观

首先,"源头"说明了我国民族区域自治的功能定位和原创性。民族区域自治在内涵上是由相关的政策、法律、制度三位一体共同构建起的完整体系。民族区域自治是解决中国民族问题的具有原创性的制度创新和伟大创举,是对苏联模式、任何形式民族自决的摒弃,是对"大一统"而又"因俗而治"政治传统的超越。其次,"法治"说明了坚持和发展该项制度的基本要求。要按照全面依法治国基本方略的要求,贯彻和落实好宪法和民族区域自治法的规定,保持民族识别和民族自治地方的既有格局稳定,帮助自治地方发展经济、改善民生,加强对规范和完善民族区域自治相关法规和制度的研究,进一步挖掘和发挥该项制度的优越性,使其不断焕发出勃勃生机和制度优势。

2. "生命"攸关的民族团结观

首先,明确提出"民族团结是我国各族人民的生命线"的科学论断。其重要意义体现在民族团结的战略性地位、基础性作用和长远性特征等方面。其次,充分肯定了正确认识民族团结是我国民族关系主流的重要性。这样的主流团结观既符合中国政治文化的历史传统和民族发展基础,也符合马克思主义关于民族解放的条件和民族团结的纲领要求。新中国成立以来,特别是改革开放以来,我们党促进民族团结的实践探索,就是在党的领导下中华民族团结自强、"成为一个自觉的民族实体"的发展过程,就是以实现国家崛起和民族复兴为目标,不断巩固中华民族大团结,培养与铸牢中华民族共同体意识的过程。最后,强调做好民族工作,最关键的是搞好民族团结。要大力探索全面推进民族团结进步事业创新发展的途径。

3. "一个不少"的全面发展观

首先,全面建成小康社会和现代化建设,一个民族都不能少。内容、主体、区域的全面性是全面建成小康社会及全面推进现代化建设的重要标志;民族地区是全面实现"两个一百年"发展目标的短板和重难点,必须加快实现跨越式发展。其次,提出要走出一条具有中国特色和民族地区特点的科学发展道路。党的十八大以来,以习近平同志为核心的党中央在积极推进

"五位一体"总体布局和"四个全面"战略布局,践行"五大发展理念"的过程中,高度重视和认真研究少数民族和民族地区经济社会发展事业,提出了加快民族地区发展的一系列重大战略举措。这些重要观点对民族地区在完成全面建成小康社会基础上接续推进乡村振兴,全面促进社会主义现代化建设事业都具有长期深远的指导意义。

4."五个认同"的共铸族魂观

首先,解决好民族问题,要推动物质文明和精神文明协调发展。要树立以人为本的民族工作发展观,抓好民族领域的思想政治斗争。其次,加强中华民族大团结,长远和根本的是增强文化认同。最后,抓好中华民族共有精神家园建设这项战略任务。要积极培养和铸牢中华民族共同体意识,培育和践行社会主义核心价值观,发挥好少数民族文化对中华民族共有精神家园建设的作用;要让爱国主义在广大青少年心中牢牢扎根,让社会主义核心价值观在祖国下一代的心田中生根发芽。

5."未来""关键"的民族工作观

首先,要抓住民族工作的"未来"。做好城市民族工作才能赢得民族工作的未来。要通过有效治理,实现"让城市更好地接纳少数民族,让少数民族群众更好地融入城市"的治理目标和工作任务。其次,要抓好民族工作的"关键"。做好民族工作关键在党、关键在人。党的十八大以来,为了加强和改善党对民族工作的领导,从中央到地方普遍成立了统战工作领导小组,完善了民委委员制度,党委领导、政府负责、有关部门协同配合、全社会通力合作的格局不断得到了巩固和发展。

新时代民族工作上述五个方面的内容,既浑然一体,相互支撑与关联、相互渗透与影响,构成了涵盖物质文明、精神文明、政治文明、生态文明、社会文明"五位一体"总体布局协调发展的和谐社会建设新目标,体现了全面建成小康社会与全面建设社会主义现代化强国、全面深化改革、全面依法治国、全面从严治党"四个全面"战略布局对新时代民族工作的基本要求;又相对独立、各有侧重,旗帜鲜明地就解决和回答新时代民族工作重大领域影响深远的关键性和专题性问题上应该"如何做"来进行全面系统的深入探索和重点推进。抓住重点带动面上工作,是唯物辩证法的要求,也是我们党在革命、建设、改革进程中一贯倡导和坚持的方法。① 这五个方面就是可以紧紧围绕铸牢中华民族共同体意识主线展开的急需加强和改进的重点民族工作,是新时代党和国家民族工作中的主要矛盾的主要方面。

---

① 《习近平谈治国理政》(第二卷),外文出版社2017年版,第61页。

综上所述,以习近平同志为核心的党中央站在全局和战略的高度,围绕实现中华民族伟大复兴中国梦远大理想和"两个一百年"目标,系统深刻地阐述了新时代加强和改进民族工作的前提和基础、道路和方向、途径和增量、关键任务等重大问题,明确提出了以铸牢中华民族共同体意识为主线推动新时代民族工作高质量发展的一系列重大方针、重要部署、重点任务,为我们完成好新时代民族工作的使命任务提供了坚实的理论指南和行动保障。

二、理论品质

习近平总书记关于加强和改进民族工作的重要思想,集中体现了以习近平同志为核心的党中央在团结和带领全国各族人民实现中华民族伟大复兴进程中做好民族工作,提升党和国家民族事务治理能力和水平所秉持的根本遵循与指导思想。就本质属性及理论特征看,它具有鲜明的时代特色、务实的问题导向、全面的战略思维、坚定的法治理念、真挚的人民情怀与朴实的大众话语等几个方面的基本品质。

(一)鲜明的时代特色

时代是思想之母,实践是理论之源。以"两个一百年"奋斗目标的提出为标志,我们进入了全面建成小康社会和全面推进现代化强国建设,进一步实现中华民族伟大复兴中国梦的关键阶段。面对国际形势风云变幻的百年未有之大变局,我们正在进行具有许多新的历史特点的伟大斗争。这就是当今时代最鲜明的新的阶段性特征。新时代,我们要进行伟大斗争、建设伟大工程、推进伟大事业、实现伟大梦想,仍然需要保持和发扬马克思主义政党与时俱进的理论品格,勇于推进实践基础上的理论创新。① 习近平总书记关于加强和改进民族工作的重要思想,正是以习近平同志为核心的党中央在坚持马克思主义民族理论基本原理与中国特色解决民族问题正确道路的基础上,以更宽广的视野、更长远的眼光来思考和把握民族工作面临的一系列重大战略问题,在民族工作理论与政策上不断拓展新视野、作出新概括的理论结晶,充分体现了党和国家民族工作要在日新月异的时代发展中赢得实现"两个一百年"奋斗目标的主动权,要在推进中华民族共同体建设的伟大斗争中取得辉煌成就的理论追求和时代精神。

(二)务实的问题导向

坚持求真务实,是坚持马克思主义世界观和方法论的本质要求,体现了

---

① 《习近平谈治国理政》(第二卷),外文出版社 2017 年版,第 62 页。

马克思主义所要求的理论联系实践、知行合一的具体的历史的统一。习近平一贯强调求真务实、重抓落实,这成为他鲜明的执政风格和工作作风。这样的执政品质也体现和反映在习近平总书记关于加强和改进民族工作重要思想的发展创新上。该重要思想每个观点和论据的提炼都是针对民族工作或者相关工作中存在的倾向性问题提出来的,并且都提出具体的解决办法和工作要求;相应的工作原则和要求,不仅仅是面向地方和部门提出来的,而且是以习近平同志为核心的党中央身体力行,率先示范。这样的务实求真精神不仅体现在他深入贫困民族地区研究扶贫措施,以促进其与全国同步实现小康目标以及他对民族团结进步事业不厌其烦的多次强调和具体指导上,更体现在他与时俱进地提出减少同一地区的民族之间公共服务政策的差异的原则及对城市民族工作发展的高度重视和具体指导上。善于发现重大问题,敢于直面关键问题,长于解决实践问题,这就是习近平总书记关于加强和改进民族工作的重要思想求真务实的理论品质的重要体现。

(三) 全面的战略思维

习近平指出:"领导干部一定要学会全面辩证地看问题,在认识论上要有辩证统一的思想,在方法论上要学会统筹兼顾,在具体工作中要学会'十指弹琴'。"[①]这样的思维特征和工作要求同样也体现和反映在习近平总书记关于加强和改进民族工作的重要思想上。在定位上,该重要思想坚持民族问题是社会总问题的一部分,民族工作是党和国家全局工作重要组成部分的正确理念,把各民族共同团结进步、共同发展繁荣的全面小康和现代化梦想与中华民族伟大复兴的中国梦想统一起来,以中国特色解决民族问题正确道路基本内涵与基本经验统领民族问题各方面各层次。在方向上,该重要思想始终不渝地着眼于中华民族共同体建设大局,把推进和加快民族事务治理现代化,贯彻和落实"五位一体"总体布局,实现中华民族伟大复兴的中国梦作为自己的发展导向,坚持协调推进"四个全面"战略布局,坚持全面贯彻"五大发展理念"。在内容上,该重要思想始终牢牢抓住培养和铸牢中华民族共同体意识这个主线,把坚持和完善民族区域自治制度,促进民族地区实现跨越式发展,加强中华民族共有精神家园建设,坚持和改善党对民族工作的领导等主要工作领域作为重点,在推进全面建成小康社会及实现中华民族伟大复兴的民族工作中,实现了各民族平等团结与发展繁荣、"五位一体"总体布局与"四个全面"战略布局、"两个一百年"奋斗目标与"两个共同"工作主题、城市民族工作"未来"与党的领导"关键"等多方面多层次重

---

① 习近平:《之江新语》,浙江人民出版社2007年版,第62页。

大问题的全面统筹与重点兼顾,为最终实现各民族全面小康和现代化建设目标与中华民族伟大复兴梦想的统筹兼顾奠定了基础。上述内容反映了新时代我国社会主要矛盾发展变化对民族工作的基本要求,体现了新时代民族工作"不谋万世者,不足谋一时;不谋全局者,不足谋一域"的全局视野、系统思维和历史抱负。

(四) 坚定的法治理念

依法治国是党执政兴国的基本方略,也是民族事务治理的基本原则。坚定的法治理念在习近平总书记关于加强和改进民族工作的重要思想中主要体现在:一是不仅重视法治对民族团结的保障作用,更重视其对促进民族地区经济发展和民生改善的作用。2014年中央民族工作会议不仅强调,只有树立对法律的信仰,自觉按法律办事,民族团结才有保障,民族关系才会牢固,①还指出,把宪法和民族区域自治法的规定落实好,关键是帮助自治地方发展经济、改善民生。② 2021年中央民族工作会议进一步强调了这一点。③ 二是不仅强调民族法制体系本身的建设和完善,更强调对相关法律法规实施情况的监督检查。同时,强调必须以加强"四个体系"④建设为重点不断推进民族法治体系发展完善,还强调要加强和推进对民族政策和民族法律法规体系执行情况的常态化和规范化监督检查。三是不仅明确要依法妥善处理涉及民族因素的问题,更明确要增强各族干部群众的法律意识和法律信仰。既明确提出对于涉及民族因素的不同性质的矛盾和问题,要坚持在法律范围内、法治轨道上依法处理和解决的原则,强调"三个不能"⑤;又明确要求加大普法教育和宣传力度,教育和引导各族群众知法、懂法、守法、信法、用法,提高其依法维权、依法解决矛盾纠纷的意识和能力。

(五) 真挚的人民情怀

人民立场是中国共产党性质和宗旨的根本要求,也是习近平思考加强和改进新时代民族工作的根本出发点。这主要体现在两个方面。一是中国梦的主体是全体中国人民。各族人民都是构成中国人民和中华民族大家庭

---

① 国家民族事务委员会编:《中央民族工作会议精神学习辅导读本》,民族出版社2015年版,第123页。
② 同上书,第86页。
③ 《习近平谈治国理政》(第四卷),外文出版社2022年版,第244页。
④ 即建立完备的民族法律法规体系、高效的民族法治实施体系、严密的民族法治监督体系、有力的民族法治保障体系。参见国家民委民族理论政策研究室编:《中央民族工作会议创新观点面对面》,民族出版社2015年版,第87—92页。
⑤ 即不能把涉及少数民族群众的民事和刑事问题都归结为民族问题,不能把发生在民族地区的一般矛盾纠纷简单归结为民族问题,不能以民族划线搞选择性执法。参见国家民族事务委员会编:《中央民族工作会议精神学习辅导读本》,民族出版社2015年版,第125页。

平等而不可缺少的组成部分,共同构成了谁也离不开谁的中华民族荣辱与共、祸福共享的命运共同体。二是实现中国梦,离不开全国各族人民大团结的力量。最关键是搞好民族团结,最管用是争取人心。只有各族人民在思想上、感情上、心理上真正认同和接受"中华民族一家亲",才能在行动上一起做交流、培养、融洽感情的工作,才能手足相亲、守望相助,共同维护民族团结、国家统一,才能同心共筑中国梦。这样的工作情怀、理念和思路,正是党的一切为了人民、一切依靠人民,从群众中来、到群众中去的群众路线的体现,也是马克思主义民族理论坚持追求的强调超越民族界限的各族人民共同发展的根本利益的体现,更是新时代无产阶级政党服务于各族人民的共同解放和发展事业的人民性的本质特征的集中体现。

(六) 朴实的大众话语

习近平勤学善用的语言能力与极富现代感的语言风格,使其宽广开阔的理论视野、博大精深的知识素养、丰富卓越的治理经验、谆谆教诲的沟通艺术直指人心且引人入胜,切中要害又要言不烦,含蓄内敛又耐人寻味,平易近人又质朴清新,不拘一格又活泼灵动,并且都充分体现在习近平总书记关于加强和改进民族工作重要思想的相关内容。一是善于运用简单类比方法和形象比喻方法把复杂的道理给干部群众讲清楚。比如他指出要像保护眼睛一样保护生态环境,像对待生命一样对待生态环境。① 二是关于运用各族人民喜闻乐见的民族话语来阐明复杂道理,拉近沟通距离,引起情感共鸣。比如他运用大家庭与其成员关系的层次结构来说明中华民族与其构成民族的关系;②在新疆则用当地人民都非常喜爱和熟悉的"像石榴籽那样紧紧抱在一起"来鼓励大家。三是关于运用中国诗文经典来表达工作意图,启迪思想,激荡精神。习近平对中华传统诗词文化、古代典籍和经典名句熟稔于心,信手拈来即旁征博引、画龙点睛。诸如"苍山不墨千秋画,洱海无弦万古琴","物之不齐,物之情也","万物并育而不相害,道并行而不相悖"等经典名句都充分体现了习近平在中国传统历史文化方面深厚的学养和积淀。

第二节 理论及历史意义

当今世界在解决民族问题上没有包治百病的灵丹妙药。习近平总书记

---

① 鞠鹏:《坚决打好扶贫开发攻坚战 加快民族地区经济社会发展》,《人民日报》2015年1月22日,第1版。

② 姚大伟:《中华民族一家亲 同心共筑中国梦》,《人民日报》2015年10月1日,第1版。

关于加强和改进民族工作的重要思想是马克思主义民族理论中国化时代化的最新形态及成果,是当代中国共产党人对世界两个层次共同体建设的有益探索和正确回答,是对世界其他多民族国家解决好本国民族问题的有益启示。

一、马克思主义民族理论中国化时代化的最新形态

(一)中国特色社会主义民族理论的有机组成部分和最新理论形态

马克思主义中国化时代化,就是将马克思主义基本原理同中国具体实际相结合,同中华优秀传统文化相结合,与时俱进地不断形成具有中国特色的马克思主义理论成果的过程。① 在中国革命、建设、改革的历史进程中,马克思主义中国化时代化实现了两次历史性飞跃,形成了毛泽东思想和中国特色社会主义理论体系。② 十八大以来,以习近平为主要代表的中国共产党人以巨大的政治勇气和强烈的责任担当,提出一系列新理念新思想新战略,从理论和实践结合上系统回答了新时代坚持和发展什么样的中国特色社会主义、怎样坚持和发展中国特色社会主义这个重大时代课题,创立了习近平新时代中国特色社会主义思想。党的十九大报告指出:"新时代中国特色社会主义思想,是对马克思列宁主义、毛泽东思想、邓小平理论、'三个代表'重要思想、科学发展观的继承和发展,是马克思主义中国化最新成果,是党和人民实践经验和集体智慧的结晶,是中国特色社会主义理论体系的重要组成部分,是全党全国人民为实现中华民族伟大复兴而奋斗的行动指南,必须长期坚持并不断发展。"③

民族问题是社会总问题的一部分,民族工作是党和国家全局工作的有机构成。这决定了民族工作理论与政策始终是党治国理政科学理论的重要内容,始终是中国特色社会主义理论体系的重要构成。在马克思主义民族理论中国化时代化过程中,也形成了毛泽东民族工作思想和中国特色社会主义民族理论两大理论成果。习近平总书记关于加强和改进民族工作的重要思想是中国特色社会主义民族理论的最新形态及成果。十八大以来,习近平"以纵览中外、贯通古今的宏大视野,直面问题、正本清源的理论勇气,承前启后、继往开来的政治智慧,提出了一系列新思想新论断新认识,作出了一系列新决策新部署新要求,深刻回答了民族工作的

---

① 《党的二十大文件汇编》,党建读物出版社2022年版,第13页。
② 《毛泽东思想和中国特色社会主义理论体系概论》(2021年版),高等教育出版社2021年版,第3页。
③ 《习近平谈治国理政》(第三卷),外文出版社2020年版,第16页。

一系列重大理论和实践问题"①,"形成以铸牢中华民族共同体意识为核心内容的党的民族工作创新理论体系,开辟了马克思主义民族理论中国化的新境界"②,指明了中华民族伟大复兴新征程上民族工作的发展方向与工作要求。

(二)对实现中华民族伟大复兴进程中的民族问题的正确回答

新中国成立以来,特别是改革开放以来,我们党在总结党和国家民族工作经验教训的基础上,结合当代中国的民族国情和民族工作的时代特征,不断探索马克思主义民族理论与我国社会主义不同时期的民族国情和民族工作实践相结合的具体道路,最终形成了中国特色社会主义民族理论体系。该理论体系是我们党在逐步认清民族工作的历史任务和民族问题的基本内容的基础上,比较科学地揭示了在中国这样较为落后的东方多民族社会主义发展中国家中民族和民族问题的发展规律,阐明了解决我国社会主义民族问题的基本立场、观点、方法和纲领原则,并且从民族发展角度、民族关系角度、党和国家解决民族问题的民族工作和民族政策等不同角度,多方面多层次比较系统地探索解决当代中国民族问题的现实思路、工作对策和具体政策措施的集成式创新。这些创新的基本内容就是中国特色社会主义民族理论对马克思主义民族理论宝库的重大贡献。

如果说在毛泽东、邓小平、江泽民、胡锦涛等几代中国共产党人领导下,中国人民、中华民族实现了从"站起来"到"富起来"的伟大梦想,那么毛泽东民族工作思想、中国特色社会主义民族理论就是可以看成是对如何解决好中国人民、中华民族实现"站起来、富起来"进程中民族问题的正确回答。习近平总书记关于加强和改进民族工作的重要思想是我们党在新的历史基础上,对中国人民、中华民族实现从"站起来、富起来到强起来的历史性飞跃"进程中如何解决好民族问题的正确回答,是对中国这个统一的社会主义多民族国家在实现"国家富强、民族振兴、人民幸福"的崛起梦想进程中,如何走出一条中国特色解决民族问题正确道路的探索与回答。

综上所述,习近平总书记关于加强和改进民族工作的重要思想,是以习近平同志为核心的党中央探索马克思主义民族理论中国化时代化,与时俱进地推进中国特色社会主义民族理论建设的重大成果。该成果的理论来源

---

① 国家民族事务委员会编:《中央民族工作会议精神学习辅导读本》,民族出版社2015年版,第14页。
② 闵言平:《十八大以来党中央就民族工作作出一系列重大决策部署》,《中国民族报》2020年5月12日,第5版。

是马列主义民族理论、毛泽东民族工作思想和中国特色社会主义民族理论，是结合新时代民族工作高质量发展的时代需求对这些理论源头的直接继承和全面发展；其实践来源是新中国成立以来，特别是改革开放以来，党和国家探索中国特色解决民族问题正确道路的伟大实践和亿万人民的伟大创造，是在新时代条件下对这些实践探索的理论总结、理论概括和理论表达；其文化来源是中华民族源远流长、博大精深的中华历史传统文化和世界文明的优秀成果，是在新的历史起点上对这些文化传统与文明成果的积极弘扬和有益借鉴。习近平指出："站立在960万平方公里的广袤土地上，吸吮着中华民族漫长奋斗积累的文化养分，拥有13亿中国人民聚合的磅礴之力，我们走自己的路，具有无比广阔的舞台，具有无比深厚的历史底蕴，具有无比强大的前进定力。"①

二、对当代世界两个层次共同体建设的正确回答

党的十八大以来，习近平多次讲到中华民族和伟大祖国的未来，也讲到我们对世界和人类发展未来的希冀和贡献。习近平总书记关于加强和改进民族工作重要思想的基本原则和精神，为我们把握这两个层次共同体建设重大命题的未来发展方向，提供了中国特色的探索经验。

（一）以中华民族伟大复兴为目标的国家民族共同体建设

在当代民族国家的政治发展中，国家层次的民族共同体建设是一个普遍存在的世界性难题。多民族国家解决好这个问题，关键是找到符合自身实际的正确道路。在中国，这条正确道路，就是几代中国共产党人在革命、建设和改革的不同历史时期，团结和带领中国各族人民坚持把马克思主义基本原理与中国民族问题具体实际相结合，百折不挠地进行理论探索，千辛万苦地推动实践发展，走出的一条中国特色解决民族问题的正确道路。中国共产党是在中华民族灾难最深重的历史时刻诞生的，是为了拯救国家危难、民族苦难、人民痛苦而建立的，是担负着民族解放和阶级解放双重历史责任的先锋队组织。正是这样的政党属性，决定了几代中国共产党人始终以实现中华民族伟大复兴为己任，始终不忘初心又脚踏实地，满怀信心又坚韧不拔。② 习近平指出，"我们党领导的革命、建设、改革伟大实践，是一个

---

① 《习近平谈治国理政》（第一卷），外文出版社2018年版，第29页。
② 中华民族伟大复兴事业，实际上也可以看成是中国特色的国家民族建设事业，因其自身曾经长期存在过较为发达的前现代的国家文明和历史文化传统，因而在建设任务上体现出明显的恢复重建型民族建设的特点。参见王希恩：《全球化中的民族过程》，社会科学文献出版社2009年版，第82—83页。

接续奋斗的历史过程,是一项救国、兴国、强国,进而实现中华民族伟大复兴的完整事业。"①以中华民族伟大复兴事业为引领,中国共产党着眼于解决中华民族在实现"站起来、富起来到强起来"的历史进程中的民族问题,形成了毛泽东民族工作思想和中国特色社会主义民族理论及其最新理论形态习近平总书记关于加强和改进民族工作的重要思想等理论成果。这些理论成果,特别是习近平总书记关于加强和改进民族工作的重要思想,正确回答了在统一的多民族的社会主义中国,如何实现"国家民族"一体化建设目标这一中华民族伟大复兴的核心历史难题,也是对如何通过坚定中国信心,坚持中国道路,弘扬中国精神,凝聚中国力量去实现中华民族伟大复兴的中国梦的历史难题的正确回答。这条道路的正确性,已经被新中国成立70多年的民族工作实践所证明,也经受住了东欧剧变所引发的世界民族主义浪潮的冲击。这充分说明,"同世界上其他国家相比,我国民族工作做得是最成功的,没有必要妄自菲薄"②! 这条道路的成功,是中国特色社会主义民族理论强大生机活力的体现,也是中国为解决人类社会普遍面临的国家民族建设问题贡献的中国智慧、中国方案。

习近平强调,"实现中华民族伟大复兴,关键在党"③,"做好民族工作关键在党、关键在人"④。"两个关键"体现了中国共产党在中华民族伟大复兴事业和民族团结进步事业中的地位和作用,也体现了用当代中国的马克思主义民族理论——习近平总书记关于加强和改进民族工作的重要思想武装全党的紧迫性和必要性。只有在理论上真正搞清楚实现中华民族伟大复兴征程中解决民族问题正确道路的内涵和意义,才能在思想上坚定我们对自己的道路自信、理论自信、制度自信和文化自信,才能在工作上保持应有的历史耐心和战略定力,完成好铸牢中华民族共同体意识的历史任务;才不会因为敌对势力盗用、冒用"民族"和"宗教"的旗帜对我们的工作进行破坏就乱了自己的方寸和阵脚,就怀疑自己道路、理论和政策的正确性和有效性,

---

① 习近平:《在纪念毛泽东同志诞辰120周年座谈会上的讲话》,《人民日报》2013年12月27日,第2版。
② 国家民族事务委员会编:《中央民族工作会议精神学习辅导读本》,民族出版社2015年版,第57页。
③ 习近平:《在纪念毛泽东同志诞辰120周年座谈会上的讲话》,《人民日报》2013年12月27日,第2版。
④ 国家民委民族理论政策研究室编:《中央民族工作会议创新观点面对面》,民族出版社2015年版,第158页。

就盲目崇拜西方和国外的政策和做法①,也不会对民族工作中存在的问题和趋势认识不清、方向不明,更不会对各族群众的民生冷暖问题、"三个离不开"和"五个认同"的情况毫不关心、麻木不仁。道路决定命运,找到一条正确道路是多么不容易。中国特色解决民族问题正确道路不是从天上掉下来的,是党和人民历尽千辛万苦、付出各种代价取得的根本成就,是扎根于中国历史文化传统与现实国情,形成于各族人民共同团结进步、共同发展繁荣的伟大斗争中,作为中国特色社会主义道路的有机构成部分的重要探索成果。

(二)以合作共赢的新型国际关系为核心的人类命运共同体建设

"外交是内政的延伸",在当代民族国家的政治关系中,如何处理由不同的民族国家的阶级性与民族性差异所引起的利益冲突和文化冲突问题,始终是困扰各国政治家的难题,也是维护世界和平与发展的最大障碍。中国特色社会主义民族理论,特别是习近平总书记关于加强和改进民族工作重要思想中所体现的价值原则和基本理念,同样也可以为解决该难题提供有益的启示和参考。2015 年 9 月,习近平在第 70 届联合国大会一般性辩论时指出:"当今世界,各国相互依存、休戚与共。我们要继承和弘扬联合国宪章的宗旨和原则,构建以合作共赢为核心的新型国际关系,打造人类命运共同体。"②这个论断体现了以习近平同志为核心的党中央对国内国际两个大局、发展安全两件大事的全面统筹和系统协调,也体现了我们对当代国际关系的基本判断和对人类命运共同体建设的"中国方案",而其先进性和合理性就可以从中国解决内部不同民族群体相关问题的中国特色解决民族问题正确道路的实践经验和基本理论中体现出来。

正确认识当代世界由不同民族国家构成的"世情",是认识和把握人类命运共同体建设和发展方向的基础和前提。20 世纪中期以来,全球化在深

---

① 以"去政治化"和"第二代民族政策"为代表的理论观点就是这种错误的典型。西藏"3·14"事件、新疆"7·5"事件后,某些专家学者惊惶失措,自乱阵脚,在不断质疑、否定甚至"污名化"党的民族识别工作、民族区域自治及民族优惠政策等基础上,全然不顾中国独特的历史文化传统和现实国情,提出并大肆鼓吹民族政策要"升级换代、去政治化",并向美国、印度、巴西、新加坡等国家学习昏招,这些国家曾经发生和依然存在的严重的、难以解决的种族冲突和歧视,宗教和部族仇杀冲突等在他们眼中都被选择性遗忘和忽视了。这些南郭先生的论调引起了以金炳镐、郝时远等主流民族理论与政策研究者的强烈反对。相关争论内容参见谢立中主编:《理解民族关系的新思路》,社会科学文献出版社 2010 年版;金炳镐主编:《民族理论前沿研究》,中央民族大学出版社 2014 年版;金炳镐主编:《评析"第二代民族政策"说》,中央民族大学出版社 2013 年版;郝时远:《中国民族政策的核心原则不容改变——评析"第二代民族政策"说之一》,《中国民族报》2012 年 2 月 3 日,第 3 版;等等。

② 中共中央宣传部编:《习近平总书记系列重要讲话读本(2016 年版)》,学习出版社、人民出版社 2016 年版,第 264 页。

度和广度两个方向的加速推进,使得超越民族国家间的整个人类社会的相互联系合作、相互依赖促进的一体化程度日益紧密,形成了你中有我、我中有你、谁也离不开谁的人类命运共同体。在这个历史命运共同体面前,既存在着需要每个民族国家共同面对的机遇和挑战,也存在着各自不同的发展差距、根本利益和文化差异。能否缩小各国发展差距、协调各国利益需求和社会文化差异,增强各国的命运共同体意识和同舟共济精神,形成各国人民和睦相处、和衷共济、和谐发展的合作共赢的国际关系,显然是对当今世界各个大国政治智慧和责任担当的最大考验和最难挑战。"世界历史是个整体,而各个民族是它的'器官'"①近代以来,被帝国主义列强用枪炮强行拖进全球化进程中的中华民族作为人类命运共同体一分子,"始终有一个梦想,这就是实现中华民族伟大复兴,为人类作出更大贡献"②的中国梦。这样的梦想是民族诉求与世界视野的统一,是体现大国责任担当与促进世界和谐发展的梦,是与世界各国人民的美好梦想息息相通、彼此共存的梦。习近平指出:"我们还要同国际社会一道,推动实现持久和平、共同繁荣的世界梦,为人类和平与发展的崇高事业作出新的更大的贡献!"③

只有合作才能实现大家共赢共享的"中国梦"和"世界梦"。中华民族伟大复兴的"中国梦"是中国共产党团结和带领全国各族人民实现共同团结进步、共同繁荣发展的合作共赢梦,同世界各国人民携手实现合作共赢、共同推进人类命运共同体建设的"世界梦"之间息息相关且紧密相连,异曲同工又各有侧重。和平与发展是这两个梦想的共同追求和根本愿望,"没有和平,中国和世界都不可能顺利发展;没有发展,中国和世界也不可能有持久和平。"④要和平不要战争,要发展不要贫穷,要合作不要对抗,这既是中国各族人民的美好愿望,也是世界各国人民的共同心愿。中国政府对内以"两个一百年"伟大目标统领各族人民的发展梦和团结梦,对外以人类命运共同体建设指引各国人民的和平梦和发展梦,最终都是为了实现合作共赢、共同进步的奋斗目标。这些内政外交和谐统一的发展理念,既源自中华民族千百年来秉持的守公正、崇正义、尚和合、求大同、讲仁爱的优秀历史文化传统,也源自马克思主义民族理论的民族平等团结、各民族共同发展繁荣的民族纲领及爱国主义与国际主义相统一的基本原则。这些理念与《联合国宪

---

① 《列宁全集》(第五十五卷),人民出版社2017年版,第273页。
② 习近平:《在纪念毛泽东同志诞辰120周年座谈会上的讲话》,《人民日报》2013年12月27日,第2版。
③ 《习近平谈治国理政》(第一卷),外文出版社2018年版,第310页。
④ 同上书,第248页。

章》所宣扬的基本精神不谋而合。这些"和平、发展、公平、正义、民主、自由,是全人类的共同价值,也是联合国的崇高目标。目标远未完成,我们仍须努力"①。我们相信,中国共产党团结和带领中国各族人民在中国特色社会主义道路上实现中华民族伟大复兴中国梦的伟大实践,必将为全世界各国人民美好梦想的实现提供长久动力和发展机遇,必将为合作共赢的人类命运共同体建设通往理想彼岸拓展更加宽广的发展道路。

三、对世界其他多民族国家解决民族问题的有益启示

习近平总书记关于加强和改进民族工作的重要思想作为当代中国的马克思主义民族理论,它的形成、发展和完善都离不开积极借鉴和总结世界其他多民族国家处理民族问题的经验教训。同时,它也以自身的理论和实践成就,对世界其他多民族国家解决好本国民族问题有着积极的参考价值。

(一)对社会主义多民族国家解决民族问题的启示②

总结社会主义多民族国家在解决民族问题上的经验教训,对进一步发展和完善习近平总书记关于加强和改进民族工作重要思想具有重要意义。由于篇幅所限,我们无法考察每个社会主义多民族国家解决民族问题的理论与实践,只能从中选取比较典型的苏联和南斯拉夫来加以考察,从中总结社会主义多民族国家解决民族问题的经验教训。通过与这两个国家在解决民族问题途径、方法上的比较,能够加深我们对习近平总书记关于加强和改进民族工作重要思想先进性与科学性的理解和把握。

1. 正确认识本国民族国情及民族问题的时代特点和发展规律

全面认识和把握民族问题的长期性、复杂性和重要性等基本特点,是社会主义多民族国家做好民族工作、正确解决本国民族问题的基本前提。苏联民族构成成分复杂,民族问题的历史包袱沉重,在社会主义条件下又不断出现新的问题。民族问题的特殊性要求必须对其高度重视,认真解决。但苏联长期以来盲目自信,认为已经"一劳永逸"地解决了民族问题,回避甚至掩盖民族矛盾,放松民族工作,造成了民族工作上的长期失误,以致民族问题越积越多而未得到及时解决,民族冲突一旦爆发,就完全失去了解决这一严重问题的能力和机遇。南斯拉夫在建国以后也长期忽视民族问题,过早地宣布民族问题已经解决,掩盖了存在的各种矛盾。实际上许多问题,如塞

---

① 《习近平谈治国理政》(第二卷),外文出版社 2017 年版,第 522 页。
② 本小节相关内容改写自笔者:《多民族社会主义国家民族问题理论与实践的考察和比较》,《黑龙江民族丛刊》2015 年第 3 期。

尔维亚与克罗地亚的边界问题,对不发达地区的援助问题,阿尔巴尼亚人人口众多但又不能建立共和国问题等,都隐藏着民族矛盾与冲突。

中国共产党几代领导集体都充分认识到民族问题的长期性,高度重视民族问题,认真探索在我国社会主义时期不同发展阶段民族问题的解决途径,提出了符合我国多民族构成国情的民族工作方针和政策,从而保证了我国民族问题的顺利解决和各民族的发展繁荣。党的十八大以来,以习近平同志为核心的党中央正确指出中华民族与各构成民族是大家庭与家庭成员的关系,肯定多民族是我国的重要财富与优势,强调要深刻把握民族工作"五个并存"的新特征。这些重要论述阐明了我国的民族国情和新时代民族问题的时代特点和发展规律,为我们做好新时代民族工作奠定了基础。

2. 与时俱进地探索马克思主义民族纲领的本国实现途径和方式

民族平等、民族团结、各民族共同发展繁荣是马克思主义民族纲领的基本内容和基本要求。大力帮助落后民族发展经济,不断提高民族地区各族人民的生活水平,是实现民族间"事实上的平等"的基本内容,也是促进民族关系和谐发展的基础性因素。苏联和南斯拉夫都重视发展落后民族地区的经济,从各方面对民族地区进行支援。然而在促进民族地区发展的实践上,两国却都力图人为地"拉平"地区间经济发展差距,不注重调动受援地区发展自身经济的主动性和能动性,助长了其消极依赖的倾向,并使提供援助的发达地区感到"吃亏",使其与受援的落后地区之间的民族矛盾逐步尖锐起来。这是两国在此问题上共同的教训。

我国在改革开放和现代化建设进程中,以建立和完善中国特色社会主义市场经济为契机,引导少数民族和民族地区把国家和发达地区的帮助与自力更生结合起来,把经济发展、民生改善和民族团结结合起来,全面增强各族群众的自身发展能力和中华民族共同体意识,提高国家经济一体化程度,保护广大少数民族人民生存和发展的根本利益。习近平多次指出:全面建成小康社会,一个民族都不能少。① 一些民族地区群众困难多,困难群众多,同全国一道实现全面建成小康社会目标难度较大,必须加快发展,实现跨越式发展。他提出,解决好民族问题,物质方面的问题和精神方面的问题都要解决好。这些论述都是习近平关于全面建成小康社会和建设现代化强国新思想在加强和改进民族工作上的体现,强调了创新、协调、绿色、开

---

① 鞠鹏:《坚决打好扶贫开发攻坚战 加快民族地区经济社会发展》,《人民日报》2015年1月22日,第1版;姚大伟:《中华民族一家亲 同心共筑中国梦》,《人民日报》2015年10月1日,第1版。

放、共享的发展新理念,让各族人民共享国家改革发展和现代化建设的成果,共享中华民族大团结和祖国繁荣昌盛带来的民族尊严和自豪感。这使得我国的民族工作能够取得促进各民族平等协调发展与巩固各民族和睦团结共进双丰收的成果。

3. 坚持和完善适合本国国情的解决民族问题的基本制度

社会主义多民族国家解决民族问题的基本制度包括国家结构形式和基本政治体制两个方面。能否依据本国民族国情和无产阶级革命事业发展要求,探索、坚持和完善具有自己特色的能够解决本国民族问题的基本制度,是对本国无产阶级政党治国理政能力和水平的最大考验。

一是社会主义多民族国家对解决民族问题的国家结构的探索。社会主义多民族国家的国家结构形式,必须有利于保证民族平等原则的实现,同时还必须要正确处理中央集权与民族地方分权,国家统一与民族自治的关系。苏联和南斯拉夫都是实行联邦制的国家。苏联的联邦体制在建立之初是一个体现民族平等、符合本国国情的制度。但是并没有在实际工作中对这个制度坚持不懈地实行,更没有不断地充实和完善。联盟中央后来没有按联盟条约的规定落实各民族应有的权利。集权太多,分权太少,民族自治权利得不到保证,严重束缚各民族的平等发展。相反,南斯拉夫对分权重要性的过分强调,为形成多中心的地方集权提供了条件。从20世纪70年代起,南斯拉夫通过立法使共和国和自治省的权限得到扩大,联邦中央的职能被严重削弱,南斯拉夫已成为名义上的联邦,事实上的邦联。中国选择的是单一制的国家结构形式。我国的民族自治地方,是专为解决民族问题而设立的。我国的民族区域自治制度,是解决我国民族问题的基本政策和基本制度,实现了民族自治与区域自治的有机结合。习近平指出:"民族区域自治制度是我国的一项基本政治制度,是中国特色解决民族问题的正确道路的重要内容。"①他强调:"实践证明,民族区域自治制度符合我国国情,在维护国家统一、领土完整,在加强民族平等团结、促进民族地区发展、增强中华民族凝聚力等方面都起到了重要作用。"②

二是社会主义多民族国家对解决民族问题的政治体制的探索。社会主义多民族国家的政权建设应该为各民族提供平等参政议政的条件和机会,协调各民族在国家政权中的关系,保证整个社会的协调持续发展。否则,忽

---

① 国家民委文化宣传司编:《中央民族工作会议重要文章评论集》,民族出版社2015年版,第42页。
② 丹珠昂奔:《沿着中国特色解决民族问题的道路前进》,《中国民族报》2014年11月7日,第5版。

视或人为压制各民族的利益要求，导致民族矛盾爆发，将会造成政局动荡的混乱局面。为了解决民族问题，苏联宪法规定，作为国家最高权力机关的最高苏维埃实行两院制，即联盟院和民族院。遗憾的是，在苏共中央高度集权体制下，苏联的两院制始终是个根本无用武之地的摆设，宪法赋予最高苏维埃的立法权、决定权、任免权、监督权基本上流于形式。建国初期，作为南斯拉夫的最高立法机关的联邦议会也是通过两院制来平衡民族关系，解决民族问题的。随着其自治联合劳动的发展，联邦议会的组织方式和两院制的设置都发生了变化，导致了本来就缺乏中央权威的联邦更加松散，领导层内部的民族主义倾向日益严重，为日后的分裂埋下了隐患。与上述两国不同，中国实行人民代表大会制度。全国各族群众通过选举人民代表参加全国和地方各级人民代表大会，以实现参与管理全国事务和地方事务的权利；各自治地方少数民族群众通过民族区域自治制度来实现管理本民族本地区的内部事务，发展本地区本民族的经济文化事业的权利。自1954年第一届全国全国人民代表大会召开以来，历届全国人民代表大会少数民族代表的比例都高于同时期少数民族人口的比例。党的十八大以来的每年全国两会期间，习近平都利用参加审议讨论的机会，同少数民族代表委员深入交流，了解他们的所思所盼，同他们一起谋划民族团结进步的大文章。[1] 2012—2015年，55个少数民族均有本民族的全国人大代表和政协委员。在155个民族自治地方的人民代表大会常委会中，均由实行区域自治民族的公民担任主任或者副主任。自治区主席、自治州州长、自治县县长，均由实行区域自治民族的公民担任。少数民族公务员占全国公务员总数的比例已超过少数民族人口占全国总人口比例。[2] 少数民族的自治权利在国家最高权力机关层面和地方自治机关层面都得到充分的体现和维护。

4. 维护和实现好无产阶级政党对民族工作的领导地位

无产阶级政党是解决好社会主义多民族国家民族问题的核心领导力量。坚持和完善党对民族工作的领导是做好民族工作的关键，是民族工作社会主义性质的最本质的特征。坚定不移地维护和实现好无产阶级政党对民族工作的领导，就要在加强党的自身建设的基础上，坚持从政治上把握民族关系，看待民族问题。

一是要加强党的政治建设。社会主义多民族国家的无产阶级政党是跨

---

[1] 霍小光、张旭东、罗宇凡：《从人民中汲取治国理政的智慧和力量》，《人民日报》2017年3月15日，第1、3版。

[2] 中华人民共和国国务院新闻办公室：《不断发展进步的中国人权事业——中国人权白皮书汇编（2016—2019）》，五洲传播出版社2020年版，第216页。

越本国具体构成民族界限的执政党,是本国各族人民群众根本利益的代表和先锋队组织,对国家和民族发展实施统一领导,党的性质、作用、组织原则、活动方式和职能都不同于国家机关。但苏联和南斯拉夫在实践中却将二者等同于混淆,最终都因为忽视和违背了党的民主集中制原则而走向两个极端。苏联1936年宪法在全国建立起了党政不分,高度集中的党的领导体制,由党的机关直接替代国家机关,导致联邦制原则名存实亡。苏共中央的高度集权使加盟共和国的党组织形同虚设,激起了各族人民的极大不满。戈尔巴乔夫上台后,先是忽视党政领域内的这种民族矛盾,后又主张实行多党制,给国内反对派进行反党活动提供了机会,最终导致了党和国家的分裂瓦解。南斯拉夫把解决民族问题的制度模式,不适当地延伸到党的组织方式上,对党进行了联邦式的改造。党的联邦化造成权力分散,中央失去了应有的权威,从而加速了党的民族主义化和国家解体。中国的省级民族自治区人大和政府享有广泛的自治权,具有相对的独立性。同时,党的各级地方基层组织,包括民族自治地方的党组织,都必须与党中央保持高度的一致,自觉维护党中央权威和集中统一领导。它不享有自治权,更不能实行自治而脱离党中央。这既是我们党的政治规矩、纪律原则,也是我们的政治优势。可以说,在民族问题和党的建设的关系上,我国实践了民族区域自治与党的集中统一领导的完美结合。这是行政治理之"分"与党政集中之"合"的统一,既有民族地区的独立自主,又有全国范围内的集中统一。这不仅调动了民族地区的积极性,促进了民族地方事务的发展,改善了民族关系,而且维护了大局的稳定和政治上的统一。

二是要提高党的民族事务治理法治化能力和水平。运用法律来调解和规范民族关系,解决民族问题,维护国家统一和民族团结,是依法治国的基本要求,也是考验无产阶级政党解决本国民族问题能力和水平的重要标准。长期以来,苏共习惯于用阶级斗争方式处理民族问题,不讲究方法和策略。这给民族关系造成许多无法弥合的历史伤痕和无法消除的负面影响。另外,苏联在有关民族问题的法律上欠账太多,特别是关于维护国家统一的法律空白为国家分裂提供客观的可能性。南斯拉夫在处理民族矛盾与冲突的时候,做法相对来说比较温和。同时,南斯拉夫也注意较多地运用法律手段来调整民族政策。然而,由于在法律指导思想上过分强调各民族之间的绝对"平等"和地方的特殊利益,导致联邦中央的权力被削弱到无法有效维护国家统一的地步。这样的法律实际上只能起到助长国家分裂的作用。改革开放以来,党和国家领导人多次强调正确处理民族问题上两种性质矛盾就必须加强民族法治建设的重要思想。党和国家还把"维护法律尊严"放在处理民族宗教问题"四个维护"原则的首要位置,表明我们党在增强民族工作执政能力方面的智慧和决心。进入新时代,依法治国成为我们党治国理政的基本方略,也是我们做好民族工作的基本遵循。习近平强调,要用法律来保障民族团结,并强调只有树立对法律的信仰,各族群众自觉按法律办事,民族团结才有保障,民族关系才会牢固。这是对我国多年以来民族工作成功经验的精辟总结。

三是要加强党的思想建设,防范和抵御各种错误思想对党员干部的渗透。由于受现实历史发展阶段的制约,社会主义多民族国家中各民族的干部群众还不时地会受到各种错误思想,特别是民族主义思潮的影响。一般来说,这在民族关系和国家政治生活中经常表现为大民族主义和狭隘民族主义。实践证明,能否成功有效地防范这两种民族主义的恶性膨胀,同民族分裂势力进行坚决的思想斗争,是对党和国家能否掌握解决民族问题主动权的现实挑战。苏联长期以来不批评和纠正实际存在的大俄罗斯主义,激发了非俄罗斯族的地方民族主义的反弹和发展,人为地造成更深的民族隔阂,增大各民族的离心力。在戈尔巴乔夫的改革进程中,不加任何限制的公开性、民主性又致使大民族主义,地方民族主义思潮泛滥,特别是导致形成民族分裂主义势力。这成为瓦解苏联的重要危害因素之一。南共联盟为了防止历史上大塞尔维亚主义的再现,长期实行"弱塞强南"的政策,客观上是对大民族主义情绪的人为刺激和挑衅。另外,没有形成对南斯拉夫人民统一体的国家民族认同意识,也是导致分裂的原因之一。中国共产党几代领导人始终高度警惕两种民族主义的恶性膨胀。毛泽东指出,要把大汉族主义和地方民族主义当作可以克服的人民内部矛盾来处理,重点是前者。新时代,习近平要求全党:要坚决反对大汉族主义和狭隘民族主义,自觉维护国家最高利益和民族团结大局。要旗帜鲜明地反对各种错误思想观念,增强各族干部群众识别大是大非、抵御国内外敌对势力思想渗透的能力。加强中华民族大团结,长远和根本的是增强文化认同,建设中华民族共有精神家园,铸牢中华民族共同体意识。要把建设中华民族共有精神家园作为战略任务来抓,抓好爱国主义教育这一课。这些精辟论述是对党和国家防范两种民族主义的经验总结。

(二)对世界其他多民族国家解决民族问题的启示[①]

"多民族国家,是从国家的民族构成的角度区分出来的一种国家类型,

[①] 本小节相关内容改写自笔者:《对国家一体化理论和多元文化主义理论与实践的评价和思考》,《中南民族大学学报》(人文社会科学版)2009年第5期。

指生活着多个民族并具有复杂民族构成的国家。"①除了社会主义多民族国家外,当代世界其他多民族国家解决民族问题的理论与实践也非常丰富,由于篇幅所限,我们只能重点对其中具有相对进步意义并且影响较大的国家一体化理论与实践、多元文化主义理论与实践进行考察分析。通过与这两者的考察比较,有助于我们更好地理解习近平总书记关于加强和改进民族工作重要思想所具有的马克思主义民族理论的历史先进性与中国特色的国情适应性相结合等本质特征。

1. 对国家一体化与多元文化主义理论与实践的考察

国家(国民)一体化理论和政策,"是在承认各个民族的多元文化的基础上,提倡各个民族的接近,促进各种民族文化相互交流、相互补充、相互容纳,最终形成一种既包容国内各民族的文化,又为各民族所认同的国民文化的民族政策。该政策的基本特点是承认民族文化的差异性,倡导民族文化的相容性。这种政策以国家利益作为基本的价值取向,将国家的统一置于至上地位,通过各种政策措施来建立一种统一的国民文化,以便形成统一的国族,从而为国家的统一奠定基础。这种政策实质上是一种民族文化趋同性政策"②。国家一体化理论的理论根源和实践重心在拉丁美洲。作为解决印第安人问题的基本政策,墨西哥的一体化政策被许多拉美国家所效仿。对其在墨西哥几十年实践的评价,或许只能用毁誉参半、得失自知来概括。有论者指出,一体化政策不承认印第安人作为少数民族还应具有集体自治的政治权利,而正是在此问题上,印第安人在20世纪70年代起向该政策提出了挑战,要求自治权,并在1994年以武装起义的方式来争取自治权。所以,"政治上的失败,是一体化政策的最大失败"③。当然,这并不妨碍它在经济目标、语言文化和其他社会目标上的成功。"一体化政策促进了印第安人的生产发展、社会进步和文化水平的提高。墨西哥在印第安人地区推行了各项发展计划,其积极成果是主要的。"④

多元文化主义理论和政策,"是一种承认国内各民族文化的价值,尊重各民族保持自己民族文化的愿望,支持和鼓励各民族文化的存在和发展的政策。这种政策以各民族的利益作为基本的价值取向,给予各个民族的语言、传统文化、风俗习惯和生活方式以平等的地位,因而容易得到各个民族

---

① 周平:《多民族国家的族际政治整合》,中央编译出版社2012年版,第24页。
② 周平:《民族政治学导论》,中国社会科学出版社2001年版,第77页。
③ 图道多吉:《中国民族理论与实践》,山西教育出版社2002年版,第438页。
④ 李毅夫、赵锦元:《世界民族概论》,中央民族学院出版社1993年版,第561页。

的认同和支持"①。该理论在20世纪50—60年代美国黑人民权运动后,影响越来越广泛。加拿大在1971年、澳大利亚在1973年,先后将多元文化政策作为其基本政策。美国虽然没明确提出将该政策作为国家政策,但目前实行的也接近多元文化政策,或者说是由同化政策向多元文化政策过渡的政策。拥有100多个民族的加拿大,是最早宣布实行多元文化政策的典型国家。从其实践来看,加拿大政府基本兑现了多元文化主义政策赋予少数民族各种权利的承诺。实践证明,该政策是符合加拿大的国情和民情的,是疏导、消释该国民族矛盾的有效途径。② 该政策的有效实施,使加拿大成为"各种花朵盛开的花园"。然而,随着这些国家民族工作实践的深入,该政策的缺陷和问题也逐渐显现。有学者指出:"当代一些国家的少数民族对文化多元主义理论和政策并不怎么赞赏。加拿大和澳大利亚的土著人政策由文化多元主义到自治的变化,墨西哥'萨帕塔民族解放军'把保证印第安人的政治权利作为与政府和谈的主要议题之一,都可说明这一点。"③2014年欧洲委员会的人权报告揭示了欧洲39个国家存在歧视少数民族的问题,"多元文化主义失败"之论风靡欧洲,美国等西方国家普遍陷入了争相宣布"多元文化主义失败"的"政治正确"困境。④ 政策实践中的这些遗憾和不足,根本上是由这项政策的历史局限性所决定的。

2. 国家一体化与多元文化主义理论的进步性和局限性

国家一体化与多元文化主义理论都是对民族同化理论的超越,都具有历史进步性。两者虽然侧重点不同,但都有其符合现代社会民族关系发展要求的趋向,都在政策上或法律上承认各民族文化和权利的合法性,承认各民族共存的事实。只是前者更强调多民族国家的统一性,要求采取种种措施促使少数民族接受主体社会的语言与文化;而后者则更强调统一国家内民族文化多样性的存在和共处。这两种理论的致命弱点,就是它们都不承认国内民族政治的存在与合理性,都把国内的不同人们共同体界定为文化人类学意义上的族群(ethnic group),而不是政治人类学意义上的民族(nationality)。这些"鸵鸟政策"在解决多民族国家民族问题上的效用必然是有限的。甚至从严格的民族政治意义上来讲,它们都不算是一种完整的民族政策,并不适用于一切国家的情况,甚至不适应于一国之内不同民族的情况。⑤

---

① 周平:《民族政治学导论》,中国社会科学出版社2001年版,第79页。
② 施兴和:《加拿大民族政策的嬗变》,《世界民族》2002年第1期。
③ 朱伦:《自治与共治:民族政治理论新思考》,《民族研究》2003年第2期。
④ 郝时远:《习近平民族工作思想述论》,《中国民族报》2017年7月7日,第5版。
⑤ 图道多吉:《中国民族理论与实践》,山西教育出版社2002年版,第442页。

此外，它们的局限性还表现在：国家一体化理论在实践上，实际上是对非主体民族的人为同化。① 其理论基础的局限性就在于公民权利平等主义和受西方古典民族理论影响极深的"多族群国民-国家"理论。公民权利平等主义客观上是一种引导性的个体同化。其对于解决现实民族问题的理论价值实际上是很有限的，而且有可能在实践中带来适得其反的效果。② "多族群国民-国家"理论失败的原因，归咎于它所体现的大民族主义观念与民族不平等，它与现时代还是一个民族发展而不是民族融合的时代不相合。因此，其在实践中是行不通的，遭到失败是必然的。③ 而文化多元主义理论的历史局限性则在于：它含混的概念使得有些人实际上不是在促进多样文化的融合，而是在巩固不同文化间的差异，企图使这种差异永久化。同时，作为其政策基础的平等公正原则毕竟是一种树立"多元"的原则，它却不一定具有促使各民族凝为一体的自发性和推动力，这就必须要在民族政策中添加促进民族团结的内容，同时也要辅之以国家认同的教育。④

3. 对世界其他多民族国家解决民族问题政策的经验总结

（1）认清当代世界多民族国家民族和民族问题的发展方向

理论能否与时俱进地正确反映现实问题，指导社会发展，是其能否保持生命力和实践价值的重要标志。在当代民族政治理论中，传统的单一民族国家理论就是这样一种不能与时俱进，已经失去了先进性，而且被某些人用来祸害天下的理论。该理论强调国家的文化同质性，认为："由一个民族所组成之国家谓之民族国家。"⑤然而，事实证明：建立单一民族国家只不过是近现代民族民主革命的政治幻想，是民族国家政治建构中几乎不可能百分百完成的任务。在世界范围的非殖民化进程已经宣告结束，和平与发展成为时代主题的今天，单一民族国家已经不再能够对当代世界各国的政治经济生活的发展起到积极的进步的历史作用了。多民族国家早已经代替它成为当代世界绝大多数国家民族结构的正常形态和主流形式。

当代多民族国家国内族际政治问题的多种模式，如土著人保留地、国家（国民）一体化、文化多元主义、民族区域自治等，客观上都表明多民族国家理念开始成为族际政治思想的主流。所以，国家一体化理论实质上是"多族

---

① 温起秀：《中国民族政策的国际比较》，《西北民族学院学报》（哲学社会科学版）1998年第3期。
② 朱伦：《自治与共治：民族政治理论新思考》，《民族研究》2003年第2期。
③ 朱伦：《论"民族-国家"与"多民族国家"》，《世界民族》1997年第3期。
④ 王希恩：《民族过程与国家》，甘肃人民出版社1998年版，第265页。
⑤ 转引自宁骚：《民族与国家》，北京大学出版社1995年版，第265—266页。

群国民-国家"(nation-state of multiple ethnic groups)的构想,是对传统的"国民-国家"理论(即单一民族国家理论)的修正,但它不符合小民族的现时愿望与发展趋势,在实践中普遍归于失败。而文化多元主义又因为缺少民族政治权利内容而构不成完整的民族政策,也得不到世居少数民族的认可。① 中国特色社会主义民族理论实际上是马克思主义的"多民族国家"(state of multiple nationalities)建设理论。其在当代中国的成功实践,实际上是多个民族在共同世居的祖国内团结统一,共同发展的成功途径。习近平强调,多民族是我国的一大特色和发展的一大有利因素。要求全党要牢记我国是统一的多民族国家这一基本国情。这就是习近平总书记关于加强和改进民族工作重要思想对世界其他多民族国家在认识本国多民族国情基础上解决民族问题的启发价值与参考意义。

(2) 积极探索适合本国国情的解决民族问题的道路

其一,多民族国家的国家性质对解决民族问题具有根本性的影响。资本主义多民族国家的民族理论和政策,能够在各族人民共同斗争的推动下,实现历史性的进步和发展,这是值得肯定的。但我们也应该看到,由于受资产阶级民族主义的影响,他们在解决民族问题方面所能体现的进步性毕竟是非常有限的。例如:无论是国家一体化理论还是文化多元主义理论,都不愿承认和给予本国的少数民族群体集体参与国家管理和实现民族自治的政治权力;有些资本主义国家用公民个体权利平等来取代民族群体平等和集体自治的要求;美国的平权措施(Affirmative Action)在实施过程中成效不大,而且面临着反"逆向歧视"要求取消的压力。凡此种种,都说明国家性质对解决民族问题的根本影响和制约作用是我们进行当代世界民族问题比较研究中不能忽视的重要因素。

其二,多民族国家的民族政策对民族问题的解决具有决定性的影响。实践表明,虽然国家性质对民族问题的解决具有根本性的影响,但对解决本国民族问题起决定作用的却是各国的民族政策。正是在这个问题上,我们再次看到被马克思主义经典作家肯定的资本主义的瑞士,由于实行较好的民族政策而长期保持了国泰民安、繁荣昌盛的多民族和谐共处的大好局面;而社会主义的苏联和南斯拉夫,却因为民族政策的失误导致国家分裂、民族纷争和战祸不断。马克思主义民族理论倡导的民族平等、团结统一、各民族共同发展繁荣的纲领,虽然由于国家性质的差异而不可能为世界其他多民

---

① 朱伦:《论"民族-国家"与"多民族国家"》,《世界民族》1997年第3期;朱伦:《走出西方民族主义古典理论的误区》,《世界民族》2000年第2期。

族国家所接受和奉行。但实际上,我们能够从民族问题解决得较好的多民族国家的民族政策中看出,这些民族政策无论是国家一体化政策还是多元文化政策,都是在不同程度上体现和实现了马克思主义民族纲领的部分历史要求,并且在实现方式上都体现了各国民族构成国情的差异性,呈现出各国解决民族问题道路的多样性和灵活性。例如,澳大利亚的一体化政策是与多元文化政策并行的两种政策。前者是对于土著人的政策,它的特点是承认土著民族有权决定他们的未来,有权保留他们的种族特点,有权保留他们的独特社会;而后者则是对于非英裔移民的政策。① 这在方法论上也体现了马克思主义具体问题具体分析的要求。对于这些比较成功的经验,我们应该给予充分的肯定和赞扬,同时更应该运用马克思主义民族理论来说明他们成功背后的深层次原因。

(3)实现各民族平等发展,是解决当代世界多民族国家民族问题的重要条件

非殖民化进程的结束,虽然宣告世界范围内建立民族国家的主旋律已经基本结束,但并不等同于多民族国家民族问题的最终解决。实践证明,当代多民族国家只有继续满足各民族平等发展的合理利益要求,才能够为解决民族问题提供现实的基本条件。我们可以看到,国家一体化政策和文化多元主义政策,正是在发展民族文化等限定范围的不同程度上,为各民族平等发展提供现实条件,而具有相对的历史进步意义;而它们又都因为不能为各民族平等发展的实现,提供最为核心和根本的平等享有共同管理国家事务、管理本民族事务及地方事务的权利,而体现出局限性。这种局限性只有在社会主义民族平等团结、各民族共同繁荣的根本原则指引下才有可能得以消除。中国特色解决民族问题正确道路,不仅通过全国人民代表大会制度和民族区域自治制度保障和实现各族群众当家作主的政治平等权利,而且通过帮助民族地区加快发展,走出一条具有中国特色、民族地区特点的跨越式发展道路,来实现少数民族群众在经济和社会发展方面的"事实上的平等"权利。这些丰富的民族工作经验,对其他多民族国家构建和谐稳定的民族关系和民族与国家的关系无疑具有重要的启示意义。

4. 在比较鉴别与借鉴吸收中坚定我们的"四个自信"

全面把握习近平总书记关于加强和改进民族工作重要思想,要坚持自己中国特色社会主义民族理论的先进性,认真鉴别其他多民族国家民族问题理论对解决我国民族问题的适用性程度,绝不可照抄照搬,盲目套用。我

---

① 阮西湖主编:《澳大利亚民族志》,青海人民出版社1987年版,第78页。

们特别应该注意在民族理论建设上克服那种不注意运用马克思主义民族理论,只从文化角度看待民族,把民族认定为文化共同体,把民族本质看成是文化关系的观点和做法,还有那种只热衷于引进西方国家学术界的一些观点、方法,来解释和解决中国民族问题的想法和做法。① 例如有观点认为,我们应该学习文化多元主义以公民意识代替民族政治意识,用族群(ethnic groups)而不用民族(nationality)来指称我国的55个少数民族。② 提出要用公民个体权利取代民族群体权利,要用普通行政区域管理取代民族区域自治制度等荒唐主张。③ 对这些错误观点,我们要看到其本质是因为对当代中国的民族国情和民族工作实践缺乏深入了解,对马克思主义民族理论的先进性缺乏系统把握,故而对党和国家民族理论与政策极度不自信的体现。他山之石,可以攻玉,但前提是对玉石的属性和特征都要有非常详尽与细致的了解才行,否则搞不好就成了玉石俱焚,最后只落得个东施效颦、邯郸学步,画虎不成反类犬的笑柄罢了!我国的少数民族,大多是世代居住在中国土地上的具有自己传统生存生活地域的民族,而不是外来的"族群"。"它们作为政治实体是历史形成的,其政治权利是得到国家承认的,仅采取文化多元主义是不够的,是一种倒退。"④

另外,要看到社会主义的本质是解放生产力,发展生产力,消灭剥削,消除两极分化,最终实现共同富裕。这在客观上,就要求社会主义多民族国家的政权,只能是无产阶级政党领导下的各民族广大劳动人民当家作主。尽管各族人民对国家和地方事务以及本民族内部事务当家作主实行管理的方式(包括对国家结构的选择和具体民族政策的制定),可以因各国的民族构成国情而异,但作为国家政治生活重要的有机组成部分的国家民族政治生活,必须要遵循民族平等、民族团结和各民族共同繁荣的马克思主义民族理论的纲领原则。否则,就会因为背离马克思主义民族纲领原则和社会主义本质,失去各族人民的信任,给形形色色的民族主义泛滥以可乘之机,给本国的社会主义事业造成不可弥补的损失。习近平总书记关于加强和改进民族工作的重要思想,是当代中国的马克思主义民族理论,是中国特色社会主义民族理论体系的有机构成。我们要在坚定不移坚持党对民族工作领导的

---

① 金炳镐主编:《民族理论前沿研究》,中央民族大学出版社2014年版,第97—126页。
② 马戎:《理解民族关系的新思路——少数族群问题的"去政治化"》,《北京大学学报》(哲学社会科学版)2004年第6期。
③ 马戎:《习近平同志近期讲话指引我国民族工作的方向》,《中央社会主义学院学报》2018年第3期;马戎:《中国民族区域自治制度的历史演变轨迹》,《中央社会主义学院学报》2019年第3期。
④ 图道多吉:《中国民族理论与实践》,山西教育出版社2002年版,第442—443页。

基础上,不断增强自己的理论自信、道路自信、制度自信和文化自信。要看到当今世界其他多民族国家在解决民族问题上并没有包治百病的灵丹妙药。有人认为我们的民族工作理论与政策过时了,提出要搞美国等西方国家那一套,就不仅脱离我国的国情,也不符合西方多民族国家解决自身民族问题的实际情况。①

结合我国民族工作的实际,积极吸收和借鉴其他多民族国家解决民族问题理论与政策的长处和经验,增强党和国家在解决民族问题方面的执政能力和水平。为此,必须要立足于我国民族工作的实际,以提升党和国家在民族事务治理体系和治理能力现代化水平为核心。根据这个原则,笔者认为,其他多民族国家解决民族问题的经验,对我们做好新时代民族工作,或许有以下几点积极启示值得我们重视。

其一,"中国的民族理论,过去对民族文化发展的研究不够深入,更多地从发展民族文化政策的角度进行了研究"②。文化是当前我国民族问题比较集中表现的一个方面,又是民族发展的重要方面,因而应该高度重视民族文化的发展问题。加拿大等国家的文化多元主义理论,对我们科学认识和正确把握民族文化多样性对多民族国家的重要价值和意义,提供了不可多得的理论和现实根据。习近平指出,加强中华民族大团结,长远的和根本的是增强文化认同。贯彻与落实新时代铸牢中华民族共同体意识的工作主线,就要牢牢抓住"五个认同"这个关键问题。其中,文化认同是最深层次的认同,是民族团结之根、民族和睦之魂。文化认同问题解决了,对伟大祖国、对中华民族、对中国共产党及中国特色社会主义道路的认同才能巩固。习近平关于民族文化建设的重要论述,为我们全面准确地把握铸牢中华民族共同体意识工作主线,推进中华民族共有精神家园建设提供了明确的奋斗方向和坚实的理论依据。

其二,随着我国城市化和现代化进程的加快,散杂居民族工作和城市民族工作的重要性和紧迫性日益突出。习近平要求,要让城市更好地接纳少数民族,让少数民族群众更好地融入城市。③ 虽然我们已经制定和颁布了散杂居民族工作条例等相关的法规文件,但如何在工作中开辟贯彻落实这些法规的有效途径,依然是困扰各级民族工作部门的现实问题。笔者认为,随着少数民族群众进入城市流动人口的增多,如果能够借鉴多元文化政策,

---

① 郝时远:《习近平民族工作思想述论》,《中国民族报》2017年7月7日,第5版。
② 金炳镐、都永浩:《"三个代表"思想与民族理论发展》,《黑龙江民族丛刊》2001年3期。
③ 国家民委民族理论政策研究室编:《中央民族工作会议创新观点面对面》,民族出版社2015年版,第158页。

重视开展社会工作协调民族关系的做法或许并不失为可行之策。当然,在我国,把社会工作纳入城市民族事务治理格局中,必须要在各级民族工作部门指导和支持下才具有可行性。同时,要搭建城市各民族散杂居居民协商议事的各种平台机制,使其成为城市群众自我管理、自我服务、自我教育、自我监督的有效途径。要维护和保障进城少数民族群众合法权益,切实防止和纠正针对特定民族的歧视现象。要加强信息技术运用,拓宽城市民族工作的网络空间和治理范围,提升城市民族事务治理的智能化水平和社会效应,使其成为推进新时代城市民族工作社会化发展的得力助手。

其三,我们看到国家一体化政策和文化多元主义政策,都不仅只是重视各民族的社会文化方面的发展,而且更重视统一多民族国家的国家认同建设,并在理论出发点上都是直接以此为前提的。这再次说明多民族国家对各民族进行爱国主义教育的重要性,也说明了如何实现民族发展与国家认同建设的相互协调是当代多民族国家解决民族问题理论共同面对的重大课题。当代世界大多数国家常态化的多民族结构的社会现实,使得民族问题只能既产生于也解决于多民族国家的既定历史与政治框架中。在多民族国家社会中,国家是各民族发展的政治保证和物质前提,各民族只有通过国家来表现自己的存在、维护或扩展自己的利益,保障和促进自己的发展才是现实可行的。当代世界多民族国家解决民族问题理论的首要价值取向就是必须要有利于促进和维护国家统一,这无论是从国家一体化政策,还是文化多元主义政策,甚或是我国的民族区域自治政策都可以得到明确验证。为此,习近平强调,要把维护民族团结和国家统一作为各民族最高利益,把各族人民智慧和力量最大限度凝聚起来,同心同德为实现"两个一百年"奋斗目标、实现中华民族伟大复兴的中国梦而奋斗。[1] 立足于这样的历史定位,服务实现中华民族伟大复兴的总目标总任务,加强和改进新时代民族工作就必须把推动各民族为全面建设社会主义现代化国家共同奋斗作为新时代党的民族工作的重要任务[2],就必须以铸牢中华民族共同体意识为主线,全面贯彻落实党的民族理论与政策,坚持共同团结奋斗、共同繁荣发展,把民族团结进步事业作为基础性事业抓紧抓好,促进各民族像石榴籽一样紧紧拥抱在一起,推动中华民族走向包容性更强、凝聚力更大的命运共同体,共建美好家园,共创美好未来。[3]

---

[1] 兰红光:《中央民族工作会议暨国务院第六次全国民族团结进步表彰大会在北京举行》,《人民日报》2014年9月30日,第1、2版。
[2] 《习近平谈治国理政》(第四卷),外文出版社2022年版,第244页。
[3] 习近平:《在全国民族团结进步表彰大会上的讲话》,人民出版社2019年版,第7—8页。

附录　十八大以来党中央重视与关怀民族工作大事记

2012 年

11月8日至14日,中国共产党第十八次全国代表大会在北京召开。

11月29日,习近平参观《复兴之路》展览。

2013 年

2月2日至5日,习近平到甘肃省渭源县元古堆村和东乡族自治县布楞沟村调研。

6月28日晚,习近平主持召开中央政治局常委会会议,研究部署维护新疆社会稳定、维护各族人民利益工作。

6月29日晨,俞正声率工作组于抵达乌鲁木齐,召开全区党政干部大会,传达中共中央政治局常委会会议精神,研究落实当前维护新疆社会稳定、维护各族群众利益具体措施。

8月21日,俞正声在北京会见台湾少数民族民意代表访京团。

10月9日,俞正声在北京会见全国少数民族参观团。

10月1日,习近平给中央民族大学附属中学全校学生回信。

11月3日,习近平在湖南湘西土家族苗族自治州考察扶贫工作。

2014 年

元旦前夕,习近平就云南省贡山独龙族怒族自治县干部群众来信作出重要批示。

1月26日至27日,习近平到内蒙古考察慰问。

3月4日,习近平看望出席全国政协十二届二次会议的委员并参加分组讨论。

4月27日到30日,习近平到新疆喀什和乌鲁木齐等地考察,这是党的十八大后习近平第一次到新疆。

5月28日至29日,第二次中央新疆工作座谈会在北京举行。

5月30日,习近平到北京市海淀区民族小学看望少年儿童,代表党中央向全国各族少年儿童致以节日问候。

8月15日,李克强给江苏省江浦高级中学新疆班维吾尔族学生古丽米热·米提吾拉回信话民族团结。

9月28日,中央民族工作会议暨国务院第六次全国民族团结进步表彰大会在北京举行。

12月22日,中共中央、国务院印发《关于加强和改进新形势下民族工作的意见》。

2015年

1月19日至21日,习近平到云南省昭通、大理、昆明等地就灾后恢复重建和经济社会发展情况进行调研。

1月29日,习近平在国家民委一份简报上做出重要批示,强调"全面实现小康,少数民族一个都不能少,一个都不能掉队。"①

2月13日至15日,李克强在贵州黔东南苗族侗族自治州和贵阳考察。

3月8日,习近平参加十二届全国人大三次会议广西代表团的审议。

5月18日至20日,中央统战工作会议在北京举行。习近平在会上发表重要讲话。

6月10日,习近平在北京接受十一世班禅额尔德尼·确吉杰布拜见。

6月16日至18日,习近平在贵州省遵义、贵阳和贵安新区就做好扶贫开发工作、谋划好"十三五"时期经济社会发展调研考察。

7月13日,俞正声在北京会见台湾少数民族参访团。

7月16日下午,习近平到吉林延边朝鲜族自治州和龙市东城镇光东村考察。

8月24日至25日,中央第六次西藏工作座谈会在北京召开,习近平出席会议并发表重要讲话。

9月2日,俞正声在北京会见全国少数民族参观团成员。

9月6日,国务院新闻办公室发表《民族区域自治制度在西藏的成功实践》白皮书。

9月6日,以俞正声为团长的中央代表团飞抵拉萨,出席西藏自治区成

---

① 《全面实现小康,少数民族一个都不能少——习近平同志帮助福建少数民族群众脱贫致富纪事》,《福建日报》2015年11月23日,第1—2版。

立 50 周年庆祝活动。

9 月 22 日,中共中央印发《中国共产党统一战线工作条例(试行)》。

9 月 23 日,第五次全国对口支援新疆工作会议在北京召开。

9 月 25 日,国务院新闻办发表《新疆各民族平等团结发展的历史见证》白皮书。

9 月 25 日至 10 月 1 日,俞正声率中央代表团参加新疆维吾尔自治区成立 60 周年庆祝活动。

9 月 30 日,习近平特别邀请来自内蒙古、广西、西藏、宁夏、新疆 5 个自治区的 13 名基层民族团结优秀代表到北京参加国庆活动。

2016 年

1 月 5 日至 6 日,全国城市民族工作会议在北京召开。

2 月 1 日至 2 日,李克强在宁夏固原、银川考察。

5 月 24 日下午,习近平到黑龙江省同江市八岔村,看望赫哲族群众。

7 月 18 日至 20 日,习近平到宁夏固原、银川等地调研考察。

8 月 18 日晚,第五届全国少数民族文艺会演开幕式文艺晚会在北京举行。

8 月 22 日中午,习近平到青海省海西蒙古族藏族自治州格尔木市青海盐湖工业股份有限公司钾肥分公司和唐古拉山镇长江源村视察。

9 月 28 日,俞正声在北京会见全国少数民族参观团全体成员。

12 月 24 日,国务院印发《"十三五"促进民族地区和人口较少民族发展规划》(国发〔2016〕79 号)。

2017 年

1 月 16 日至 18 日,俞正声到新疆与干部职工和各族群众共商兵团改革发展稳定大计。

1 月 23 日至 25 日,李克强在云南省昭通、昆明考察。

3 月 7 日至 8 日,李克强分别参加西藏代表团和广西团审议。

3 月 10 日,习近平参加十二届全国人大五次会议新疆代表团审议。

3 月 11 日晚,中共中央统战部、全国人大民族委员会、国家民族事务委员会、全国政协民族和宗教委员会在北京人民大会堂举行茶话会。

4 月 19 日至 21 日,习近平在广西北海、南宁等地考察调研。

5 月 28 日,国务院办公厅印发《兴边富民行动"十三五"规划》。

8 月 7 日,俞正声率中央代表团出席向内蒙古自治区赠送纪念品仪式。

8月8日下午,庆祝内蒙古自治区成立70周年大会在内蒙古隆重举行,俞正声出席庆祝大会并讲话。

9月12日至13日,新疆若干历史问题研究座谈会在北京召开。

9月27日,俞正声在北京会见全国少数民族参观团全体成员。

10月18日至24日,中国共产党第十九次全国代表大会在北京召开。

10月19日,习近平参加党的十九大贵州省代表团讨论,李克强参加党的十九大广西壮族自治区代表团讨论。

10月28日,习近平给西藏隆子县玉麦乡牧民卓嘎、央宗姐妹回信。

11月21日,习近平给内蒙古自治区苏尼特右旗乌兰牧骑的队员们回信。

2018年

2月11日至13日,习近平赴四川看望慰问各族干部群众。

3月5日下午,习近平来到他所在的十三届全国人大一次会议内蒙古代表团,参加审议政府工作报告。

3月6日上午,李克强来到他所在的十三届全国人大一次会议广西代表团,参加审议政府工作报告。

3月6日上午,汪洋参加全国政协十三届一次会议少数民族界委员联组会。

4月10日至14日,汪洋在新疆调研。

6月4日,李克强在宁夏银川市考察。

7月25日至27日,李克强在西藏自治区林芝、山南、拉萨考察。

9月28日,汪洋在北京会见全国少数民族参观团全体成员。

10月15日,习近平就西藏民族大学建校60周年致电贺信。

12月9日下午,汪洋率中央代表团出席向广西壮族自治区赠送纪念品仪式。

12月10日,汪洋出席广西壮族自治区成立60周年庆祝大会并发表讲话。

12月18日,习近平在庆祝改革开放40周年大会上讲话。

2019年

3月5日下午,习近平参加他所在的十三届全国人大二次会议内蒙古代表团的审议。

3月7日下午,习近平参加甘肃代表团审议。

4月15日,习近平赴重庆考察调研。

4月16日下午,习近平主持召开解决"两不愁三保障"突出问题座谈会并发表重要讲话。

5月15日,习近平在北京国家会议中心出席亚洲文明对话大会开幕式,并发表题为《深化文明交流互鉴,共建亚洲命运共同体》的主旨演讲。

6月14日,"2019·中国西藏发展论坛"在西藏拉萨举行。习近平发来贺信,向论坛开幕表示祝贺。

7月15日至16日,习近平在内蒙古赤峰市与呼和浩特市考察并指导开展"不忘初心、牢记使命"主题教育。

7月25日,中华人民共和国成立70周年民族工作创新与发展座谈会在北京召开。汪洋出席会议并讲话。

8月19日至22日,习近平先后在甘肃酒泉、嘉峪关、张掖、武威、兰州等地考察调研。

9月27日上午,全国民族团结进步表彰大会在北京举行,习近平出席大会并发表重要讲话。

9月30日,庆祝中华人民共和国成立70周年招待会当晚在人民大会堂隆重举行,习近平出席招待会并发表重要讲话。

10月23日,中共中央办公厅、国务院办公厅印发了《关于全面深入持久开展民族团结进步创建工作铸牢中华民族共同体意识的意见》(中办发〔2018〕65号)。

2020年

1月19日至21日,习近平在云南腾冲、昆明等地考察调研。

2月21日,习近平给在首钢医院实习的西藏大学医学院学生回信。

3月6日,习近平出席决战决胜脱贫攻坚座谈会并发表重要讲话。

5月17日,《中共中央 国务院关于新时代推进西部大开发形成新格局的指导意见》印发。

5月20日,习近平对毛南族实现整族脱贫作出重要指示。

6月8日至10日,习近平在宁夏吴忠、银川等地调研。

7月7日,习近平给中国石油大学(北京)克拉玛依校区毕业生回信。

8月28日至29日,中央第七次西藏工作座谈会在北京召开,习近平出席会议并发表重要讲话。

9月25日至26日,第三次中央新疆工作座谈会在北京召开,习近平出席会议并发表重要讲话。

10月29日，党的十九届五中全会审议通过《中共中央关于制定国民经济和社会发展第十四个五年规划和二〇三五年远景目标的建议》。

12月16日，中共中央、国务院颁布《中共中央、国务院关于实现巩固拓展脱贫攻坚成果同乡村振兴有效衔接的意见》。

2021年

2月3日至4日，习近平在贵州考察调研并看望慰问基层干部群众。

2月25日上午，全国脱贫攻坚总结表彰大会在北京人民大会堂举行，习近平向全国脱贫攻坚楷模荣誉称号获得者等颁奖并发表重要讲话。

3月5日下午，习近平参加他所在的十三届全国人大四次会议内蒙古代表团审议。

3月7日下午，习近平参加十三届全国人大四次会议青海代表团审议。

4月6日，国务院新闻办公室发布《人类减贫的中国实践》白皮书。

4月25日至27日，习近平在广西桂林、柳州、南宁等地考察。

6月7日至9日，习近平在青海西宁市、海北藏族自治州等地调研。

6月24日，国务院新闻办公室发表《中国共产党尊重和保障人权的伟大实践》白皮书。

7月1日上午，庆祝中国共产党成立100周年大会在北京天安门广场举行，习近平出席并发表重要讲话。

7月21日至23日，习近平到西藏，祝贺西藏和平解放70周年，看望慰问西藏各族干部群众。

8月12日，国务院新闻办公室发表《全面建成小康社会：中国人权事业发展的光辉篇章》白皮书。

8月19日，庆祝西藏和平解放70周年大会在拉萨举行。习近平在贺匾上题词"建设美丽幸福西藏　共圆伟大复兴梦想"。汪洋出席庆祝大会并讲话。

8月19日，习近平给云南省沧源佤族自治县边境村的老支书们回信。

8月23日至24日，习近平在河北承德考察调研。

8月27日至28日，中央民族工作会议在北京召开。习近平出席会议并发表重要讲话。

2022年

3月5日，李克强在政府工作报告中指出，要坚持和完善民族区域自治制度，以铸牢中华民族共同体意识为主线，促进各民族交往交流交融，推动民族地区加快现代化建设步伐。

3月5日下午,习近平参加他所在的十三届全国人大五次会议内蒙古代表团审议。

4月11日下午,习近平到海南五指山市的水满乡毛纳村调研。

5月27日,中共中央政治局就深化中华文明探源工程进行第三十九次集体学习。

7月12日—15日,习近平在新疆考察调研。

10月28日下午,习近平考察安阳市的殷墟遗址。

主要参考文献

一、古籍资料

《汉书》,(汉)班固撰,中华书局 1962 年版。
《论语译注》,金良年撰,上海古籍出版社 2004 年版。
《管子校注》,黎翔凤撰,中华书局 2004 年版。
《春秋公羊传译注》,刘尚慈译注,中华书局 2010 年版。
《资治通鉴》,(宋)司马光编著,中华书局 1956 年版。
《荀子集解》,(清)王先谦撰,中华书局是 1988 年版。
《诗经》,王秀梅译注,中华书局 2006 年版。
《墨子校注》,吴毓江撰,中华书局 1993 年版。
《国语》,张华清译注,山东画报出版社 2014 年版。
《礼记训纂》,(清)朱彬撰,中华书局 1996 年版年版。
《朱子全书》,朱傑人、严佐之、刘永翔主编,上海古籍出版社、安徽教育出版
　　社 2010 年版。

二、经典著作

《邓小平文选》(第二卷),人民出版社 1994 年版。
《邓小平文选》(第三卷),人民出版社 1993 年版。
《邓小平文选》(第一卷),人民出版社 1994 年版。
《列宁选集》(第二卷),人民出版社 2012 年版。
《列宁选集》(第三卷),人民出版社 2012 年版。
《列宁选集》(第四卷),人民出版社 2012 年版。
《列宁选集》(第一卷),人民出版社 2012 年版。
《马克思恩格斯选集》(第二卷),人民出版社 2012 年版。
《马克思恩格斯选集》(第三卷),人民出版社 2012 年版
《马克思恩格斯选集》(第四卷),人民出版社 2012 年版。

《马克思恩格斯选集》(第一卷),人民出版社2012年版。
《毛泽东选集》(第二卷),人民出版社1991年版。
《毛泽东选集》(第三卷),人民出版社1991年版。
《毛泽东选集》(第四卷),人民出版社1991年版。
《毛泽东选集》(第一卷),人民出版社1991年版。
《斯大林选集》(上卷),人民出版社1979年版。
《斯大林选集》(下卷),人民出版社1979年版。
习近平:《摆脱贫困》,福建人民出版社1992年版。
习近平:《之江新语》,浙江人民出版社2007年版。
习近平:《知之深爱之切》,河北人民出版社2015年版。
《习近平谈治国理政》(第二卷),外文出版社2017年版。
《习近平谈治国理政》(第三卷),外文出版社2020年版。
《习近平谈治国理政》(第四卷),外文出版社2022年版。
《习近平谈治国理政》(第一卷),外文出版社2018年版。
中共中央文献研究室编:《邓小平关于建设有中国特色社会主义的论述专题摘编》,中央文献出版社1992年版。
中共中央文献研究室编:《习近平总书记重要讲话文章选编》(内部发行),中央文献出版社、党建读物出版社2016年版。
中共中央文献研究室、国家民族事务委员会编:《毛泽东民族工作文选》,中央文献出版社、民族出版社2014年版。
中共中央宣传部编:《习近平总书记系列重要讲话读本(2016年版)》,学习出版社、人民出版社2016年版。
《周恩来选集》(上卷),人民出版社1984年版。
《周恩来选集》(下卷),人民出版社1984年版。

三、文献汇编

本书编写组:《指导新时期民族工作的纲领性文献——深入学习胡锦涛同志在中央民族工作会议上的重要讲话》,人民出版社2005年版。
《当代中国》丛书编辑部:《当代中国的民族工作》,当代中国出版社1993年版。
国家民委民族理论政策研究室编:《中央民族工作会议创新观点面对面》,民族出版社2015年版。
国家民委文化宣传司编:《中央民族工作会议重要文章评论集》,民族出版社2015年版。

国家民委研究室编:《新时代民族理论政策问答》,民族出版社2019年版。

国家民族事务委员会编:《中央民族工作会议精神学习辅导读本》,民族出版社2015年版。

国家民族事务委员会编:《铸牢中华民族共同体意识——全国民族团结进步表彰大会精神辅导读本》,民族出版社2021年版。

国家民族事务委员会研究室:《统一多民族的中国和中华民族的多元一体》,民族出版社2009年版。

国家民族事务委员会政策研究室编:《中国共产党主要领导人论民族问题》,民族出版社1994年版。

国家民族事务委员会、中共中央文献研究室编:《民族工作文献选编(二〇〇三—二〇〇九年)》,中央文献出版社2010年版。

国家民族事务委员会、中共中央文献研究室编:《民族工作文献选编(一九九〇—二〇〇二年)》,中央文献出版社2003年版。

国家民族事务委员会、中共中央文献研究室编:《新时期民族工作文献选编》,中央文献出版社1990年版。

夏征农主编:《辞海》(缩印本),上海辞书出版社1999年版。

中共中央党史和文献研究院编:《十九大以来重要文献选编》(上),人民出版社2019年版。

中共中央党史研究室科研管理部、国家民族事务委员会民族问题研究中心:《中国共产党民族工作历史经验研究》(上),中共党史出版社2009年版。

中共中央统一战线工作部、国家民族事务委员会编:《中央民族工作会议精神学习辅导读本》,民族出版社2022年版。

中共中央统一战线工作部、国家民族事务委员会编:《中央民族工作会议精神学习辅导读本》,民族出版社2022年版。

中共中央统战部编:《民族问题文献汇编(一九二一·七——九四九·九)》,中共中央党校出版社1991年版。

中共中央文献研究室编:《十八大以来重要文献选编》(上),人民出版社2014年版。

中共中央文献研究室编:《十八大以来重要文献选编》(中),人民出版社2016年版。

中国大百科全书总编辑委员会《政治学》编辑委员会、中国大百科全书出版社编辑部编:《中国大百科全书·政治学》,中国大百科全书出版社1992年版。

四、中文著作

丹珠昂奔：《民族工作方法论：中央民族工作会议精神学习体会》，民族出版社 2016 年版。

范文澜：《中国通史简编》（第 1 编），商务印书馆 2010 年版。

方堃：《城市民族事务治理社会化问题研究》，人民出版社 2016 年版。

费孝通主编：《中华民族多元一体格局》（修订本），中央民族大学出版社 1999 年版。

郝时远：《中国特色解决民族问题之路》，中国社会科学出版社 2016 年版。

黄光学主编：《当代中国的民族工作》，当代中国出版社 1993 年版。

金炳镐：《民族理论通论》，中央民族大学出版社 1994 年版。

金炳镐主编：《民族理论前沿研究》，中央民族大学出版社 2014 年版。

金炳镐主编：《评析"第二代民族政策"说》，中央民族大学出版社 2013 年版。

李丽红编：《多元文化主义》，浙江大学出版社 2011 年版。

李维汉：《关于民族理论和民族政策的若干问题》，民族出版社 1980 年版。

李贽：《中国特色社会主义民族理论的体系建构及发展创新》，中国社会科学出版社 2016 年版。

李资源等：《中国共产党少数民族文化建设研究》，人民出版社 2011 年版。

潘岳：《中西文明根性比较》，新世界出版社 2022 年版。

青觉、栗献忠：《苏联民族政策的多维审视》，中央民族大学出版社 2009 年版。

沈林等：《中国城市民族工作的理论与实践》，民族出版社 2001 年版。

王铁志、沙伯力主编：《国际视野中的民族区域自治》，民族出版社 2002 年版。

王希恩主编：《当代中国民族问题解析》，民族出版社 2002 年版。

吴仕民主编：《中国民族理论新编》，中央民族大学出版社 2006 年版。

谢立中主编：《理解民族关系的新思路》，社会科学文献出版社 2010 年版。

于春洋：《现代民族国家建构》，中国社会科学出版社 2016 年版。

张建华：《苏联民族问题的历史考察》，北京师范大学出版社 2002 年版。

张丽君等：《中国少数民族地区扶贫进展报告（2016）》，中国经济出版社 2017 年版。

张庆安：《中国民族地区经济发展与差距问题研究》，中国经济出版社 2013 年版。

周大鸣、马建钊主编：《城市化进程中的民族问题研究》，民族出版社 2005

年版。
朱伦：《民族共治—民族政治学的新命题》，社会科学文献出版社 2012 年版。

五、外文译著、原著

《第欧根尼》中文精选版编辑委员会编选：《文化认同性的变形》，商务印书馆 2008 年版。

[英]A.J.汤因比、[日]池田大作：《展望二十一世纪：汤因比与池田大作对话录》，荀春生、朱继征、陈国栋译，国际文化出版公司 1985 年版。

[英]埃里克·霍布斯鲍姆：《民族与民族主义》，李金梅译，上海人民出版社 2000 年版。

[法]埃米尔·涂尔干：《社会分工论》，渠东译，生活·读书·新知三联书店 2000 年版。

[法]爱莲娜·唐科斯：《分崩离析的帝国》，郗文译，新华出版社 1982 年版。

[美]安德森：《想象的共同体》，吴敬人译，上海人民出版社 2003 年版。

[美]菲利克斯·格罗斯：《公民与国家》，王建娥等译，新华出版社 2002 年版。

[英]盖尔纳：《民族与民族主义》，韩红译，中央编译出版社 2002 年版。

[美]康奎斯特主编：《最后的帝国》，刘靖兆等译，华东师范大学出版社 1993 年版。

[美]克里福德·格尔兹：《文化的解释》，纳日碧力戈等译，上海人民出版社 1999 年版。

[英]史密斯：《全球化时代的民族与民族主义》，龚维斌、良警宇译，中央编译出版社 2002 年版。

Beissinger, Mark R, 2002, *Nationalist Mobilization and the Collapse of the Soviet State*, Cambridge University Press.

Commission on Global Governance, 1995, *Our Global Partnerships*, Oxford University Press.

Connor, W C, 1984, *The National Question in Marxist-Leninist Theory and Strategy*, Princeton University Press.

Dittmer, Lowell, 1993, *China's Quest for National Identity*, Cornell University Press.

Dreyer, June T, 1976, *China's Forty Millions*, Harvard University Press.

Liew, Leong H, 2004, *Nationalism, Democracy and National Integration in China*, Routledge Curzon.

MacKerras, Colin, 1994, *China's Minorities: Integration and Modernization in the 20th Century*, Oxford University Press.

Smith, Anthony D, 1982, *National Identity*, University of Nevada Press.

Snow, Edgar, 1962, *The Other Side of the River*, Random House.

六、报刊文章

《城市，如何让少数民族生活得更美好》，《中国民族报》2010年12月17日第5版。

程宝怀、刘晓翠、吴志辉：《习近平同志在正定》，《河北日报》2014年1月2日第1版。

丹珠昂奔：《坚持走中国特色解决民族问题的正确道路——学习习近平同志关于民族工作重要论述的体会》，《中国民族》2015年第2期。

国纪平：《为世界许诺一个更好的未来——论迈向人类命运共同体》，《人民日报》2015年5月18日第1版。

郝时远：《中华民族的伟大复兴——中国共产党民族理论与民族政策的理论性与实践性》，《云南民族大学学报》（哲学社会科学版）2011年第6期。

郝亚明：《民族互嵌式社会结构：现实背景、理论内涵及实践路径分析》，《西南民族大学学报》（人文社会科学版）2015年第3期。

兰红光：《中央民族工作会议暨国务院第六次全国民族团结进步表彰大会在北京举行》，《人民日报》2014年9月30日第1、2版。

李学仁：《依法治藏富民兴藏长期建藏　加快西藏全面建成小康社会步伐》，《人民日报》2015年8月26日第1版。

刘宝明：《深刻把握中央民族工作会议理论创新重大成果》，《中国民族报》2014年10月24日第5版。

罗宇凡等：《中华民族一家亲　同心共筑中国梦——以习近平同志为总书记的党中央亲切关怀下全国各族人民团结奋斗实现历史性跨越》，《中国民族》2015年第10期。

满宗洲、茚永福：《新疆民族分裂主义的活动及反分裂斗争应当注意的问题》，《新疆社科论坛》1996年第3期。

毛公宁：《关于深入贯彻落实民族区域自治法的思考》，《广西民族研究》

2014年第3期。

潘岳:《以党的二十大精神为指引,奋力推进铸牢中华民族共同体意识工作》,《机关党建研究》2022年第11期。

庞兴雷:《习近平在中央民族工作会议上强调 以铸牢中华民族共同体意识为主线 推动新时代党的民族工作高质量发展》,《人民日报》2021年8月29日第1版。

《全面实现小康,少数民族一个都不能少——习近平同志帮助福建少数民族群众脱贫致富纪事》,《福建日报》2015年11月23日第1、2版。

任剑涛:《从政党国家到民族国家:政党改革与中国政治现代化》,《江苏行政学院学报》2013年第3期。

晓林:《进城记——城市民族工作采访报道的碎片化思绪》,《中国民族》2016年第5期。

新疆自治区党委:《新疆人民永远怀念邓小平》,《新疆日报》1998年2月19日第5版。

修远基金会:《新全球化时代与"人类命运共同体"》,《文化纵横》2015年第5期。

中共国家民委党组:《同心筑梦开新境 继往开来写华章——党的十八大以来民族工作理论与实践的新发展》,《求是》2017年14期。

《中共中央、国务院印发〈关于加强和改进新形势下民族工作的意见〉》,《人民日报》2014年12月23日第1、2版。

后　记

《新时代民族理论与政策研究》一书是我承担的 2018 年国家社科基金后期资助项目"新时代民族理论与政策研究"（18FMZ001）的结项成果。作为后期资助项目，要求在申报课题时完成的研究工作应该超过申报研究目标的八成，所以该项课题在申请立项时就已经形成约 35 万字的研究材料。这些研究基础的形成，源于我承担的 2016 年国家民委民族问题研究重点项目"习近平同志民族理论政策的创新和发展研究"（2016 - GMA - 002），课题成果共 30 万字，被国家民委评为优秀等级结项。甚至再往前追溯，由于 2016 年要出版首部个人专著《中国特色社会主义民族理论的体系建构及发展创新》，其中大量内容已经涉及十八大以来习近平总书记关于加强和改进民族工作的重要思想。所以，在 2014 年中央民族工作会议召开之后，我就在《社会主义研究》《青海民族研究》《探索》等核心期刊上发表了研究新时代民族工作理论与政策的相关成果。从研究工作的连续性上看，可以讲，这部著作也是我对新时代党的民族工作理论与政策持续跟踪研究的一个阶段性成果。

习近平总书记关于加强和改进民族工作重要思想是新时代党的民族理论与政策创新发展的最大成果。本课题研究紧紧围绕着这个重要思想展开，研究的总体思路如下。首先，从考察习近平总书记关于加强和改进民族工作重要思想形成的时代背景和理论条件着手，并对该重要思想的形成历程和发展创新从历史纵向上进行粗线条梳理和概括。其次，对该重要思想的基本内容分为三章八节来分析阐述。在基础理论层次上，坚持以历史唯物主义和辩证唯物主义为指导，认清和把握新时代铸牢中华民族共同体意识民族工作主线赖以形成的民族国情观与民族问题观等基础理论；在民族纲领层次上，立足马克思主义民族纲领中国化时代化的本质要求，阐述新时代民族工作的基本遵循——中国特色解决民族问题正确道路的基本内涵与基本经验；在工作重点和基本途径层次上，从政治制度、社会团结、全面发展、共同文化、工作未来和关键等不同角度具体探索推进新时代民族工作高质量发展的实践途径与基本要求,与时俱进地阐明新时代加强和改进民族工作的新理念、新举措、新要求。最后,从马克思主义民族理论发展史角度、当代世界两个层次共同体建设角度、对世界其他多民族国家解决民族问题的有益启示角度对该重要思想的理论及实践意义进行多维度探讨。

2020年课题顺利结项,之后在新冠疫情防控期间联系出版事宜。2021年,于个人而言,要面对单位调动带来适应新岗位的挑战;于出版社而言,上海疫情防控也对出版报审造成影响,导致该环节又多等了一年。在此期间,党中央召开了2021年中央民族工作会议。这给我提供了结合新的中央民族工作会议精神修改完善原成果内容的宝贵时机。总体来看,十八大以来党的民族工作作为新时代中国特色社会主义事业的有机构成,也处在全面建成小康社会向全面建设社会主义现代化强国目标迈进的时代节点上,因而在工作内容上就不能不体现出承上启下、转轨升级的时代特点。① 这些特点必然也会体现在上述课题研究内容中,有很多地方可能因为对这些特点的把握不够准确或者不尽正确,还难免存在谬误与不当之处,希望在以后的研究中能不断结合实践探索和认识深入对相关内容进一步修改完善,也请读者朋友们能不吝赐教,多提宝贵意见。

在专注该课题研究时,我始终知道,没有学业师长与主管单位领导的指导与帮助,没有亲人朋友们的支持与鼓励,想要完成研究任务是不可能的。故而在此也向长期关心和支持我的师长、领导、亲朋好友们表示衷心感谢!恩师金炳镐先生是我的博士后合作导师,王希恩先生曾分别担任过我的博士和博士后论文答辩委员会的委员和主席。两位先生虽年事已高,但还欣然提笔为学生的小成果作序,其中的厚望、提携之情不言而喻、令人感佩!国家民委理论研究司的相关领导都对课题研究给予很多帮助和照顾,在此谨表示诚挚谢意!复旦大学出版社的责任编辑张鑫同志为书稿打磨耗费大量心血,其专注、负责的认真态度和高质量、严标准的敬业精神给我留下深刻印象,在此也向他及出版社的朋友们表示谢意!

从某种意义上讲,我的首个专著《中国特色社会主义民族理论的体系建构及发展创新》(2016年版)实际上是献给敬爱的母亲的书。而这个著作,我想把它献给我心爱的孩子——宝贝子悦。母亲病逝后,我陷入深深的失亲痛苦和绝望中抑郁寡欢不能自拔。宝贝子悦的来临,让我重新找到生命真谛,找回生活的信心和勇气。生命轮回,我们也终将离去。唯愿在我们离

---

① 笔者对新时代民族工作承上启下、转轨升级的时代特点进行研究的最新成果参见:《新时代两次中央民族工作会议比较研究》,《内蒙古民族大学学报》(社会科学版)2023年第3期。

去前，能够通过不懈努力给孩子们留下一个可以幸福安康地生活的富强国家，一个具有团结友爱、互助和谐的民族关系的社会环境，一个在世界各地都足以自豪的身份认同——"我是中华儿女，我是中国人"！疫情防控期间，孩子的网课与我的课题写作构成我们父子俩的日常生活。感谢宝贝子悦在我写作期间的深情陪伴与各种关照！这些过往的日常都成为我们永远值得回忆的美好岁月！感谢我的夫人张莉博士对课题研究的大力支持！

李赞

2023 年 8 月 8 日于北京金色漫香郡

图书在版编目(CIP)数据

新时代民族理论与政策研究/李赟著. —上海:复旦大学出版社,2023.10(2025.2重印)
ISBN 978-7-309-16957-7

Ⅰ.①新… Ⅱ.①李… Ⅲ.①民族学-研究-中国②民族政策-研究-中国 Ⅳ.①C955.2②D633.0

中国国家版本馆 CIP 数据核字(2023)第 157865 号

新时代民族理论与政策研究
XINSHIDAI MINZU LILUN YU ZHENGCE YANJIU
李 赟 著
责任编辑/张 鑫

复旦大学出版社有限公司出版发行
上海市国权路 579 号 邮编:200433
网址:fupnet@fudanpress.com http://www.fudanpress.com
门市零售:86-21-65102580   团体订购:86-21-65104505
出版部电话:86-21-65642845
上海四维数字图文有限公司

开本 787 毫米×1092 毫米 1/16 印张 18 字数 313 千字
2023 年 10 月第 1 版
2025 年 2 月第 1 版第 2 次印刷

ISBN 978-7-309-16957-7/C·439
定价:72.00 元

如有印装质量问题,请向复旦大学出版社有限公司出版部调换。
版权所有　侵权必究